21世纪土地资源管理系列教材

土地利用规划学

张占录 张正峰 主编

中国人民大学出版社

《21世纪土地资源管理系列教材》
编　委　会

顾　　问：林增杰　严　星　谢经荣

丛书主编：叶剑平

丛书副主编：严金明　吕　萍　丰　雷　谭　峻

编　　委：（按姓氏笔画排序）

王守智　丰　雷　甘藏春　叶剑平

吕　萍　曲卫东　张占录　张正峰

张秀智　严金明　严　星　张跃松

罗　明　林增杰　谢经荣　胡存智

高向军　郭桂英　蒋一军　谭　峻

总　序

土地是人类赖以生存的基础，土地数量固定而人口在不断增长，其对土地的需求也在不断增加，如何在有限的土地资源条件下，合理配置人类生产、生活所需土地，保证土地资源的永续利用和社会经济持续发展，协调好人地矛盾，是摆在我们面前的重大课题。土地管理学科是一门关于土地知识的学科体系，是自然科学、社会科学和新兴科学有机结合的产物，是不同性质的多门学科大交叉形成的边缘科学。土地管理学科在我国既新又久，说它久，可以追溯到夏、春秋时代，《史记·夏本记》中有“左准绳，右规矩”的记载，这是我国最早关于土地调查的记述，夏商周时期的“井田制”，是我国土地税制的最早记录；说它新，是因为我国现代土地管理学科的发展也只有 20 多年的发展历史。当前我国土地管理学科的主要研究内容应该是依据社会经济发展和生态环境要求，能动地协调人地关系，合理地配置土地资源，组织土地利用，不断地改善土地利用结构和提高利用的综合效益，保障社会经济持续发展和土地资源的持续利用。土地管理学科研究的重点随着社会经济发展而不断发展、完善。新中国成立后特别是改革开放后，我国土地管理学科得到了长足发展。归纳起来，我国土地管理理论和实践的发展大致经历了三个阶段。

第一个阶段为 1949 年 10 月至 1978 年。新中国成立伊始，国家向苏联派出一批留学生，从苏联引进了土地规划科学；一批土地科技工作者努力学习苏联经验，同时深入生产实践，在国内最早开始土地资源管理研究与具体工作。这个阶段，城市土地的大部分已经归国家所有，农村在 1953 年完成土地改革之后，于 1956 年基本实现了土地的集体所有。在土地公有及高度集中的计划经济体制下，土地更多体现的是其自然属性，土地的经济活动基本消失，土地资源管理研究主要集中在农村土地的整治方面。这一时期，整个学科受苏联土地规划（整理）科学的影响较大，这一时期以认识自然、改造自然为研究重点。

第二阶段为 1978 年到 2002 年。改革开放以来，随着我国经济体制由计划体制向市场体制转变，尤其是 1986 年城乡土地统一管理并成立各级土地管理机构后，土地管理学科得到快速发展。在这时期，土地调查、土地评价体系与技术等基础性学科得到长足发展，1987 年后随着土地使用制度改革的展开，建立了符合我国社会主义市场经济的，在土地公有制条件下，以土地使用权市场为基础的土地管理理论体系，包括土地产权理论、土地经济理论、土地规划理论、土地价格评估理论、土地信息获取与管理技术等。同时国内外学术交流也日益活跃，出版了大量关于土地管理学科的优秀著作。社会对土地管理学科人才需求量大增，许多高校设立了土地（资源）管理专业，土地管理理论研究与实践活动吸引了众多不同学科背景的专家、学者的参与。

第三阶段为 2003 年至今。我国经济体制发生了转变，资源特别是土地资源的稀缺严重制约了经济的发展。由于前一阶段土地的过度开发和土地的粗放利用，土地开发与保护之间的矛盾异常尖锐，如何解决好我国土地资源的可持续利用和社会经济稳定持续协调发展问题成了土地管理学科必须研究的课题。国家开始了土地市场的清理整顿，并将土地管理作为宏观经济发展的调控手段。如何建立有效的机制，使“十分珍惜、合理利用土地和切实保护耕地”的基本国策能够真正得以落实，成为研究和实践的重点。这一时期，土地管理的地位被提到了前所未有的高度，与此相应，土地管理学科面临重要挑战和发展机遇，把经济学、社会学、信息科学、管理学、法学等基本理论与土地管理学科有机交叉融合，形成有自己独特理论体系的土地管理学科应是该学科发展的方向。

中国人民大学于 1985 年设立土地管理专业，至今已经走过了整整 20 个春秋，这 20 年也是我国现代土地管理学科建设的重要时期。中国人民大学土地管理系是全国最早从事土地管理教学、科研的系所之一，已培养毕业生（包括进修生）近 1 000 人，许多毕业生已经成为单位的骨干和领导，现有在校本科生 120 人、硕士研究生 70 人、博士研究生 30 人、在站博士后研究人员 5 人。土地管理系设有土地资源管理（含房地产经营与管理）本科专业，土地资源管理、房地产经济学 2 个硕士专业，及城市建设和房地产开发、土地行政管理 2 个 MPA 专业方向和土地资源管理（含房地产经营管理）博士点。能够提供从本科生到博士生完善的教学和培养服务，其中土地资源管理博士点是国内最早的经教育部批准的两个博士点之一。本科教育一直是土地管理系教学的重点，系里也很重视教材的编写，如林增杰、严星等编著的《地籍管理》、《城市地产评估》和毕宝德编著的《土地经济学》等在全国土地管理教学中影响很大。这次出版的系列丛书是本系老师在长期教学、研究基础上并吸收国内外的最新科研成果编写而成的，丛书共十册，分别是《土地科学导论》、《土地资源管理学》、《土地利用规划学》、《地籍管理的原理与方法》、《不动产经济学》、《不动产估价》、《地产经营与管理》、《土地信息系统》、《土地行政学》、《土地法学》等。

我们编写21世纪土地资源管理系列丛书，一方面是对20年土地管理教育的总结，另一方面也是为我国土地管理学科建设做出应有的贡献。本套丛书力求理论联系实践，将理论阐述寓于实践问题的解决之中。本套丛书可作为土地管理专业及相关专业的教材，也可以作为土地管理干部的专业培训用书。

本套丛书的出版发行是在中国人民大学出版社公共管理出版事业部的大力支持下完成的，没有出版社的策划和支持就没有本套丛书的出版，同时本套丛书也得到了国土资源部的支持，在此一并致谢。

通过组织者、参编者、出版者的共同努力，我们力求使本套丛书能体现完整性、全面性和系统性，并以新的视角、较高质量奉献给读者。由于土地科学是一门新兴学科，至今没有形成完整的体系，国内外也没有成熟的教材，且其研究对象、体系、方法、内容随社会变迁、时空变化而发展变化，因此要写好它们并不容易。希望有更多的同仁加入本套丛书的编写。

叶剑平

2005年7月12日于人大

目　录

第1章 绪论

1.1 土地利用规划的概念

1.1.1 土地利用的含义

1. 土地的概念

土地是基本的自然资源，而土地利用则是人类生产和生活中最基本的经济行为。从人类认识土地的基本概念出发，可以深入探究土地利用的本质、过程与内涵。

在人类择穴而居的时代，最远古的土地利用形式是"刀耕火种"。随着人类战胜自然能力的提高，"刀耕火种"的土地利用形式逐步演化为人畜耕作的农耕形式，那时，人类对土地的认识只局限于能够为作物生长提供基本条件的土壤。随着生产力的提高，天然的土壤不再是决定作物生长的基本条件，而是由土壤的位置、交通、水利以及人类对土壤的改造投入构成的综合形式组成了作物的生长条件。这时，人们认识到，地球表面的陆地部分才是真正意义上的土地，土壤只是地球表层陆地的一个组成要素而已。随着人类生产空间的扩大，人们进一步认识到，内陆水域和滩涂也是陆地的一个组成部分，因为内陆水域和滩涂具有和土壤一样的功能。因而，人们又把土地的概念扩展到包括内陆水域和滩涂的整个陆地部分。这一概念实质上界定了土地的平面空间范围。事实上，人类利用土地是从地表逐步向地上、地下空间扩展的。美国经济学家伊利（Ely，1982）认为："土地这个词……它的意义不仅是指土地的表面，因为它还包括地上、地下的东西。"人类利用土地的高度直接影响人类的生产和生活效果，因此，土地不仅具有平面空间范围，而且具有垂直空间范围。对于土地垂直空间范围，即土地的高度，有种观点认为，由地表向上可达地球外层空间，向下可达地壳底部；还有人指出，向上达到大气平流层。以上观点，其实都没有从本质上认识到土地的高度问题。土地的高度决定于人类的科学技术水平，在现有的科学技术水平下，人类活动依靠地表的承载功能能够达到的高度，就是土地的垂直高度。

土地具有一定的空间范围，这个空间范围的组成要素也是随着人类利用土地的生产和生活逐步扩展的。人类最初对土地组成要素的认识仅限于土壤，随着土地学，特别是生态学的发展，人类认识到，土地是包括土壤在内的气候、地貌、岩石、动植物、水文，以及人类活动成果组成的综合体。联合国粮农组织 1975 年发表的《土地评价纲要》中提出："土地包含地球特定地域表面及其以上和以下的大气、土壤及基础地质、水文和植被。它还包含这一地域范围内过去和目前人类活动的种种结果，以及动物就它们对目前和未来人类利用土地所施加的重要影响。"

可见，土地的本质是由自然要素和人类活动成果组成的一定范围的空间。更简单地说，土地是一定范围的空间，这个空间的组成要素是土壤、大气、光照、岩石、水文、动植物以及人类活动成果。

2. 土地利用含义

人类是在土地利用实践中认识土地的，同时，在人类逐步深入认识土地的过程中，也逐步加深了人类对土地利用内涵的认识。土地利用是人类满足自身生存与发展的客观干预活动，但这种干预活动是在一定目的支配下的行动。因此，土地利用是指人类有目的地对土地进行干预的活动。这种干预活动包括四个方面：

（1）土地开发。土地开发有广义和狭义之分。广义的土地开发是泛指把尚未利用的土地经过清理、整治，使之可以投入使用；也包括把通常无法利用的土地加以改造，然后投入使用；还包括将农业用地，经过平整和基础设施建设后转为非农业的建设用地。狭义的土地开发即土地开垦，是指把适于耕作的生荒地经过开垦变为耕地，以种植农作物。

（2）土地利用。这里的土地利用是个狭义的概念，是指由土地质量特性和社会土地需求协调所决定的土地利用过程。确切地说，土地利用是人类通过与土地结合获得物品和服务的经济活动过程。合理的土地利用，就是寻求和选择土地资源的最佳利用目的和途径，以发挥资源的优势和最大结构功能。

（3）土地整治。土地整治是指改变土地利用中不利于生态环境条件的综合措施。土地整治是为了使土地资源得到永续利用，人为地创造土地生态良性循环的途径。一般来说，土地整治类型有水土流失整治、盐碱地整治、沼泽地整治、风砂地整治、红黄壤低产地和海涂整治。

（4）土地保护。土地保护是要保护土地资源及其环境条件中有利于生产和生活的状态，指依据自然生态规律采取各项保护措施或在利用土地时，停止采用原来的破坏性措施，从而达到保护土地资源的目的。

3. 土地利用管理

土地利用是人类有目的地对土地进行的干预活动。然而，这种干预活动是在人类自觉的控制之下完成的，而这种人类自觉的控制又是通过政府实施的。任何一个国家都要直接或间接地控制和干预土地利用。政府控制和干预土地利用的根本原因是个人效用与社会效用存在着差异。政府控制和干预土地利用的途径可以分为直接和间接两种方式。

直接方式不难理解，是指主要通过限制土地的用途、布局、结构、利用程度和实现效果的途径来控制土地利用。如英国“控制开发”的概念，其“开发”的含义是：土地用途的重大变化或在土地上进行建筑、工程、采矿或其他作业的过程。地方政府通常在中央政府的指导下，通过批准或拒绝所提出的土地用途变更来实施“控制开发”。又如我国采取土地利用结构指标和土地利用计划指标来控制土地用途的数量变化。此外，采用容积率管制、建筑密度管制都是直接控制土地利用的行之有效的途径。间接方式主要通过限制土地产权或采取市场的途径控制和干预土地利用。如有些国家对农地所有权主体进行限制，以保证农地所有人更好地利用农地。又如，在农地流转中，有的国家或地区规定了相邻土地优先购买权，这样就保证了土地的规模经营，提高了土地的利用效率。还有，诸如地役权、相邻权、发展权的设定都会间接影响土地利用。

土地利用管理的内容主要包括以下几个方面：

（1）土地用途管理，就是对一定区域范围内土地的使用性质、用途的转换进行管理。

（2）土地利用结构管理，就是对各类土地类型的数量及比例结构进行管理。

（3）土地利用布局管理，就是对土地利用类型的空间结构、空间关系进行管理。

（4）土地利用程度管理，就是对土地利用强度、土地利用投入水平进行管理。

（5）土地利用效果管理，就是对土地利用产出水平、集约化水平进行管理。

1.1.2 土地利用规划的概念

土地利用规划是土地利用管理的一种手段和措施。目前，从事土地利用规划科学研究的学者和实践工作者对土地利用规划概念的理解存在一定差异。有代表性的几种解释是：王万茂主编的《土地利用规划学》中的定义是："土地利用规划是对一定区域未来土地利用超前性的计划和安排，是依据区域社会经济发展和土地的自然历史特性在时空上进行土地资源分配和合理组织土地利用的综合技术经济措施。"董祚继主编的《土地利用规划管理手册》中的定义是："土地利用规划是国家为实现土地资源优化配置和土地可持续利用，保障社会经济的可持续发展，在一定区域、一定时期内对土地利用所作的统筹安排和制定的调控措施。"于凤桐主编的《土地利用规划》（全国土地管理岗位培训统编教材）中的定义是："土地利用规划（简称土地规划）是指人们为了改变并控制土地利用方向，合理组织土地利用结构，提高土地生产力，根据社会发展要求和当地自然、经济、社会条件，对一定区域范围内的土地利用进行空间上的优化组合和在时间上实现该优化组合的安排。"

通过以上几种不同表述，我们可以对土地利用规划的概念得出几点基本的共识：

（1）土地利用规划是为满足社会经济发展的要求对土地利用所做的安排。土地利用是一个历史过程，社会经济的发展与土地利用的变化之间经常存在着强烈的矛盾，土地利用规划就是要通过控制和调节土地利用的变化来满足和促进社会经济的发展。因此，对土地利用的控制和调节必须建立在对"未来土地利用超前性的计划和安排"基础之上。

（2）土地利用规划是依据自然条件和社会经济条件对土地利用所做的安排。自然条件和社会经济条件是土地利用规划的基础。土地利用规划就是要在满足未来的社会经济发展目标的前提下，充分利用现有的自然及社会经济条件寻求最佳的土地利用解决方案。一切脱离自然及社会经济条件的土地利用规划都不可能满足社会经济发展的要求，都会影响其目标的实现。

（3）土地利用规划是在空间上和时间上对土地利用所做的安排。土地利用具有空间性和时间性。土地利用的空间性表现为土地利用空间结构和利用程度，而时间性则表现为土地利用的动态变化过程。

（4）土地利用规划是对土地资源的分配和合理组织。土地资源的分配就是确定合理的土地利用结构，并且在部门间、地区间或企业间分配土地；合理组织土地利用就是进行土地利用的分区、土地利用功能的组合，确定用地密度、空间容量和利用水平。

(5) 土地利用规划的本质是对土地利用的安排。这种安排包括土地利用的开发、利用、整治、保护四个方面。土地利用规划应该是社会经济发展规划、国土规划、区域规划、部门规划在土地利用上的具体落实，同时又是控制各种工程规划的手段。土地利用规划要求对土地利用的空间布局、数量结构、利用程度和利用时序做出安排。

综上所述，我们不难从本质上认识土地利用规划的概念。科学完整的定义应是：土地利用规划是为满足社会经济发展目标，依据自然与社会经济条件，在空间上和时间上对土地资源进行合理的分配和合理的组织。

实现社会经济发展目标是土地利用规划的出发点。在我国，社会经济发展目标集中体现在各级国民经济及社会发展规划中，如"国民经济及社会发展五年计划"等。还体现在国土规划、区域规划、产业规划、部门规划等各种相关规划之中。

自然条件及社会经济条件是土地利用规划的基础。自然条件主要包括地形地貌、气候、水文、土壤、地质、生态环境；社会经济条件主要包括人口、城市化水平、产业构成、经济总量、国家资产投资、基础设施水平、城镇体系、民族文化。

土地利用规划是在一定区域范围和一定期限内进行的。多数情况下，是按照行政区域范围编制的。但根据实际需要，还可按经济区域或自然区域范围组织编制土地利用规划。规划期限主要根据社会经济发展规划确定，一般为15年，最长可达50年。规划期限还可进一步划分为近期、远期，近期一般为5年，远期可为15～50年。实际上，年度计划本质上为一年期的规划，因而也是规划期限的一种，可划入短期规划。一般在2年内对土地利用所做出的规划或计划可称为短期规划。

对土地利用的安排不但包括划定土地利用区，确定各种土地的使用性质、密度、容量、利用水平，而且还包括各种土地利用措施的安排，如土地整治、土地保护等。

依据土地利用规划概念的内涵和外延的范围及深度的不同，土地利用规划还可划分为广义的土地利用规划和狭义的土地利用规划。广义的土地利用规划向上可以延伸到国土规划、区域规划、产业规划、部门规划，向下可以延伸到工程规划（对城市用地而言可延伸至修建性详细规划）。目前，我国开展的全国、省、市（地区市）土地利用总体规划实质上包含了国土规划、区域规划、产业规划、部门规划的内容，而开展的土地利用详细规划，如整理规划，又包含了工程规划的内容。因而，在实际工作中，我国正在开展的土地利用规划实质上属于广义的土地利用规划。狭义的土地利用规划就是指对一定区域范围的土地利用所做的安排。

1.1.3 土地利用规划内容

不同类型、不同层次的土地利用规划的范围、任务不同，其规划内容也不尽相同，但一般应包括以下基本内容：

1. 确立土地利用目标

土地利用目标是通过土地利用规划所要达到满足社会经济发展目标的一种土地利用状态。一些社会经济发展目标本身就是土地利用目标。一个良好的土地利用规划必须做到目标明确，土地利用方向清晰。土地利用目标可以分为目标和具体目标。目标是规划努力所要导向的目的地，在形式上，目标是概括性的，表示一种理想。具体目标是为实现目标而设定的标准或要求，以可度量和可以实现的形式表示。一个目标可以转换和细分成若干个具体目标。

2. 确定土地利用指标

土地利用指标是指各种功能用地所要求达到的数量及质量要求，既可以是相对指标，也可以是绝对指标。相对指标一般以用地结构表示。绝对指标以用地规模或质量程度表示。土地利用指标的确定充分反映了土地利用目标的要求，常见的指标有：土地利用结构指标、耕地占有量指标、建设用地占用耕地指标、补充耕地指标、基本农田保护指标、森林覆盖率指标、土地利用率指标、耕地质量等级指标、建筑密度指标、容积率指标、空地率指标、高度指标等。

3. 土地利用分区与用地配置

土地利用分区是指依据土地利用的地域分异规律以及土地基本用途的功能、对策的差异性和一致性划分土地利用单元。处于同一区域的土地在自然条件、社会经济条件以及土地的用途、功能对策等方面具有相对一致性。土地利用分区是合理组织土地利用的基本手段，根据分区的依据、原则、方式、作用不同，土地利用分区可划分为地域分区和用地分区两种类型。地域分区是依据地域分异规律和土地利用条件、特征、发展方向和途径的相对一致性划分的土地利用综合区域。地域区是范围连续、面积较大的地理空间。用地区是依据土地的基本用途和功能划分的土地用途区域。用地区在空间上可以不集中连片，面积可依据需要确定，可大可小。全国、省级、地市级土地利用总体规划要求划分地域区，而县级、乡级土地利用总体规划划分用地区。用地配置就是为生产、生活或工程等各种用地项目分配土地，详细确定每块土地的用途与功能。用地配置可以在土地利用分区的基础上进行，也可根据需要直接进行用地配置。由于用地分区是我国目前县、乡级土地利用总体规划采用的基本模式，因而，用地配置应该在用地分区基础上进行。乡级规划或土地利用详细规划须进行用地配置，对于城市用地规划而言，控制性详细规划即为用地配置。

4. 工程布局与用地规划

国土规划、区域规划、部门规划中所确定的工程项目要落实到土地利用规划中。各种工程规划要统一纳入土地利用规划中进行相互协调。将各种工程布局，如水利工程、交通工程、电力通讯工程、污水处理工程、垃圾处理工程、生态防护工程等，落实在同一张土地利用规划图上。规划图达到要求后，还要划定用地规划范围，同时，要编制用地规划概要表。工程布局与用地规划主要反映各种工程的位置、用地范围和用地数量。

5. 制定土地利用规则

土地利用规则是指按土地利用分区，依据法律、法规和规范对各类土地用途区的土地利用活动实行的限制，表现为对各类土地用途区中的允许、限制和禁止用途的有关规定。土地利用规则一般是在土地利用分区的基础上拟定的。

6. 拟定规划实施措施

规划方案编制完成后，还应对规划的实施提出具体措施，以保障规划得到有效的执行。具体包括行政、法律、经济、技术四个方面的措施。

1.2 土地利用规划的理论基础

1.2.1 系统工程理论

系统工程是系统科学的一个应用分支学科，是一门综合性组织管理技术，是以大型的复杂的系统为研究对象，并有目的地对其进行规划、研究、设计和管理，以期达到总体最优的效果。系统是由相互作用和相互依赖的若干组成部分组合起来的具有某种特定功能的有机整体，它本身又是所从属的一个更大系统的组成部分。系统工程方法论的特点是研究方法上的整体化，技术应用上的综合化，组织管理上的科学化。利用系统工程进行规划，是根据系统的概念、构成和性质，把土地利用作为系统，对它进行系统综合、系统分析、系统决策和实施，拟出能够满足土地利用规划要求的几种方案，使之有效地实现规划目标。系统工程作为一门新兴学科是在 20 世纪 60 年代前后才开始形成体系的。

土地之所以具有满足人类生产和生活各种需要的功能，不仅仅是土地本身的作用，更重要的是土地上投入一定劳动的结果。所以，可将土地利用视为一定的土地单元和一定的土地利用方式两个要素组成的系统——土地利用系统。因此，系统工程理论要求人类在利用土地资源时，必须要有一个整体观念、全局观念和系统观念，考虑到土地生态经济系统的内部和外部的各种相关关系，不能仅单一地考虑土地利用及其受益，而忽视土地利用对系统内其他要素和周围环境的不利影响。

系统工程方法之所以对土地利用规划研究也产生直接的影响，主要因为：

(1) 在客观世界里，系统和结构是紧密相关的。任何系统内部都存在着复杂的结构关系，而且，在任何系统的分系统之间和在分系统内部，也有一个结构问题。一定区域的土地本身就是一个复杂的系统，引入系统科学方法，可以将系统的结构分析得更加全面，使系统—结构—功能紧密联系。

(2) 系统科学在思考和解决问题时把目标选择放在极为重要的地位。目标可以分为定量和定性目标等，而这种目标的选择方法对于土地利用结构的分解和评价是十分重要的。

(3) 系统科学强调对众多的备选方案进行分析比较，找出最优方案。当评价目标有多个，而且彼此间又有矛盾时，要选出一个对所有指标均优的方案一般是不可能的，必须加以权衡。这个方法对于研究土地利用结构变化的趋势具有参考价值。

(4) 系统科学认为，由于系统往往大而复杂，无法直接分析和实验，一般利用模型来替代真实系统，然后加以分析。土地利用结构和调整包含生态的、技术的和经济的问题，错综复杂。要把这些问题加以综合处理，使各种因素组成一个达到最优水平的完整体系，就得求助于系统的方法，规划过程中的系统分析方法是以数学模型为主要手段的定量分析过程。

1.2.2 控制理论

规划的目的就是让有限的土地资源按照人的理想目标，在未来实现土地的经济效益、生态效益和社会效益达到最佳的组合，为人类的生存和发展创造更多的物质财富与优良的空间环境。所谓控制论，就是机器的自动控制或动物在自然界的活动，都可以看成是其本身组成部分间信息的传递过程。控制论就是研究动物(包括人类)和机器内部的控制和通信的一般规律的科学，着重研究上述过程的数学关系，而不涉及过程内的物理、化学、生物或其他方面的现象。

控制论包括以下几点：(1) 控制与控制论的对象是一个由信息组成的有限的整体，即信息系统。并且信息是传递的，是信息的传递推动有机体的变动。(2) 有机体的信息传递是有规律的，信息系统中有阀的存在，信息的传递是可控制的。(3) 在研究信息系统的传递中，比较注重的是量变到质变的过程，而且量变带有可逆性。(4) 控制与控制论是研究信息系统的手段，而不是最终目的。可根据不同信息和不同目的进行不同的控制，从而形成不同的规划方案。

控制论源于认识实践论。因此，控制要建立在生产实践中，正确认识土地利用与管理的内在规律的基础上。控制是必须在掌握大量土地利用信息和规律的基础上做出的控制，这就要求编制规划要做大量的调查研究，进行科学分析后做出控制的目标。规划区域、层次不同，控制的内容、标准也不尽相同，如高层次规划是宏观指导性控制，低层次规划是具体操作性规划，也就是指令性控制。而且需要明确的是，控制是手段而不是目的，控制合理与否，能否变为事实，都需要实践证明，规划的实施效果是检验控制的唯一标准。因此，可以说，土地利用总体规划控制论是土地利用总体规划哲学观和条件论在土地利用总体规划编制过程中的具体体现。它通过对土地利用系统的研究，发现其规律，并创造性地利用这些规律，达到控制土地利用的目的。

1.2.3 弹性理论

弹性一词来源于物理学，是指某一物质对外界力量的反应力。而在经济学中，弹性的内涵是指当经济变量之间存在函数关系时，一变量对另一变量变化反应的灵敏程度。弹性理论建立在不确定性思想和非理性思想的基础上，具有一定的现实意义。经济学上的弹性主要是指价格弹性，即由价格的变化导致需求和供给在一定的弹性空间内变化。而土地利用规划中的弹性则更为复杂，除了考虑价格弹性外，更注重于各种影响因素的变化导致规划主体和规划客体在时间、空间乃至上层建筑层面上的弹性变化。

规划是对未来的预测，未来越模糊，规划就越重要。由于客观条件的不断发展和变化，制约规划方案的各项因素都处于动态变化中，因此弹性规划思想被广泛运用到各个规划领域。土地利用规划中的弹性理论内涵主要包括以下几点：第一，规划的弹性是一种动态的思想，面对规划中内外部环境的不确定性和各种非理性行为，这种动态思想使规划更好地适应世界的变化。第二，规划的弹性是一种协调的思想。规划的重要特征之一便是具有多样性和复杂性，各种因素间都存在相互作用、相互影响的关系。因此，协调它们之间的关系，进行不断的博弈，有利于规划各方的协调发展。第三，规划的弹性强调规划各方选择的多样性，包括规划工作者与参与者、规划的目标、规划的技术方法等。面对难以预测的未来世界，弹性理论认为，在多方参与之下制定多种目标，采取多种方式，有利于规划不断促进人类的进步和社会的发展。

1.2.4 功能分区理论

土地作为一种生产要素，具有其特殊的经济区位意义。这就要求组织土地利用时，必须按照土地利用的特点来选择相应区位，进行合理功能分区，以此保证资源得到合理利用，获得最大的经济效益。土地利用规划实践必须合理地确定土地利用方向和结构，根据区域发展需要，将一定数量的土地资源科学地分配给农业、工业、交通运输业、建筑业、商业和金融业以及文化教育卫生部门，以谋求在一定量投入的情况下获得尽可能高的产出。在具体组织土地利用时，不仅需要依据地段的地形、气候、土壤、水利、交通等条件状况，确定宜作农业、工业、交通、建筑、水利等用地，而且要从分析土地的纯经济关系入手，探讨土地利用最佳的空间结构。功能分区的原则是：（1）各功能区之间，应有方便的联系。（2）经济利用土地，各区用地布局力求紧凑，外形力求整齐，并为今后发展留有余地。（3）充分考虑到居民对各种公共设施、动力设备的综合利用，为组织生产、方便生活创造条件。（4）有利于卫生、防疫、防火，有利于环境保护。

合理的功能分区能把功能相同的部分组合在一起，进行最优布局，使各部分用地紧凑，功能明确。既能避免不同功能间的相互干扰和影响，又可共同利用公共设施，减少基建费用，节约土地，使之有利于生产，方便生活。反之，功能分区不合理将给居民造成不良后果，如环境受到污染，影响居民健康，交通不便，影响生产和造成土地浪费等。因此，正确、科学地进行功能分区对土地规划而言意义重大。

1.2.5 精明增长理论

精明增长（smart growth）没有确切的定义，不同的组织对其有不同的理解。其中，较为权威的是美国环境保护局和精明增长网络将其定义为具有以下各方面特征的规划：混合土地用途，紧凑的建筑设计，多样的住宅类型，步行可及的邻近地区，独特的地区认知和地区感受，空地的保护，与现有社区的连接，交通方式的选择，有效性，合作性（EPA，2001）。新都市主义者有类似的目标（Leccese & McCormick，2000）。这些开发表明了甚至在某种程度上包含了除与现有社区连接、合作型规划之外的所有原则。

“精明”（smart）的内涵强调的不是将土地保护与发展孤立或对立起来，而是充分考虑土地开发、城市增长以及市政基础设施规划的需求。因此它不同于传统的开放空间规划途径，被认为具有先见性、整体性等特征，同时承认自然与人的不同需求，提供一个保护与开发并重的框架。其实，对未来的发展进行引导也是客观的实际需要。研究表明，在某些情况下，开放空间的布置可能反而会带动住区的发展。受绿色开放空间的宜人性和到CBD距离的影响，会产生两种情况：开放空间逐步被城市所包围，或者引发新的跳跃式开发。因此，保护开放空间与引导开发需要从整个区域协调进行，即从整个区域的尺度来看待城市的增长与开放空间保护的需要，使这两方面在合适的位置高质量地进行。

实现城市精明增长有三条基本途径：充分利用价格手段的引导作用；发挥政府的税收政策的指向作用；综合利用土地利用法规的控制作用。精明增长的基本假设是通过科学的规划可以平衡资源保护与开发之间的关系，而城市的一切发展均以土地为载体，城市增长的“精明”最终落实在土地利用的精明上。因此，编制科学的土地利用规划是实现城市精明增长的关键。

1.2.6 人地协调理论

人地关系即人类与其赖以生存和发展的地球环境之间的关系，是在人类出现以后地球上就已客观存在的主体与客体之间的关系。人类在漫长的进化过程中，与生存环境之间的物质和能量形成某种动态平衡关系，为了维持这种平衡，防止人类活动造成环境突变给自身带来的巨大灾难，就必须不断协调人与环境的关系。

由于人与自然相互作用范围的扩大和相互作用形式的复杂化，地球上几乎不存在没有受到人类活动影响的纯自然界。作为人类生活环境的自然界，已经基本上成为社会化了的自然界，人化了的自然界。人类活动同环境是息息相关的，离开了特定的物质循环，人类就无法生存。人类要引导环境向有利于人类的方向发展，趋利避害，符合自然界的客观规律。反之，不按照自然规律办事，破坏了地球维持生命的能力，终将受到自然的惩罚。因此在进行土地规划编制时，必须要尊重自然规律，注重协调人与地的关系。

1.2.7 景观生态学理论

景观生态学起源于欧洲，景观生态学是介于地理学与生态学之间的边缘学科。德国地植物学家卡尔·特罗尔（Carl Troll）在《航空相片制图和生态学的土地研究》一文中首次提出景观生态学的概念，并用以阐述基于景观学的区域差异对比研究与生态学的结构功能系统研究的科学综合。按照景观生态学的观点，景观就是地面上生态系统的镶嵌，景观在自然等级系统中是一个比生态系统高一级的层次，景观就是自然和人文生态系统载体的土地。因此，景观生态学常被称为“地生态学”。

景观生态学对于研究土地利用及其经济问题有着重大的作用。景观生态学的理论也是重要的土地利用规划的基础理论，在规划中的运用也很普遍。景观生态学的原理要求：一是要从景观生态角度提出景观评价和规划，强调的是景观生态要素（景观生态系统）之间的相互作用及各种景观生态系统的适应性特征。空间格局的生态优化是以往土地利用优化配置中的薄弱环节，景观生态学的发展与完善为弥补此项不足提供了一个全新的研究视角。二是从系统生态学和生态经济学角度提出生态规划，强调生态系统的良性循环和土地的生态功能。三是编制土地利用规划要依据不同地域景观的生态结构和功能特征，对不同区域采取不同的土地开发、利用、整治和保护措施，遵循自然规律，促进一定地域范围内的景观生态结构更稳定，功能更优化。

1.3 土地利用规划的地位与作用

1.3.1 土地利用规划的地位

1. 土地利用规划是土地管理的“龙头”

土地利用规划是土地管理的重要内容，是土地管理科学化、法制化的基础，也是土地管理的基本依据和手段，具有对国民经济各业各类用地规模的总量控制和合理布局的龙头作用。土地规划是龙头，其他如耕地总量的动态平衡、建设占用耕地的动态平衡、土地整理、土地开发、土地复垦等都是土地利用规划的实施。土地利用规划是一个开放的动态的灰色系统，因为它涉及社会经济、政治法律、自然地理和技术工程等多种领域。它具有战略性、地域性、政策性、综合性、动态性的特点，也兼有近期实施的可操作性。它既是调整产业结构，合理安排生产力布局，保障人民生活基本需要和促进国民经济快速、稳定、协调发展的蓝皮书，又是编制土地利用年度计划以及审批各项用地的重要依据。我国的土地利用规划分为国家、省、市、县、乡五级规划，其中国家和省的土地利用总体规划是制定辖区范围内的土地资源利用的纲要性规划，其主要任务是根据社会经济发展规律和外部环境条件，从全局和长远的利益出发，合理利用和优化配置有限的土地资源，对辖区范围内的全部土地资源通过土地利用分区并对各区提出利用目标，确定各部门用地比例，特别是耕地保护规划和建设用地规划的比例关系，妥善解决“吃饭”和“建设”之间的问题，并安排好辖区范围的重大建设项目的用地规划。市、县、乡的土地利用总体规划是根据上级下达的指标要求和本辖区的社会经济发展规划，制定辖区范围内的土地利用具体执行规划，其中市级规划偏重于土地用途分区和各部门之间用地数量的平衡，特别是保护耕地总量与城市化、工业化用地之间的平衡，而县、乡级规划则偏重于在各业用地数量平衡的基础上落实空间配置。

土地利用规划是根据社会经济发展规划，以及各部门建设、城市建设和保护耕地等的需要，针对辖区范围内的全部土地资源，以合理利用与保护及其优化配置为目的，充分发挥土地资源潜力，经过上下左右和各行各业之间的平衡选优而制定的规划。城市规划虽然十分重要，但它只能代表“城市用地”这个局部。从土地利用区域来看，城市规划与土地利用规划是点与面的关系；从规划空间范围来看，城市规划的范畴比土地利用规划小，二者应该是“局部”与“整体”的关系。土地利用规划获得通过后，城市用地规划必须服从土地利用规划。由此可见，落实土地利用总体规划是实现社会经济可持续发展，以及处理好“吃饭”和“建设”两大关系的关键。因此，必须确定土地利用规划的主导作用，即确定土地利用规划在土地管理中的“龙头”地位。

2. 土地利用规划是政府的“有形之手”

市场经济是资源配置的有效手段，在完全竞争条件下，市场的运行能实现资源的优化配置，推动社会经济的发展，但市场并不是万能的，更不是完美的，而是存在着若干自身无法克服的缺陷。既然无法克服，就需要通过国家的调控加以弥补。土地资源作为最重要的社会资源，其优化配置是资源优化配置的最重要部分。是否可以通过完全的市场手段保证土地实现“地尽其利”？事实上是不行的，土地作为生产要素，与资本、劳动力等要素相比，具有不可移动性、不可再生性的特点。通过市场机制来追求耕地、建设用地以及与其他用地之间的平衡，只会使土地价格急剧波动，引发严重的经济及社会问题。这就需要通过政府的有形之手，弥补市场经济的不足，需要充分发挥政府的主导作用，在保证耕地动态平衡的情况下，对城市土地资源进行整体规划，从而实现耕地、建设用地及其他用地的供给，满足社会可持续发展的需要。土地利用规划作为土地管理的主要手段，是政府实现对土地资源进行优化配置的最有力工具。土地利用规划为实现资源的优化配置，提出指导性指标与控制性分区以及为制定行政、财政以及引导性政策提供依据。土地利用规划鼓励部门用地按照土地利用规划实施配置，以避免由于过度地强调比较利益，引起土地向某些部门的过度集中，或是忽略比较利益低的公益事业用地和农业用地，或是由于过度集中造成部门用地浪费，降低土地利用效率。

当然，政府的主导并不是要代替市场，而是在城市土地整体规划的框架内，引入市场竞争机制，加快推进城市土地资源经营的市场化，通过“规划＋市场”的土地经营理念，激发土地市场的竞争活力，充分发挥城市有限土地的作用。这样，既调控土地资源的开发，实现经济、社会和环境的和谐发展，又提高了土地利用的效率，实现城市土地的集约化利用。

3. 土地利用规划是实现土地可持续利用的重要手段

土地实现可持续利用是土地管理的主要目标，随着人口压力的增加、工业化和城市化的推进以及生态环境保护的需要，土地利用的矛盾日益尖锐，对土地资源进行可持续利用比以往任何时候都更加迫切和重要。怎样才能有效实现土地资源的可持续利用？在市场经济中，市场在土地利用中经常起到仲裁人的作用。然而不幸的是，市场并不能保护农田，使其免遭非农业部门的侵夺。市场更不能保护各类生态环境用地，使其免遭农业和非农业部门的侵夺。因此，要有效实现土地资源的可持续利用，不能完全依靠市场这只“无形的手”，还必须依靠政府这只“有形的手”来弥补市场的缺陷。土地利用规划就是政府“有形的手”对土地利用进行干预的一种主要形式。政府通过土地资源调查、分类、分区，制定土地利用准则和标准，对土地利用进行安排和规划，并制定相应的法律和政策措施或采取其他手段，保障土地利用规划的实现。实践表明，科学编制和有效实施土地利用规划能够防止最终导致破坏性后果的市场投机，保障土地利用遵循经济效益、生态效益、社会效益最大化原则，是实现可持续发展的重要手段。

日本是较早制定土地利用规划的国家。迫于空间和土地资源少的巨大压力，日本将全国划分为城市、农村、森林、天然公园等若干土地利用区，采取措施严格保护农田、森林、水源等重要资源，在工业化和城市化高速发展的同时，成功地保持了大米自给和生态环境良好，成为其他国家效仿的典范。法国、荷兰、比利时、德国、加拿大、美国等国则在制定土地利用准则或土地利用规划的基础上，大力实施农田保护计划和其他资源保护或利用计划，均取得了卓越的成效。从土地利用规划制定和实施较好的事例来看，各国均体现了如下一些土地利用准则：(1) 保护农田。(2) 保护自然生态系统。(3) 节约用地。(4) 治理和恢复被破坏的土地，等等。由于以上各国土地利用规划严格遵循了以上准则，并且在实施上采取了限制性和强制性措施以及经济上给予充分的财政支持，因而能够较好地保障土地可持续发展目标的实现。

1.3.2 土地利用规划的作用

1. 宏观调控

土地利用的宏观调控，是国家根据社会和经济发展的需要，兼顾国家和民族的当前利益和长远利益，通过立法采取经济和行政措施对土地利用从宏观上进行调整和控制。现阶段我国对土地利用的宏观调控主要有规划调控、计划调控、财政金融调控、地价和税收调控等，然而土地利用规划调控是最基本的调控形式，它是通过编制和实施土地利用总体规划来实现的，在土地利用宏观调控中有着不可替代的作用。

土地利用总体规划作为国民经济和社会发展中长期发展计划体系中资源管理计划的组成部分，直接行使其宏观调控职能。由于市场经济本身存在局限性，因此国家进行宏观调控是市场经济的内在要求。建设社会主义市场经济体制，就是要在保证市场对资源配置起基础性作用的同时，还必须建立起一个完善的宏观调控体系——计划、财政和金融三大支柱。其中国家计划是宏观调控的重要手段之一，它主要着眼于中长期结构优化问题，调控的重点偏向于供给管理方面。因此，土地利用总体规划在建设社会主义市场经济过程中发挥着对土地资源优化配置、宏观调控的重要作用，可以说是市场经济宏观调控体系的重要组成部分。

土地利用总体规划是从战略高度对一定区域、一定时期的土地利用目标、方针、结构和布局等所进行的超前规划。土地利用总体规划要合理分配与协调平衡各行各业的用地需要，以使用地结构与布局的合理调整服从于社会经济和社会发展的总目标、总任务。土地资源是一切自然资源中最基本和最宝贵的资源，如何把有限的土地资源合理地分配于社会众多领域和部门，以达到有效率的生产组合，避免资源不必要的闲置和浪费，是土地利用总体规划要解决的中心问题。

高层次（国家和省级）土地利用总体规划为国家宏观经济环境的调控提供依据。土地利用规划从土地资源配置的角度，提出国家宏观区域经济布局、产业结构调整目标以及土地供需总量平衡的指标，使之成为国家制定长远经济发展计划，制定产业政策、财政政策、货币政策等的重要依据。土地利用规划从土地利用的角度提出国家或区域经济增长的合理速度指标、基本建设投资规模指标、国家大中型建设项目的用地指标等。高层次土地利用总体规划特别是国家土地利用总体规划以指标规划为主，提出指导性计划。国家通过制定有关的土地利用计划、经济和行政政策、法律条例等手段，控制和引导这些指导性或指令性控制指标的实现，达到对宏观经济环境的调控。

2. 微观控制

土地利用的微观规划表现为具体措施在特定阶段和部门的实施，它是在宏观布局的基础上对土地的合理组织利用，以最大限度地提高其产出率和利用率，降低土地占有率。为避免土地经营的盲目性和无政府行为，在定量与定位的基础上，通过具体的土地利用规划，限制土地利用中的某些不良倾向，提出土地利用方式、土地利用强度等方面的限制性规定，实行土地利用的规划许可制度。土地利用的微观规划是扩大土地利用的重要途径和有效措施，是土地持续利用的巨大潜力。土地微观规划的控制作用主要体现在：

（1）乡村土地利用总体规划。乡村土地利用总体规划是在县级土地利用总体规划的基础上，将土地利用分区和发展指标以及各业用地的配置具体分解落实到乡镇，规定“一点”（居民点）、“两线”（交通和水利干线）和“三面”（各类用地面积）的具体位置和界线。

（2）耕地保护规划。划分基本农田保护区是在我国耕地资源继续减少，人口不断增长等具体条件下所需采用的必要手段，因此，在总体规划的控制下，加快基本农田保护区规划是当务之急。但是，耕地保护必须是数量和质量的统一，在耕地质量问题上，不仅要保护耕地现有的质量水平，而且要不断提高。建立土地质量动态评价系统等的目的之一，是服务于耕地质量的建设需要。耕地保护规划必须详细规划，落实到地块，把保护耕地与建设耕地统一为一体。

(3) 农村集镇与农村居民点建设规划。随着我国城市化进程的加速，农村小集镇和农村居民点建设速度也不断加快，然而在多数地区，这项工作缺乏应有的规划指导，大量农田被占用，缺乏合理布局，明显表现出规划滞后的现象。土地利用规划在现阶段的一项重要任务就是要对小城市、集镇的发展建设实行指导和控制。在土地利用总体规划的指导下，积极开展小城镇、集镇建设规划，使集镇建设按照规划进行，避免盲目占用土地和浪费土地。

(4) 乡镇企业土地利用规划。乡镇企业如雨后春笋般迅速发展，并在农村经济发展以及产业结构调整中起着关键作用。但同时也带来许多问题：土地资源浪费严重，规模小，布局分散，污染严重等，因而必须通过土地利用规划加以规范和限制，引导乡镇企业集中布局，提高集聚效益，降低污染。

1.4 建国后土地利用规划的发展

建国后我国土地利用规划大致可分为三个阶段：

(1) 第一个阶段：建国初期到“文化大革命”开始的国营农场、农业合作社和人民公社的土地利用规划阶段（1950—1966）。

1) 建国以来，我国的土地利用规划大多数沿用苏联模式，当时为发展农业生产，其主要侧重于国营农场。国营农场开始兴建时规模很大，要求对土地进行全面的科学的规划，即按“山、水、田、林、路、居”全面布局土地。1951 年，国营红星农场在勘测的基础上，对土地利用、田渠、林的配置及居民点的安排和配置做了规划。1952 年，黑龙江集贤县三道岗地区在测绘地形图和进行土壤普查的基础上，参考苏联模式进行了规划设计。当时由于翻译的原因，土地规划被译为“土地区划”，后几年在黑龙江几个大型国营农场也独立进行了土地规划工作，这时土地规划被译为“土地整理”，直到 50 年代后期才改称为“土地规划”。1954 年，在苏联的帮助下，我国建立了国营友谊农场，以马斯洛夫为首的专家组把苏联的规划方法和经验传入我国。黑龙江国营友谊农场的建立标志着我国第一次有组织地进行社会主义土地规划工作。在此推动下，我国培养了大量的土地规划专业人才，各省农业厅和农垦系统都建立了局处、研究机构和事业单位，土地规划也随之迅速开展起来。

2) 从 1954 年到 1958 年，我国处于农业合作社阶段，开展土地规划工作的目的在于从经济上和组织上巩固社会主义农业，创造最适宜的土地组织条件。土地规划的重点是解决小农经济遗留下来的土地利用不合理现象和农业合作化安排集体生产有关的迫切需要解决的问题，如消除不合理边界，改善水利设施，合理配置农、林、牧用地，开垦小片荒地，扩大耕地面积，改良盐、碱、砂、洼和瘠薄土壤等，尽量发挥土地生产潜力，制定轮作制。农业部于 1956 年下半年，通知各省进行合作社初步土地规划试点工作，1956 年 7 月至 1957 年 6 月共试点约 1 500 个合作社。1957 年，农业部为适应初级农业社过渡到高级农业社的需要，先后发出两次通知帮助进行土地规划。高级农业社土地规划工作是从无到有逐渐开展起来的。在正式开展前，农业部于 1955、1956 两年先后在哈尔滨、北京两市举办两期土地规划学习班，为各省培养土地规划技术骨干 700 多人，自 1956 年冬开始，各省又相续举办土地规划训练班。同时，在东北农学院建立土地规划专业，在全国三个农业专科学校设立土地规划专业，着手培养我国土地规划方面的中高级人才。

3）从 1958 年到 1966 年，处于人民公社阶段，人民公社土地规划的任务是根据党在那个时期所提出的政治任务和经济任务的原则所规定的。1958 年人民公社成立，农业部发出了《关于开展人民公社土地利用规划的通知》，人民公社土地利用规划内容比较广泛，与农林牧副渔和工农商学兵全面安排相结合进行。1958—1962 期间的土地规划任务是根据社会主义建设总路线和第二个五年计划的要求进行，规划研究的主要内容包括合理安排农、林、牧、副、渔等各项用地，以适应水利化、田园化、机械化、电气化的要求和贯彻农业“八字宪法”的需要。在 1960 年 3 月 17 日，《人民日报》发表了《人民公社要制定土地利用规划》的社论。1963—1966 期间，我国正处于第三个五年计划时期，土地规划的任务是继续巩固人民公社经济，为实现农村技术改造创造土地条件。1963 年农垦部决定在全国组建 100 个机械化生产队，同时进行土地规划。随后，在人民公社系统内形成了以机械化为中心内容的土地规划工作，并配合“农业学大寨”，广泛开展山水田综合治理，进行以规划方田、条田为中心内容的土地规划。此期间，学术气氛也很活跃，在土地利用规划的理论和方法的研究上，积累了一定的经验。

（2）第二个阶段：从“文化大革命”到改革开放前土地利用规划的低潮阶段（1966—1978）。在“文化大革命”中，作为“修正主义路线”的代表，几乎所有土地规划方面的教学、科研以及生产单位都被撤销，全部工作基本停止。但在这种艰难的情况下，土地科技工作者仍然积极投身于“三五”、“四五”规划编制工作，并结合编制“四五”规划开展土地规划工作，使土地规划和综合经济发展规划的编制相结合。这期间的土地规划基本上都是围绕荒地开发和基本农田建设的农业土地利用规划，规划中具有鲜明的农业区划印记。虽然新垦区的土地利用规划考虑了居住用地和围绕农业生产的仓储、机械厂房等用地，比较综合，但基本上还是以农业生产用地规划为主。1976 年后，土地规划刚从“文化大革命”后恢复，教学和科研等工作还没有走上正轨，土地利用规划的内容、任务及各级规划的编制方法处于学习和摸索阶段。

（3）第三个阶段：改革开放后的土地利用总体规划阶段（1978—现在）。改革开放以来，国民经济快速发展，经济建设对土地的需求日益增加，人地矛盾越来越突出，土地规划的作用更加明显。这期间土地规划的重点是编制各级土地利用总体规划，并形成完整体系。

1）从 1978 年到 1986 年，我国开始了全国土地利用总体规划的探索工作。为合理利用土地，加强土地宏观管理，从 20 世纪 70 年代末到 80 年代初，陆续进行了乡级、县级、省级的规划试点工作。1981 年五届人大四次会议通过的《政府工作报告》中指出：十分珍惜每寸土地，合理利用每寸土地，应该是我们的国策。要积极开展农业自然资源的调查，分别制定全国的和省、县的农业区划和土地利用总体规划，以及社、队的土地利用规划，努力实行科学种田。为了贯彻这个精神，农业部于 1982 年 8 月把黑龙江集贤县、河南光山县、湖北大冶县和四川眉山县作为第一批规划试点开展工作。在试点推广基础上，草拟的《县级土地利用总体规划要点》（修订稿）在扩大规划试点中开始参照试行。试点经验说明，在农业自然资源调查、土地利用调查及农业区划基础上，进行土地利用总体规划是协调各部门用地矛盾，合理利用和开发土地的有效手段。

这个时期的土地利用规划基本上是参照苏联的土地利用规划设计理论与方法，主要是以编制农业的土地利用规划为重点，解决局部地区土地利用存在的问题，土地规划工作并没有在全国全面展开。

2）从 1986 年到 1997 我国进行了第一轮全国土地利用规划工作。随着人地矛盾的日益激化，国务院于 1986 年设立国家土地管理局，与此同时，1986 年把编制土地利用总体规划工作作为各级政府的重要职责，写进了 1987 年 1 月 1 日正式实施的《中华人民共和国土地管理法》，这标志着我国土地利用总体规划走上了依法、统一、全面、科学管理的轨道。在我国经济建设加快发展过程中出现的建设用地规模扩张过快、耕地大量减少的背景下，1986 年起，各级土地利用总体规划（1986—2000）的编制工作开始在全国范围内部署和展开。这是我国开展的第一轮全国土地利用总体规划，因此，可以说 1986 年以后是我国土地利用规划的新生阶段。

1987 年，原国家土地局在组织编写《全国土地利用总体规划纲要》的同时，开展了辽宁、黑龙江、四川 3 个省级，穆棱、大冶、花县、辛集 4 个县级土地利用总体规划试点，在总结试点经验的基础上，制定了《省级土地利用总体规划编制要点》和《县级土地利用总体规划编制要点》。1992年前后，全国大多数地方都完成了第一轮省、市、县、乡级土地利用总体规划，构成了五级规划体系。1993年，国务院正式批准实施《全国土地利用总体规划纲要（草案）》、《土地利用总体规划编制审批暂行办法》和《县级土地利用总体规划编制规程》，1994年《中华人民共和国基本农田保护条例》颁布实施，1995、1996年部署编制基本农田保护区规划，后来又有了村镇建设规划。

在这个时期，我国土地管理工作开始由分散多头管理转为集中统一管理，由单一行政管理转向由行政、法律、经济和技术措施相结合的综合管理新阶段，土地规划工作也随之有了较大的发展。规划指标和规划分区构成了这一轮规划的基本内容，也可以说是基本的规划手段。在规划体系上，除了过去重点进行的农村土地规划外，又增加了区域性土地规划和城镇土地规划；在规划内容上，深度和广度方面都有了很大发展，土地规划在土地分配的空间组织和土地利用的空间组织方面都有了进一步的补充和完善。然而由于没有具体规划审批等事项，因而没有得到很好的实施，也就没有起到应有的作用。但就科学的方法而言，对后来的规划起到了重要的指导和借鉴作用。

3）从1997年到2003年，我国进行了第二轮全国土地利用规划修编工作。1997年7月开始，在全国范围内全面开展了新一轮土地利用总体规划修编（1997—2010）工作。此次规划修编是在非农建设大量占用耕地的背景下，以实现耕地总量动态平衡为战略目标，实施贯彻中央发出的11号文件即《关于进一步加强土地管理、切实保护耕地的通知》，决定在全国范围内冻结非农业建设项目占用耕地一年，冻结县改市的审批的前提条件下展开的。1997年10月28日，原国家土地管理局颁布了《土地利用总体规划编制审批规定》，对编制土地利用总体规划的原则、程序、要求以及国家、省、地、县、乡（镇）五级土地利用总体规划编制的任务、内容、原则及土地利用总体规划的评审和报批均作了详尽的规定。这是我国改革开放以来第一部专门对土地利用总体规划进行规范的部门规章，它提高了规划编制的科学性和可操作性。为贯彻中央11号文件精神和《土地利用总体规划编制审批规定》，全国各地转变观念，开展了以保护耕地为重点，按照实现耕地总量动态平衡、实施土地用途管制、以土地供给决定需求、集约用地等为原则的土地利用总体规划修编工作。

1998年9月，国土资源部发出《关于加强土地利用总体规划工作的通知》，要求提高认识，把土地利用总体规划修编作为实施《土地管理法》的重要措施，要依法编制土地利用总体规划，确保规划质量，要加快土地利用总体规划修编进程，加强规划审批和实施管理。1999年1月1日正式实施修订后的《土地管理法》，确定土地用途管制的前提和依据就是土地利用总体规划，并将确保本行政区耕地总量不减少作为编制土地利用总体规划的一个标准。此外，新的《土地管理法》对土地利用总体规划与乡村和集镇规划以及有关专业规划的关系作了规定。同时，还规定了国家建立土地调查制度和土地统计制度，要求建立全国土地管理信息系统，对土地利用情况进行动态监测。这些规定都强化了土地利用总体规划的地位和效力，对实现耕地总量动态平衡具有重要意义。

1999年4月国务院正式批准并印发《全国土地利用规划纲要》，实行“自上而下”逐级控制，规划方法上采取了土地利用分区与土地利用控制指标层层分解相结合的规划模式。截至1999年6月，全国省级规划已全部完成，地市县规划完成90%以上，乡镇规划完成80%以上，到2000年底，第二轮全国土地利用五级规划基本完成，并开始正式实施。

在第二轮土地利用规划修编阶段，土地利用规划得到了大的飞跃。土地利用规划在这阶段中连续有多部重要的法律、法规、规章出台，土地利用总体规划在土地管理中的“龙头”作用得到体现和加强，建立了实行社会主义市场经济体制时期以耕地保护为主的规划。本轮规划注重了城市规划、村镇规划的协调，基层规划划分了土地用途管制区，但必须注意到规划指标多被突破。以耕地保有量指标为例，截至2002年，有20多个省的数量已突破2010年的指标，客观上对如何改善规划编制方法，加强规划的基础研究提出了进一步要求。

4）从2003年到现在，我国进行了第三轮全国土地利用规划修编工作。随着我国城市化、工业化进程的加快，人地矛盾不断加剧，同时，产业结构调整和生态环境建设也对土地资源管理提出了新挑战。为保持宏观经济平稳发展，协调各种矛盾，中央要求严把土地供应“闸门”，运用市场手段积极参与宏观调控，而土地规划正是土地供应的重要依据；而且第二轮的全国土地利用总体规划已经执行8年，经济社会发生了很大变化，按照国内外有关规划惯例，已经到了修编期。2003年国土资源部下发了《关于土地利用总体规划修编试点采用基数有关事项的通知》，部署了12个县级和14个市（地）级土地利用总体规划修编试点。2005年7月，全国土地利用总体规划修编前期工作座谈会在京开幕，第三轮全国土地利用总体规划修编（2005—2020）正式启动。这次规划修编的重点是针对经济社会快速发展形势下，解决如何协调保护农用地与保障经济发展用地关系的问题，国土资源部提出以严格保护耕地特别是保护基本农田为修编的首要原则，为了确保规划的法律效力，国土资源部正在着手起草土地利用规划条例。

回顾建国后我国土地利用规划发展的历程，规划的内容、深度得到不断丰富和发展，规划方法也不断更新，由土地利用总体规划、土地利用专项规划、土地利用详细规划构成的土地利用规划体系基本确立，国家、省、市、县、乡（镇）五级土地利用总体规划体系不断完善。在规划内容上，由过去比较单一的农业用地规划，转为对行政辖区内城乡全部土地利用的总体安排；由侧重土地的开发利用设计，转为包括土地开发、利用、保护和整治在内的综合规划；由注重微观的土地利用组织，向加强土地宏观调控和政策引导转变；由以往强调生产发展，向统筹规划，促进经济、社会、资源、环境协调发展转变。在规划方法上，由计划经济体制下形成的定额测算、专业设计到综合平衡的方法，并在继承传统方法优点的基础上，综合运用多学科知识和技术手段，定性、定量、定位、定序相结合。通过两轮规划的编制和实施，全社会按规划用地、管地的意识不断增强，土地规划的法律地位得以提高，社会各界对土地规划空前关注，许多地方在规划编制和实施方面取得了很多好的经验。同时，通过近 20 年的土地规划实践，积累了大量的有关基础信息，培养了一批人才，在学科建设上也取得了很大进步。但是由于土地利用总体规划是一项内容极其复杂，技术难度很大的社会工作，所以土地规划在制定和实施过程中难免会遇到很多难题，使得制定，特别是实施土地利用总体规划并没有达到预定的效果。

需要指出的是，土地利用规划本身的理论、方法、技术、体系还需不断加强，规划的理念和制度需要继续创新，有关法律还待完善。因此，可以说，我国的土地利用规划任重而道远。

本章小结

本章在分析研究了土地利用内涵的基础上，综合了有关学者的观点，阐明了土地利用规划的科学含义，并提出了系统工程理论、控制理论、弹性理论、功能分区理论、精明增长理论、人地协调理论和景观生态学理论等七个土地利用规划的理论基础，同时阐明了土地利用规划的地位和作用，最后对土地利用规划的产生与发展做了简要介绍。

关键术语

土地利用　　土地利用规划　　系统工程理论　　控制理论　　弹性理论
功能分区理论　　精明增长理论　　人地协调理论　　景观生态学理论

复习思考题

1. 简述土地利用管理的主要内容。
2. 简述土地利用规划的概念和内容。
3. 阐述弹性理论在土地利用规划中的应用。
4. 试述土地利用规划的作用。

第2章 土地利用原理

土地利用规划是对一定区域土地利用超前性的计划与安排，也就是说，土地利用规划的规划对象是土地利用。只有理解了土地利用的内在规律，才能更好地在时空上进行土地资源合理分配和土地利用协调组织，所以本章将重点阐述土地利用的几大原理，以期为本书打下良好的理论基础。

土地利用原理包含土地、土地利用和原理三个要素，故对土地资源和土地利用两个概念的正确理解是研究相关问题的逻辑起点。土地资源是一个自然—经济综合体，土地利用既具有自然属性，也具有社会属性。因此，从土地和利用两个角度出发，土地利用不仅要遵循土地的自然历史特征，还应遵循一定的社会经济原理，以符合区域经济发展的需要。将土地利用原理与土地利用原则区分开来，是因为这些自然、经济和社会原理都是土地利用的内在本质规律，不随人们的意志而转移。

具体而言，从土地资源角度出发，土地是一定区域空间内的气候、基础地质、地形地貌、土壤和动植物等自然要素与人类过去和现在的劳动成果相结合的一个自然—经济综合体。土地的构成具有整体性，由各种自然要素和社会要素构成，土地利用须具有整体观和遵循系统原理；土地数量的有限性，决定了土地资源节约利用和集约利用的必要性；土地的存在是恒久的，其基本使用价值不会消失，故土地可以持续不断地加以利用；土地性能具有差异性，表现在土地的质量、用途、生产能力、经济效益等方面，土地利用须遵循地域分异原则，以取得土地利用最佳综合效益；等等。

从土地利用角度出发，土地利用是对土地资源的开发、利用、治理、保护和管理，以期达到最大的生态经济效益，须遵循一定的社会经济规律。土地利用需要了解其利用对象——土地价值，这样才能最大化地取得经济效益，因此土地利用应遵循地租地价理论；土地利用会影响自然生态环境，土地优化配置必须建立在保护土地生态环境的基础之上，土地利用有必要按生态经济系统原理追求环境效益的最优；土地利用具有可持续性，社会经济的长期稳定发展也要求土地供给能够恒久地满足土地需求；土地利用还具有规模报酬效益和土地报酬递减规律，为集约利用土地提供了理论基础；等等。综合考虑土地的自然特征、社会特征和经济特征，以及土地利用的社会经济规律，我们认为，土地利用最主要的原理有以下几个：地域分异原理、地租地价理论、土地区位理论、可持续利用理论、系统理论、生态经济原理等。这些原理成为土地利用规划的基础。

2.1 地域分异原理

全球范围的自然地理环境是一个整体，但是它的各个部分又存在着地域上的分异。换言之，自然地理环境除了具有整体性外，还具有与之相对应的地域性特征，即地域分异规律。所谓地域分异，是指自然地理环境各组成要素或自然综合体沿地表按确定的方向有规律地发生分化所引起的差异。受地域分异规律支配的这种分化，造成各地土地利用的模式和水平差别很大。土地利用要抓住地域特色，就需要根据地域分异原理，做到因地制宜、因土制宜。

2.1.1 地域分异规律概述

形成地域分异的基本因素有两种：一是太阳辐射，二是地球的内能。它们在自然地理环境的空间上或时间上的作用都是不平衡的，其作用的效应呈现出显著的矛盾。两者在地表自然界中异质的特殊作用，决定了地域分异的两个最基本的、最普遍的规律，即地带性与非地带性。地带性与非地带性是对地域分异规律本质成因的概括。而其他的地域分异规律则是基本规律的具体体现或是派生的规律。

地球作为一颗行星，因其形状和运动特性，以及它在宇宙中的位置，致使太阳辐射在地表分布不均而引起的地域分异，称为地带性。地带性的典型表现是地球表面的热量分带，即地球球形引起的太阳辐射呈东西延伸、南北更替的分异。因此它最能反映地带性的本质特点。地球表面获得的太阳辐射是随纬度的增加而减少的。人们通常根据辐射平衡把地球表面分成热带、亚热带、温带和寒带等几个热量带。热量分带决定了其他要素的地带性分异，包括纬向地带性、经向地带性和垂直地带性。

由于地球内能作用而产生的海陆分布、地势起伏、构造活动等区域性分异，称为非地带性。非地带性的典型表现是地表的构造区域性。由于区域地质发展史的差别，不同地区有不同的地质构造组合，从而得出一系列大地构造分区。每一大地构造分区，不仅具有区域地质发展史和地质构造组合的共同性，而且具有岩性组合的共同性以及共同的地貌表现特点，即表现为相应的大山系、大平原、大高原地貌，或表现为山脉、平原、高原等中小级别的有规律的组合。在大地构造—地貌分异的基础上，便可形成其他自然要素或自然综合体的非地带性分异。大地构造的空间分布格局不存在热量带那种近乎完美的数学规则性，相反，常表现为使地带性发生畸变的破坏作用，使得地表热量和水分重新分配。

地带性的能量来自太阳辐射，非地带性的能量来自地球内能，因此地带性因素和非地带性因素互不从属，相互对立，具有矛盾性；但它们又共同作用于自然地理环境中，二者存在着互相制约的联系，具有统一性。正是这两种基本的地域分异规律的矛盾统一在不同规模的地域上发生作用，才使得自然地理环境产生了复杂的空间分化。

2.1.2 地带性规律

热量分带和构造分区都是基本地域分异规律的典型表现，它们构成了不同形式的地域分异的基础。在地球表面，基本地域分异规律具体表现为纬向地带性和经向地带性。

纬向地带性是由于地球的形状和运动，以及它在宇宙中的位置，使得太阳辐射在地球表面有规律地变化（由低纬向高纬逐渐减弱），从而使得地表的热量条件和许多自然现象随纬度不同而呈现出有规律的相应变化。换言之，一些自然地理成分沿纬线方向常具有相似的属性和组合特征。这种呈带状的地域分化现象称为纬度地带性（规律），而太阳辐射和地表的热量条件便是促成自然地理环境发生纬度地带性分异的主要因素，气候带、生物带、土壤带主要受其控制。纬向地带性在陆地连续，地表结构比较简单。山脉走向为东西向的地区表现得更为明显，如亚洲大陆东部的纬向变化。

经向地带性是指地理环境各组成要素和自然综合体按经线方向由海洋向内陆

变化的规律。主要由海陆位置、低空盛行风向（如季风）、水分状况（干燥度）的差异，引起东西向递变的规律。因此，海陆位置、低空盛行风向和干燥度等是经向地带性分异的主要因素，它们可以影响气候带、生物带和土壤带的分布。经向地带性在陆地连续，山脉走向呈南北向的地区表现得更为突出，如我国的中纬地区。

纬向地带性和经向地带性相结合，称为水平地带性，它有两种表现形式，即带段性和省性。带段性是指非地带性单位内的地带性分异。省性是指地带性单位内的非地带性分异。例如，我国东亚季风大区（非地带性单位）内出现南北方向更替的各自然地带差异就是一种带段性。其中每一自然地带（地带性单位）内都有明显的省性分异。如中亚热带自然地带内部由沿海到内陆就存在这样的差异：东部（浙、闽）沿岸是受台风侵袭的范围，受暴雨影响很大；中部（湘、赣）是伏旱控制的地区，受寒潮影响较大，春季常出现倒春寒；西部（川、贵）降水比较均匀，降水强度不大，多云雾，形成比较阴湿的气候。总之，水平地带性是地带性因素和非地带性因素共同作用的产物，它支配了水平方向的地域分异，产生了地表水平地带。

垂直地带性是由于海拔高度的差异引起的自然景观的垂直递变规律。垂直地带性受水平地带性（纬向地带性和经向地带性）的制约，不同的水平带具有不同的垂直带，其基带、带数、带幅、优势带等均有差异，所以说，垂直带也体现出地带性规律。具体来说，它同时受到两种基本的地域分异因素的作用，是叠加了地带性影响的非地带性在地表垂直方向的具体表现，即垂直地带性与纬向地带性及经向地带性相互作用，共同支配着自然地理环境三度空间的地域分异，被合称为“三维地带性”。任何一个地方的垂直自然带都是纬向、经向和高度变化因素对自然环境共同影响和作用的结果。

2.1.3 非地带性规律

非地带性规律是自然景观的一种隐域性分布规律，受隐域性因子（如地下水、岩性、特殊的地表组成物质等）的控制，在地理分布上具有地方性特点，可以呈带状或斑状分布。分布区间不一定有严格的顺序。非地带性因素包括地质构造、岩性、地貌单元、坡度、坡向、山脉走向和地下水等，它们也可以影响气候、生物和土壤的类型和分布。

地方性分异是中尺度的地域分异，它是在地方地形、地方气候、较大范围地面组成物质差异的影响下，自然环境各组成成分和自然综合体沿地势剖面发生的变化，主要表现为有序性和重复性。有序性指在地方地形的影响下，自然环境各组成成分和自然综合体沿一定梯度有规律地依次更迭，可称为生态系列，或称为地球化学联系。重复性即复区性，由于近期发育历史相同，几个小流域内各自然单元重复出现，组成多次重复的组合。造成地方性分异的因素主要有：地方地形的垂直分化、生物环境的差异和第四纪疏松沉积物的分布。

隐域性是叠加了地带性影响的非地带性表现，是复杂化了的地域分异规律，一般也表现为中尺度。例如，沼泽是非地带性的，是由长期或周期性积水生境下发育的湿生多年生草本植物所构成的自然环境。不少沼生植物，如芦苇、苔草等具有很强的适应性，分布相当广泛。但是，不同的水平地带的沼泽却具有不同的特征。温带平原和山地积水条件下的沼泽属温湿性沼泽，就与属于热湿—暖湿型的热带、亚热带沼泽有显著不同。大范围的岩性差异同样会使整个自然地理环境改变性质。例如，不易风化的石灰岩构成雄伟陡峭的山峰；典型的喀斯特现象与土层很薄的石灰土；花岗岩与黄土状物质构成的地形与自然环境则另具特点。

微域分异是最小范围的地域分异。地貌部位差别是最重要的微域分异。不同的小地貌部位有不同的小气候条件、地表水排水条件、潜水的埋藏深度和流动性，甚至潜水的化学性质等都直接或间接地与地貌部位有关。再配合岩性土质的差异，则有不同的生物群落和土壤。地貌部位结合小气候条件，决定了不同地貌部位的干湿状况。由于基岩风化壳直接影响土壤的发育，所以，在同一地貌部位，岩性的差别可以形成不同的生境，生长不同的植物种类。例如，华北的石灰岩山坡，土壤呈碱性，多生长柏树；花岗岩风化的山坡，土壤呈酸性，多生长油松。

微域分异往往具有不同的空间组合特征和形式。例如，陕北的黄土高原就具有树枝状沟谷镶嵌和相间排列组合形式、塬梁组合形式、斑状镶嵌组合形式和阴阳坡组合形式等四种因微域分异而产生的空间组合形式。

2.2 地租地价理论

地租地价理论是非常经典的经济学理论，也是土地利用的最基本原理之一。自然状态的土地虽然不是劳动产品，没有价值，但有使用价值，并存在价格。而土地利用是人类通过与土地结合，获得物质产品和服务的经济活动的过程。土地之所以能够为人类提供产品和服务，是因为土地具有使用价值和能够满足人类需求的效用。

2.2.1 地租地价理论概述

在各个社会形态中，不同的土地所有权都要在经济上得以体现。地租就是土地所有者凭借土地所有权而获得的收入，它反映的是社会生产关系。任何社会只要存在土地所有权、土地使用权的分离，并且后者在土地利用中有剩余生产物被前者所占有，就有产生地租的经济基础。但是地租是一个历史范畴，在不同的社会形态下，由于土地所有权性质不同，地租的性质、内容和形式也不同，体现着不同的社会生产关系。地租源于奴隶社会，在封建社会得到普遍化、多样化，在资本主义社会得以规范化、现代化，在社会主义社会仍然得到保留并发挥着积极作用。

在市场经济中，地租是使用土地的代价。对于土地所有者来说，地租是出售一定时期的土地使用权所收取的价格，其经济实质是土地所有权在经济上的实现；对于土地使用者而言，地租是购买一定时期的土地使用权所付出的价格。在这里，土地使用权是以土地所有权为基础的，土地使用权的出让是以拥有土地所有权为前提的。可以说，地租是土地所有权在经济上实现的间接形式。

地价是土地所有权的价格，是土地资产保有者所拥有的资产金额，是出售土地所有权可取得的金额，也是购买土地所有权应付出的金额。可以说，地价是土地所有权在经济上实现的直接形式，但它的性质与一般商品不一样。

从实质上说，地租与地价具有同一性，都是土地所有权在经济上的实现。从数量上说，地租与地价互为反函数。这一相互关系的数学公式是：土地价格＝地租/还原利息率，即地价是地租的还原。

2.2.2 地租理论

地租理论曾受到经济学家的广泛关注，形成了各种学说。从发展的顺序看，地租理论可以分为四个阶段。

1. 古典地租理论

最早提出地租理论并对地租理论做出了开拓性贡献的是古典政治经济学家威廉·配第（1623—1678）。配第认为，地租是使用农地生产作物的一种剩余或净报酬，即从收获的生产中扣除生产费用以后的剩余部分，用公式表示为：地租＝市场价格－生产成本。这种理论的缺陷是没有把利润与地租分开，没有把土地的价值与使用价值分开，并且认为地租是土地的恩赐，而不是人类投入劳动的结果。但配第已经产生了朴素的级差地租的思想，指出了土地的位置与肥力不同，所要求的地租也不同。

英国古典政治经济学的代表人物亚当·斯密（1723—1790）认为，地租是因使用土地而支付给地主的代价，其来源是农业的无偿劳动。他肯定了绝对地租的存在，但没有明确提出级差地租的概念，并且其地租理论前后矛盾。斯密领先于同时代人的又一成就是他对城市地租的研究，同时他还将房租区分为建筑物租和地皮租。

詹姆斯·安德森（1739—1808）最早研究了级差地租理论的基本特征，被马克思誉为“现代地租理论的真正创始人”。他认为，在不同生产条件中生产出来的农产品具有统一的市场价格——这是地租形成的前提，而由于土地条件差异所带来的利润的差异，是形成级差地租的基础。由于安德森的阶级局限性，他否认资本主义土地私有权垄断的存在，从而否定了绝对地租的存在。

大卫·李嘉图（1772—1823）是英国古典政治经济学的杰出代表和理论“集大成者”，他运用劳动价值理论研究地租，对级差地租理论做出了突出贡献。他认为，地租是为使用土地而付给土地所有者的产品，是由劳动创造的。他认为地租产生的两个条件是：土地的有限性和土地肥沃程度及位置的差异。他在土地肥力和位置差异的基础上，建立了级差地租的初步体系，但由于他未弄清产品价值和生产价格的差别以及土地所有权的垄断，因此否认了绝对地租的存在。

2. 马克思的地租理论

马克思的地租理论是在批判和继承前人特别是李嘉图的地租理论基础上创立的，科学地揭示了资本主义土地私有制及其地租的本质。马克思认为，地租是由绝对地租和级差地租组成的，其中绝对地租产生的根本原因是土地所有权的垄断，级差地租产生的根本原因是土地经营者垄断，而土地质量优劣是产生级差地租的自然基础。

（1）绝对地租是指土地使用者为取得土地使用权而以地租的名义支付给土地所有者的租金。马克思正确地认识并全面而系统地阐述了资本主义条件下的农地绝对地租问题。

1）租用最差的土地也要支付地租，否则等于废除了土地所有权。在资本主义土地私有制条件下，耕种任何土地都必须交纳地租，而与土地的等级无关。由于土地所有权的垄断而必须交纳的地租，就形成了绝对地租。只有在地主与资本家合一等特殊情况下，才会出现用地不交租的情况。

2）农地的绝对地租来源于农业部门的资本有机构成低于非农业部门，从而产生的超额剩余价值。农业上一定量的资本，同社会平均构成的同等数量相比，会产生更多的剩余价值。农产品这种价值高于生产价格的差额，即剩余价值与平均利润之间会形成一个差额——超额利润，而这个差额就是绝对地租的来源。

3）农业部门的资本有机构成低所产生的超额剩余价值之所以转化为绝对地租，是由于土地所有权的私人垄断。土地所有权的垄断限制了资本的自由转移，阻碍了利润率的平均化，使得农业中的超额利润能够保留在农业部门内部，即农业中的超额利润不再参与社会利润平均化过程，而保留在本部门中并转化为绝对地租。

4）现代资本主义社会农业绝对地租来源于产品的垄断价格。现代资本主义社会的农业生产力已经得到极大的提高，农业资本有机构成低于社会平均资本有机构成的绝对地租的产生条件不再存在，这样，使用农业土地必须支付的绝对地租来源不再是农业资本的个别生产价格与社会生产价格的差异，而是“只能来自市场价格超过价值和生产价格的余额，简单地说，只能来自产品的垄断价格”。

（2）“级差地租”是由于经营优等土地和中等土地获得的超过平均利润以上的超额利润，这部分超额利润通常转化为地租，即级差地租。马克思发展了资本主义级差地租理论，揭示与阐明了级差地租的性质、形成及其运动规律。

1）土地存在优劣差别，经营优等地可获得超额利润。农地肥力和位置总是有差别的，在不同土地上耕种，劳动生产率必然有差别，在较优土地上产量高。而由于土地面积的有限性，农产品的社会生产价格由投入耕种的劣等地的个别生产价格决定，具有优越自然条件的土地即获得一定的超额利润。

2）土地经营的私人垄断是使级差性超额利润相对固定化的社会经济基础。有限的自然条件形成超额利润，而土地经营的垄断使该超额利润比较稳定和持久。

3）土地所有权的垄断使该稳定而持久的超额利润转化为级差地租，归土地所有者占有。资本主义级差地租产生的条件是优越的自然条件，由土地有限而产生的资本主义经营垄断产生了稳定的超额利润，土地所有权垄断则使之转化为级差地租。

4）由于土地条件的差异以及在土地上追加投资和必要劳动的不同，产生了两种级差地租：级差地租Ⅰ、级差地租Ⅱ。雇佣工人在肥沃程度较高或位置较好的土地上创造的超额利润转化的地租，就表现为级差地租Ⅰ。把资本连续投在同一块土地上，采取新技术、新设备等提高单位面积产量，由此带来的超额利润而形成的地租就是级差地租Ⅱ。级差地租Ⅰ和级差地租Ⅱ的实质是相同的，都是投在土地上的等量资本所具有的不同生产率的结果。

马克思还分析了非农业用地地租，主要包括建筑地段地租和矿山地租。由于土地所有权的存在，租用任何土地都必须支付地租，且非农业用地地租同样具有级差地租和绝对地租等形式。

3. 现代西方地租理论

自19世纪后期，随着世界范围城市化的趋势，城市用地与农业用地的矛盾日益突出。在比较利益的驱使下，大量农业用地变为非农业的城市用地。对此，美国经济学家约翰·B·克拉克（1847—1939）运用边际分析、数量分析以及报酬递减的规律，英国经济学家阿尔雷德·马歇尔（1842—1924）运用边际和供求综合分析的方法，英国经济学家R. 赫德运用区位理论分析地租地价。同时，美国另一位经济学家阿朗索利用数学模型，根据假设条件，揭示了地租的成因、结构，并进行了地价的时空分析。他们的研究将地租理论推向了更广的领域。

4. 当代西方地租理论

当代西方地租理论主要集中研究影响地租量的因素及地租量决定问题。美国当代著名经济学家保罗·A·萨谬尔森认为，地租是土地要素的相应的报酬。地租决定于供求关系形成的均衡价格，由于供给缺乏弹性，所以需求就成为唯一的决定因素，地租完全取决于土地需求者支付的竞争性价格。地租量完全取决于土地需求者之间的竞争。美国当代土地经济学家雷利·巴洛维认为，地租可以被简单地看作是一种经济剩余，即总产值或总收益减去总要素成本（或总成本）之后余下的部分，各类土地上的地租额取决于产品价格水平和成本之间的关系。

2.2.3 地价理论

土地与资本、劳动力共同构成社会经济的三大生产要素，因此是各经济学流派必然论及的对象，而土地价格是这一理论的核心问题。关于地价本源问题的理论根源有两种经济思想体系：一是马克思主义的思想体系，二是西方经济学的思想体系。

1. 马克思地价理论

马克思地价理论从劳动价值论出发，在批判地继承古典政治经济学地租理论的基础上，认为土地价格是地租的资本化。马克思的地价理论不仅科学地揭示了地价的本源，而且完全能够满足指导地价实践的要求。马克思地价理论包括以下内容：

（1）地价的二元构成。从理论上看，现实的土地可以分成两个部分：土地物质和土地资本。两者形成的过程不同，价格的特点也不相同。马克思认为，任何物品要具有价值，就必须是凝结了无差别的人类劳动。自然状态的土地物质未经人类的开发，没有投入人类劳动，不是劳动产品，因而不具有劳动价值。土地是自然的产物，而不是人类劳动创造的，所以没有价值。但是，在资本主义私有制下，土地成了商品，有了价格，可以自由买卖。土地具有价格，是由于有限的土地被土地所有者垄断了，只有支付一定数额的货币，他才愿意出让，否则，他是不愿意出让他的土地的。土地资本是土地的另一个组成部分，指凝结在土地之中的固定资产。土地资本的价值和价格与其他固定资本的价值和价格在经济上是相同的，具有使用价值和价格，其价格是真实的价值价格，个别生产价格由土地开发的成本加上平均利润而形成。

(2) 地价是土地收益的资本化。马克思曾经对土地价格进行了这样的描述：土地价格不外是资本化的地租。土地的购买价格是土地所提供的地租的购买价格。土地价格无非是出租土地的资本化的收入，地租是土地价格的内核。土地价格是资本化的地租，也就是土地收益。地租资本化实质上是地租收益资本化，土地价格是土地权利和土地收益的购买价格。

(3) 地价的本源是剩余价值。"一切地租都是剩余价值，是剩余劳动力的产物。"地租是租赁土地的价格，地价是购买土地的价格。地租、地价的存在是以土地所有权的存在为前提的，二者都是土地所有权借以实现的经济形式。

(4) 土地可以被出售。这是由于土地具有使用价值，由于土地所有权的存在，由于它可以被独占，更由于资本化的地租或资本化的贡赋的存在。因此，"土地也像任何其他交易品一样可以出售"。让渡土地，土地上的一切固定附属物随同转移。土地的完全价格包括土地资本和真正的地租资本化。前者是投入并固定在土地上的资本，是固定资本，后者是土地所有权的经济实现形式。

(5) 地价的存在具有正当性。这是由于土地所有权在一定的历史背景与一定的生产方式下，具有正当性。虽然"土地所有权并不是创造这个价格组成部分的原因，也不是作为这个组成部分的前提的价格上涨的原因"，但这种所有权使得别人不能经营这块土地，不论别人出于何种生产目的，只有必须向土地所有者纳贡时，土地才能成为他的投资场所。

2. 西方经济学地价理论

西方经济学地价理论的诞生可以追溯到 17 世纪。经过 300 多年的不断发展和完善，已经形成了一套完整的地价理论体系。根据研究的侧重点、研究范围及有关学者的观点，西方经济学地价理论可分为总体地价理论和个体地价理论。

总体地价理论分为古典学派和新古典学派。古典地价理论着重于地价的概念、来源、实质及特点方面的描述，与古典地租理论紧密联系，其代表人物有亚当·斯密、大卫·李嘉图和杜能等人；新古典地价理论则将影子价格、区位平衡、边际主义等新概念、新方法引入，认为地价的决定因素是土地的供给和需求，从而成为当代西方土地经济学的核心。

个体地价理论的主要特点是突出了地价的量化及与地价量化有关的因素分析。该理论又分为不同的学派。土地经济学派特别强调运输成本与地价间的互补性；土地利用学派从土地利用出发，建立城市土地供求函数，并认为城市土地需求函数是基于不同类型的城市土地使用者相互竞标的结果；生态学派主要从社会角度分析城市地价问题；行为学派则主要从政策和其他社会心理方面研究城市地价问题。

西方经济学地价理论与马克思土地价格理论不同，它是从土地的效用和稀缺性出发，认为地价由土地效用决定，其变化则由稀缺程度所决定，用使用价值来解释价值或价格，回避了地价的来源。但值得参考和借鉴的是，西方经济学地价理论对地价量化的研究，对边际分析、均衡分析、弹性分析、供求分析等数学工具的运用等。

2.3 土地区位理论

任何经济活动都需要以一定的空间作为依托，而作为承载万物的土地，是人类一切生产和生活的场所和空间，所以土地因子是影响经济区位的最基本因素。土地一般以两种基本方式参与经济活动：第一种是作为劳动对象，像农业生产活动，在这种土地利用状态中，土地的自然特征起着决定性的作用；第二种是作为作业的空间或活动场所，像工业、交通以及城市建设土地利用等，在这种土地利用状态中，土地所处的经济区位起着决定性的作用，土地利用的空间竞争显得格外显著。土地分区利用就是利用土地的区位特点，对土地在空间上进行科学布局并合理利用的过程。区位理论是土地利用的基本原理之一。

2.3.1 区位理论发展简史

区位源于德文的 standort，是 1882 年由 W. 高次首次提出，于 1886 年被译为英文 location。区位的主要含义是某事物占有的场所，但现代区位理论仅限于研究人类活动，从该意义上说，区位是人类活动所占有的场所。区位理论则是研究人类活动的空间选择及空间内人类活动的组合，主要探索人类活动的一般空间法则。

区位既然是人类活动所占有的场所，那么人类活动的领域和空间的扩展必然导致区位的发展与变化。因此对于区位的理解与把握也必须从动态和发展的角度入手。在农业经济时代，人类如何选择作为其主要经济活动的农业活动的场所是社会面临的问题，由此产生了杜能的农业区位理论；在工业经济时代早期，工业生产活动的场所主要取决于生产成本的大小，运费作为一个影响空间成本的重要因子，受到格外关注，因此最早出现了以成本（主要是运费）最小的韦伯工业区位理论；随着工业经济社会的发展，社会生产更多地受到市场的直接制约，市场因子备受关注，因此就有了廖什的市场区位理论；第二次世界大战以后，人类生活方式和价值观进一步多样化，仅考虑单一的经济因素已不能全面反映工厂区位选择的目标，从而重视非经济区位因子以及行为因素的新的区位理论应运而生。另外，在消费和流通活动中的区位问题也越来越受到重视，从而出现了反映作为人类生活基本场所的城市和聚落的空间配置规律的理论，如中心地理论。进而，由于人类经济活动的组织形式的重大变化，对于企业组织的空间规律探索的多部门企业区位理论随之出现。至今，区位理论仍在不断得到更新与发展。

2.3.2　农业区位理论

德国学者杜能于1826年完成的《孤立国同农业和国民经济的关系》（简称《孤立国》）提出了农业区位论，标志着区位理论的诞生。杜能农业区位理论是当时德国社会经济背景下的产物，目的在于探索农业生产方式的地域配置原则。

杜能考察问题的方法是“孤立化的方法”，将影响农业区位的纷纭复杂的种种条件加以简化，只考察一个要素（即市场距离）的作用。他的六个假设条件是：(1) 肥沃的平原只有一个城市；(2) 不存在可用于航运的河流与运河，马车是唯一的交通工具；(3) 土质条件一样，任何地点都可以耕作；(4) 距城市50英里之外是荒野，与其他地区隔绝；(5) 人工产品供应仅来源于中央城市，而城市的食物供给则仅来源于周围平原；(6) 矿山和食盐都在城市附近。

杜能证明了城市的周围将形成在某一圈层以某一种农作物为主的同心圆结构。以城市为中心，由里到外依次为自由式农业、林业、轮作式农业、谷草式农业、三圃式农业、畜牧业。这些同心圆结构称作“杜能圈”，见图2—1。

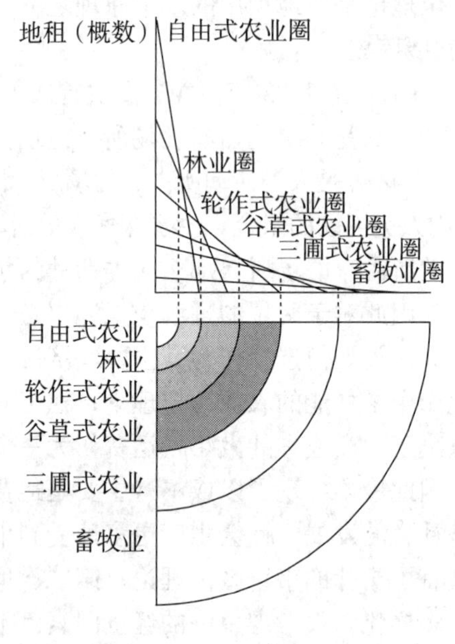

图2—1　杜能圈

(1) 第一圈——自由式农业圈。为最近的城市农业地带，主要生产易腐难运的产品，如蔬菜、鲜奶。

(2) 第二圈——林业圈。供给城市用的薪材、建筑用材、木炭等，由于重量和体积均较大，从经济角度讲，必须在城市近处（第二圈）种植。

(3) 第三圈——轮作式农业圈。没有休闲地，在所有耕地上种植农作物，以谷物（麦类）和饲料作物（马铃薯、豌豆等）的轮作为主要特色。

(4) 第四圈——谷草式农业圈。为谷物（麦类）、牧草、休耕轮作地带。杜能提出了每一块地的七区轮作。

(5) 第五圈——三圃式农业圈。此圈是距城市最远的谷作农业圈，也是最粗放的谷作农业圈。

(6) 第六圈——畜牧业圈。此圈是杜能圈的最外圈，生产谷麦作物仅用于自给，而生产牧草用于养畜，以畜产品如黄油、奶酪等供应城市市场。据杜能计算，本圈层位于距城市 51 公里～80 公里处。此圈之外，地租为零，则为无人利用的荒地。

距城市最近的郊区为高度集约经营，随着消费地距离的增加，土地经营愈益粗放。需要说明的是，孤立国条件下的杜能圈是一种完全匀质条件下的理论模式，当杜能假设的前提条件变化时，杜能圈的位置和大小均会发生变化。

杜能农业区位论揭示了即使在同样的自然条件下，也能够出现农业的空间分异。这种空间分异源于生产区位与消费区位之间的距离，从经济实质上看是农业区位的级差地租。在这里，区位级差地租可以解释为土地的区位价格，它与需求之间是正相关关系。这为土地资源的合理利用提供了一个重要的经济依据。

2.3.3 工业区位论

工业区位论是西方研究工业生产布局的理论，研究工业企业根据什么原则被吸引到特定场所，从而获得最大利益。工业区位论的奠基人是德国经济学家韦伯，他于 1909 年出版的《工业区位论》是关于土地区位的第二本经典著作，其理论核心是，通过运输、劳动力及集聚因素相互关系的分析与计算，找出工业产品生产成本最低的点作为工业企业的理想区位。后续的研究者在韦伯区位因子决定生产场所的工业区位论基础上发展了工业区位论，包括胡佛的运输费用学派、廖什的市场学派、伊萨德的区域科学派、普雷特的行为学派等。不断完善、不断发展的工业区位理论至今仍为西方区域科学及工业布局服务，它也被世界上其他工业相对落后的国家在发展中加以借鉴和应用。

韦伯区位理论的中心思想是区位决定生产场所，韦伯将经济活动在某特定地点所进行时得到的利益定义为“区位因子”，并分为一般因子和特殊因子。一般因子与所有工业有关，如运费、劳动力、地租等；而特殊因子与特定工业有关，如空气湿度等。他主张把生产吸引到运费最小、劳动力费用最少、生产地区最集中的地点，以求达到最大的利润。这正符合了经济发展的最根本的规律。另外，所有区位因子还可进一步区分为区域性因子和集聚性因子，前者使工业企业向特定地点布局，如工业受运费的影响，而向某一特定地点集中，这时运费即区位因子中的区域性因子。后者则因集聚利益（相关工业集聚以及相关设施的有效利用）而使企业向某一地点集聚，或由于集聚而导致地价上升而向其他地点分散。

韦伯在确定一般区位因子的过程中，排除了社会—文化方面的区位因子，而仅考虑其中七种成本因素。而七种成本因素中的四种没有区位意义，只剩下原料、燃料费、劳动成本，这三种因素与运费一起影响所有工业的一般区位因子。出于理论研究以及便于处理，又将原料、燃料费的地区差异用运费差异来替代，因此，影响工业区位的一般区位因子分别为运费和劳动成本。

与杜能一样，韦伯也采用了“孤立化的方法”，其工业区位理论是建立在以下三个基本假定条件基础上的：(1) 原料供给地的地理分布既定。(2) 产品的消费地与规模既定。(3) 劳动力存在于多数的已知地点，不能移动，各地的劳动成本是固定的，在这种劳动花费水平下可以得到劳动力的无限供应。

1. 运费指向论

在给定原料产地和消费地的条件下，如何确定运费最小的区位，是运费指向论所要解决的问题。运费主要取决于重量和运距，而其他因素，如运输方式、货物的性质等都可以换算为重量和距离。工业生产与分配中的运输重量主要来源于原料（包括燃料）以及最终产品的重量。

在对原料的分析上，韦伯指出了原料可分为遍在性和地方性原料，其中，地方性原料是制约工业区位的最重要因素；从原料与产品重量对比关系上则将原料划分为纯原料和损重原料。为了明确工业区位指向，韦伯运用了原料指数的概念。原料指数是指需运输的地方性原料的重量和制成品总重量之比。

$$\text{原料指数}=\frac{\text{地方性原料重量}}{\text{制成品总重量}}$$

计算结果表明，某一种工业生产的原料指数如果大于1，工业区位指向原料地；如果原料指数小于1，则工业区位指向消费区；若原料指数等于1，则工厂既可建在原料地，也可以布置在消费区。韦伯同时采用“范力农构架”的方法，推求出多个原料点和多个消费点的合理模式，以确定最小费用的工厂选址。

2. 劳动费指向论

韦伯工业区位论中，运费是决定工业区位的基础性因素，在此基础上，区位的确定要受劳动力成本的修订。当在低廉劳动力地点布局带来的劳动费用节约额比由最小运费点移动产生的运费增加额大时，劳动费指向就占主导地位，由运输成本所建立的工业指向的基本网络发生第一次变形。

韦伯为了判断工业受劳动费用指向的影响程度，提出了“劳动系数”的概念，即每单位区位重量的劳动费，用它来表示劳动费的吸引力。

$$劳动系数=\frac{劳动成本指数}{地域重量}$$

凡劳动系数大，即表示远离运费最小区位的可能性大；劳动系数小，则表示运费最小区位的指向强。进一步也可以说，劳动系数越高，工业也就会更加向少数劳动廉价地集中。韦伯设计了等费用线，以求选择运费和劳动费二者相互影响下的节省费用的最佳区位点。

3. 集聚指向论

韦伯进一步研究了集聚利益对运费指向或劳动费指向区位的影响。他认为，当一个工厂由集聚作用所节省的费用大于因偏离运费最小或劳动力费用最小的位置所追加的费用时，其工业企业的选择点就由集聚来决定。这就把多个因素影响的不同的小的区位点联系在一起，把受其他市场因子同时影响的工业企业联系在一起，指出了集聚因素定向的新区位。一般而言，发生集聚指向可能性大的区域是多数工厂互相临近的区域。集聚因素的作用使工业区位分布的基础网络发生了第二次变形。为了判断集聚的可能性，他提出了加工系数的概念，即加工系数等于单位区位重量的加工价值。该系数高的工业，集聚的可能性大；相反，集聚的可能性就小。

综观韦伯的工业区位理论，他分三阶段逐步构建其理论框架：

(1) 假定不存在运费以外的成本区域差异，影响工业区位的因子只有运费一个，即韦伯工业区位论中的运费指向论，由运费指向形成地理空间中的基本工业区位格局。

(2) 将劳动费用作为考察对象，考察劳动费用对由运费所决定的基本工业区位格局的影响，即考察运费与劳动费合计为最小时的区位，即韦伯工业区位论中的劳动费指向论。劳动费指向论使由运费指向所决定的基本工业区位格局发生第一次偏移。

(3) 将集聚与分散因子作为考察对象，考察集聚与分散因子对由运费指向与劳动费指向所决定的工业区位格局的影响，即为韦伯工业区位论中的集聚指向论。集聚指向可以使由运费指向与劳动费指向所决定的基本工业区位格局再次偏移。

韦伯的工业区位理论有其符合实际的地方，但受当时环境和所处社会制度的影响，工业区位理论仍然存在着许多不足之处。科学技术的发展和进步，使得诸多因素影响工业布局的作用在不断发生变化，尤其是技术因素和劳动力素质在工业布局中显得越来越重要。尽管如此，韦伯工业区位论的意义还是不容忽视的。

2.3.4 中心地理论

中心地理论也称为中心地方论，是由德国地理学家克里斯塔勒提出的。在他的重要著作《德国南部的中心地——关于具有城市职能聚落的分布与发展规律的经济地理学研究》(中文译作《德国南部中心地原理》) 中，深刻揭示了城市、中心居民点发展的区域基础及等级—规模的空间关系，为城市规划和区域规划提供了重要的方法论依据。

克里斯塔勒创建中心地理论深受杜能和韦伯区位论的影响，故他的理论也建立在“理想地表”之上。克利斯塔勒的假定条件有：(1) 中心地分布的区域为自然条件和资源相同且均质分布的平原；(2) 全地区交通运输条件都同样方便；(3) 生产者受谋取最大利润和消费者受尽可能少的交通费用的制约。

中心地理论的要点是：(1) 城镇是区域的“中心地”。在一定区域的范围内，必然会形成若干经济活动的中心地——城镇，城镇与周围地区形成相互依存、相互促进的关系。(2) 不同等级的中心地的地位与作用不同。在一个大地区内，必然形成高中低等级不等的中心地并构成中心地体系。中心地的等级性表现在每个高级中心地都附属有几个中级中心地和更多的低级中心地。居民的日常生活用品基本在低级中心地就可满足，但如购买较高级的商品和寻求高档次的服务，则必须去中级中心地和高级中心地才能满足。(3) 不同等级的中心地在外形上相互衔接，而且在数量上和面积上具有密切关系，上一级中心地与下一级中心地的数量比例具有固定的系数 K。

克里斯塔勒认为，有三个条件或原则支配中心地体系的形成，它们是市场原则、交通原则和行政原则。在不同的原则支配下，中心地网络呈现不同的结构，而且中心地和市场区大小的等级顺序有着严格的规定，即按照所谓 K 值排列成有规则的、严密的系列。

1. 市场原则体系

克里斯塔勒认为，在市场原则基础上形成的中心地的空间均衡是中心地系统的基础。中心地的市场区域规模是按照一定的比例变化的。按照市场原则，低一级的中心地应位于高一级的三个中心地所形成的等边三角形的中央，从而最有利于低一级的中心地与高一级的中心地展开竞争，由此形成 $K=3$ 的系统。各等级中心地的市场区域数具有如下关系，即：1，3，9，27，81，…，参见图 2—2。

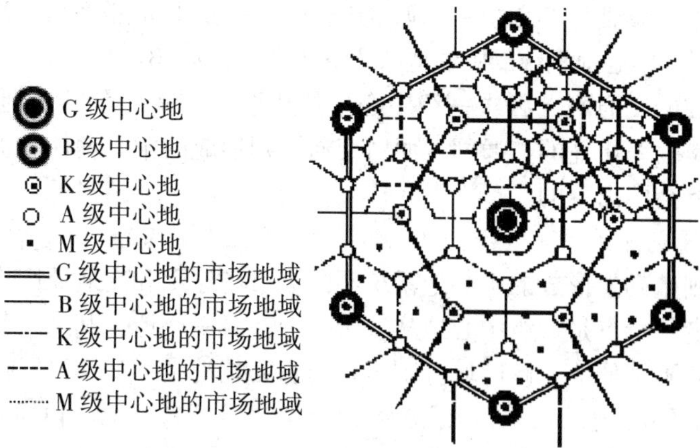

图 2—2 市场原则体系

在市场原则基础上形成的中心地系统称为 $K=3$ 的中心地系统。由此可得到各等级中心地的数量关系，为 1，2，6，18，54，…，即从区域内次级中心地开始，中心地的数量关系为：低级中心地是其上一级中心地的 3 倍。

2. 交通原则体系

交通原则基础上形成的中心地系统的特点是：各个中心地布局在两个比自己高一级的中心地的交通线的中点。高级市场区的边界通过 6 个次一级中心地，但次级中心地位于高级中心地市场区边界的中点，这样它的腹地被分割成两部分，分属两个较高级中心地的腹地内。而对较高级的中心地来说，除包含一个次级中心地的完整市场区外，还包括 6 个次级中心地的市场区的一半，即包括 4 个次级市场区，由此形成 $K=4$ 的系统。各等级中心地的市场区域关系为：1，4，16，64，256，…，参见图 2—3。

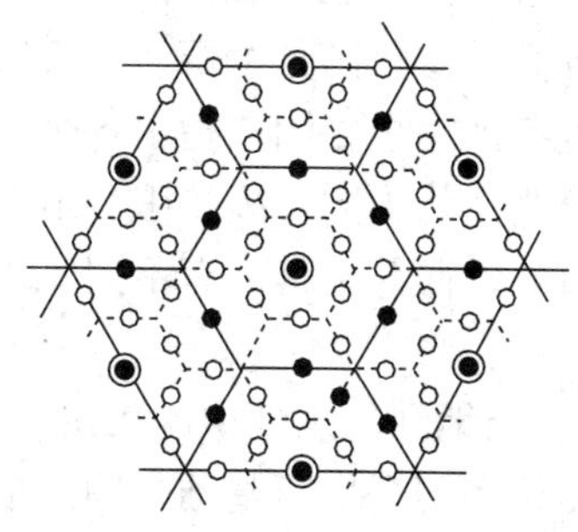

图 2—3 交通原则体系

在交通原则基础上形成的中心地系统称为 $K=4$ 的中心地系统。这样在交通原则基础上形成的中心地系统的中心地的数量关系为：1，3，12，48，192，…。依交通原则形成的交通网，因次一级中心地位于联系较高一级中心地的主要道路上，被认为是效率最高的交通网，而由交通原则形成的中心地体系被认为是最有可能在现实社会中出现的。

3. 行政原则体系

行政原则基础上形成的中心地系统不同于市场原则和交通原则作用下的中心地系统，前者的特点是低级中心地从属于一个高级中心地。其来由是在行政区域划分时，尽量不把低级行政区域分割开，使它完整地属于一个高级行政区域。因此，各等级的中心地的市场区域数为：1，7，49，343，…，以 7 的倍数增加。在行政原则基础上形成的中心地系统也称作 $K=7$ 的中心地系统。中心地间的数量关系为：1，6，42，294，2058，…，参见图 2—4。

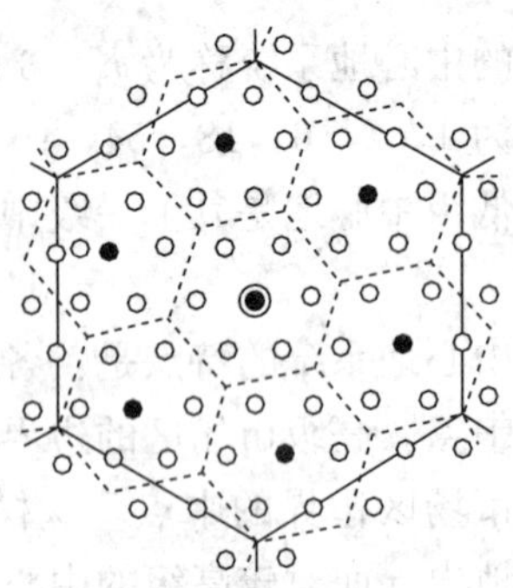

图 2—4　行政原则体系

德国经济学家廖什在 1939 年出版的《经济的空间秩序》一书中提出了市场区位理论，是对克氏理论的继承和发展。廖什接受了克氏的六边形的市场区位理论，但作了重大的修改和补充。廖什区分了富裕区与贫穷区，指出前者的经济活动远远丰富于后者，而不是各区完全相同；指出各个中心地之间存在着重叠、交错的市场区，而不是彼此分割；认为同等级的中心地之间也存在着互补性，因而它们之间的交通问题同样重要，而并不是只有不同等级中心地之间的交通问题才是重要的。

2.3.5　土地区位理论在土地利用规划中的应用

土地区位理论为土地最佳利用提供了基础，同时根据区域发展的需要，为合理地确定土地利用方向和结构，将一定数量的土地资源科学地分配到农业、工业、交通运输业、建筑业等的用途上，即土地利用规划提供了帮助。土地利用规划实践必须全面系统地应用区位理论作为指导。

比如，中心地理论在各国的国土开发与整治中都得到了广泛的应用。日本建设省曾经按照聚落和公共设施等级进行过区域规划。从 1969 年开始，除大城市圈外，在全国共设定了 179 个地方生活圈。这些生活圈与行政、购物、医疗、通勤、上学等日常生活行为范围的大小和公共设备的配置相对应，由四个等级的圈域组成不同的中心城市，规划出了应该整治的设施。如基本聚落圈的范围一般半径为 1～2 公里，时间距离为老年人和幼儿徒步 15～30 分钟的界限，中心城市和中心部人口为1 000人以上，中心部应该建设的设施为保育院和老人福利设施等。低级生活圈的范围一般半径为 4～6 公里，时间距离为骑自行车 30 分钟，乘汽车为 15 分钟，中心城市和中心部人口为5 000人以上，中心部应该布局的设施有诊疗所、集聚场所和中小学校等基础公共设施等。中级生活圈的范围一般半径为 6～10 公里，时间距离为乘汽车需要 1 小时以内，中心城市和中心部人口为 1 万人以上，中心部应该布局的设施有商业街、专门医院和高等学校。地方生活圈的范围一般半径为 20～30 公里，时间距离为乘汽车需要 1～1.5 小时，中心城市和中心部人口为 1.5 万人以上，中心部应该布局的设施有综合医院、各种学校和大型市场等利用范围较广的设施。

另外，日本的第三次全国综合开发计划（1977 年）中的定住圈构想与上述思路也基本一致；第四次综合开发计划（1987 年）的多极分散型国土形成的构想提出了超越定住圈的大范围的圈域，类似于多重功能区域结构的特点也与上述思路相同。

2.4 可持续利用理论

土地资源是由多种要素构成的自然经济综合体，土地利用是人类出于自身需要而对土地资源进行的干预活动。一方面，土地利用具有可持续性的特征，在其合理利用过程中，其肥力不仅不会减退，而且会有一定程度的提高，人类祖先使用过的土地至今仍在周而复始地使用，充分证明了土地利用具有可持续性。这成为土地可持续利用的自然基础。另一方面，人类利用土地的传统思维使土地的数量和质量都面临着严峻的问题，不合理的土地利用会引起土地资源的退化，生产能力下降乃至丧失。从这个角度来说，土地资源的永续利用又是相对的。而可持续发展关注土地利用的经济、社会和环境效益三者的综合长期发展，成为资源利用的准则。这是土地可持续利用的社会基础。因此，土地利用遵循可持续性原理，不仅取决于土地本身的特征，还取决于人类社会长期发展的需要。

2.4.1 可持续利用的内涵

可持续性观念源远流长。在我国春秋战国时期就产生了"永续利用"的思想，用以保护鸟兽和封山育林。在古希腊亚卡狄亚学派的与自然和谐共处理论中也可以找到这一思想的雏形。然而现代可持续发展理论源于人们对愈演愈烈的环境问题的热切关注和对人类未来的希冀，其产生背景是人类赖以生存的环境和资源遭到了日趋严重的破坏。

人类关于环境与发展问题思考的第一个里程碑，是1972年6月联合国在瑞典斯德哥尔摩召开的人类环境会议，大会通过了具有历史意义的文献《人类环境宣言》。1980年由世界自然保护同盟等组织、许多国家政府和专家参与制定的《世界自然保护大纲》，第一次明确提出了可持续发展的思想。1987年世界环境与发展委员会向联合国提出了一份报告《我们共同的未来》，对可持续发展的内涵作了界定和详尽的理论阐发，强调恶化了的自然环境对人类持续发展的严重性，对可持续发展理论的发展起到关键性作用。人类有关环境与发展问题思考的第二个里程碑，是1992年6月在巴西召开的联合国环境与发展大会，会议通过《里约热内卢环境与发展宣言》和《21世纪议程》，第一次把可持续发展由理论和概念推向行动。

经过对20世纪人类发展观念的反思和创新，终于使可持续发展这种全新的发展思想和发展模式成为人类行为的准则。可持续发展观提出的新观念表现在以下几方面：从以单纯经济增长为目标的发展转向经济、社会、资源和环境的综合发展；从以物为本的发展转向以人为本的发展；从注重眼前利益和局部利益的发展转向注重长远利益和整体利益的发展；从资源推动型的发展转向知识经济推动型的发展。

《我们共同的未来》发表后，人们纷纷从各自的学科领域背景出发阐述可持续发展的概念、内涵与目标。着重于自然属性的定义认为，可持续的使用是指在其可再生能力（速度）的范围内使用一种有机生态系统或其他可再生资源；着重于社会属性的定义认为，可持续发展是在生存不超出维持生态系统涵容能力的情况下，提高人类的生活质量；着重于经济属性的定义则把可持续发展的核心看成是经济发展；着重于科技属性的定义认为，可持续发展就是转向更清洁、更有效的技术，尽可能接近"零排放"或"密闭式"的工艺方法，尽可能减少能源和其他自然资源的消耗。

最权威且引用最多的定义还是《我们共同的未来》中提出的，认为所谓可持续发展，就是既要考虑当前发展的需要，又要考虑未来发展的需要，不要以牺牲后代人的利益为代价来满足当代人的利益。它有两个基本点：一是必须满足当代人的需求，否则他们就无法生存；二是今天的发展不能损害后代人满足需求的能力。

其实，可持续发展是一个涉及经济、社会、文化、技术及自然环境的综合概念，它是一种立足于环境和自然资源角度提出的关于人类长期发展的战略和模式，同时，贯彻可持续发展战略必须遵从一些基本原则：

(1) 公平性（fairness）原则。可持续发展强调发展应该追求两方面的公平：一是本代人的公平即代内平等。可持续发展要满足全体人民的基本需求和给全体人民机会以满足他们要求较好生活的愿望。二是代际间的公平即世代平等。要认识到人类赖以生存的自然资源是有限的。本代人不能因为自己的发展与需求而损害人类世世代代满足需求的条件——自然资源与环境。要保证世世代代有公平利用自然资源的权利。

(2) 持续性（sustainability）原则。持续性原则的核心思想是指人类的经济建设和社会发展不能超越自然资源与生态环境的承载能力。这意味着，可持续发展不仅要求人与人之间的公平，还要顾及人与自然之间的公平。资源和环境是人类生存与发展的基础，离开了资源和环境，就无从谈及人类的生存与发展。可持续发展主张建立在保护地球自然系统基础上的发展，因此发展必须有一定的限制因素。发展一旦破坏了人类生存的物质基础，发展本身也就衰退了。

(3) 共同性（common）原则。鉴于世界各国历史、文化和发展水平的差异，可持续发展的具体目标、政策和实施步骤不可能是唯一的。但是，可持续发展作为全球发展的总目标，所体现的公平性原则和持续性原则，则是应该共同遵从的。要实现可持续发展的总目标，就必须采取全球共同的联合行动，认识到地球的整体性和相互依赖性。从根本上说，贯彻可持续发展就是要促进人类之间及人类与自然之间的和谐。

2.4.2 土地可持续利用含义

土地资源作为人类活动、生存和生产的场所与空间，是人类社会赖以生存的基本资源。它具有数量有限性、质量差异性、位置空间性、利用可持续性和属性两重性的特点。土地资源持续利用是社会经济持续发展的物质基础和环境条件，土地数量有限性为土地资源持续利用提供了客观必要性，土地可更新性和利用永续性又使土地资源持续利用成为可能，协调土地供给和土地需要是土地资源持续利用的永恒主题。

土地可持续利用是可持续发展思想应用于土地科学而产生的新名词。在此之前，"土壤可持续利用"在德语国家普遍使用，它主要是指一种在长时间内能够保持土壤自然肥力，并获得高产量、高品质食物及其他可更新资源的土地管理方式。因此，土壤可持续利用主要是指农业和林业用地管理，主要考虑土壤和其他环境要素之间的物质和能力循环。

1990年2月在新德里由印度农业研究会、美国农业部共同组织的首届国际土地可持续利用研讨会上，土地可持续利用的概念被首次提出，这次会议的主要成果是评价了世界上不同地区的土地持续利用系统的现状和问题。之后又分别在泰国的清莱、加拿大的莱斯布瑞、德国的波恩举行多次研讨会，就土地持续利用的概念、基本原则和评价纲要进行了广泛深入的讨论。联合国粮农组织（FAO）1993年在《持续土地管理评价纲要》中给出的定义是："如果预测到一种土地利用在未来相当长的一段时期内不会引起土地适宜性的退化，则认为这样的土地利用是可持续的。"其核心体现在土地持续利用是土地适宜性在时间上的延伸。具体地讲，土地可持续利用包括以下五个方面的内容：

1. 生产性（保持和加强土地的生产和服务功能）

从这个角度出发，持续利用的土地应该是充分发挥其生产潜力，并实现生产力的持续上升，或者至少是维持在现有水平。如果土地在利用过程中，土地的生产力在波动中逐渐下降，这样的利用肯定是不持续的。土地生产力的度量有多种指标，如土地产品的生物量、能量、物质数量、价值量等。对于农用地来说，治理土地退化、进行土地改良都是持续利用的例子，城市用地中通过建设配套基础设施等提高土地价值也是持续利用的例子。

2. 稳定性（降低生产风险程度）

由于自然条件、社会、经济等因素的变动，土地生产难免会出现波动，持续利用的土地应该是在一定的时间尺度上使生产力的波动控制在一定的范围内，出现大的波动的土地必然是不稳定的。

3. 保护性（保护土地资源的潜力和防止土壤与水质的退化）

广义的土地资源包括大气、植物、动物、土壤等资源。持续的土地利用方式应该实现资源的有效利用和适宜的开发。资源的保护性一方面包括在代内对开发利用的资源采取经济、社会、行政、法律等措施，使土地资源保持良性发展；另一方面，资源保护性是指土地资源实现代际公平分配，如果后代享有比当代更多的资源，或至少不能少于当代享有的资源，则实现土地的持续利用。土地持续利用以耕地资源、土壤和水质的保护为重点。如农业用地的目标是保护耕地资源，工矿用地的主要目标是实现矿产资源的持续开采。

4. 经济可行性（具有经济活力）

人们利用土地的目的在于获得一定的经济收益，如果某种土地利用方式在当地是可行的，那么这种土地利用方式一定有经济效益，其收益必须大于投资成本，否则肯定不能存在下去。土地持续利用需要考虑的经济含义是综合效益，是土地经济产出和外部经济性的综合，并非土地产品的价值。如果某种土地利用方式，如乡村土地城镇化，具有绝对的经济效益，但带来的生态和社会的外部不经济性大于单纯的经济收益，则这样的土地利用方式依然是不持续的。从经济学的角度考虑，土地持续利用要求投入产出比大于1。相对于一定的投入，产出越大，说明土地利用给予人类的回报越高。

5. 社会可接受性（具有社会承受力）

社会可接受性是指某种土地利用方式能否被社会所接受，如果不能被接受，则这种土地利用方式必然是失败的。影响社会接受能力的因素有很多，诸如政策法规、政策保障、个体接受能力、团体的接受能力等，这些因素难以度量使得社会接受能力的直接度量比较困难，其中一项重要内容是收益分配的代内公平性和资源利用的代际公平性。如果土地收益的分配与占有人群之间的关系呈现正态分布，那么该土地利用方式具有收益分配代内相对公平性；如果少数人占有大量的土地收益，这样的土地收益分配是不公平的；如果因为过度开发或不合理的利用而损害了后代利用同一资源和环境的权利，那么这样的方式是不公平的。

2.4.3 土地可持续利用的具体目标

土地资源的可持续利用追求生态、经济、社会等效益的统一，做到生态上的平衡，经济上的有效，社会上的可行和可接受。具体而言，土地可持续利用包括以下几方面的目标：

（1）在资源数量配置上与资源的总量稀缺性高度一致。土地具有稀缺性，土地的供给在一定时期内相对于需求是有限的，因而有限的资源必须分配到社会效益、生态效益和经济效益都很高的项目上，并要安排好组合比例关系。

（2）在资源质量组合上与资源禀赋相适应。不同生产项目对土地资源的品质要求不同，而丰度高、品位高的土地资源极其有限，因而应将优质的土地资源安排到资源品质要求高的生产项目上。

（3）在资源的时间安排上与资源的时序性完全相当。土地资源虽然不可再生，但后备资源的开发可以适当增加可利用土地资源，因而应考虑资源开发利用的延续性，避免资源集中过量消耗，导致资源供给断档。

（4）土地资源配置应当考虑各地区差异，反映各地区特点，激发各地区发展活力。要考虑构造有序的区域配置机制，建立区际间资源流动的规则。

2.5 系统理论

人们在日常生活、工作中所置身的都是具体的系统，如：交通系统、商业系统、金融系统、工业系统、农业系统、教育系统、经济系统、文艺系统、军事系统、社会系统等。可以这样说，人们不能脱离系统而存在。为人类提供产品和服务的土地就是一个典型的系统。土地系统如果从利用和改造的角度来考察就成为土地利用系统。土地利用是以一定区域的土地系统为对象的，故土地利用必须遵循系统理论的原理。人类需按系统论方法来进行土地利用和改造，系统理论因而成为土地利用的重要原理。

2.5.1 土地利用系统

系统是由若干要素以一定结构形式联结构成的具有某种功能的有机整体。土地系统是由耕地、林地、牧地、水地、市地、工矿地、旅游地和特种用地等子系统组成的大系统。土地资源本身是一个自然生态系统，这些土地子系统都是由植物、动物、微生物等生物成分和光照、土壤、空气、温度等非生物成分共同组成的，借助于能量与物质流动转换形成不可分割的有机整体。

随着人类早期利用和改造土地活动的开始，土地自然生态系统中就不断注入人类劳动的成果。人类对土地进行多种投入以获得自身生存发展的需要的过程，构成社会经济系统。土地生态系统和土地经济系统融合在一起，构成了一个具有一定结构和功能的土地生态经济系统。该系统建立在一定的组成、结构和功能基础上，通过其有效运行满足人类对土地产出的需要。土地利用系统的特性、结构和功能都是在系统运行过程中产生的行为特征，系统在土地自我反馈机制、土地市场机制和政府调控机制的共同作用下得以运行，并通过良好的结构效应和功能发挥实现土地利用系统的运行目标。

从土地利用的角度来说，自然生态系统由各种类型的土地生态子系统所组成。土地生态子系统对人类的影响有两重性，即如果合理利用，土地资源可以永续利用，且生态环境不断改善。反之，会破坏土地资源，阻碍社会经济发展，威胁人类的生存。社会经济系统表现为劳动者、劳动工具、科学技术、经济管理及人与人的社会关系等多种要素的集合。人类通过社会经济子系统作用于土地资源，把土地作为一种生产资料进行加工生产，从而获得人类所必需的物质财富。因此，社会经济系统的本质特征反映的是人类利用土地资源的深度、广度及强度，即人与自然界的物质交换能力。

与一般系统一样，土地利用系统也具有整体性、结构性、等级性、相关性和目的性等基本特征。从系统论角度出发，土地利用应遵循系统方法的基本原则，同时具有自身的特点：

(1) 整体性原则。系统论的基本原则是整体性。系统论认为，系统的性质和规律存在于全部要素的相互联系和相互作用之中，各组成成分孤立的特征和活动的简单叠加不能反映系统整体的面貌。土地利用系统是生物与环境的有机结合，土地利用的生产力在总体上表现为自然生产力和社会生产力的统一。系统论主张，土地利用要从土地系统的整体和全局进行考察，反对孤立研究其中任何部分或者仅从个别方面思考和解决问题。

(2) 关联性原则。关联性原则与整体性原则密切相关，它以系统中各个组成部分之间的相互联系和关系为内容。土地利用系统中包含的诸要素或变量是相互关联的。系统中相互关联的部分或部件形成"部件集"，"集"中各部分的特性和行为相互制约和相互影响，这种相关性确定了土地利用系统的性质和形态。

(3) 结构性原则。整体性原则和关联性原则统一于结构性原则。结构性原则着眼于系统内部所有要素之间的关联方式，即系统的结构，其中包括层次性和有序性。系统论指出，土地利用系统的性能不仅同组成要素的性能有关，还与它们的结构有关，包括土地利用数量比例结构、时空动态结构、空间分布结构等。结构的不同和改变相应地就会有土地利用系统功能的不同和改变。

(4) 开放性原则。开放性原则强调系统和环境的物质、能量和信息交换，认为系统和环境是相互联系、相互作用的，并且在一定条件下可以相互转化。系统论还强调动态性原则，即把系统作为一种不断运动、发展变化的客观实体去研究。土地利用系统及其子系统以及子系统之间存在复杂的能量与物质的转换关系，它们都属于开发系统，是远离平衡状态的开放系统。该系统通过不断与环境交换物质与能量，在外界条件的变化达到一定的阈值时，可以从原有的混沌无序状态，转变为在时空上或功能上的有序状态，依靠不断耗散外界的物质和能量来加以维持。

土地是其他一切资源的载体，是人类社会生存和生产不可缺少的物质条件。可以说，资源利用系统是社会经济大系统的基础子系统，而土地利用系统又是资源利用系统的基础子系统。探索土地利用系统运行规律，有助于以系统工程方法指导土地利用，有助于社会经济大系统的正常合理运行。

2.5.2 土地利用系统工程

系统工程（systems engineering）是一门统筹全局、综合协调研究系统的科学技术，是系统开发、设计、实施和运用的工程技术，是在系统思想指导下，综合运用自然科学和社会科学中有关的先进思想、理论、方法和工具，对系统的结构、功能、要素、信息和反馈等进行分析、处理和解决实际问题，以达到最优规划、最优设计、最优管理和最优控制的目的。系统工程是系统科学中直接或间接地改造世界的组织管理技术。系统工程以运筹学、控制论、信息论、大系统理论和系统学为基础科学，它们的创立和广泛应用大大促进了系统工程的发展和运用。

霍尔三维结构（Hall three dimensions structure）是美国系统工程专家霍尔于1969年提出的一种系统工程方法论。霍尔三维结构的出现，为解决大型复杂系统的规划、组织、管理问题提供了一种统一的思想方法，因而在世界各国得到了广泛应用。

霍尔三维结构是将系统工程整个活动过程分为前后紧密衔接的七个阶段和七个步骤，同时还考虑了为完成这些阶段和步骤所需要的各种专业知识和技能。这样，就形成了由时间维、逻辑维和知识维所组成的三维空间结构。其中，时间维表示系统工程活动从开始到结束按时间顺序排列的全过程，分为规划、拟定方案、研制、生产、安装、运行、更新七个时间阶段。逻辑维是指时间维的每一个阶段内所要进行的工作内容和应该遵循的思维程序，包括明确问题、确定目标、系统综合、系统分析、系统优化、系统决策、系统实施七个逻辑步骤。知识维需要运用包括工程、医学、建筑、商业、法律、管理、社会科学、艺术等各种知识和技能。三维结构体系形象地描述了系统工程研究的框架，对其中任一阶段和每一个步骤，又可进一步展开，形成了分层次的树状体系（参见图2—5）。

（1）明确问题。系统开发的最初阶段首先要明确问题的性质，特别是在问题的形成和规划阶段，搞清楚要研究的是什么性质的问题，以便正确地设定问题。

（2）建立评价体系。评价体系要回答以下一些问题：评价指标如何定量化，评价中的主观成分和客观成分如何分离，如何进行综合评价，如何确定价值观问题等。

（3）系统分析。系统分析要对所研究的对象进行描述，建模的方法和仿真技术是常采用的方法，对难以用数学模型表达的社会系统和生物系统等，也常用定性和定量相结合的方法来描述。

（4）系统综合。系统综合是在给定条件下，找出达到预期目标的手段或系统

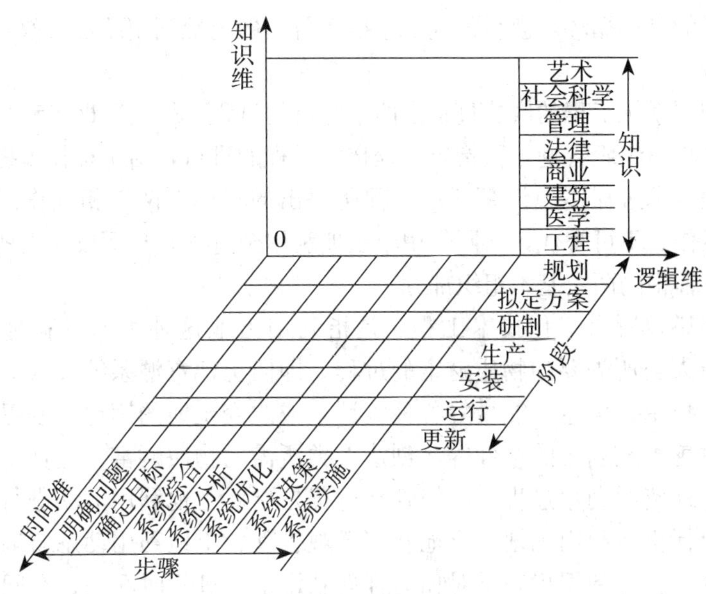

图 2—5 霍尔三维结构图

结构。在充分研究分析的基础上进行评价，根据特定解和评价结果，把系统的组成和行为方式作为系统加以组合，拟定系统的规范。

(5) 系统方案的优化选择。在系统的数学模型和目标函数已经建立的情况下，可用最优化方法选择使目标值最优的控制变量值或系统参数，从多种可行方案或替代方案中得出最优解或满意解。

(6) 系统决策。在系统分析和系统综合的基础上，人们可根据主观偏好、主观效用和主观概率做决策。决策的本质反映了人的主观认识能力，因此就必然受到人的主观认识能力的限制。

(7) 系统实施。有了决策就要付诸实施，实施就要依靠严格的有效的计划。在系统工程中，常用的计划评审技术（PERT）和关键路线法（CPM）在制定和实施计划方面起了重要的作用。

把系统工程的理论和方法应用于土地利用领域，就形成了土地利用系统工程。土地利用系统工程是系统工程的理论和方法与土地利用科学有机结合的产物，是合理研制和运用土地利用系统而采取的各种组织管理技术的总称。它以土地利用系统为对象，以系统科学的观点为指导，以土地利用的生态经济规律为依据，以土地利用系统的整体优化为目标，对土地利用系统进行最优设计、最优建立、最优控制和最优管理，实现土地资源合理利用、社会经济协调发展、生态环境不断改善的良性循环，获得最优的系统效益，即土地利用的社会效益、经济效益和生态效益。

土地利用系统工程的实施过程由两个并行的过程所构成，即工程技术过程和组织管理过程。组织管理过程指导工程技术过程的进行，给工程技术提出任务和要求；工程技术过程实现组织管理过程所提出的目标，两者相互作用、相互联系、并行运作、不可替代，共同作用于土地利用全过程，从而成为土地利用系统工程实施过程中的两个基本组织部分。

具体来说，所谓工程技术工程，是指利用土地这种生产资料进行社会生产，以创造人类所需要的物质财富的过程，即向土地资源系统投入劳动力、资金、物资、技术、信息、能量等各种资源，或改变土地的用途，或提高土地的质量，或改善土地利用的条件等，创造人类所需的物质财富。这种工程技术过程亦称为土地资源利用过程。组织管理过程是指对土地利用活动进行系统管理的过程，包括土地利用规划、土地利用微观管理、土地利用动态监测及土地利用效益评价。土地利用规划是对如何合理利用土地进行时间上、空间上的总体布置和安排；土地利用微观管理是以土地利用规划为依据，对土地进行宏观控制和微观管理；土地利用动态监测是对土地利用状况进行动态检查、监视和实测；土地利用效益评价是对土地利用状况进行系统的综合评价，其结果作为规划修正的依据。

对土地利用系统实施系统工程，还必须建立一组相互协调、相互补充、相互配套的模型体系。土地利用系统工程的模型化体系是由解决复杂土地利用问题的模型群组成的模型综合体。它是土地利用系统的同态映像，反映了系统内部结构、外部联系和活动规律，由预测模型群、定位模型群、检测模型群及评价模型群构成。

2.6 生态经济学原理

未经人类利用开发的原始土地本身是一个自然生态系统，土地利用则是人类对土地的多种投入而获得自身生存发展需要的过程，它构成社会经济系统。以上两个系统相互作用、相互交织、相互渗透，构成了一个具有一定结构和功能的统一整体——土地生态经济系统，即由自然生态系统和社会经济系统复合而成的生态经济系统。生态经济学是生态学和经济学相互融合而成的一门交叉科学。它是从生态学和经济学角度出发，研究生态经济复合系统的结构、功能及其演变规律的一门学科，为研究生态环境和土地利用经济问题提供了有力的工具。

2.6.1 生态经济学与传统经济学的比较

传统经济学忽略了人类经济活动赖以进行的基础——生态环境，认为人类的经济活动仅是一个经济系统，而将生态环境和自然资源作为经济发展的外生变量来对待。这导致了经济发展过程中生态环境恶化和自然资源枯竭，结果不仅使传统经济发展不能持续，而且使人类面临空前的生存危机。生态经济学则将生态环境和自然资源作为决定经济发展的内生变量来对待，而且认为它们都是有经济价值的，它们的状况是决定人类福利的重要因素。因此在进行经济分析时必须充分考虑它们对经济发展和人类福利的作用。

传统经济学的范式没有令人满意地将生态、经济和社会结合起来进行研究，生态经济学则试图把生物圈和宏观经济的管理整合起来，研究生态系统与经济系统的复合系统。生态经济学认为，人类经济活动无时无刻不在与生态系统发生关系，即经济系统与生态系统的相互关系构成了一个生态经济系统。经济系统的运行机制是“增长型”的，而生态系统的运行机制是“稳定型”的，故在生态经济系统中，不断增长的经济系统对自然资源需求的无止境性与相对稳定的生态系统对资源供给的局限性构成了贯穿始终的矛盾。据此，生态经济学就是以生态经济系统为研究对象，探索生态系统与经济系统内在矛盾性的统一，并以此确保人类经济活动的持续发展的一门科学。

作为生态经济学的研究对象，生态经济系统有其基本特征：

(1) 在构成生态经济系统的生态系统和经济系统中，生态系统是整个系统的基础，而经济系统则对整个系统的变化起着越来越强的主导作用；

(2) 生态经济系统是人类为了满足自身不断发展的物质和文化生活的需要，通过劳动改变原来的自然生态系统而逐步形成的；

(3) 生态经济系统是必须把在一定的社会关系下从事经济活动的人这一关键性因素包括在内的经济系统和生态系统的复合系统；

(4) 在组成生态经济系统的经济系统和生态系统之中，各自存在着经济规律和生态规律，而在经济系统和生态系统之间以及在经济规律和生态规律、经济效益与生态效益、经济平衡与生态平衡之间，它们是既相互区别又相互联系的；

(5) 生态经济系统具有整体性、系统性特征；

(6) 生态经济系统具有发展的连续性的特点；

(7) 在生态经济系统的地域大小的划分上，也如生态系统的划分一样，是可大可小的。

除了研究对象的发展外，生态经济学还打破了许多传统的经济观，提出了一些新的经济观点。首先，生态经济学对传统经济学的生产观作了修正。传统经济学对生产的定义是：以一定生产关系联系起来的人们，改造自然、创造物质资料的过程。生态经济学的生产观则认为，现代社会生产是为了提高物质生活和精神生活水平，以一定的生产关系联系起来的人们，在保护生态环境和自然物质资源的前提下，合理地改造自然、创造物质资料的过程。可见，生态经济学的生产概念是一个包括人类自身生产、精神生产和物质生产以及生态系统的再生产的全面的、综合的生产观，它克服了传统经济学生产观的狭隘性和不足之处。其次，生态经济学修正了传统经济学的消费观。生态经济学反对过度消费，提倡理性的消费观念。这种理性的消费观念就是要走出人与自然对峙状态中的消费误区。因为大自然无法毫无限制地满足人们贪得无厌的欲望，人们应当在人与自然和谐发展的理性原则下去规范消费。

简而言之，生态经济学是通过对生态系统中的自然再生产过程的解析，同时研究经济系统中经济再生产的作用机理和运动规律。亦即从对复合成生态经济系统的各种因素（条件）的解析和对该系统的综合性研究等方面出发，探索持续提高人类社会发展的途径，并具体用于指导经济发展的一门科学。

2.6.2 土地利用的生态经济观

土地是人类赖以生存的基础，是人类最基本的生产资料，是一个由气候、地貌、岩石、土壤、植被、水文、基础地质以及人类活动的种种结果组成的土地生态经济系统。人类的生存空间、人类的生产活动等无一不与土地发生联系。然而，人类社会迄今为止，对土地资源的利用状况是不能令人满意的。人类采取掠夺式的利用方式，任意砍伐、超载放牧、竭泽而渔和野蛮挖采，已逐渐酿成了一系列生态灾难，如耕地锐减、土地沙化、草原退化、森林破坏、物种减少、环境污染、气候恶化等。

在我国，土地问题尤为严峻。我国人口多，耕地不足，土地缺乏科学利用管理，利用效益低下，国土资源严重超载、用地矛盾突出、生态环境失调等一系列问题更加严重。我国土地资源利用中存在的问题已成为社会经济发展的制约因素：

(1) 水土资源匹配、分布不均衡。各地区土地生产力和资源承载力差异很大，耕地质量差，山地、高原和丘陵占地份额大，整体地力不足。

(2) 人口严重压迫资源，人口负荷过重，土地资源承载力接近极限，我们已经在借用和耗竭后代应享用的资源配额。这一情势在一定时期内难以从根本上得到解决。

（3）土地资源利用效率低，整体效益差。

因此，从生态经济学角度合理利用土地资源，将是影响社会经济持续发展及子孙后代生存的核心问题。对土地资源的利用应是生态过程和经济过程的综合统一，而不应是纯经济利用。土地利用的生态经济观就是：一方面是指利用土地，创造物质财富，以满足人类生产和生活的需要；另一方面是指改善生态环境，以满足人类生存的需要。因此，土地资源的生态经济利用包含了土地开发、利用、整治和保护的深刻内涵。具体说，从生态经济观出发的土地资源利用的基本思路主要有：

1. 用养结合，持续利用

持续利用是指把土地资源的开发利用和整治保护结合起来，最优地利用土地资源。在开发利用中求保护，在保护的基础上开发利用。切忌对土地资源进行掠夺性的开发索取，开发的关键是要使生态过程和经济过程相互协调运转，因地制宜、因土制宜、因时制宜、因需制宜，正确处理好"内涵"与"外延"开发利用的关系，达到生态平衡和良性循环，保护自然再生能力。从战略眼光看，要编制土地利用规划，最优地配置土地资源，强化土地资源的宏观控制；从战术措施看，要有效利用土地，即加强对土地资源的微观管理，提高土地资源的利用效率和效益，尽可能满足社会经济发展对土地资源的需要，最有效地利用土地资源，以求创造更多的物质财富。

2. 统筹兼顾，农业优先

农业优先就是要首先保证粮食等农业生产的用地。我国农村人口多，农业在国民经济中依然占重要地位的现实，决定了农业用地仍是主要用地。除了农业用地外，再安排足够的土地用于发展交通运输业、工业、建筑、能源、商业、文教、卫生等非农行业，二者相得益彰。要兼顾经济发展与生态平衡，就必须树立长远的、全局的战略观念，做好土地利用总体规划，从生态经济战略目标上确定各部门用地的合理配置，对不符合生态经济持续稳定发展要求的土地利用方向、方式和格局重新进行组合和配置。

3. 因地制宜，各得其所

因地是指以土地资源的性质、特征为依据，制宜是指确定土地适宜使用的范围。因此，因地制宜是要求对土地资源的适宜性进行综合评价，以确定区域内土地资源的最佳利用方向，这是一项最基础的工作。各得其所是指各种土地资源都已确定自己最佳的用途，各类土地利用项目都找到其最优的用地位置。它有两个方面的含义：一是指分区，即确定区域内土地资源在地域上、空间上的整体布局；二是指定置，即以整体最优为原则，给每个土地申请用户，确定其最佳的用地位置。

4. 地尽其用，提高效益

地尽其用是指尽可能发挥各类土地资源应起的作用。具体说就是：根据区域内土地资源及社会经济发展状况和趋势，对土地资源进行最优配置，以确定合理的土地利用结构，取得最佳的利用效益。在土地资源有限、可开垦土地少的情况下，不能再走盲目追求产值和扩大规模的老路，应改粗放经营为集约经营，节约用地，走内涵发展道路。优化土地利用结构，提高单位土地面积的生产力和土地利用经济效益，达到资源节约、高效、集约化利用的目的，以获取最满意的土地资源利用的生态经济效益。

5. 宏观调控，协调控制

综合运用经济的、法律的和行政的手段对土地资源的利用保护进行动态监测，对土地资源利用活动进行运作调度，协调土地资源利用过程中的各种矛盾和冲突，寻找土地生态经济系统的最佳发展过程，对土地利用实施最优控制。通过建立土地市场，采用税收手段、收费制度、财政措施、责任制度等经济手段指导和调控土地资源的利用。加强法制建设，在土地利用管理工作中要严格遵守国家有关土地利用管理的法规和法令。依法对土地利用管理进行监督和制约，对人们损坏环境质量、破坏土地资源的活动和行为施加影响，协调土地利用开发的目标和方向。加强行政管理，完善有关保护资源和环境的各种规章制度，规范人们利用开发土地资源的经济行为和活动。

本章小结

土地利用原理是土地利用的内在本质规律，是土地利用规划的基础。本章主要介绍了地域分异原理、地租地价理论、土地区位理论、可持续利用理论、系统工程原理、生态经济学原理等原理。

关键术语

土地利用原理　地域分异原理　地租地价理论　土地区位理论　可持续利用理论　系统工程原理　生态经济学原理

复习思考题

1. 经典的区位理论具体内容有哪些?
2. 如何看待土地可持续利用的具体目标?
3. 阐述土地利用系统的特点。
4. 如何理解土地利用的生态经济观?

第3章 土地利用规划体系

土地利用规划体系是由不同类型、性质、等级、层次以及不同内容和时序的土地利用规划所组成，并形成相互联系的有机整体。完善的土地利用规划体系是科学编制土地利用规划、科学管理土地的基础。

3.1 我国现行土地利用规划体系

3.1.1 我国现行土地利用规划体系的形成

我国土地利用规划体系是在20世纪50年代提出来的，当时是以农村土地利用规划为主，并参考苏联土地规划的体系，分为企业间土地规划和企业内土地规划，以后，又把企业间土地规划延伸为区域性土地规划，即以不同类型的经济区、自然区或流域为范围进行土地规划。随着农村经济体制改革的进行和不断深入，以农业企业为范围进行的土地规划已不适应农村经济发展的客观要求。为此，农村土地规划逐步转为按行政管理体制进行土地利用总体规划。

我国现行土地利用规划制度，按《土地管理法》的规定，由各级人民政府编制土地利用总体规划，地方人民政府编制的土地利用总体规划经上级政府批准后执行。20 世纪七八十年代，我国的土地利用总体规划同国土规划、农业区划和城镇体系规划、城市规划等相关规划紧密联系和衔接，并已初步形成当时我国土地利用规划的体系。

在 20 世纪七八十年代，一般把国土规划视为长期的、宏观的生产力布局和国土开发、整治的战略性规划，国外有的国家，如日本等把国土规划称为国土综合开发规划。土地规划是国土规划的一项最重要的专项规划。城市规划是为了实现一定时期内城市的经济和社会发展目标，确定城市性质、规模和发展方向，合理利用城市土地，协调城市空间布局的各项建设的综合部署和具体安排。为此，城市规划也可以视为国土规划中有关社会经济及人口、城市化和城市布局和交通等基础设施的布局和安排的一部分内容。可见，城市规划，尤其是城镇体系规划是国土规划的一个系列。农业区划被视为农业区的划分、农业生产空间布局的一种科学分类方法。它不仅是实现农业合理布局、实现农业专业化、区域化和现代化的一项基础性工作，同时也是编制土地利用具体规划的依据，是国土规划的一项内容。

总体来说，我国现行的土地利用规划是以土地利用总体规划为主体的一个多层次的规划体系。按其体系可分为区域性土地利用总体规划和详细土地利用规划。根据分级管理的原则，土地利用总体规划可以分为行政区土地利用总体规划和跨行政区的土地利用总体规划。其中，行政区土地利用总体规划可以分为全国土地利用总体规划纲要、省（区）级土地利用总体规划、地（市）级土地利用总体规划、县（市）级土地利用总体规划和乡（镇）级土地利用总体规划等。跨行政区土地利用总体规划可以按自然区、经济区和流域来划分某一区域的土地利用总体规划，如黄土高原区土地利用总体规划，三江平原区土地利用总体规划，以及京津唐地区土地利用总体规划等。详细土地利用规划包括土地规划设计和专项土地利用规划，如基本农田保护区规划、土地复垦规划、土地整理规划以及自然保护区土地利用规划等（事实上，专项土地利用规划已属一种独立规划类型）。

3.1.2 按行政隶属划分的土地利用规划体系

我国目前的土地利用总体规划按行政区域划分为全国、省（区）、地（市）、县（市）和乡（镇）五个层次，参见图 3—1。

市场经济体制的建立确立了市场机制在土地利用决策与土地资源配置中的基础作用。与此相适应，它要求土地利用规划不应是对某块土地如何利用做出具体安排，而是要对土地利用起调控作用，由于每一层次、每种类型的规划所调控的范围不同、目的不同，其所要求的规划内容重点、规划编制模式等也不相同。针对我国土地管理的实际状况，五个层次的土地利用总体规划分别为：

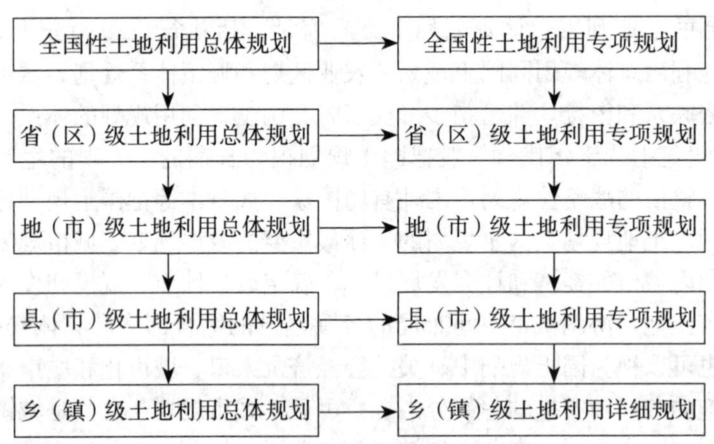

图3—1 我国现行土地利用规划体系

1. 全国性土地利用总体规划

全国性土地利用总体规划应该为国家的宏观经济调控提供依据，它应该属于战略性、政策性规划。全国性规划的基本内容应是从促成全国的人口合理分布、资源合理配置、生产力合理布局与经济均衡发展、食物的安全供给以及环境整治的要求出发，提出全国土地利用的战略目标，确定土地开发、利用、整治和保护的重点项目和重点地区，协调全局性的重大基础设施建设的用地关系，提出不同类型地区土地利用方向、目标、重点和土地利用政策。按这一规划内容要求，全国性规划应以文本为主，规划成果主要体现为制定一系列政策，同时确定一些土地利用的战略性目标，如全国的耕地保有量指标、林地指标、城乡建设用地总规模指标、土地整治（风沙地治理、水土流失治理等）指标等，指标应突出重点，不宜面面俱到。

2. 省（区）级土地利用总体规划

省（区）级行政区在我国的区域范围都比较大，经济结构、产业结构、土地利用结构都比较完整，省级土地利用总体规划仍然属于政策性规划的范畴，它的规划内容与全国性规划相近，但它更强调区域内土地供需总量的平衡，土地开发、利用、整治和保护的重点地区和项目更加明确，土地利用政策的区域差异性更加明确具体。省级规划应协调好各地市间的用地关系，要根据各地市的经济发展状况与土地资源状况，提出各地市的耕地总量动态平衡目标和城市用地规模控制目标。省级规划要协调好跨区域的骨干工程建设用地的关系，为下一级规划提供依据。省级规划可以对全省进行地域分区，但应淡化这种地域分区的土地利用布局控制功能，而代之以土地利用政策的区域差异。省级规划以文本为主，应有反映主要用地的控制指标，辅之以反映土地开发、利用、整治与保护的重点地区和项目的示意图。

3. 地（市）级土地利用总体规划

地（市）级土地利用总体规划就其深度而言应属于政策性规划范畴，它是由省级规划向县级规划的过渡层次，其基本内容应是在上级规划的控制下，结合区域规划的要求，在分析本地（市）的人口、土地与经济发展的基础上，进一步分析土地的供需情况，提出土地供应的总量控制指标和确定本市（地）区域土地开发、利用、整治和保护的重点地区和范围。地（市）规划作为一级较大区域的规划，在分析土地的供需关系时，应重点从本地区的工农业发展、城市化水平与进程、区域城市体系和各城市的中心职能与分工等方面研究，合理确定各中心城市的人口规模、用地规模以及区域性骨干基础设施的用地关系。

4. 县（市）级土地利用总体规划

县（市）级土地利用总体规划属于管理型规划，重在定性、定量、定位的落实，强调规划的可操作性。县级规划作为总量控制的最基本层次，其规划内容要具体体现定性、定量、定向、定位的要求，其总量控制指标应落实到位，尤其对于城镇用地，不仅要有全县（市）的城镇用地总规模控制，而且要有每一个城镇的控制指标。在土地的开发、整治、保护层面上，县级规划要具体确定重点项目的类型、时序、规模和范围。在控制指标上，县级规划要改变过去指标过细过全，重点不突出的问题，简化指标，可考虑只保留耕地保有量指标，建设用地总量控制指标，各城镇建设用地控制指标，土地资源开发复垦指标和生态性、公益性的用地指标。在土地用途的定位控制上，县级规划的范围还比较大，比例尺较小，难以确定具体地块的具体用途，应以土地利用大类的用途区域范围的控制为主。

5. 乡（镇）级土地利用总体规划

乡（镇）级土地利用总体规划属于规划的最低层次，属实施型规划，规划成果以规划图为主，为用地管理提供直接依据。乡（镇）级规划内容的重点应是在县级规划总量控制与用地分区控制的基础上进行详细的土地用途编定，即把各类用地定量、定位落实到具体地段，并确定每类用途土地的具体要求和限制条件，为土地的用途管制提供直接的依据。但在用途编定时应避免把用途划分得过细，既要考虑用途的确定性，又要考虑用途的不确定性，从而为市场调节留下足够的空间。乡（镇）级规划还应提出需要进行土地整理的具体区段、方式和范围以及实施的时间。

3.1.3 按规划性质划分的土地利用规划体系

按规划性质可划分为土地利用总体规划、土地利用专项规划和土地利用详细规划三种。

1. 土地利用总体规划

土地利用总体规划是指人民政府依照法律规定在一定的规划区域内，根据国民经济和社会发展规划、土地供给能力及各项建设对土地的需要，确定和调整土地利用结构和用地布局的总体战略部署。土地利用总体规划由各级人民政府编制，可对一定行政区域的土地利用起总体控制作用，是进行土地利用管理的重要手段，是对土地利用进行宏观控制的战略安排，其核心是确定和调整土地利用结构和用地布局。土地利用总体规划具有综合性、战略性、长期性、可塑性和指导性的特点。根据土地利用总体规划所控制的层次范围的不同，土地利用总体规划包括全国、省（自治区、直辖市）、地区（省辖市）、县（县级市）、乡（镇）五级规划。从规划实践来看，各地普遍开展的是各级行政区域的土地利用总体规划，而较少编制跨行政区的自然区和经济区的土地利用总体规划。从土地利用的实际状况来看，各地区的土地利用在很大程度上受土地的自然特征和社会经济特征的制约。这种联系和影响往往是与行政区划不相吻合的，因此，在行政区划基础上编制的土地利用总体规划难免会与土地利用的实际情况不相符合，所以，在加强各级行政区域的土地利用规划的同时，应重视对跨行政区域的土地利用规划的研究，以使土地利用总体规划更加科学合理。

2. 土地利用专项规划

土地利用专项规划是在土地利用总体规划的框架控制之下，针对土地开发、利用、整治、保护的某一专门问题或某一产业部门的土地利用问题而进行的规划，是土地利用总体规划的补充或延伸。土地利用专项规划除具有土地利用总体规划的基本性质外，还具有针对性、选择性等特点。土地利用专项规划的任务是保护和改善土地生态系统。土地利用专项规划可分为两大类型，一类是保护土地，提高土地利用率和土地生产力，以保证土地资源持续利用为主的专项规划，如土地保护规划、土地整理规划等；另一类是各产业部门用地的专项规划，如林业用地规划、水产业用地规划、牧业用地规划等。

3. 土地利用详细规划

土地利用详细规划是在总体规划的控制和指导下，详细规定各类用地的各项控制指标和规划管理要求，或直接对某一地段、某一土地使用单位的土地利用具体的安排和规划设计。土地利用详细规划可分为农用地详细规划和建设用地详细规划。农用地详细规划又可划分为耕地规划、林地规划、园地规划、牧草地规划、水面规划等；建设用地详细规划又可划分成城镇用地规划、村庄用地规划、工业用地规划、交通用地规划、水利用地规划等。近几年开展的土地整理规划设计实质上属于综合性的土地利用详细规划。

3.1.4 按规划期划分的土地利用规划体系

按规划期限，可将土地利用规划划分为长期、中期和年度土地利用规划。其中，中期和年度土地利用规划实际上是长期土地利用规划的实施规划，称为中期土地利用计划和年度土地利用计划，如果不特别加以说明，一般土地利用年度计划即指年度土地利用计划。

1. 土地利用年度计划的任务和组成

土地利用年度计划，是根据国民经济和社会发展计划、国家产业政策、土地利用总体规划以及建设用地和土地利用的实际状况编制的。它以一年为期，属于中期土地利用计划的具体化。土地利用年度计划要对中期土地利用计划所规定的分年任务做出具体安排，但它的指标并非是对中期指标的机械分段，而是在不断总结经验的基础上，充分考虑当年的实际情况，对中期土地利用计划进行必要的调整和补充。土地利用年度计划必须与中期土地利用计划相互衔接，才能保证土地利用年度计划的连续性。

土地利用年度计划按分级管理原则，分为国家土地利用计划和地方土地利用计划。国家土地利用计划属于全国性土地利用计划，其内容包括国家全局性的土地利用决策，规定国民经济及其各部门的用地比例和规模，以及实现计划的重大政策措施和步骤。它是制定地方土地利用计划的主要依据。在地方土地利用计划与国家土地利用计划发生矛盾时，地方计划应当服从国家计划，并首先保证国家土地利用计划的实现。地方土地利用计划则是国家土地利用计划在各地区的具体化，主要指省（自治区、直辖市、计划单列市和区）、市、县级土地利用计划。它是以全国土地利用计划按地区分列的指标为基本依据，结合本地区的实际情况，因地制宜地对本地区的土地利用做出具体安排。

土地利用年度计划，按调节控制程度序列分为指令性计划和指导性计划。指令性计划是由国家制定的，具有法律效力和强制性，由国家直接控制的计划。由于我国可耕地资源有限，耕地面积的数量是关系“一要吃饭、二要建设”的大事，而且耕地一旦改作非农业建设用地就很难逆转。因此在用地计划中，目前对非农业建设和农业建设占用耕地的面积实行指令性计划。指导性计划中，只规定一定幅度的指标，用以指导国民经济各部门对土地的利用，一般不具有强制性。但是执行单位要以指导性计划为依据，结合本地区实际条件加以安排，并保证有一定程度的调整幅度，报计划主管部门备案。国家主要通过经济政策、经济杠杆和经济法规进行指导和调节，必要时辅以行政手段。在土地利用计划中，目前对非农业建设占用非耕地面积和土地复垦开发面积实行指导性计划。

2. 土地利用年度计划体系

土地利用年度计划可分为农业生产用地、农业建设用地、非农业建设用地和土地开发整理计划四类。

(1) 农业生产用地计划。农业生产用地包括耕地、园地、林地、草地和水产养殖用地等，农业生产用地计划指标的重点是耕地保有量计划指标，包括基本农田保有量和一般耕地保有量计划指标。为了反映农业产业结构调整的情况，还可以列出退耕还园、还林、还牧、还渔等计划指标。

(2) 农业建设用地计划。农业建设用地计划指标包括农村道路、农田水利建设等用地指标。农村道路是指村际道路、村组道路以及直接为农业生产服务的田间道路。农田水利用地是指直接为农业生产服务的各级沟渠、泵站、堤坝等用地。

(3) 非农业建设用地计划。非农业建设用地计划指标，包括国家建设、乡镇集体建设和农村个人建房用地计划指标。国家建设用地是指县级以上全民所有制和城市大集体所有制投资、列入国家固定资产投资计划或准许建设的各项基本建设用地。乡镇集体建设用地是指乡镇企业、乡（镇）村公共设施和公益性事业用地。农村个人建房用地是农业和非农业人口使用集体土地建设住宅的用地，不包括庭院经济用地。非农业建设用地指标的核心是农用地转用计划指标，即耕地、园地、林地、牧草地、养殖水面等转为建设用地的计划指标。

(4) 土地开发整理计划。土地开发整理计划指标包括未利用土地开发计划指标、废弃地复垦计划指标。土地整理计划指标和已利用土地再开发指标等。这类指标既要有土地开发复垦整理的总量计划指标，又要有通过开发复垦整理后新增耕地的计划指标。

3.2 城镇土地利用规划体系

3.2.1 城镇土地利用规划体系形成过程

1. 第一个五年计划时期的城市计划

“一五”期间，党和政府十分重视城市规划工作。“一五”计划中规定：“为了改变原来工业地区分布的不合理状态，必须建设新的工业基地，首先利用、改造和扩建原来工业基地是创造新的基地的一种必要条件”。根据这一规定，在华北、西北、西南等过去工业基础薄弱的城市，有选择地进行了重点的规划建设。

当时规划力量较弱，规划全由国家城市规划部门组织各方面专家进行。规划中，开始由单独选厂到联合选厂，到组成各有关建设部门参加的联合规划专家组，制定综合性的城市总体规划。后来又进一步发展到进行一些重点工业区的区域规划，使规划与建设工作有了较好配合。几个重点城市规划都由当时主管计划及建设的国务院领导参加制定。当时，在中央领导的重视下，国家成立了规划领导机构及专业的城市设计院，各省及大中城市也建立了规划机构。在这一时期，由于缺乏建设经验，规划中也出现了一些问题。主要是：(1) 照搬外国经验，生硬地追求轴线对称、放射路的平面构图形式；(2) 考虑实用功能及注重经济效益不够；(3) 规划指标和某些建筑的标准方面有偏高的倾向；出现考虑远景过高，近期建设不够的现象。

2. 1958—1966 年的城市规划

这个时期的前三年，即 1958—1960 年，各地广泛开展了城市规划编制工作。规划的目的仍然是发展工业生产。规划中主要存在的问题为：脱离实际、追求高指标，盲目扩大城市规模。1961—1966 年间，由于过分强调备战要求，将东部一些工厂企业及一部分新建项目迁建和新建在偏远山区，既不依托城市，又不按有利生产、方便生活的原则进行相应的城市建设，为后来的城市规划和建设遗留了很多问题。

3. “文化大革命”期间的城市规划

“文化大革命”开始后，城市规划工作受到很大冲击。城市规划机构被撤销、专业队伍被解散，城市规划工作基本处于停顿状态。“文化大革命”后期，对其中一些错误的做法进行了必要的纠正，同时，认识到“城市建设必须要有规划”，原国家建委恢复了中央一级的城市规划机构，各地也陆续重建城市规划机构，并继续开展城市规划的编制工作。

4. 1977—1980 年的城市规划

这是城市规划的全面恢复时期。1978 年、1980 年召开了两次全国城市规划会议，明确了城市规划在国家建设工作中的地位和作用，城市规划开始走上健康发展的轨道。为了加强城市规划工作，1980 年的全国城市规划工作会议明确指出：市长的职责是把城市规划建设管理好。同时，还讨论了加强城市规划法制的问题。决定修订《城市规划办法》，并建议开始拟定城市规划法。

5. 1981—1989 年的城市规划

进入 80 年代，城市规划进程大大加快。全国绝大部分城市和建制镇都完成了城市总体规划的编制。在此基础上，城市规划向纵深方向发展。(1) 一些较早完成城市规划的市（镇）开始了新一轮的修编；(2) 由独立的城市规划向区域规划扩展，开始市、县域规划；(3) 在总体规划的基础上，进一步进行分区规划、近期建设规划或专业规划。

另外，80年代后期，我国开始在一些城市开展了土地有偿使用制度，推动了分区规划和详细规划的开展。在总结近十年的城市规划实践经验的基础上，1989年12月26日，全国人大常委会通过了《中华人民共和国城市规划法》。

6. 20世纪90年代的城市规划

《城市规划法》的发布，用法律的形式肯定了城市规划在国家建设中的地位和作用，理顺了规划编制和管理过程中各方面的关系，明确了规划的内容和方法，强调了管理的程序和权限，使城市规划具有了法律赋予的权威性和严肃性，为城市规划的编制和实施提供了法律保障。

进入90年代，随着《城市规划法》的实施，适应市场经济的高速发展，城市规划不论在理论上还是实践上都发展很快。不断引进国外新的理论和观念，采用新的方法和手段。由于90年代是我国经济高速增长时期，也是由传统的计划经济向市场经济的过渡时期，80年代制定的规划已不适应新的社会经济发展的需要，因此，进入90年代后，开始了大规模新一轮的城市规划修编工作。1992年后，我国出现了房地产热和开发区热，城市建设出现了一个高潮，大量新建城市、新建镇和新区需编制城市规划。规划中，出现了一些问题，最主要的是贪大求洋的问题比较突出。城市规模过大，造成了土地的大量闲置浪费，特别是开发区建设，规划面积大大超过投资能力，造成了不必要的土地闲置和建设资金的沉淀。

90年代，城镇体系规划得到高度重视。在1991年实行的《城市规划编制办法》中，明确提出要在编制城市总体规划的时候，先行编制城镇体系规划，并通过几年的实践探索，建设部又出台了《城镇体系规划编制和审批办法》。这是对《城市规划法》的进一步补充。

进入90年代，由于农村经济体制的改革，促进了乡镇企业的发展，农村的小城镇建设提上议事日程。小城镇规划得到了各有关部门的重视。1998年《建制镇规划建设管理办法》出台，为全面开展小城镇规划进一步提供了法律依据和工作方法。

到90年代末，我国的城市规划进入了一个战略转型期。主要表现为：

(1) 城市化开始进入一个加速发展阶段。我国城市化的思路经过了80年代的“离土不离乡”、90年代的“离乡不背井”到今天的“离土又离乡”的思想转变。大量农村人口在更大范围内的流动加速了城市化的发展。

(2) 城市规划如何解决城市经济、社会、人口、资源、环境的协调发展问题，已成为21世纪实现可持续发展战略的不可回避的问题。

（3）全球化和国际化大都市的建立初见端倪。

（4）城镇体系区域化规划，将向城乡一体化规划形式的区域规划转变。区域规划突破行政辖区的限制。

（5）生产型城市规划向生活型城市规划转变，城市规划的主要目的是为居民提供良好的生活环境。城市规划则要做到“以人为本”，传统的“有利生产、方便生活”的城市规划原则将改变为“方便生活，有利工作”。

3.2.2 我国的城镇土地利用规划体系

目前，我国的城镇土地利用规划体系寓于城市规划体系之中。从控制理论的要求来看，应该是由宏观规划控制微观规划，微观情况反馈至宏观，控制是分层次的。从系统论要求看，相关的规划应组成一个相互作用的有机整体。不同层次的城市规划及相关规划按照控制论及系统论的要求结合起来，就形成了城市规划体系。

我国的城市规划体系形成经过微观的厂矿选址规划，到独立的城市总体规划，再到城镇群的体系规划。从城市规划到村镇规划，初步形成了一个较为完整的并与土地利用总体规划相互协调的城市规划体系。

根据《中华人民共和国城市规划法》、《中华人民共和国土地管理法》、建设部《城市规划编制办法》及原国家计委、原国家土地局和建设部联合下发的有关文件，以及地方政府及业务主管部门的具体规定，加上近几年我国大规模开展的城市规划和城镇规划实践，我国城市规划体系的构成应包括城镇体系规划和城市规划两大部分，而城市规划又可分为城市总体规划、城市分区规划和城市详细规划三个阶段（参见图3—2）。

1. 城镇体系规划

《中华人民共和国城市规划法》第十一条规定：“国务院城市规划行政主管部门和省、自治区、直辖市人民政府应当分别组织编制全国和省、自治区、直辖市的城镇体系规划，用以指导城市规划的编制”。这说明全国与省、自治区、直辖市一级的城镇体系规划是要编制的。

《中华人民共和国城市规划法》第十九条又规定：“设市城市和县级人民政府所在地镇的总体规则，应当包括市或者县的行政区域的城镇体系规划”。这说明市和县一级的城镇体系规划也是要编制的。

一些省市对村镇体系规划也作了规定，如《浙江省建制镇规划编制办法》第十四条第一款规定：建制镇总体规划的主要内容包括镇域村镇体系规划。这说明一般建制镇的镇域村镇体系规划也要编制。

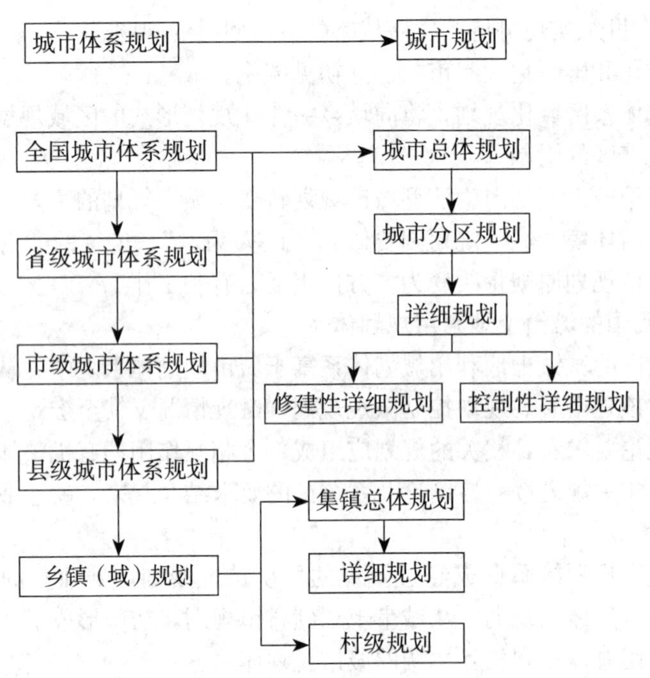

图 3—2 我国现行城市规划体系

城镇体系规划可分为全国城镇体系规划、省域城镇体系规划、市域城镇体系规划、县域城镇体系规划四级。近几年，一些省、市也开展了镇域或乡域的村镇体系规划。

2. 城市规划

以下根据城市规划的三部分构成分别加以阐述。

(1) 城市总体规划。城市总体规划是在城市体系规划的控制下，针对某一个城市所做的统筹规划。城市总体规划又分为城市总体规划纲要和城市总体规划两个阶段。城市总体规划纲要的任务是研究总体规划的重大原则问题，结合国民经济长远规划，根据当地的自然、历史、现状，确定城市地域发展的战略部署。城市总体规划的任务是根据城市总体规划纲要，综合研究和确定城市的性质、规模、容量，统筹安排城市各项用地，合理配置城市各项基础设施。

(2) 城市分区规划。大城市和中等城市还需要编制分区规划。分区规划的任务是：在总体规划的基础上，对城市土地利用、人口分布和公共设施、基础设施的配置做出进一步的安排，为详细规划和规划管理提供依据。近些年，一些规模较大的小城市也开始编制分区规划。

（3）详细规划。详细规划是在总体规划或分区规划的控制下，详细规定建设用地的各种控制指标和规划管理要求，或直接对建设项目做出具体的安排和规划设计。详细规划又可分为控制性详细规划和修建性详细规划。控制性详细规划作为城市规划管理和用地的综合开发、土地出让转让的依据。而修建性详细规划则作为当前开发修建的依据。修建性详细规划也是城市建设施工设计的依据。

3.2.3 土地利用规划与城市规划的关系

1. 土地利用规划与城市规划的基本关系

土地利用总体规划是在一定区域范围内对各项用地在时间上和空间上的分配与组织的统筹安排和长远规划。城市规划是一定时期内城市发展的目标和计划，是城市建设的综合部署，它是根据一定时期城市的经济和社会发展目标，确定城市性质、规模和发展方向，合理利用城市土地，协调城市空间功能布局及对各项建设进行综合部署和全面安排。城市规划的核心就是城市土地利用规划。

土地利用规划与城市规划都是以当地国民经济发展规划为依据，以节约和合理利用土地为原则进行编制的。因此土地利用规划与城市规划的出发点是一致的，都是为了合理和节约利用土地资源，保持社会经济的可持续发展。《土地管理法》第二十二条规定："城市总体规划、村庄和集镇规划，应当与土地利用总体规划相衔接，城市总体规划、村庄和集镇规划中建设用地规模不得超过土地利用总体规划确定的城市和村庄、集镇建设用地规模"。同时，《城市规划法》第七条规定："城市总体规划应当和国土规划、区域规划、江河流域规划、土地利用总体规划相协调"。

城市规划与土地利用总体规划相协调主要包括两个方面：一是城镇体系规划与土地利用总体规划的协调。这两种规划的协调根据两种规划的层次相应划分为五级，即全国城镇体系规划与全国土地利用总体规划协调，直辖市的城市总体规划应与直辖市的土地利用总体规划协调，地级市的规划与地级市的土地利用总体规划相协调，县级市的总体规划和一般县城以及县辖镇的总体规划要与县级土地利用总体规划相协调，集镇总体规划和村庄的村镇规划则应与乡（镇）级土地利用总体规划相协调（参见图3—3）。

2. 土地利用规划与城市规划的联系

（1）城市规划在规划空间和地位上从属于土地利用规划。土地利用规划是全面性的，它是对行政区域内全部土地的利用结构及其布局所做的安排，而城市规划则属于局部性的，它着重于城市总体规划范围内的建设用地的分类及其布局的安排。所以，城市用地只是土地利用中的一种类型，它们之间为点与面、局部与整体的关系。

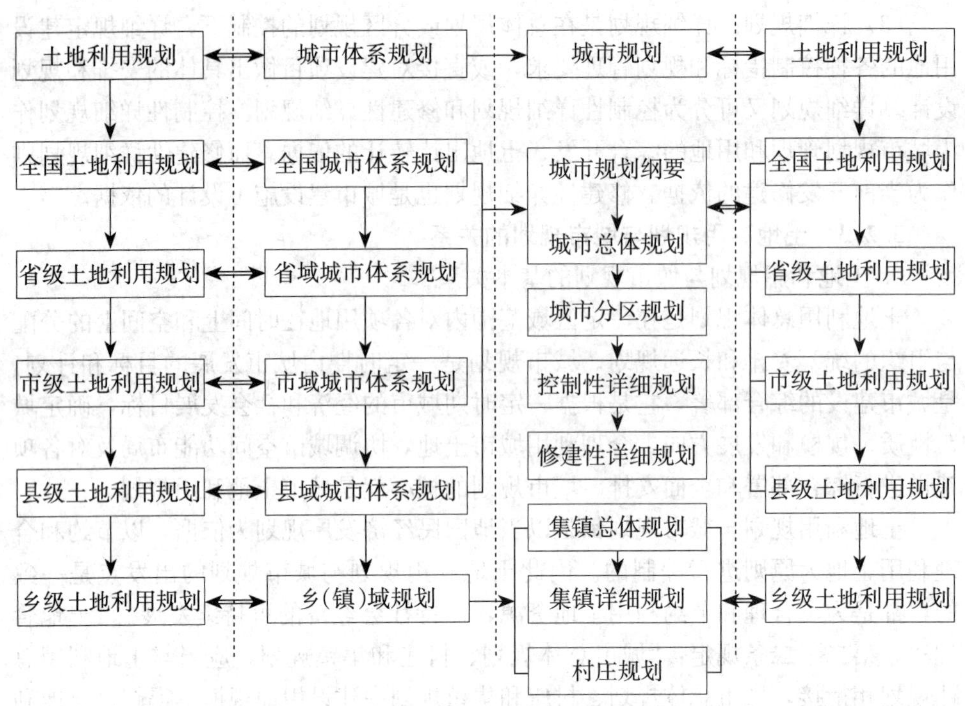

图 3—3　我国现行土地利用规划体系与城市规划体系的关系

土地利用规划对各项用地规划具有指导和制约作用；城市规划仅是一个部门用地的规划，是从属和服从于土地规划的一个专项规划，是对土地利用规划的一个补充和深入。

（2）规划均以合理用地，节约用地为核心。土地利用规划本质上就是对土地的开发、利用、治理和保护所进行的一项综合部署，其中心任务是确定土地利用结构、土地利用布局和土地利用方式，以达到合理用地、节约用地和保护土地的目的。而城市规划重点是用地规模的确定、用地选择和用地分类及布局等。在用地上也是以节约和合理利用土地及空间资源为核心。

（3）规划的理论依据和分析方法基本相似。不论是土地利用规划还是城市规划都必须遵照一定的规律，以适应社会和经济的发展。因此，同样为自然、经济、社会综合体的土地和城市，在规划时必须遵守一些相同的规律和理论：如土地经济学中的级差地租理论、土地报酬递减理论、土地利用区位理论、生态经济学的地域分布规律、生态经济规律以及价值规律、景观学理论、系统论等。在分析方法上二者一般都采用系统分析法、统计分析法以及静态与动态、宏观与微观、定性与定量分析相结合的方法。

(4) 规划依据的法律法规相似，并均需与其他规划相衔接。二者都要遵守国家的有关法律、法规和政策，如《土地管理法》、《农业法》、《城市规划法》、《环境保护法》、《森林法》、《基本农田保护条例》等。同时它们还要与相关规划，如国土规划、区域规划、农业区划等衔接，确保相互间的协调统一，并在本规划中进一步贯彻和深化。此外，各部门专项规划和中长期计划也是两项规划的重要参考。

3. 土地利用规划与城市规划的区别

(1) 规划主管部门不一致。土地利用规划与城市规划分属不同部门管理，从不同的角度出发各有侧重。在现行的机构设置下，土地利用规划与城市规划分别由国土管理部门与规划部门编制，二者在行政上是同级，其均在各自的行政体系内完成，在规划编制过程中均接受来自上级行政部门的指导与监督。在这种相对封闭的空间内，使得国土部门与规划部门缺乏有效沟通，沟通成本日益加大，几乎成积重难返之势。这种体制和安排上的不合理，造成了两个部门在实际操作中的博弈行为。

(2) 规划的出发点不相同。土地利用规划立足于当地土地资源现状，遵循“十分珍惜、合理利用土地和切实保护耕地”的原则，求得土地资源在各地间的合理配置，特别强调优先保护耕地，对建设用地的供给实行供给制约和引导需求。城市规划则强调城市发展的需要，从城市用地需求出发，要求将城市“做大”，虽然也强调合理用地，节约用地，但对土地的供给量考虑不多。近几年来，各地城市建设用地大多采用“摊大饼”式外延扩展，其结果造成城市郊外许多优质耕地被占用。而土地利用规划则需要将优质土地优先用于农业发展，城市建设尽量占用非耕地和未利用地。

(3) 建设用地规模预测方法的差异。城市规划以城市人口规划预测为基础，以人均用地指标为依据确定城市规划区建设用地规模。对城市人口规模预测和人均用地指标的选取的不同会导致城市用地规模的不同。土地利用规划在建设用地规模的确定上强调从区域的社会经济和土地资源条件出发，从区域层次上合理确定城市用地规模。

(4) 规划所依据的基础资料和统计方法不一致。土地利用总体规划依据的是土地详查资料，它是在以往统计资料的基础上，经过逐一调查、核实、纠正而形成的，可信度较高；而城市规划依据的是城建部门的统计资料，城市部门在对本部门的用地进行统计时，往往采取抽样调查的方法，所得到的数据为概查和估算数据，与详查资料存在一定差异。造成土地部门详查资料与城市部门的统计资料不一致的另一原因是二者的统计口径不一致。城市部门在统计城市建设用地时，将其划入城市总体规划区，但还没有建设的郊区或农村也计入城市现状用地，所以统计的城市建设用地面积比详查面积大。

4. 土地利用规划与城市规划的协调

土地利用规划和城市规划相协调和衔接的中心内容是城市的用地扩展规模和用地扩展方向。其中城市规模是协调和衔接的重点和核心，城市规模主要包括人口和用地规模，而人口规模又起决定作用。除此以外，还有城镇性质的确定，规划人均建设用地标准的确定，城乡结合部的用地安排等。具体来说，要做到以下几点：

(1) 管理部门之间的协调。土地利用规划和城市规划目前分属土地管理部门和城市建设管理部门分别管理和编制，因此在两个规划编制过程中，土地部门应为城建部门提供城市建设用地控制指标和布局要求，城建部门应为土地部门提供城镇体系布局、城市规模等设想，规划的成果要反映出互相协调的内容，在规划报批阶段，城市规划应送土地部门审查，土地利用总体规划应送城建部门征求意见。加强两部门的协作，做好“两个规划”的衔接工作要加强对城市用地的统一管理，严格审批制度，真正做到“统规划、统征地、统开发、统建设、统管理”。切实加强“两个规划”实施后的监督检查，严肃查处违法建设和用地案件。

(2) 土地分类需要协调。土地利用总体规划所依据的地类是1984年由全国农业区划委员会颁发的《土地利用现状调查技术规程》，按土地利用现状将全国土地分为8大类46个二级类，城市用地属于居民点及独立工矿用地中的城镇用地。城市规划所依据的地类是《城市建设用地分类与规划建设用地标准》(GBJ 137—90)，将城市用地分为10个大类46个二级类。在两个分类系统中，城市用地的内涵不同，《土地利用现状调查技术规程》分类中将城市外围的一些工业用地划入独立工矿用地中，导致土地利用总体规划中城市用地的范围一般小于城市规划中的城市用地范围。两套并列的按地域划分的土地分类系统，增加了两个规划编制中的协调难度，因此土地分类应该一致。

(3) 两个规划中确定城市用地规模要协调。确定城市发展用地规模的主要依据是未来城市居住的人口数量，因此在确定人口未来发展的规模过程中，二者在人口预测方法上要保持一致，人口自然增长预测要以计划生育部门统计数字为准，而人口机械增长（包括部分暂住人口）的测算较为复杂，应该要有公安部门、劳动就业部门、旅游部门等共同参与，提出实事求是的预测方案，从而避免当前城市规划中常见的不切实际，过高估计人口机械增长的现象，而造成城市占地偏大甚至失控。城市未来人口规模确定后，人均建设用地指标的确定也非常关键，指标偏大，必将造成土地资源的浪费；指标偏小，将导致环境恶化，地价上涨，影响当地经济的正常有序发展。因此，一个城市的用地是否合理和经济，选用合适的规划人均建设用地指标也很关键。

（4）用地布局需要协调。城市规划除主要与土地利用总体规划相协调外，还要与国土规划、区域规划、江河规划、交通运输、电力电讯网建设等基础设施规划以及农业区域综合开发规划等规划相协调。但在我国的城市规划实践中，与这些规划的协调关系还未真正建立起来。

3.3 完善土地利用规划体系的主要观点及构想

3.3.1 完善土地利用规划体系的主要观点

国土规划是从宏观角度对全国或地区资源的综合开发利用长远性战略性的筹划。国土规划包括国土资源综合评价，确定地区资源开发和经济发展方向，工农业生产布局，人口与城镇居民点规划，交通运输业规划，环境治理与环境保护规划等项内容。土地是国土组成的一部分，土地利用规划与国土规划是局部与整体的关系；区域规划是对一个地区的工业、农业、林业、交通运输、电力、水利、居民点等方面的建设和各项工程设施进行全面规划，使一定区域内国民经济各个组成部分之间，各部门各行业之间形成协调发展的布局。土地利用规划是上述各项建设用地规模和布局的落实。

从已有的研究来看，完善土地利用规划体系的观点主要有以下几种。

1. 南京农业大学宗仁博士的观点

南京农业大学宗仁博士在分析中国目前土地利用规划体系存在的问题，借鉴部分国家（地区）土地利用规划体系，同时比较了国家有关部门对规划体系探索的基础上，按照层次分明的原则，构建了一个由全国国土规划—省级国土规划—市级土地利用规划—城市土地利用规划和县级土地利用规划—乡镇土地利用规划组成的新型土地利用规划体系（参见图3—4）。

规划体系要点如下：

（1）将宏观尺度下的全国和省级土地利用总体规划融于国土规划和区域规划中，规划的目标、内容都统一到国土规划、区域规划中去，不再是一个相对独立层次的土地利用规划。

（2）区域规划是独立的层次，是上下不同层次规划的重要补充，根据具体需要进行编制，主要解决跨省、跨市、跨县等跨行政区的生产力布局、重点基础设施项目，流域性开发、环保、治污等问题，城市在更大空间结构中的分工协作，

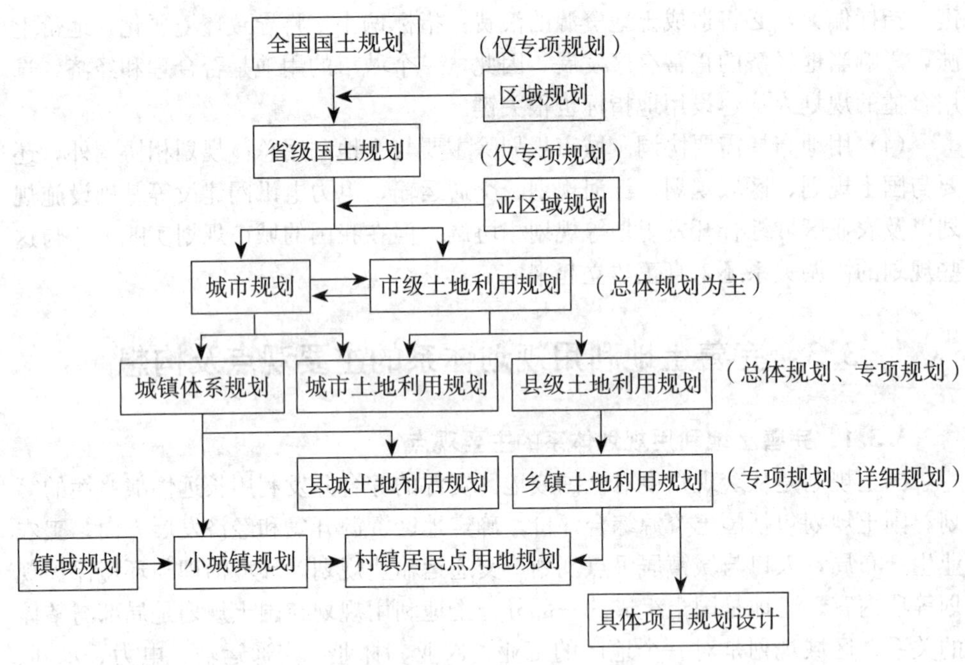

图 3—4 宗仁提出的土地利用规划体系构想

防止低水平重复建设和地方之间恶性竞争等。一般只设跨省的区域规划和跨市的亚区域规划。

(3) 将省级国土规划作为统筹协调城市规划和地市级土地利用规划的高层次规划，协调重点是城市发展方向、城镇体系布局、城市用地规模、产业布局等相关问题。

(4) 市级土地利用规划以下分出城市内土地利用规划和县级（城市外）土地利用规划的层次。这两个规划在目标、任务和内容上有很大差别，为避免引起土地利用规划内涵和外延上的混淆，同时也为突出各自的重点，有必要分开。这类似于台湾的都市计划和非都市计划。

(5) 增加城市内土地利用规划的层次，作为城市规划和土地利用规划在土地利用上的空间结合，解决二者各成体系的问题。城市内土地利用规划是市级土地利用规划的下一级规划，同时也是城市规划的专项规划。县级土地利用规划以下同样要增加县城土地利用规划的层次。为在名称上区别于市级土地利用规划，我们可以将城市内土地利用规划简称为城市土地利用规划，例如，“南京市土地利用规划”是指南京市市域土地利用规划，“南京市城市土地利用规划”是指南京的城市内土地利用规划。

(6) 土地利用规划仍然分总体规划、专项规划和详细规划三种类型。全国和省级规划不再编制总体规划，如有必要，可以编制一些专项规划；市级规划以总体规划为主，可以有专项规划；县级规划作为总体规划的基本单元，总体规划下面编制各类专项规划；乡镇级土地利用规划没有宏观性，不需要再作为总体规划来研究，应以各类详细规划和专项规划为主，在此基础上，加强具体项目规划设计工作。

宗仁博士设计的体系的最大特点就是其不但提出了国土规划、区域规划的地位与作用，而且提出了划分市级土地利用规划与城市土地利用规划层次的思路。他提出：我国的城市规划对城市土地利用的安排和处理，主要是从土地功能角度出发，较少考虑土地的经济价值，未能形成相对完整的体系。为了保证国家土地方针政策的落实，集约、节约地使用城市土地；为了优化合理配置各业对土地开发利用的需求；为了突出城市土地区位经济效益，实现优质优用；为了在空间上为城市提供生态保证，必须有独立层次的城市土地利用规划。制定城市土地利用规划可以解决城市规划与土地利用规划的衔接问题，土地利用规划与城市规划的衔接、协调一直是讨论的热点，但缺少有力的解决办法。原因有：一是规划的目标、指导思想都是矛盾的；二是技术规程、方法、指标也是完全不同的体系，无法交流；三是编制实施的主体部门不一致，即使是同一部门编制，也无法统一。虽然从规划的内容、方法和成果看，城市规划和土地利用规划各成体系，并分别相应由城乡建设部门和土地管理部门负责制定和实施。但城市土地利用规划是城市规划的重要专项规划，也应该是上一级土地利用规划的子规划，把城市土地利用规划从城市规划中分离出来研究，是解决这两个规划不协调问题的重要思路和衔接重点，规划之间找到了对话的共同点，是联系两个规划的桥梁，也使土地利用规划体系相对完整。

2. 中国人民大学林增杰教授的观点

中国人民大学林增杰教授提出了在国土规划指导下的土地利用规划与城市规划相协调的规划体系构想。

该体系的特点是将土地利用规划与城市规划作为国土规划的专项规划，在开展“两规”之前，先组织开展国土规划，土地利用规划与城市规划是协调关系；土地利用规划分为总体规划和详细规划，总体规划分为以行政区域组织的土地利用总体规划和以跨行政区组织的土地利用总体规划，以行政区组织的土地利用总体规划仍然分为全国、省级、地市级、县级、乡级五级，而跨行政区组织的土地利用总体规划则分为自然区域、流域、经济区域三种类型。该体系还对原土地利用规划划分为总体规划、专项规划、详细规划作了调整。总体规划直接控制详细规划，详细规划分为专项土地利用规划和土地利用规划设计，专项土地利用规划在这里作为详细规划的一个组成部分，并控制土地利用规划设计（参见图 3—5）。

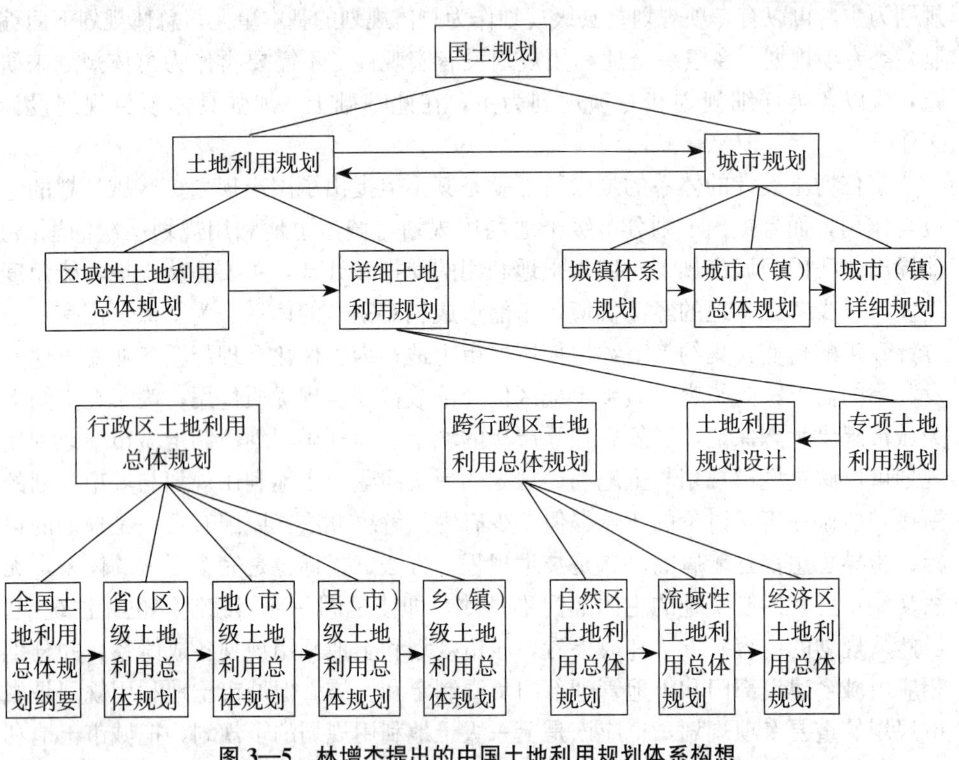

图 3—5　林增杰提出的中国土地利用规划体系构想

3. 原国家土地管理局钱铭的观点

原国家土地管理局钱铭在《浅议我国当代规划体系》一文中提出了以国土规划为核心的规划体系。文中提出：各项规划的发展都是适应形势发展的需要，因此都是必要的，不少也已在实践中取得了成效。当前规划工作除了各自存在的问题外，还有一个共同问题是各项规划都由各部门单独进行，缺乏统一的组织协调，不可避免地会出现内容重复，甚至相互矛盾，从而影响了规划的贯彻实施。同时，由于国土总体规划的工作滞后，使各项规划编制的依据不足，只能根据本专业或本地区的情况编制，容易造成不全面、不实际，从而导致规划失控或失灵。因此，急需加强国土总体规划编制，加强统一协调，明确相互关系，建立完整体系，才能更好地对社会经济发展起到宏观调控和微观指导作用。国土规划，特别是全国国土总体规划，具有最广泛综合性，是内容最全面的最高层次规划，其核心任务就是要协调好人口、资源、环境和发展的关系，全面体现"五个统筹"。国土规划包括人口、资源、产业、基础设施、环境生态、城镇体系、村镇体系等都是国土总体规划的有机组成部分，代表国土总体规划在相关领域发挥具体调控作用，即使是综合性较强的土地利用总体规划，由于土地的稀缺性载体作用，使它对各类规划具有调控和制约作用，但从本质上看它仍属于一项重要的资源专业规划。城市规划、村镇规划和国土总体规划的关系则是"点"和"面"的关系，即部分和整体的关系。它们不仅要服从国土总体规划，而且还要受各类国土专业规划的制约。为此，目前当务之急就是要加强国土总体规划的编制工作，首先要在现有各方试点的基础上集中力量，尽快编制全国国土总体规划，作为国家对市场经济进行宏观调控的依据，也作为协调统一各类规划的依据，尽快形成国家统一完整的规划体系。在形成国家规划体系的同时，要加强立法，制定中华人民共和国规划法。明确国土总体规划的"龙头"地位，明确各类规划的功能定位，统一协调相互关系，发挥规划体系的整体调控作用（参见图 3—6）。

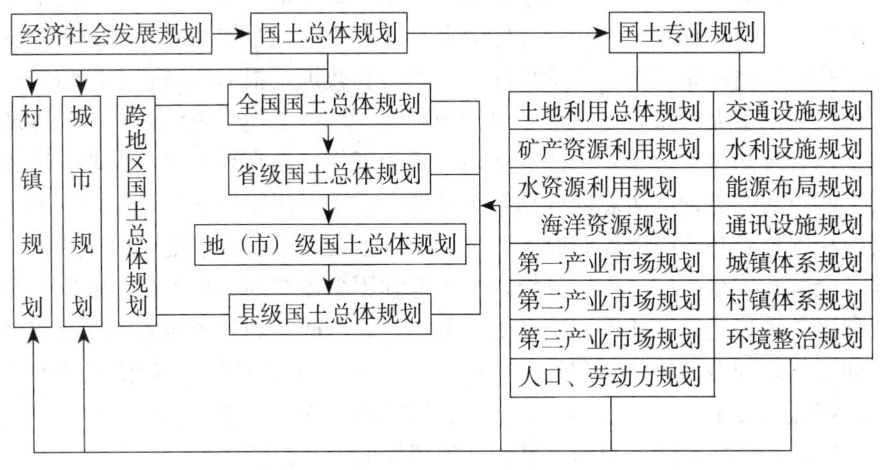

图 3—6 钱铭提出的全国土地规划体系设想

3.3.2 完善和加强五级土地利用规划体系建设

国土资源部从维护土地利用规划权威的角度出发，强调土地利用规划的综合地位和作用，认为土地利用规划与经济社会发展规划、城市规划这三大规划都是综合性规划，在范围上有交叉、重叠之处，但各自的目的、性质、任务和服务对象则明显不同。规划是统筹协调经济、社会、资源、环境的过程，其成果最终落实到土地上，就称为土地利用规划。这种多目标的统筹协调过程决定了土地利用规划必然是综合性的规划。根据规划的目标和任务，土地利用规划体系包括总体规划、专项规划和详细规划三种类型，其中，总体规划又分为全国、省（自治区、直辖市）、市（地、盟、州）、县（市、区、旗）和乡（镇）五个层次。

国土资源部殷卫平、董祚继提出：完善土地利用规划体系，是加强和改进土地利用规划工作的一项长期任务，在当前也具有重要的现实意义。我们认为，完善土地利用规划体系，应当有利于依法加强土地利用的宏观调控和集中统一管理，有利于可持续发展战略的贯彻实施。其目标是，建立由五级土地利用总体规划以及土地利用专项规划、详细规划组成，功能清晰，符合社会主义市场经济体制要求，与相关规划相协调的科学体系，提高土地管理水平，促进经济社会可持续发展。

（1）要继续依法做好全国和省级土地利用总体规划。我国长期实行的土地分级限额审批制度，绝大部分土地管理权力在地方，并主要集中在市、县，国家对国有土地的所有权和集体土地的管理权无从体现。市、县作为相对独立的利益主体，主要考虑的是本地经济的快速发展。这是导致土地利用长期失控、耕地大量减少的根本原因。加强土地利用总体规划，特别是强化全国和省级规划的地位和作用，是在全面总结我国土地管理的历史经验和教训，根据我国基本国情和社会制度所做出的重大决策，是改革土地管理制度、加强土地集中统一管理、体现国家对土地管理的权力的重要举措。加强全国和省级规划有利于强化土地管理依法行政。改革后的土地利用总体规划体系是自上而下、逐级控制的，规划的审批权均集中在国务院和省级人民政府，而且用地审批权又与规划审批权相一致。如果削弱了全国和省级规划，审批省级以下土地利用总体规划将缺乏充分依据，整个土地利用总体规划体系的作用都将受到影响，并由此影响到用地的审批及整个土地管理工作。调整完善全国和省级规划，主要是根据新时期社会经济发展和土地管理的特点与要求，强化规划的战略性、政策性，突出土地利用与经济、社会、环境之间以及地区之间的协调发展，发挥规划的宏观调控作用。

（2）充实和提高市级、县级和乡（镇）土地利用总体规划。市级、县级和乡（镇）土地利用总体规划是全国和省级土地利用总体规划的延伸和具体化，是审批用地、实施土地用途管制的法定依据，是管理性、实施性规划。大多数国家都开展了这三级规划。根据我国规划体制改革的发展方向，应当进一步加强市级、县级和乡镇土地利用总体规划工作，强化规划的空间性、可操作性，弱化原则性过强、针对性较差、雷同、交叉重叠的内容，提高规划的有用性和权威性，切实发挥规划对城乡建设、土地开发等各项土地利用的控制作用。

（3）根据需要组织开展各类土地利用专项规划和详细规划。土地利用专项规划是在土地利用总体规划的控制和指导下，针对土地开发、利用、整治和保护的某一方面或其他特定目的制定的规划。在市场经济条件下，土地利用专项规划是政府组织土地利用的依据和重要形式，是土地利用总体规划的深化和补充。

我国现阶段的土地利用专项规划主要包括为充分合理利用土地制定的土地整理规划、土地复垦规划、土地开发规划以及为保护特殊的土地资源制定的基本农田保护规划、湿地保护规划等。全国和省级土地利用专项规划根据需要着重提出土地开发利用保护整治的重点区域、重点工程和投资方向、行动计划，市级以下土地利用专项规划要具体确定土地开发利用保护整治的土地范围、项目和实施方案。土地利用详细规划是在一个较小区域或地段内，为了合理利用土地，对土地用途及其配套设施的具体配置和详细安排。土地利用详细规划应在土地利用总体规划和专项规划的控制和指导下进行。

3.3.3 建立城乡一体化土地利用规划体系

1. 建立城乡一体化土地利用规划体系的主要观点

（1）南京农业大学欧名豪在《土地利用规划体系研究》一文中提出了城乡协调发展的空间规划体系。该文指出：中国土地利用规划体系的主要问题是国土规划、区域规划、土地利用规划和城市规划等各成体系，以各级行政区为单位编制的土地利用总体规划没有很好地整合区域社会经济发展对土地的需求，僵化的控制指标与区域社会经济的发展不相适应；同时，由于土地利用总体规划与城市规划相脱节，难以有效地控制城市用地规模。因此，土地利用规划管理的发展方向应是整合土地利用规划体系，将区域规划、土地利用规划和城市规划融为一体；重视城市土地利用规划和乡村土地利用规划等控制性土地利用详细规划的编制和实施。

完整的土地利用规划体系应包括土地利用的区域规划、土地利用总体规划、土地利用专项规划和土地利用详细规划，但目前我国土地利用规划主要进行的是土地利用总体规划，而对其他的土地利用则关注较少，尤其是区域规划和土地利用详细规划。土地利用规划体系存在的另一个问题是如何与城市规划相协调。土地利用总体规划和城市规划由不同的部门负责和分开编制，尽管《城市规划法》

和《土地管理法》都规定了两个规划应相互协调，并规定两个规划都应由各级人民政府组织编制，但由于两个规划负责的部门不同、规划的目的不同、编制规划的时间以及所依据的技术标准等不同，两个规划之间的矛盾仍然较多。

为了使土地利用规划体系进一步完善，同时也为了减少不同规划之间产生的矛盾，必须对规划体系加以整合。从本质上看，区域规划、土地利用规划、城市规划等都属于空间规划（physical planning）的范围，比较理想的状况是将区域规划、土地利用总体规划和城市规划等整合到统一的空间规划体系中来，即在县（市）域以上范围主要是编制区域规划。把土地利用总体规划和城镇体系规划作为区域规划的两个专项规划进行编制和协调，在区域规划确定了城镇体系后，再分别在所划定的城市区域编制城市规划（核心是城市土地利用规划）和在城市以外区域编制乡镇土地利用规划。但是，由于目前缺少区域规划法作为法律依据，缺少规范，缺少实体，编制时间过长，效益不明显，各级政府目前很难下决心组织庞大的队伍，花费较多的时间和费用来编制这样的区域规划，但从长远来看，整合各种规划，建立区域规划、土地利用规划和城市规划为一体的空间规划体系是必然的发展趋势。

为了适应目前的管理体制，在暂时无法将各种规划整合到同一规划体系的状况下，比较现实的做法是由政府组织编制各个层次的城镇体系规划（省城、地市域和县域的），其实质是以城镇为中心的小型区域规划，从编制好土地利用总体规划的角度来考虑，科学合理的城镇体系规划是编制土地利用总体规划不可缺少的前提条件。

(2) 中国人民大学张占录在《城乡一体化规划体系与法定图则制度》一文中提出了适应城市化发展要求的城乡土地利用规划体系及土地用途管制制度。进入国民经济快速增长阶段的我国区域城市化正加快发展。农村人口向城市的转移一方面促使城市规模的扩大，使城市空间在地域上扩展；另一方面，农村工业化和农村人口就地转移促使农村集镇、小城镇充分发展，从而在经济发达区域形成城镇密集区，并出现城镇连绵发展趋势。城市空间扩大和城镇连绵区的形成使城市发展的区域化倾向日益明显，即城市活动不断在区域范围内展开。而现代交通技术发展和道路建设则无疑加快了这一进程。城市区域化的地域形态组织带来了规划人口和用地的扩大。发达地区，城市化辐射的用地范围在快速增长，珠三角、长三角及京津塘地区城市化水平已相当高，土地利用功能、方式已呈现出城乡混同的形态。城市土地功能与农村土地功能相互渗透、交错分布的土地利用郊区化范围在逐步扩大，发达地区的城市郊区化范围往往覆盖了全市行政辖区范围。因此在发达地区，非常有必要实施城乡一体化规划，从而达到对城乡土地实施统一的规划管理。

显然，传统意义上的规划概念和规划层次已不适应城市发展的现实和未来，城市地域也不单是传统意义上的建成区，城市密集区、城市连绵区内的城乡一体化发展意味着未来城市的概念将是包含着市、镇、乡、村的地域综合体，有必要对传统规划概念和层次进行变革。城市总体规划就是一种城市区域规划，即将城与乡统一规划，将城市建设用地与非城市建设用地统一规划，将城市基础设施、农村（农地）基础设施与区域基础设施统一规划，城市建设用地及各种农地、生态用地的总量平衡在城市区域范围内进行。

城乡一体化能很好地解决区域内各种用地及基础设施的协调发展问题，有利于城市化发展，使城乡区域整体实现现代化。因此有必要将同时存在的数种规划，如国土规划、土地利用总体规划、城市规划、村镇规划、土地整理规划以及交通、水利、电力、通讯、旅游等规划纳入一个规划体系。

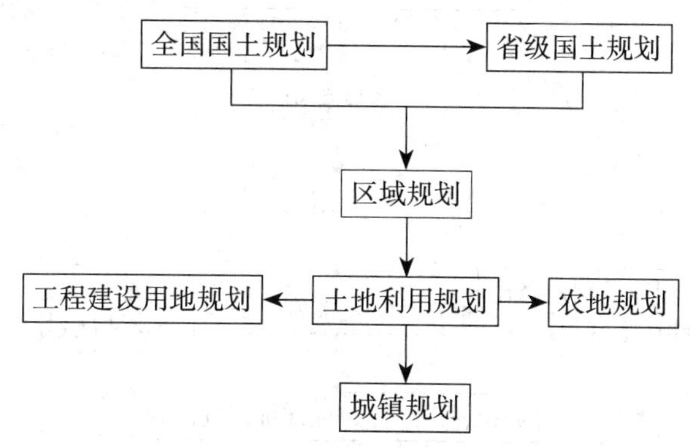

图 3—7　城乡一体化规划体系

2. 建立城乡统一的“法定图则”控制性规划制度

为了保证城乡一体化规划体系的实现，还必须建立城乡统一的“法定图则”控制性规划制度，借鉴香港和深圳城市规划体系中“法定图则”制度之经验，将法定图则制度引入城乡一体化规划体系中，形成策略规划与法定图则相互协调的城乡一体化规划制度。

（1）城乡一体化规划中“法定图则”的含义。香港和深圳城市规划体系中“法定图则”是指在城市策略规划指导下，对指定地段内土地的使用性质、开发强度等方面做出引导和控制规定，经过法定程序批准后成为具有法律效力的规划文件。那么，实施城乡一体化规划后，“法定图则”的含义应定义为：在国土规划、区域规划、土地利用总体规划的指导下，对指定地段内土地的使用性质、开发强度等方面做出引导和控制规定，经过法定程序批准后成为具有法律效力的规划文件。

目前，我国土地利用规划实践中还未实现城乡一体化，城市及近郊区采取编制控制性详细规划的方式达到用地控制目的，城市规划区外，通过县、乡（镇）土地利用总体规划，以土地利用分区、用地指标控制和土地利用规则为手段控制用地，即采取分区管制的方式达到用地控制目的。

“法定图则”实际上是一种控制性详细规划。我们以“法定图则”代替目前城市规划中实施的控制性详细规划和土地利用总体规划中实施的分区管制制度，作为城乡一体化规划体系中具有法律效力的控制性规划，构建出新的城乡一体化土地利用规划体系（参见图3—8）。

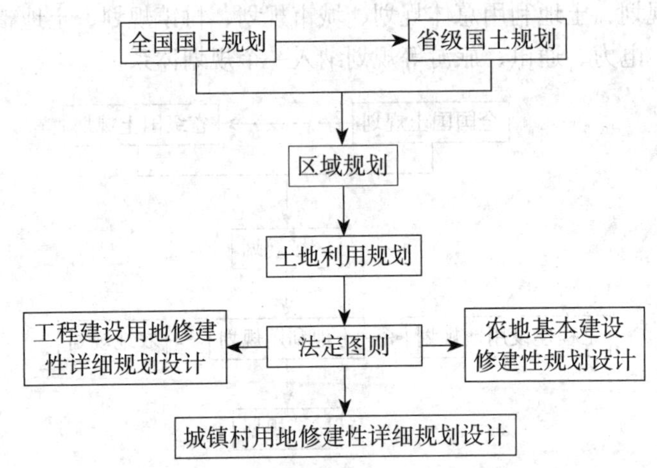

图3—8 城乡一体化土地利用规划体系与法定图则关系

（2）实施区域范围。原则上，法定图则在城市化比较高的区域实施，具体范围是：1）各级城市（直辖市、地级市、县级市）市区行政管辖范围；2）县城城关镇行政管辖范围；3）建制镇行政管辖范围；4）乡政府驻地。

（3）法定图则文件组成。法定图则文本由五部分组成。法定图则文本是一份针对某一特定地段具有法律效力的规范性文件。主要叙述某一特定地段内土地利用性质、土地利用强度、道路交通、水利、电力、绿化、生态环境等控制、管制规定以及图则适用范围、制定本图则的主要规划依据等。法定图则控制图主要反映某一特定地段内土地利用性质、土地利用强度以及道路交通、水利、电力、绿化、生态环境规划布局。法定图则附表反映规划各种技术指标，主要有：附表一：《土地利用现状表》；附表二：《现状工程物基本情况明细表》；附表三：《地籍备案表》；附表四：《规划用地汇总表》；附表五：《规划工程物基本情况明细表》；附表六：《综合指标一览表》。法定图则修改说明主要反映法定图则的修改情况，如修改原因，修改数据指标、位置等。法定图则研究不具备法律效力，但对了解法定图则其他文件具有帮助作用。

法定图则文本、法定图则控制图、法定图则附表、法定图则修改说明、法定图则研究这五种法定图则文本可根据具体法定图则种类的不同调整其内容，如法定图则附表，市区、郊区和农区的附表种类和项目都可以有所不同。

（4）发展管制与发展许可方式。发展管制方式分为法定管制和非法定管制。法定管制的内容依据有关法律法规以及土地利用总体规划中制定的土地利用管制规则制定；非法定的管制则主要是指土地契约及指导性土地利用技术准则制定。

发展许可分为经常性用途许可和特许用途许可。其发展许可依据法定图则的要求分为通常性许可（也称为经常性许可）和特许性许可。经常性许可可以不通过规划部门的审批即可直接使用土地，用地部门可直接办理用地手续；特许用途许可必须经过原规划批准部门的认可才准许使用土地（或变更土地用途），用地部门应根据规划部门的许可办理用地手续。

本章小结

本章在介绍现行土地利用规划体系、城镇土地利用规划体系以及土地利用规划与城市规划关系的基础上，就建立国土规划和区域规划控制下的土地利用规划和城市规划相协调的规划体系、完善和加强五级土地利用规划体系、建立城乡一体化土地利用规划体系等完善我国土地利用规划体系有代表性的主要观点及构想作了详尽的阐述。

关键术语

土地利用规划体系　城镇土地利用规划体系　城市规划体系　城乡一体化规划体系

复习思考题

1. 简述现行土地利用规划体系构成与存在的问题。

2. 现行城市规划体系是如何体现城镇土地利用规划体系的?
3. 简述土地利用规划与城市规划的关系。
4. 如何建立城乡一体化土地利用规划体系?
5. 如何建立国土规划和区域规划控制下的土地利用规划和城市规划相协调的规划体系?
6. 结合完善土地利用规划体系的主要观点及构想谈谈你自己的观点。

第4章 土地利用总体规划

土地利用总体规划是土地管理工作的“龙头”，编制土地利用总体规划是现阶段土地管理的核心任务之一。自1987年国务院批转《国家土地管理局关于开展土地利用总体规划工作报告》的通知下发后，全国大部分地方开展了土地利用总体规划的编制与实施工作，并最终形成了中央、省、地市、县、乡五级土地利用总体规划体系。实践表明，编制土地利用总体规划，是解决各种土地利用矛盾的重要手段，也是保证国民经济顺利发展的重要措施。《土地管理法》第十七条明确规定：“各级人民政府应当依据国民经济和社会发展规划、国土整治和资源环境保护的要求、土地供给能力以及各项建设对土地的需求，组织编制土地利用总体规划”，这确立了土地利用总体规划的法律地位。

4.1 土地利用总体规划概述

4.1.1 土地利用总体规划的概念

土地利用总体规划是在一定规划区域和时段内，政府从长远利益出发，按照其自然和社会经济条件以及国民经济发展的要求，因地制宜地对全部土地的开发、利用、整治、保护等方面在时间和空间上做出的总体安排或部署。土地利用总体规划具体包含以下几个要素：

(1) 主体。土地利用总体规划编制主体是各级人民政府。包括全国、省（自治区、直辖市）、地区（市、州、盟）、县（区、市、旗）和乡镇政府。

(2) 客体。土地利用总体规划的客体是国民经济各部门及全部土地使用者。

(3) 实质。土地利用总体规划实质上是针对有限的土地资源在国民经济各部门和各行业之间进行合理配置，即土地资源的时空分配（数量、质量、区位），具体借助于土地利用结构和布局来实现。

(4) 核心。调整土地利用结构和确定土地利用布局。通过规划，综合各部门各行业对土地的需求，协调部门间用地矛盾，调整用地结构与布局，使土地利用符合国民经济、社会发展的要求。土地利用结构体现的是一种数量关系，即国民经济各部门占地比重及其相互关系。土地利用布局则强调空间区位，即如何将不同用途的用地具体配置到国民经济各部门中去。

4.1.2　土地利用总体规划的特性

土地利用总体规划是土地利用管理工作的“龙头”，是各级人民政府对土地利用进行协调和控制的重要手段，具有以下基本特性：

1. 综合性

土地利用总体规划的综合性具体表现在以下几个方面：

(1) 从规划的对象上看，土地利用总体规划是针对规划区域内的全部土地资源，而不是某一类土地或某一局部土地。

(2) 从规划内容上看，总体规划要对土地的开发、利用、整治、整理、复垦和保护，同时结合时间结构、空间结构和产业结构进行统筹安排、全面考虑。综合各部门对土地的需求，调整用地结构和布局，使土地利用符合国民经济、社会发展和环境保护的需要，以促进国民经济持续、稳定、健康发展。

(3) 从规划的目标上看，土地利用总体规划强调的是综合效益的最大化，即兼顾经济、生态、社会效益的高度统一，同时正确处理局部利益和整体利益、近期利益和长远利益的关系，最终实现土地的可持续发展。

(4) 从规划的协调范围看，它平衡协调国民经济各部门用地关系，而不是某一部门内的用地关系。

2. 控制性

依据《土地管理法》第十八条的规定，下级土地利用总体规划应当依据上一级土地利用总体规划编制。地方各级人民政府编制的土地利用总体规划中的建设用地总量不得超过上一级土地利用总体规划确定的控制指标，耕地保有量不得低于上一级土地利用总体规划确定的控制指标。此外，强制性指标还包括：基本农田保护面积、城镇建设用地规模、补充耕地面积等。可以看出，规划总体目标是自上而下，层层控制。一切土地利用活动都是在宏观控制指标的控制下进行的。当然，下一级土地利用总体规划同时又是上一级土地利用总体规划的反馈，从而在全国范围内形成一个有机联系的土地利用总体规划体系。综合性和控制性是土地利用总体规划的本质特征。

3. 权威性

《土地管理法》第十七条规定：各级人民政府……组织编制土地利用总体规划，这确定了土地利用总体规划的权威性。土地利用总体规划作为国民经济和社会发展计划的组成部分，一经政府审议批准就具有法律效力：一方面，从法律上讲，土地利用总体规划具有控制各类用地指标的法律地位，各部门土地利用规划，包括城镇建设、工矿、交通、水利建设、农、林、牧等用地规划都要服从土地利用总体规划；另一方面，土地利用总体规划具有控制土地用途的法律地位，即实行土地用途管制制度以确保规划目标的实现。其所确定的土地用途、用地指标、用地面积和平面分布未经法律程序不得擅自修改。

4. 战略性

土地利用总体规划在宏观上是一种政策指南，是一种战略部署。其战略性表现在它所研究的问题具有战略意义。如城乡土地利用发展方向、发展规模和总体布局；国民经济各部门的土地供求平衡问题；土地利用结构与用地布局的调整问题；土地利用方式的重大变化等战略问题。

5. 长期性

土地利用总体规划是国民经济和社会发展规划的组成部分，其规划期限应与国民经济和社会发展规划相适应，它必须对与土地利用有关的重要经济活动的长期变化趋势（如人口变化、城镇化、工业化、农业现代化、旅游事业的发展等）做出预测，进而制定长远的土地利用规划。一般来说，土地利用总体规划期限在10年以上，可展望20～50年。为了便于规划的实施，其规划目标必须通过制定阶段性目标来落实，重点是确定5年的近期规划目标。

4.1.3 土地利用总体规划的目标

土地利用总体规划的目标是在土地利用结构研究的基础上，根据国民经济社会发展的长期规划对土地资源的需求、土地资源的供给状况、土地的人口承载力和土地利用战略的研究成果，提出规划年所应实现的土地利用目标。规划目标不应是抽象的，而应是具体的、可量化的。规划目标的具体内容主要包括以下几个方面：

(1) 耕地保护目标。耕地保护是土地利用总体规划里最重要的目标，按照耕地总量动态平衡的原则和确保耕地总量目标实现的要求，明确规划期耕地保有量指标，基本农田保护区面积指标，占补平衡的主要指标等。

(2) 建设用地控制目标。根据优先满足国家、省和地方重点建设项目和基础设施建设用地的原则，确定重点建设用地规模及其占用耕地的指标，同时使建设用地总量得到有效控制。

(3) 用地结构目标。对保障各业用地的基本需求、合理调整土地利用结构、优化土地资源配置提出总体要求，确定土地利用结构调整方向以及规划期内各业各类用地的比例结构。

(4) 土地开发、整理、复垦目标。适度开发宜农土地，把土地整理和复垦作为增加各用地供给量特别是补充耕地的主要措施，确定土地整理和复垦的数量，同时确定宜农后备土地资源合理开发的规模。

(5) 土地生态环境目标。从实现土地可持续利用的角度，提出改善生态环境的基本目标，如确定退耕还林、还草、还湖面积，治理水土流失面积等。

《1997—2010年全国土地利用总体规划纲要》中确定了1997年到2010年全国土地利用的总目标是：在保护生态环境的前提下，保持耕地总量动态平衡，土地利用方式由粗放向集约转变，土地利用结构与布局明显改善，土地产出率和综合利用效益有显著的提高，为国民经济持续、快速、健康发展提供土地保障。具体目标是：

(1) 农用地特别是耕地得到有效保护和综合整治。2010年，耕地总面积保持在12 801万公顷（19.20亿亩）以上，其中基本农田面积10 856万公顷（16.28亿亩）以上，占现有耕地总面积的83.5%以上。林地、牧草地面积增加，林地面积达到24 999万公顷（37.50亿亩），森林覆盖率提高到19%，牧草地面积达到26 867万公顷（40.40亿亩）。水面面积保持稳定。加强中、低产农用地改造，耕地总体质量有所提高，有林地和人工、半人工草地面积有较大幅度增加。

(2) 在保障重点建设项目和基础设施建设用地的前提下，建设用地总量得到有效控制。1997—2010年，各类建设新增用地规模控制在340.80万公顷（5 112万亩），其中占用耕地面积不超过196.67万公顷（2 950万亩），年均建设占用耕地控制在14.07万公顷（211万亩）以内。

(3) 土地整理全面展开，未利用地得以适度开发。1997—2010年，全国土地整理和未利用地开发增加耕地面积440.8万公顷（6 612万亩）以上，增加其他农用地2 152万公顷（3.23亿亩）以上。土地开发利用率，2010年达75.26%以上。

(4) 土地生态环境有比较明显的改善。1997—2010年，全国退耕还林、还草、还湖347.8万公顷（5 217万亩）。土地退化趋势得到控制，治理初见成效。到2010年，新增治理水土流失面积5 000万公顷（7.50亿亩）；治理荒漠化土地面积2 200万公顷（3.30亿亩）；改造坡耕地670万公顷（1.0亿亩）；治理“三化”草地3 300万公顷（4.95亿亩）。

4.1.4 土地利用总体规划的基本模式

模式，一般是指某种事物的标准形式，或者是人们可以照着去做的标准样式。土地利用规划模式是指编制土地利用规划的标准形式，或是被大家广为采用的形式。土地利用规划的模式既要反映规划的类型、目的和内容要求，又必须与经济管理体制相适应。实践中比较常见的规划模式有以下几种：

1. 总体蓝图模式

总体蓝图模式属于传统的规划模式，是过去我国在人民公社和国营农场土地规划实践中加以运用的土地利用总体规划模式。其规划方法是在收集大量资料并对数据进行整理、分析、评价、预测的基础上，根据国民经济有计划、按比例发展的原理，调整和配置各部门用地，制定改善土地利用条件和提高土地生产力的各项综合整治措施，最后确定规划方案，并以土地利用总体规划图的形式表示规划成果。规划内容一般包括：(1) 区域经济发展方向的确定和土地利用远景预测；(2) 区域国民经济各部门用地的调整和分配；(3) 城乡居民点布局即用地配置；(4) 农、林、牧、副、渔各业用地结构调整与布置；(5) 区域土地开发、改良和保护等综合整治措施等。总体蓝图模式虽能较好地反映规划期末国民经济各部门的远景用地规模与布局，但它是计划经济体制的产物，只适用于管理权集中、市场发育不够、社会经济条件基本上按远景预测结果发展变化的情况。而在现阶段我国由计划经济体制向社会主义市场经济体制的转型时期，总体蓝图模式就显得缺乏弹性和应变能力，因而在土地利用总体规划中应用较少。

2. 指标控制模式

指标控制模式是继总体蓝图模式以后，在我国实行改革开放和有计划的商品经济的背景下出现的一种土地利用总体规划模式。其规划方法是根据区域条件和社会经济发展规划，在土地供需分析的基础上，制定规划期间各部门、各类用地的调整控制指标，并逐级下达加以落实。规划内容主要包括：(1) 土地利用动态变化分析和各部门土地需求量预测；(2) 规划目标和任务的确定；(3) 各部门、各类用地指标的调整和平衡；(4) 各项建设用地指标的确定；(5) 农业内部结构调整指标等。主要成果是确定的各项土地利用控制指标，包括规划前后土地利用面积与结构，规划期末国民经济各部门用地规模控制性指标。其主要特点是不需要组织庞大的规划班子，任务完成期限短，规划成果具有较大的弹性和应变能力。但该模式的缺陷是不适应土地利用规划具体的定位，即对土地资源的空间布局缺乏必要的监控，因此，指标控制模式只有与其他模式结合使用，才能发挥其良好的效果。

3. 用地指标和用地分区相结合的模式

土地用地指标和用地分区相结合模式的中心内容是，根据区域的自然、社会、经济特点和土地利用方式划分的土地利用控制区，制定相应的土地利用方针和配套政策，结合土地利用指标，形成比较严谨的土地利用宏观控制体系。该模式是近几年我国各级土地利用总体规划普遍采用的模式，在我国两轮土地利用总体规划中得到应用，具体可分为：

在第一轮土地利用总体规划中（1987—1997），主要采用“用地指标调整与规划分区相结合模式”，这是我国现行的最常见的规划模式。这一模式包括了两大核心内容，一是采用综合平衡法进行用地指标调整，以实现规划期区域土地资源总供给量和总需求量的平衡。用地指标调整的功能是控制区域规划期内土地利用类型的数量变化；二是依据现状及未来土地利用类型组合的空间差异，进行规划分区。分区多采用地域分区方法，在土地适宜性评价的基础上，依据土地利用方向、土地利用政策、措施的相对一致性，划分不同的地域分区，指出各个区域的不同的土地利用主导方向和采取的土地利用措施。分区类型一般包括农业、林业、牧业、城乡建设、特殊等用途区。这种用途实际上是以某一种类型为主的类型组合区。在规划分区的基础上，要制定各类用途区的土地利用原则、限制条件和管理措施。规划分区的功能是控制区域规划期内用地的空间布局。

在第二轮土地利用总体规划编制和修订中（1997—2010），主要采用“用地指标控制和地类分区相结合模式”，即在用地指标控制下的用地指标调整和地类分区相结合的模式。由国家层层下达三大控制指标，即建设占用耕地指标、补充耕地量指标和净增耕地指标，体现国家对土地利用的宏观调控和对耕地的保护。在三大控制指标的调控下进行用地指标调整方案的编制。县级规划进行规划类型分区，各类型区是控制指标在图上的表现。分区类型一般包括农业、林业、牧业、城乡建设等类型区。

用地指标和用地分区相结合的模式在我国现有的经济体制下，较好地处理了土地的数量控制和布局控制的关系。但它的基本出发点仍然是试图由单一的计划手段包揽全部土地利用的宏观管理，其实质仍属于脱离蓝图模式的规划。土地利用总体规划依然被视作社会经济发展计划的具体化，是一种静态的规划模式，带有明显的计划经济的缺陷。

4. 社会主义市场经济条件下土地利用总体规划模式的探索

社会主义市场经济条件下构建土地利用总体规划模式的总体思路是：实现“蓝图规划”向“绿图规划”，“目标规划”向“过程规划”的双重转变。“绿图规划”源于1960年的欧洲，又称为弹性规划，是市场经济的产物，其目标是既要保持规划系统原来的功能，又使其具有应有的弹性（或称回复力和活力）。弹性规划对市场经济制度下区域经济发展和资源合理利用具有较强的适应性和指导性。由于存在认识水平和技术水平的限制，土地利用总体规划不可能包罗万象，面面俱到。规划在完成了主旨功能后，应该在实施中根据土地利用内外部条件的变化，留有进一步改进和完善的空间，也就是给选定的规划方案留有足够的弹性。在编制弹性土地利用总体规划时，应着重解决合理的弹性期限（合乎实际的规划实施期限的浮动区间）、合理的弹性度（规划目标的高、中、低方案和土地利用结构弹性方案的上下浮动区间）、弹性发展政策和实施计划等，完成从“蓝图规划”向“绿图规划”的转变。另外，土地利用总体规划的重点不是提出一个详细的未来土地利用的理想方案和蓝图，而是确定规划所要完成的目标和实现规划目标的行动路线（方针、战略）、方案和政策措施，即由“目标规划”向“过程规划”转变。

4.2 土地利用总体规划编制原则与任务

4.2.1 土地利用总体规划编制原则

依据我国土地利用的基本国情和国家对土地利用规划工作提出的要求，现阶段土地利用总体规划的编制工作应遵循以下原则：

1. 目的性原则

土地利用总体规划的目的是为了解决目前已存在的和规划期间可能出现的社会关心的土地利用问题。目前，十分珍惜、合理利用土地和切实保护耕地是我国的基本国策，编制总体规划，就是要把基本国策具体化，明确、落实规划期间的土地利用目标、任务和基本方针，表现在现阶段即遵守耕地总量动态平衡原则。

2. 因地制宜原则

由于我国幅员辽阔，各地区的自然和社会经济条件千差万别，直接影响土地利用的方向、方式、深度和广度，使土地利用具有明显的地域差异。因此，规划方案必须从实际出发，在规划内容、编制方法和设计深度上，都要因地制宜，讲求实效。这一原则的另一层含义表明，土地利用规划没有固定的模式和标准设计，必须紧密结合各地的自然和社会经济条件，不能千篇一律。

3. 系统协调原则

土地利用总体规划通过综合协调各土地利用子系统间的需求平衡，达到土地利用功能的整体最优。就规划的纵向衔接而言，并不是由上而下逐层简单求和，也不全部是依据高一级规划方案进行简单的逐层目标再分配，而应当是系统分析基础上通过多次信息上下反馈进行有机的递阶优化配置；就规划的横向衔接而言，它不能用子系统（如耕地保护系统、城市发展系统）的思想、目标简单地拼合构思成整个规划系统的发展战略与目标。

4. 综合效益原则

土地利用总体规划应根据国民经济和社会发展目标，追求融社会、经济、生态三大效益为一体的综合效益的最大化。土地利用综合效益的最大化要求人们在组织土地利用过程中要处理好农用地、经济建设用地和生态用地之间的关系，在保证土地资源开发利用的同时，注重生态建设和环境保护。在拥有 13 亿人口的社会主义中国，土地利用的合理目标既要满足人民生活和工业生产对农产品的不断需求，又要为国民经济各部门提供适合其利用的土地，促进其顺利发展，同时应该兼顾生态效益和经济效益。

5. 动态平衡原则

土地利用总体规划只是在一定时期内把现存的土地利用状况改变为更适合当时经济发展状况的措施之一。规划必须遵循其发展过程的阶段性，才是客观的、合理的。由于土地利用系统的影响因素，如社会经济发展速度和水平、人口增长、各部门的不均衡发展、土地资源质量、土地利用技术水平等是在不断变化的，要求土地利用规划不断地调整其内容和方案以满足实际需要。因此，土地利用规划则表现为规划—实施—修改—规划—实施的动态过程。有学者指出，在规划的技术手段上要利用现代地理信息系统（GIS），建立 GIS 支持下的动态仿真模型，以实现动态规划。同时需要注意，土地利用总体规划还应当寻求系统在时间序列上处于不断变动中的平衡状态，即在一定时期内规划应保持相对稳定，使规划方案得以实施。

6. 公众参与原则

公众参与规划是指规划工作组通常与工作范围以外的、将来要执行规划或受规划影响的部门或公众代表广泛交换意见，共同参与规划决策的过程。土地利用规划的最初出发点和最终归宿只有一个，那就是增进整个社区福利。政府只能对土地利用做出规划，不可能也没必要包揽全部土地利用，土地的具体利用主要是由公众来实施和完成的。公众参与的必要性表现在：公众参与有利于体现民主，强化公众的责任感和自觉性，进而增强土地利用总体规划的权威性和科学性；公众参与是通过规划切实保护耕地的重要保障；公众参与是监督规划实施的一个重要前提等。但实际上，在我国土地利用规划中，公众乃至立法机关参与的程度都很低。为改变这一状况，首先要建立民主、科学的土地利用规划程序，形成公众全程参与制，特别是在与公众的切身利益息息相关的县、乡级土地利用总体规划过程中，更应通过有效方式广泛听取大多数居民的意见，通过交流、协商、妥协而取得共识，并经过立法机关的审查、批准；其次，既要考虑土地利用规划的弹性，利于公众监督，并依法定程序进行规划的修改和调整，又要尽量避免随意改变规划内容而损害居民和权利人的合法权益。

4.2.2 土地利用总体规划编制的任务

土地利用总体规划的主要任务是解决各行各业的用地矛盾，建立良性循环的土地生态体系，提高土地利用的总体效益，对土地进行合理利用和保护，使有限的土地资源既能满足人们对社会财富日益增长的需要，又能保证土地资源永续利用。一般来说，土地利用总体规划的基本任务为以下四个方面：

1. 对土地利用进行宏观调控

编制和实施土地利用总体规划是政府加强土地利用宏观调控的主要手段。土地利用总体规划是对土地的开发利用治理和保护在空间、时间上做的总体战略安排，具有综合性、控制性和指导性，是国民经济和社会发展计划体系的重要组成部分，在土地利用宏观调控体系中占有不可替代的地位。通过直接行使其宏观调控职能，来引导正确的土地利用方向。而且，土地利用总体规划本身作为科学合理管理土地的法律行为和行政手段，在土地利用宏观控制方面具有强制性。

2. 对用地部门进行组织协调

国家通过土地利用总体规划协调国民经济各部门的土地利用活动，用统一的总体规划建立适应社会发展需要的合理的土地利用结构，在部门间合理分配土地资源，以克服过去部门间土地管理各自为政、自成系统，解决部门间存在的严重征地矛盾和土地资源浪费问题。

3. 对土地利用进行合理组织

土地利用总体规划应该完成两项根本任务：一是在国民经济各部门之间合理分配土地，使之形成一个与经济结构相适应的合理的土地利用结构；二是把各种用地尽可能配置在合适的土地利用类型上，做到“地尽其用”并形成各种用地合理的空间组合和布局格式，并对后备土地资源潜力进行综合分析研究，制定相应的配套政策，引导土地资源的开发、利用、整治和保护，以保证充分合理、科学有效地利用有限的土地资源，防止对土地资源的盲目开发。

4. 对土地利用进行规范监督

土地利用总体规划是土地管理的重要内容，是土地管理科学化、法制化的基础，土地利用总体规划具有严肃的法律地位。根据《土地管理法》的规定，土地利用总体规划一经批准，必须严格执行，土地利用总体规划具有法律效力，任何机构和个人不得随意改变规划方案，各种用地审批必须依据规划，土地利用总体规划是监督各部门土地利用的重要依据，规划方案的修改也必须按编制规划的法定程序进行。

根据《土地利用总体规划编制审批规定》，国家、省、市级土地利用总体规划的主要任务是：

（1）在对本行政区域内土地资源利用现状、潜力和各业用地需求量进行综合分析研究的基础上，确定规划期内土地利用目标和方针。

（2）协调部门用地，统筹安排各类用地。

（3）逐级分解规划确定的各类用地控制指标，重点确定城镇用地规模控制指标，落实重点建设项目和基本农田等重要用地的区域布局。

（4）提出实施规划的政策措施。省级规划应实现省域内耕地总量动态平衡，重点控制城市用地规模；地级规划应当重点安排好城乡结合部土地利用，合理划定城镇建设用地范围。

县级土地利用总体规划的主要任务是：

（1）根据上级规划要求和本地土地资源特点，分解落实土地利用各项指标；

（2）组织划分土地利用区，重点是城镇、村镇建设用地区、独立工矿用地区、农业用地区等，落实能源、交通、水利等重点建设项目规模和布局，为土地用途转用规划许可提供依据。

乡级土地利用总体规划的主要任务是：

（1）按照县级规划要求，将各类用地指标、规模和布局等落到实处；

（2）将农业用地区、村镇建设用地区、独立工矿用地区等落实到乡级土地利用总体规划图上。

总的来看，由于不同层次规划的性质和需要解决的重点问题不同，规划的任务也不相同。在国家、省、市、县、乡等五级规划体系中，从上至下，规划的任务由宏观逐渐向中观，进而向微观转变。全国规划、省级规划等高层次规划，要突出其战略性、宏观性和政策性，统筹协调经济与社会、城市与乡村、产业与空间以及区域之间的发展。市级以下规划，要突出其针对性、可操作性和地方特色，避免与上级规划雷同，内容更贴近本级政府负责的领域。由于规划的任务是通过内容来实现的，因此，各级政府在编制土地利用总体规划过程中，应在确定规划任务的基础上明确不同级别土地利用总体规划内容的差别。

4.3 土地利用总体规划编制的内容、步骤与方法

4.3.1 土地利用总体规划编制的内容

土地利用规划的核心内容就是研究如何实现社会经济发展对土地数量、质量、结构和布局方面的供求平衡，以保证土地资源的可持续利用和社会经济的可持续发展。一般来说，土地利用总体规划的内容包括以下几个方面：

1. 确定土地利用方向

土地利用方向包括土地利用总体规划目标和为实现这一目标应遵循的土地利用基本方针及任务。确定依据主要包括：区域内土地资源和土地利用状况；上一级土地利用总体规划下达的规划控制指标和布局要求；当地国民经济和社会发展对土地的需求状况。土地利用基本方针、目标和任务是土地利用总体规划的总纲，应给予高度重视。

2. 调整土地利用结构，确定各业用地指标

这是土地利用总体规划的核心内容之一。土地利用结构调整的基本思路是：根据系统论的综合性原则，在有限的土地资源供给量的约束下，协调各部门、各类用地的需求，实现土地资源总供给与总需求间的平衡，并获得最佳的经济效益、社会效益和生态效益。一般常用的方法是综合平衡法，即在土地供需状况分析基础上，根据土地利用目标和国民经济与社会发展计划以及有关的产业政策，对各业用地的需求量进行综合平衡，确定规划末期各类用地的规划指标和规划期内各类用地的增减情况，编制综合平衡表是综合平衡法的核心内容。土地利用结构一经确定以后，应当确定规划指标体系，包括各类用地指标、各部门用地指标。另外，在制定区域范围内各类用地指标的基础上，确定土地整理、复垦、开发、保护的分阶段任务，以利于和中短期土地利用计划体系相衔接，并通过中短期土地利用计划来实施总体规划。

3. 划定土地利用区，编定土地用途，确定各用地区的土地利用管制规则

土地分区是按照土地属性的区域差异性与整体性所划分的用地区，即以土地本身所能提供利用的适宜性质为基础，结合国民经济、社会发展和保护环境的需要，为规划土地基本（主导）用途所作的分区。其主要任务是：划分各种用地

区，规定各种用地区的土地基本（主导）用途、土地利用原则、限制条件和管理措施，编制土地利用总体规划图。土地利用分区是编制土地利用总体规划的主要内容之一，是总体规划本身不可或缺的组成部分。

实行土地用地分区管制是合理配置和有效利用土地资源的重要手段。土地用途分区管制，是将区域土地资源根据土地用途管制的需要，按社会经济发展的客观要求和管理目标，划分不同的空间区域，并制定各区域的土地用途管制规则，通过用途变更许可制度，实现对土地用途的管制。

4. 制定实现规划目标的行动路线、方案和政策措施

根据规划方案，参照国家有关法律和法规，制定切实可行的法规、行政、经济和技术措施等，以保证土地利用总体规划的顺利实施。包括完善市场机制的制度创新、信息引导、经济激励和约束措施以及强制性的征地和土地用途管制分区等。在社会主义市场经济中，宏观调控不是通过指令性计划干预经营活动的，而是通过指导性计划和制定政策，运用经济杠杆，以市场经济为基础进行间接的宏观调控，因此要从社会、经济和技术等方面制定严密、全面、具体的规划实施措施，以使土地利用总体规划有效地发挥作用。

根据《土地利用总体规划编制审批规定》，国家、省、市级的土地利用总体规划内容，主要应当包括下列各项：

（1）土地利用现状分析。分析土地利用的自然与社会经济条件，土地资源数量、质量，土地利用动态变化规律，土地利用结构和分布状况，阐明土地利用特点和存在的问题。

（2）确定规划目标。在分析土地利用现状、供需趋势的基础上，提出土地利用远期和近期目标。

（3）土地供需分析。分析现有建设用地、农用地整理、后备土地资源开发利用潜力，预测各类用地可供给量；分析研究国民经济和社会发展规划及各业发展规划对用地的需求，预测各类用地需求量；根据土地可供给量和各类用地需求量，分析土地供需趋势。

（4）土地利用结构和布局调整。根据规划目标、土地资源条件和区域生产力布局，提出区域土地利用方向、原则，调整土地利用结构，确定各业用地规模、重点土地利用区的区域布局和重点建设项目布局。

（5）编制规划供选方案。根据土地利用调控措施和保证条件，拟定供选方案，并对每个供选方案实施的可行性进行分析评价，提出推荐方案。

（6）拟定实施规划的政策措施。

县级土地利用总体规划内容，主要应当包括下列各项：

（1）确定全县土地利用规划目标和任务；

（2）合理调整土地利用结构和布局，制定全县各类用地指标，确定土地整理、复垦、开发、保护分阶段任务；

（3）划定土地利用区，确定各区土地利用管制规则；

（4）安排能源、交通、水利等重点建设项目用地；

（5）将全县土地利用指标落实到乡、镇；

（6）拟定实施规划的措施。

乡级土地利用总体规划内容，应当在分析乡、镇区域内土地利用现状和问题的基础上，重点阐明落实上级规划指标和各类土地利用区的途径和措施。

4.3.2 土地利用总体规划编制的程序

编制土地利用总体规划的程序因规划的级别而有所差异，但大体上步骤是一致的。由于县级土地利用总体规划承上启下、面向基层，能起到对各项用地进行直接控制的作用，是土地利用总体规划体系中一个关键的环节。故以编制县级土地利用总体规划为例，讲述土地利用总体规划编制的具体步骤和方法，一般包括：准备工作；专题研究阶段；规划方案编制；规划协调论证；规划评审；规划报批等阶段，如图4—1所示的土地利用总体规划编制的流程图，虽然具体内容不尽相同，但流程是一样的。

土地利用总体规划编制的具体程序如下：

1. 准备工作阶段

土地利用总体规划是对规划区域范围内全部土地的开发、利用、保护、整治等进行的综合平衡和统筹协调的长远性战略性规划，是一项涉及面广、技术性、科学性和综合性均很强的工作，为了保证总体规划编制工作的顺利进行，在规划编制前应做好各项准备工作，主要包括：

（1）组织准备。规划班子应由多层次、多学科、多方面的人才组成。组织准备主要是成立土地利用总体规划工作领导小组的同时组建规划专业队伍。领导小组由县政府领导以及相关部门领导组成，可包括土地、城建、计委、畜牧、水产、水利、交通等部门，主要负责土地利用总体规划编制工作的组织和协调、土地利用总体规划方案的论证和验收工作；专业队伍则负责开展编制土地利用总体规划所需的各项专题研究以及土地利用总体规划方案的具体编制工作。另外，根据实际情况，有些县还举办主要用地部门专业人员规划培训班，以提高专业班子的业务水平。

（2）技术和物质准备。技术准备主要是制定土地利用总体规划编制的工作计划和技术方案，包括确定规划依据、规划目标、近期规划任务和远期规划任务、

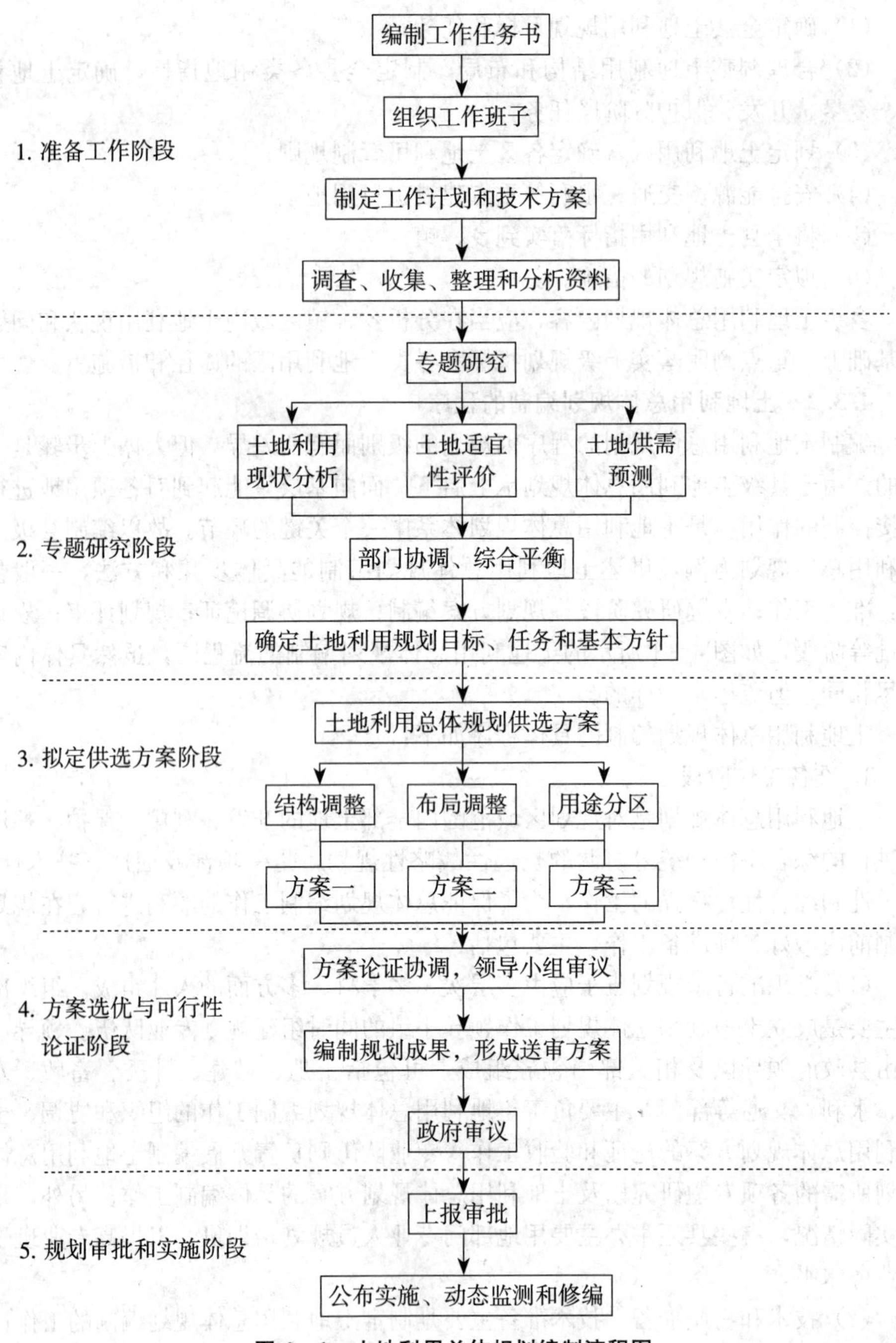

图 4—1　土地利用总体规划编制流程图

规划依据、规划方法与内容、技术路线、成果要求等。确定侧重研究的专题及其研究内容，并拟定各专题研究的具体提纲。

物质准备主要是准备总体规划编制所需要的工作地图、工作表格以及有关仪器、工具等。

(3) 资料准备。资料的调查和整理工作是做好土地利用总体规划的前提。这项工作做得充分详实，规划编制就能比较顺利地进行。搜集资料主要包括：

1) 县域基础资料：包括地形地貌、土壤资源、气候资源、水资源、矿藏资源、旅游景观资源等自然条件资料以及社会经济条件资料，比如人口普查、国民经济与社会发展统计资料等。

2) 土地资源与土地利用资料：土壤普查、土地详查、土地利用现状调查资料、土地利用变更调查统计数据、土地评价和土壤质量评价资料、土地统计资料等。

3) 土地利用的规划资料：上一级土地利用规划资料和上一次土地利用总体规划资料。

4) 相关规划资料：农业区划、城镇规划、县经济与社会发展规划及各部门发展规划（如林业发展规划、水产养殖发展规划、工业发展规划等)。

5) 重点建设项目资料：主要是调查收集县域内已立项建设的公路、铁路、机场、港口码头、水库、电站、大型工矿等重点基础设施建设项目的规划设计资料及其图件。

2. 专题研究阶段

编制土地利用总体规划一般要求开展专题研究，专题研究的目的主要是为土地利用总体规划的编制提供科学依据。因此，专题研究的项目和内容必须根据规划编制的需要来确定。通常根据土地利用存在的突出问题，有针对性地展开专题研究。但应注意两点，首先，专题研究不是彼此独立的，它应为整个规划服务，为编制规划提供依据；其次，应根据区域实际需要来设置不同研究专题，做到有的放矢。一般说来，编制县级土地利用总体规划一般应展开土地利用现状分析、土地适宜性评价、土地需求量预测三项专题研究。而编制省、地级土地利用总体规划，通常应开展土地利用现状分析、土地利用战略研究和土地供需预测三项专题研究。土地利用总体规划的专题主要应包括以下几个方面：

(1) 土地利用现状分析。土地利用现状分析是在土地利用现状调查（简称土地详查）的基础上进行的，土地利用现状调查包括 1989 年底至 1992 年底的土地利用现状调查，1996 年起一年一度的土地利用现状调查（即土地变更调查）及五年一次的土地更新调查工作。通过分析土地利用自然和社会经济条件、土地资源的数量和质量、结构与分布，土地利用动态变化规律，围绕土地利用的充分程度、土地利用的适宜程度、土地利用的集约化程度和土地利用的效果等四个方面，阐明土地利用的特点和存在的问题，明确土地资源开发利用的方向与重点，为制定人地协调发展与强化地域系统功能的土地利用规划提供科学依据，是土地利用总体规划的基础。通常采用的方法有动态变化分析法、指标对比分析法、定性和定量分析法、图上分析法等。

（2）土地适宜性评价。土地适宜性评价是对区域土地资源进行宜农、宜园、宜林、宜水产养殖类和不宜类评价，掌握区域各类适宜性的土地资源的数量、质量、限制因素及其分布；摸清各类适宜性土地后备资源的数量及其分布；评价出利用不合理的土地资源的数量及其分布；对土地资源的利用潜力和生产潜力做出评价，从而为土地供给量预测、土地利用结构调整和布局、土地利用分区提供依据。在进行土地适宜性评价时，可通过增加评价指标和细化评价单元等项工作，将土地适宜性评价再引申一步，评估和划分出农地的质量等级，以适应市场经济的要求。

（3）土地供需分析与预测。在土地利用现状分析评价的基础上，预测各类用地的供给量，分析研究国民经济和社会发展规划及各业发展规划对用地的需求，预测各类用地的需求量，根据土地供给量和各类用地的需求量，分析土地供需趋势。它为有计划、因地制宜、合理安排农业和非农业用地提供依据，为协调产业用地矛盾，加强土地利用科学管理和宏观控制，编制土地利用总体规划提供依据。具体预测包括土地需求量预测、人口预测、消费水平预测、作物产量预测、生产潜力预测、土地人口承载量预测等方面。

3. 拟定供选方案阶段

在土地利用总体规划的编制中，编制方案是总体规划的核心，而土地利用总体规划方案的核心又是土地利用调整指标的确定和土地利用分区的划定。县级土地利用总体规划报告应包含以下内容：根据社会经济发展的需要和土地资源条件，确定全县规划期内土地利用的目标以及为实现这一目标应遵循的土地利用方针；拟定规划供选方案，根据规划方案制定各类用地指标；合理调整土地利用结构和布局，确定土地整理、复垦、开发和保护分阶段任务；土地利用分区确定各区土地利用管制规则，包括划定基本农田保护区和配置重点建设项目用地；将全县土地利用指标分解落实到各乡镇；制定实施规划的政策和措施。除了土地利用总体规划文本（初稿）以外，还要形成土地利用总体规划说明和规划底图。

4. 方案选优与可行性论证阶段

规划编制完成后，将土地利用总体规划的初稿和说明在省、市、县、乡之间，国民经济各部门之间和各业用地之间反复协调，然后由县政府、县委、县人大、县政协四套班子领导审议，再组织专家进行规划的可行性论证（技术、组织、效益）和评审。

5. 规划审批和实施阶段

规划报告编写完成后，要履行审批手续，形成一个规范性文件。根据审批手续，上一阶段评审合格的土地利用总体规划经同级人民政府审核同意后，由县人民政府报省人民政府批准，并报上级土地管理部门备案，最后由同级人民政府公布实施。

拟定实施规划的措施，同时对规划进行动态监测，根据规划和实际的差距以及反馈信息，进行规划调整和修改，根据实际情况回到第一步，进行又一轮规划分析。

4.3.3 土地利用总体规划编制的方法

1. 规划编制的常规方法

土地利用总体规划是一种多层次的区域性规划，目前常采用三种方法，即“自上而下”、“自下而上”及“上下并行”。所谓“自上而下”，即为了加强土地管理，确保规划期内主要土地利用目标的实现，首先着手全国最高层次的规划，然后逐级分解规划控制指标，从而获得省、市、县、乡级规划控制指标，其优点是指导性强、易于兼顾高层次的重点项目，规划程序相对简单，但是它具有鲜明的“计划经济”烙印，地方经济的用地需求分析不足；相反，“自下而上”是由乡级规划入手，然后逐级合并同类指标，从而获得上一级规划指标，此时基层单位用地需求量的合理程度很难评价，耕地保护任务更难以完成，对较高层次的重点项目建设预测也明显不足，增加上一级编制规划的难度。鉴于自上而下和自下而上这两种方法都是单向的分解或合并，受到过多人为因素的干扰，同时结合我国的国情和现行行政管理体系，于是“上下并行”的编制方法得以采用。对此方法这里又有两种观点：

其一，“县级入手，上下结合”的方法。县是国家行政区划体系中最基本的建制单位。一般地，县内的自然特征和社会背景相似或相近，并长期以来一直是一个相对稳定的行政单位，有着较为稳固的历史背景及沿革，基本资料较为翔实。因此，采用先由县级规划，向下“分解”指标至乡（镇），向上“合并”指标至地（市）、省的方法，既可避免“自下而上”中的盲目性（如易忽视重点项目用地安排），又可防止“自上而下”操作中的被动性（如指标下达不合理），还可大大缩小传统方法中造成的方法性误差。因此，只要科学严格地进行县（县级市）级规划，并逐渐向两极展开，省级、市级规划再根据辖区内各县的实际情况，科学地分解指标。就其效果而言，整个规划的质量和水平（尤其是“基本农田保护区”规划）就会比目前这种“自上而下”所取得的结果更符合实际，亦更具有科学性、指导性和可操作性。

其二，“省级入手、两头延伸”的方法。即由省级规划编制入手，向两极（中央、基层）合并、分解规划指标，分解指标的主要依据是各县市的GDP、财政税收等经济指标。这是因为，一方面，随着市场经济的快速发展，政治体制改革亦将逐步深入，中央逐步放权，省级行政单位“权力”逐步增强；另一方面，在省级辖区内，时空距离相对较近，对市、县详情较为了解，各类重点建设项目安排易于协调和磋商，规划期内预测的用地需求量比较符合省级政府制定的提前实现现代化的经济发展战略部署。这样，既可以有效避免“自上而下”规划的被动局面，也可以减少“自下而上”规划的盲目性。

2. 规划研究的具体方法

（1）多目标决策法。多目标决策是在一组约束条件下同时对多个目标求最优解，但由于目标之间的矛盾性，各个目标不可能同时达到最优，因此，多目标决策只是求得模型的非劣解。土地利用总体规划是由决策者先给出一组理想的目标值（各用地部门期望和预测的值及可持续性土地利用所要求的各目标值），进行系统协调，观察土地系统能否完成各目标以及完成的程度，即能恰好达到目标或超额或达不到，进行用地优化（包括用地指标和位置），这与多目标决策的目的规划模型要求一致，所以采用该模型比较合理。土地利用总体规划运用多目标决策方法的技术路线可以概括如图4—2所示。

土地利用规划是对区域内耕地、园地、林地、牧草地、居民点、城镇、独立工矿用地、交通、水域及其他用地所进行的决策，使土地利用结构达到最优化，实际上该过程是一个多目标决策问题。通过多目标决策，确定了土地利用结构，也就实现了一个区域土地利用规划。

（2）系统工程方法。土地利用总体规划是一个多层次、多目标、多学科的系统工程，是一个由各部分组合的，具有特定功能的有机整体。系统分析包括土地利用系统环境分析、社会经济条件分析和系统内部结构功能分析、土地利用现状分析；其次进行系统综合，包括拟定土地利用战略、指标预测、编制规划方案和分区方案；再次进行系统评价，对规划方案进行初步评价，并进行信息反馈，重新进行系统综合；最后进行系统决策，经过若干次系统综合，对认为满意的若干规划方案进行评价选优，确定实施方案，并将实施信息反馈，重新按上述过程进行规划方案的补充完善。常用的系统工程的主要方法有模糊聚类分析法、层次分析法、灰色模型法等。

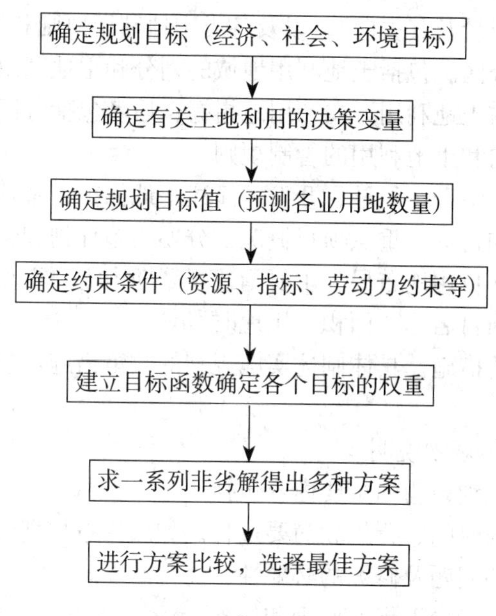

图 4—2 多目标决策方法程序图

4.4 土地利用总体规划成果的编制

4.4.1 土地利用总体规划成果主件编制

在规划方案确定后，即可编制规划成果，土地利用总体规划成果的主体部分就是“土地利用总体规划文本（送审稿）”和“土地利用总体规划说明”以及规划图与相应的现状图等。

1. 土地利用总体规划文本（送审稿）

规划文本的主要内容包括：

（1）前言。简述规划目的、任务和规划期限。

（2）概况。主要简述规划区域的基本情况，包括地理位置、行政区划、人口与土地总面积及地形、地貌、土壤、植被等自然条件和社会经济状况。

（3）土地资源的利用状况。简述土地资源利用现状和潜力，阐明土地利用中存在的主要问题。

（4）规划目标与方针。阐述规划目标、近期规划任务和土地利用方针，并展望远期利用目标。

（5）土地利用结构调整。阐述规划期内各类用地调控数量、结构变化（包括用地指标、期内增减量及其去向），以及各类土地利用原则和调控措施。

（6）土地利用分区。包括土地利用地域的划分和土地利用区的划分。前者包括地域范围、地域内土地利用方向和用地指标；后者包括分区的类型、面积、分布以及土地利用方向和土地利用的管制规则。

（7）土地保护、整理、复垦、开发。简述土地保护、整理、复垦、开发的区域范围、利用方向和目标；重点项目概况；分期实施计划和管理措施。

（8）重点建设项目用地布局。主要阐述规划期内需要重点保证的建设项目用地的配置情况，各项目名称、面积、用地时段等。

（9）实施规划的措施。具体阐述实施规划的政策措施，包括行政、经济、法规和技术手段。

2. 土地利用总体规划说明

土地利用总体规划说明的主要内容包括：

（1）编制规划的时间、背景和简要过程。如属修编规划的，需说明上一轮规划实施情况、存在的问题及修编的必要性。

（2）编制规划的指导思想、原则和任务。

（3）规划中若干具体问题的说明，包括基础数据来源，重要规划指标和用地布局依据，供选方案的可行性和效益评价、推荐方案的理由，上一级规划指标的落实情况，部门协调情况、实施规划的条件等。

3. 土地利用总体规划图件

规划图件包括土地利用总体规划图和土地利用现状图等。

（1）土地利用总体规划图。土地利用总体规划图是土地利用总体规划成果之一，它是以土地利用现状图为底图，汇总分幅规划底图的内容进行编制。传统的土地利用规划图是在纸质的土地详细图的基础上对各类土地用不同的颜色表示，并宏观反映各类土地利用情况，具体说来它只是一张示意图，在图上很难精确地统计出各行业用地信息。土地利用总体规划图的主要内容包括：

1）行政界线及占地面积大的用地单位的土地使用界限；

2）各土地利用区及界线；

3）重点建设项目用地；

4）地类界限，重要的线状地物或明显的物点，丘陵、山区的主要等高线等，图面配置还应包括图名、图廓、图例、方位坐标、面积汇总表、邻区名称界限、规划期限、比例尺、坐标系统、编图单位、编制时间等内容。

编制土地利用总体规划图时应遵守科学性、艺术性、实用性以及内容和形式的统一性等原则，采用手工制图或计算机辅助制图。编制步骤包括：转绘底图；

确定土地利用区的界线；重点工程布局；着色；整饰。

（2）土地利用现状图。土地利用现状图采用土地变更调查更新的土地利用现状图，其反映的是地区规划基期年土地的利用现状，它随土地利用总体规划图一起报上级政府，作为对照审核该级规划内容的依据。土地利用现状图的比例尺与规划图相同。土地利用总体规划紧接在土地利用现状调查之后，规划基期年与土地详查一致，可直接利用详查的土地利用现状图。规划后地物、地类发生较大变化的，应根据变更调查结果，以变更详查图件为基础进行编绘。

4.4.2 土地利用总体规划附件编制

规划附件主要包括规划编制的工作总结和技术报告、专题研究报告和图件与其他资料汇编等，具体有：

1. 土地利用总体规划工作总结和技术报告

内容主要包括：规划的组织领导、参加人员，工作方案，规划内容与专题设置，所采用的技术路线和技术方法，完成的规划成果，编制规划的经验、体会和建议等。

2. 专题研究报告和图件

调查研究和规划协调过程中形成的各种专题报告，包括土地利用现状分析、土地适宜性评价、土地供需预测、土地战略研究以及土地利用总体规划与城镇规划协调情况报告，基本农田保护区规划。具体的研究项目视各地具体情况而定。

专题研究图件主要是土地适宜性评价的系列评价因子图以及土地适宜性评价图等。

3. 其他资料汇编

包括规划过程中收集的各种资料和图件，有关的文件、文稿和草图等。编制规划所使用的来自专业权威部门的各种具有现实性的资料应统一汇编成册，以备查用。也可以只作资料来源索引汇编目录备查。

本章小结

本章从宏观上对土地利用总体规划有关的内容作了比较概括的介绍，包括土地利用总体规划的概念、特点、目标、原则、任务、内容、模式、作用、编制方法和程序等。其目的是引出接下来几章中需要探讨的问题及思路。本章对有关的内容并未具体展开，意在起到提纲挈领的作用，让读者达到一目了然之效。

关键术语

土地利用总体规划　土地利用总体规划的目标　土地利用总体规划的结构　土地利用总体规划的编制

复习思考题

1. 土地利用总体规划有哪些特点?
2. 土地利用总体规划包括哪些内容?
3. 谈谈你对土地利用总体规划的看法。

第5章 土地利用现状分析

5.1 土地利用现状分析的目的和内容

5.1.1 土地利用现状分析的目的

土地利用现状分析是在土地利用现状调查的基础上进行的。通过对土地资源的数量与质量、结构与分布，以及土地利用现状与开发潜力等方面的分析，以明确规划区域的土地资源的整体优势与劣势、优势土地资源在全局中的战略地位、制约优势土地资源开发利用的主要因素，揭示土地利用中的成绩和问题，从而明确土地资源开发利用的方向和重点，提出改善土地利用、提高土地利用率和生产力的对策和途径，可以既发挥区域资源优势、强化区域土地系统功能，又强调人地协调发展的土地利用规划，为制定土地利用规划提供重要的科学依据。因此，土地利用现状分析是土地利用规划的基础和起点，是制定土地利用方针和编制土地利用规划的重要依据。

通过土地利用现状分析，应掌握以下情况：(1) 区域土地利用的自然条件与社会经济条件；(2) 土地利用的历史演变及其变化趋势；(3) 土地利用现状结构和布局特点；(4) 土地的开发利用程度；(5) 土地利用的效果；(6) 土地利用中存在的主要问题等。

土地利用现状分析并不是有关资料数据的简单罗列，而必须采用适当的评价指标，利用适当的统计分析和评价方法，对所收集的区域自然与社会经济资料、土地利用现状调查资料等进行较深入的分析、归纳和评价，从而明确得出区域资源的优劣势、特点和利用问题等关键性的结论。同时要注意，绝不能把土地利用现状分析完全局限于经济方面，而忽视社会和生态方面。这是因为制定土地利用规划的最终目的，是为了协调经济发展、人口繁衍与资源开发、环境保护之间的关系，使全部土地资源得到充分合理的利用，从而强化地域的整体功能，取得经济、社会、生态整体优化的综合效益。也不要把土地利用现状分析仅局限于某个经济领域，如仅从农业生产角度进行分析，而要开展广义的土地利用现状分析，即对农业用地、建设用地等做出具体的全面的分析。土地利用现状分析也不应从局部利益、本部门、本地区的角度来进行，而应站在地域整体功能优化的高度，要把本地域置于更大范围内进行分析，通过广泛的横向和纵向对比来明确优势土地资源的战略地位与开发价值。

5.1.2 土地利用现状分析应收集的资料

主要收集以下几个方面的资料：

1. 规划区内自然情况资料

主要包括：地形、地貌、水文地质、气象、土壤、植被和主要自然灾害等资料。

2. 社会、经济情况资料

(1) 行政区划资料。

(2) 人口资料（历次人口普查成果、城镇与农村人口结构和农业人口与非农业人口结构情况、人口增长情况等）。

(3) 历年社会经济统计年鉴。

(4) 经济发展战略、国民经济与社会发展计划。

(5) 城镇与村镇建设、交通运输、水利工程、能源等资料。

3. 土地利用情况资料

(1) 土地利用现状调查图件、报告、土地资源评价资料。

(2) 草原、林业资源调查与评价资料。

(3) 历年来土地面积统计资料。

4. 其他有关资料，包括区划资料、社会经济调查、地方志等资料。

5.1.3 土地利用现状分析评价的内容

土地利用现状分析的内容包括社会经济发展分析、土地利用历史变化趋势分析、土地资源数量分析、土地资源质量分析、土地利用开发程度分析、土地利用结构分析和土地利用效益分析等。

1. 社会经济发展情况

这方面包括行政区域范围，总土地面积，总人口与人口密度，农业与非农业人口；地形特点与土地类型，水源与交通条件；主要经济部门与经济发展水平；人均收入水平，主要农产品产量与商品化程度；土地资源特点与优势等。

2. 土地利用历史变化趋势

这方面主要是土地利用结构与布局，人口和土地的变化情况、基本经验和教训，以及今后土地利用发展变化趋势。

3. 土地资源数量分析

这方面首先分析已利用土地如耕地、园地、牧草地、交通用地、水域等用地和未利用土地的数量及其占规划区域土地总面积的比重。其次，掌握各种地貌类型、土壤类型和不同坡度等自然状况下的土地资源的数量。对于土地资源数量既要用绝对量表示，又要用相对量即人均拥有的数量，以及人均拥有宜农地、宜林地、宜牧地等的数量来表示。

4. 土地资源结构分析

土地资源结构是在一定地域内土地资源的数量、质量和类型组合的空间格局，或者说，在一定地域内土地资源子系统各组成部分之间的地域组合即土地资源在空间上的组分结构。对土地资源结构，或对土地资源组合进行分析，可分为两个层次，一是土地资源系统内的组分结构分析，二是包括土地资源在内的自然资源、社会资源和经济资源三大系统的组分结构分析。前者可称为土地资源单项分析，后者可称为土地资源综合分析。

进行土地资源组分结构分析时，可以将一定地域的土地资源划分为平原、丘陵、山地等类型，或者划分为低地、平地、岗地、低丘地、高丘地、低山地、中山地、高山地等类型。通过对这些土地资源类型的地域组合进行分析，同时，一定地域的土地资源也可以划分为耕地、园地、林地、牧草地等不同的利用类型，或者划分为宜农、宜林、宜牧等土地适宜类型，并对上述土地类别地域组合进行分析。

土地资源综合分析主要是揭示一定地域内光、热、水、土等资源之间的组合关系和各种资源组分的空间配置状况。不仅要分析某一地域的光、热、土之间在总量上的配合关系，而且更重要的是要具体分析在特定的时空内的配合关系，同时还要针对农业生产有的放矢地分析某种光、热、水、土的组合对农作物或树种生长有利与否，以及如何影响等。

5. 土地利用动态变化分析

利用土地利用现状数据资料，通过对历年土地利用类型面积的比较，重点分析：(1) 耕地面积的变化状况、变化规律及其产生变化的原因；(2) 城镇村及工矿、交通、水利设施等非农建设用地的变化状况、变化规律及其占用农用地的情况；(3) 未利用土地的开发利用状况；(4) 其他地类的变化状况及其变化规律等。

6. 土地利用程度与效益分析

利用有关基础数据资料，通过计算获得相关的分析评价指标数据，如土地利用率、土地垦殖率、复种指数、森林覆盖率、水土流失面积指数、土地沙化面积指数、单位土地面积的产量或产值等。重点分析：(1) 土地利用程度及其集约化经营程度的高低；(2) 土地开发利用的经济、社会和生态效益的高低等。通过对以上内容的分析，评价区域土地资源开发利用的程度和水平、科学性和合理性以及综合效益等。

7. 土地潜力分析

利用有关基础数据资料，通过计算获得相关的分析评价指标数据，如高中低产田的比重、后备土地资源的数量及其比重、人均后备土地资源数量等，重点分析：(1) 已利用土地资源的增产潜力；(2) 各类后备土地资源的分布及其丰缺程度等。

通过以上内容分析，评价区域土地资源增产潜力的高低，明确影响土地资源生产力水平提高的主要障碍因子，提出开展中低产田改良的可能性及其方向，评价未利用土地资源开发利用潜力的高低及其分布。

5.2 土地利用现状分析方法与评述

5.2.1 土地利用现状分析方法

1. 土地利用现状分析的基本方法

土地利用现状分析的方法主要有：动态变化分析法、指标对比分析法、定性分析法、定量分析法、图上分析法、静态分析法、动态分析法、横向分析法、纵向分析法、单项分析法和综合分析法等，根据不同的分析内容，我们可以灵活地加以应用。下面有选择地加以介绍。

(1) 动态分析法。即利用不同时间或多年的调查、统计资料和数据，进行综合总结，来分析某个事物的变化规律和变化趋势。这种分析方法一般采用：1) 利用语言阐述动态变化情况及变化趋势；2) 利用列表方式分析动态变化情况；3) 利用绘制图形方式分析动态变化情况和趋势，或者几种方式结合进行动态变化分析。

(2) 指标对比分析法。指标对比分析法是利用相同指标体系，从纵向（同一地区，不同时间）或横向（不同地区）进行比较分析，来衡量社会、经济某项指标的高低、好坏、变化的快慢及程度等，或来衡量土地利用合理程度、土地利用结构、土地利用效果好坏程度等。这种方法通常也采用语言表述对比分析、列表对比和绘制图形对比几种形式进行分析。

（3）定性和定量分析法。定量分析，即对于某些可以量化的指标，利用计算出的具体数量来衡量这些指标的程度。如土地开发程度、土地经济效益等都可以利用计算出的具体数量做定量分析。定性分析，即对于某些指标不能具体量化，只能用语言给以定性的表述，如对生态条件改善的描述等。

2. 土地利用结构与布局分析方法

土地利用结构与布局分析通常采用定性分析与定量分析相结合的静态分析法和单项分析法，即采用定性描述与单项定量指标评价相结合，从静态的角度分析各类土地资源的数量、比例结构以及在空间上的聚散程度等。采用的单项分析评价指标主要有：

（1）各级地类的比重。

$$\text{一级（二级）地类的比重}=\frac{\text{某一级（二级）地类总面积}}{\text{土地总面积}}\times 100\%$$

（2）各地类人均面积。

$$\text{一级地类人均面积}=\frac{\text{某一级地类总面积}}{\text{总人口数}}$$

（3）各地貌类型区的各地类比重。

$$\text{某地貌类型区的一级地类比重}=\frac{\text{某地貌类型区内的某一级地类面积}}{\text{该地貌类型区总面积}}\times 100\%$$

（4）各坡度级耕地的比重。

$$\text{各坡度级耕地的比重}=\frac{\text{某坡度级内的耕地面积}}{\text{耕地总面积}}\times 100\%$$

（5）各海拔高度范围耕地的比重。

$$\text{各海拔高度范围耕地的比重}=\frac{\text{某海拔范围内的耕地面积}}{\text{耕地总面积}}\times 100\%$$

3. 土地资源动态变化分析方法

通过采用纵向分析法、定量分析法和动态分析法，即利用历年各地类面积动态变化资料，采用定量的分析指标，从纵向（即不同历史阶段）和动态的角度，分析评价各类土地资源面积的变化状况及其变化规律，尤其应重视耕地和非农建设用地变化状况及其变化规律的分析评价。常采用的分析评价指标主要有：

（1）各地类年均变化量。

$$各地类年均变化量=\frac{某一时段某地类的面积变化量}{该时段的年数}$$

（2）各地类人均面积变化量。

$$\begin{matrix}各地类人均\\面积变化量\end{matrix}=\begin{matrix}统计基期某地\\类的人均面积\end{matrix}-\begin{matrix}统计末期某地\\类人均面积\end{matrix}$$

（3）人均（户均）城镇用地面积变化量。

$$\begin{matrix}人均（户均）城镇\\用地面积变化量\end{matrix}=\begin{matrix}统计基期人均（户均）\\城镇用地面积\end{matrix}-\begin{matrix}统计末期人均（户均）\\城镇用地面积\end{matrix}$$

（4）人均（户均）村庄用地面积变化量。

$$\begin{matrix}人均（户均）村庄\\用地面积变化量\end{matrix}=\begin{matrix}统计基期人均（户均）\\村庄用地面积\end{matrix}-\begin{matrix}统计末期人均（户均）\\村庄用地面积\end{matrix}$$

（5）交通密度变化量。

交通密度变化量＝统计基期交通密度－统计末期交通密度

（6）森林覆盖率变化量。

森林覆盖率变化量＝统计基期森林覆盖率－统计末期森林覆盖率

4. 土地开发利用程度分析方法

土地开发利用程度分析通常采用定量分析法、横向分析法、单项分析法，即利用相关的数据资料，采用定量的单项分析指标，通过与相邻或上一级行政区域的相应指标的横向比较分析，评价区域土地开发利用程度的高低。采用的分析评价指标主要有：

（1）土地垦殖率。

$$土地垦殖率=\frac{耕地面积}{土地总面积}\times 100\%$$

（2）土地利用率。

$$土地利用率=\frac{已利用土地面积}{土地总面积}\times 100\%$$

(3) 土地农业利用率。

$$土地农业利用率=\frac{农业用地面积}{土地总面积}\times100\%$$

(4) 土地建设利用率。

$$土地建设利用率=\frac{建设用地面积}{土地总面积}\times100\%$$

(5) 耕地复种指数。

$$耕地复种指数=\frac{全年农作物播种面积}{耕地总面积}\times100\%$$

(6) 水面利用率。

$$水面利用率=\frac{已利用水面面积}{水面总面积}\times100\%$$

(7) 草地载畜量。

$$草地载畜量=\frac{各类放牧牲畜总头数}{草地面积}\times100\%$$

(8) 建蔽率（建筑密度）。

$$建蔽率=\frac{建筑物基座面积}{用地总面积}\times100\%$$

(9) 建筑容积率。

$$建筑容积率=\frac{建筑面积}{用地总面积}$$

(10) 人均（户均）居民点用地面积。

$$人均（户均）居民点用地面积=\frac{居民点用地总面积}{人口总数（总户数）}$$

(11) 耕地灌溉率。

$$耕地灌溉率=\frac{有效灌溉面积}{耕地总面积}\times100\%$$

(12) 单位耕地机械动力数。

$$单位耕地机械动力数=\frac{年耕作机械总动力数}{耕地总面积}$$

(13) 单位耕地化肥施用量。

$$单位耕地化肥施用量=\frac{化肥施用量}{耕地面积}$$

(14) 单位耕地用工量。

$$单位耕地用工量=\frac{用工总量}{耕地面积}$$

(15) 单位土地资金集约度。

$$单位土地资金集约度=\frac{土地总投资}{土地总面积}$$

该项指标可以按不同的土地利用类型分别计算。

(16) 单位产值占地率。

$$单位产值占地率=\frac{用地面积}{土地产出总值}$$

该项指标可以按不同的土地利用类型分别计算。

(17) 交通密度。

$$交通密度=\frac{交通线总长度}{土地总面积}$$

5. 土地利用效益分析方法

土地利用效益分析通常采用定量分析法、横向分析法、单项分析法和综合分析法，即采用定量的单项指标分析法或采用多项定量指标综合分析法，通过与相邻或上一级行政区域的横向比较，评价区域土地开发利用经济、社会和生态效益的高低。

(1) 经济效益指标。

1) 土地产出率。

$$土地产出率=\frac{总产量（总产值）}{土地面积}$$

该项指标可以按不同的土地利用类型分别计算。

2) 土地利用产投比。

$$土地利用产投比=\frac{土地利用产出总值}{土地利用投入总值}$$

3）单位土地盈利率。

$$单位土地盈利率=\frac{产品总产值-生产总成本}{土地总面积}$$

（2）社会效益指标。

1）人均各业用地面积。

$$人均各业用地面积=\frac{各业用地总面积}{总人口数}$$

2）人均水资源拥有量。

$$人均水资源拥有量=\frac{水资源总量}{总人口数}$$

3）人均绿地面积。

$$人均绿地面积=\frac{绿地总面积}{总人口数}$$

4）人均国民生产总值。

$$人均国民生产总值=\frac{国民生产总值}{总人口数}$$

5）人均总收入（纯收入）。

$$人均总收入（纯收入）=\frac{总收入（纯收入）}{总人口数}$$

（3）生态效益指标。

1）水土流失面积指数。

$$水土流失面积指数=\frac{水土流失总面积}{土地总面积}$$

2）土地沙化面积指数。

$$土地沙化面积指数=\frac{土地沙化总面积}{土地总面积}$$

3）土地盐渍化面积指数。

$$土地盐渍化面积指数=\frac{土地盐渍化总面积}{土地总面积}$$

4）受灾面积指数。

$$受灾面积指数=\frac{受灾总面积}{土地总面积}$$

5）林地覆盖率。

$$林地覆盖率=\frac{林地面积}{土地总面积}\times 100\%$$

6. 土地潜力分析方法

土地潜力分析通常采用定量分析法、静态分析法和单项分析法，即采用静态的、定量的单项指标分析法，评价区域内已利用土地资源的增产潜力和未利用土地资源的开发利用潜力的大小。常用的分析评价指标主要有：

(1) 高产（中低产）田的比重。

$$高产（中低产）田的比重=\frac{高产（中低产）田面积}{耕地总面积}\times 100\%$$

(2) 单位面积高产（中低产）田的单产。

$$单位面积高产（中低产）田的单产=\frac{高产（中低产）田产量}{高产（中低产）田面积}$$

(3) 低产果（茶）园比重。

$$低产果（茶）园比重=\frac{低产果（茶）园面积}{果（茶）园总面积}\times 100\%$$

(4) 未成林造林地的比重。

$$未成林造林地的比重=\frac{未成林造林地面积}{林地总面积}\times 100\%$$

(5) 单位面积森林蓄积量。

$$单位面积森林蓄积量=\frac{森林总蓄积量}{林地总面积}$$

(6) 低产水面的比重。

$$低产水面的比重=\frac{低产水面面积}{已养殖水面总面积}\times 100\%$$

(7) 后备土地资源的比重。

$$后备土地资源比重=\frac{后备土地资源总面积}{土地总面积}\times 100\%$$

(8) 人均后备土地资源数量。

$$人均后备土地资源数量=\frac{后备土地资源总面积}{总人口数}$$

在逐项计算上述各项指标的基础上，应对规划区域土地利用现状进行综合评价，或对于不同规划区域土地利用现状水平进行评价排序，为此必须解决不同量纲评价指标的处理问题。评价系数法是借助评价系数把不同量纲的指标化为无量纲系数，经过系数加总得出总评价系数以比较优劣的方法。通过综合评定规划区域或单位的土地利用水平，及其在所在地区内的地位，找出土地利用上的薄弱环节，明确未来土地利用有待提高和完善的方向。评价系数的计算公式为：

$$P_{ij}=\frac{X_{ij}}{\overline{X}_j}$$

式中：P_{ij}——第 i 区域第 j 项指标的评价系数；

X_{ij}——第 i 区域第 j 项指标数值；

$\overline{X}_j$——第 j 项指标的平均值。

应用上述公式，逐项计算各项指标的评价系数，分别确定各项指标的权重 W_i，最终以加权评价系数总和 $\sum P_{ij}W_j$，对规划区域或单位土地利用现状进行总和评价以评定其优劣（参见表 5—1）。

表 5—1　　加权评价系数计算

评价指标 j / 权重 / 评价区域 i	指标 1	指标 2	指标 3	指标 4
	W_1	W_2	W_3	W_4
区域 1 区域 2	X_{11} X_{21}	X_{12} X_{22}	X_{13} X_{23}	X_{14} X_{24}
指标平均值（$\overline{X}_j$）	$\overline{X}_1$	$\overline{X}_2$	$\overline{X}_3$	$\overline{X}_4$
加权评价系数 （$P_{ij}W_j$）	$P_{11}W_1$ $P_{21}W_1$	$P_{12}W_2$ $P_{22}W_2$	$P_{13}W_3$ $P_{23}W_3$	$P_{14}W_4$ $P_{24}W_4$

指标权重的确定可采用经验法、等差法、标准回归系数法、灰色关联度法、

层次分析法、主成分分析法等。

通过土地利用现状分析评价，全面评价土地利用的经济效果和合理程度，发掘和提高土地利用率和生产率的潜力，从而为今后土地合理利用指明方向。

5.2.2 土地利用现状评述

土地利用现状评述是对全区土地利用现状从量的分析过渡到质的认识的过程。通过评述要总结出全区土地利用特点和变化规律，找出土地利用上存在的主要问题及其产生原因，提出今后合理利用土地的建议。其主要内容如下：

1. 基本情况概述

主要包括：地理位置、行政辖区范围、自然条件、社会经济概况、生态条件等。

自然条件：包括地形地貌（地貌类型、地势走向、海拔高度等情况）、水资源情况（河流、湖泊、水库、地下水）、气候（平均气温、10℃以上积温、无霜期、降水量等）、土壤（主要土壤类型、面积、分布、土层厚度、有机质含量等）、植被（森林、草原等天然植被与人工植被状况）、水文地质等。

社会经济概况：包括行政区划、人口（总人口、城镇与农业人口数及所占比重、农业人口与非农业人口数及所占比重）、当地经济发展战略和计划、经济发展水平（如国民经济历年总产值、总产量、总收入等）、主要产业的生产情况（产量、产值）、交通能源设施、城镇分布状况等。

生态条件：包括森林覆盖率、水土流失情况、土壤污染情况、草原退化现象、土地荒漠化现象等。

2. 土地利用现状

土地利用现状主要包括土地利用历史沿革与现状和土地利用现状的分析两部分。

（1）土地利用历史沿革与现状。土地利用历史沿革主要介绍规划区的社会、人口、行政辖区历史变化过程和土地利用方式、利用特点等历史变化过程。

土地利用现状主要对各类用地的面积、结构、分布、土地的利用率、生产率作一般的介绍。

（2）土地利用现状分析。土地利用现状分析主要包括：1）土地利用结构和布局分析，主要介绍各种用地的结构特点、问题和分布规律，土地利用结构历史变化及土地利用趋势，土地利用总的结构特点和问题。2）土地开发利用程度分析及潜力分析，主要分析土地利用率的特点、问题，分析后备土地资源，已利用土地的潜力。3）土地利用效益分析，主要对各种用地的土地利用经济效益、社会效益、生态效益、综合效益进行评价，指出问题和原因。4）总结土地利用的特点。

(3) 总结土地利用中存在的主要问题。总结土地利用中存在的主要问题是土地利用现状分析的目的和核心，它是根据土地利用现状分析的主要内容和要求，进行具体分析之后综合出来的。

譬如，北京市对土地利用中存在的主要问题分析是：

1) 土地资源人均占有量少，总体质量不高。按北京市常住户籍人口计算，人均土地面积仅 0.152 公顷，不及全国平均数的 1/5，人均耕地 0.032 公顷、人均林地 0.058 公顷，分别为全国评价数的 30%和 31%。根据原北京市房屋土地局及有关专家所作的土地资源质量评价，全市土地资源中好的和比较好的一、二、三等地仅占 35.3%；耕地总量中，中低产田占 44.3%；林地总量中，有林地面积只占 38.5%。而且，北京市水土资源配合不协调，水资源短缺已成为土地资源开发利用的重要制约因素。

2) 耕地面积减少过多。据统计，1949—1995 年北京市耕地净减少 131 627 公顷，年平均减少 3 760 公顷，其中 1993—1995 年三年共减少耕地 58 860 公顷，年均 19 620 公顷，耕地减少主要是农业内部结构调整占用（占 53.85%）和各项建设占用（占 36.99%）。

3) 可开发利用的土地资源不足。目前，北京市未利用土地中宜农地仅 15 600 公顷左右，主要分布在延庆盆地、山前洪积扇、浅山缓坡及永定河沿岸，宜林、宜牧地主要分布在山区和半山区，开发利用有一定难度。

4) 土地利用仍存在一定程度粗放利用现象。虽然北京市的土地利用正逐步由粗放向集约转变，但从许多方面看，仍较为粗放。首先是多年来建设用地以外延扩展为主，占用了大量土地，而实际利用效率较低，特别是前一时期“开发区热”和“房地产热”造成大量土地利用效益偏低，甚至造成闲置和浪费；农村居民点中空心村、闲散地大量存在，人均用地达 237 平方米，超出国家标准高限 87 平方米；城镇存量土地也还有相当潜力。其次是农用地的实际利用水平和产出率偏低，耕地的有效利用面积和单产水平都不高，果园单产及林地的单位生产量都低于先进水平。

5) 土地生态环境有待进一步改善。近年来，北京市的环境问题越来越突出，大气污染特别是水体污染和固体废弃物污染的加重，以及地下水的过度开采，化肥、农药、地膜等的过度使用，再加上水土流失和风沙化，使得土地出现退化趋势，土地生态环境遭到一定程度的破坏。目前，北京市受污染的耕地达 84 000 多公顷，50%以上的河段受到不同程度的污染，水土流失面积达 304 000 公顷，风沙化土地达 88 700 公顷，尚有 260 000 公顷荒山荒地需要绿化。

(4) 提出土地利用的建议。在总结土地利用存在的主要问题的基础上，提出调整土地利用结构，提高土地利用经济效益、生态效益和社会效益的建议。

本章小结

本章首先介绍了土地利用现状分析的目的以及进行土地利用现状分析需要收集的资料，并重点介绍了土地利用现状分析的内容和方法。其中土地利用现状分析的内容包括社会经济发展分析、土地利用历史变化趋势分析、土地资源数量分析、土地资源质量分析、土地利用开发程度分析、土地利用结构分析和土地利用效益分析等。土地利用现状分析的方法主要有动态变化分析法、指标对比分析法、定性分析法、定量分析法、静态分析法、动态分析法、横向分析法、纵向分析法、单项分析法和综合分析法等。

关键术语

土地利用现状　　土地利用率　　土地利用现状分析方法

复习思考题

1. 简述土地利用现状分析的内容。
2. 土地利用现状分析的方法有哪些?
3. 土地开发利用程度经常采用的指标有哪些?

土地利用战略研究

6.1 土地利用战略研究的内容和一般过程

6.1.1 土地利用战略研究概述

战略本是军事术语，指重大的、全局性的左右胜败的计谋和对策。其特点之一是，战略研究所回答的问题不是局部的、具体的，而是事物发展的内在联系和规律，并在此基础上，提出如何控制事物向预想方向发展。其二，战略体现人的根本目的和要求，它不仅客观地描述事物发展的过程，而且提出事物发展符合人们需要的最佳效果和方案。指导人们实现这一目的（即实用性、可操作性）是战略的价值所在。其三，战略研究是一项系统工程，它涉及事物的各个方面和整个过程。战略的系统性要求在研究中注意系统的层次性、系统的关联性以及最优的结构促进全系统整体功能的最优性。

土地利用战略研究是编制土地利用总体规划的重要组成部分。它是指对一定时期内，一定区域土地资源合理利用的全局性、根本性的谋划。土地利用战略要对土地的开发、利用、治理和保护，对土地制度改革和土地关系调整，做全局性和长远性的安排，提出战略目标、战略重点、战略部署和战略措施。土地利用战略也是多层次多部门的，它们可以划分为全国性、区域性和部门性的。它们将成为各级、各类土地规划的指导思想和组成部分。土地利用战略既要以经济发展战略为依据，又要为制定经济发展战略提供依据。

6.1.2 土地利用战略研究的特征

1. 整体性

土地利用战略研究具有整体或全局的特性。它要研究的是对总体目标的实现有决定性意义的因素或关系到全局整体发展的具有指导意义的东西，强调的是高瞻远瞩，即站在全局、整体的立场上研究问题。

2. 层次性

事物系统结构的层次性，决定着为其发展服务的战略研究具有结构层次性，对解决不同层次的子系统问题，应制定不同的发展战略。因此，一个战略方案通常由多个子战略构成，各个子战略服从于整体战略。

3. 综合性

任何一种战略谋划都不是单一的，都必须综合考察社会经济各种因素的作用和影响，如科技、经济、社会的相互协调发展问题，整个社会发展潜力问题等。

4. 前瞻性

土地利用战略的着眼点不是当前，而是未来。战略研究要放眼未来，考虑长远发展，否则，会造成战略失误。

6.1.3 土地利用战略研究的内容和过程

1. 土地利用战略目标的确定

土地利用战略目标是土地利用战略研究的核心内容，体现土地利用的目的。土地具有多种功能和用途，人们对土地的需要是多方面的。我国人口多，人均土地少，耕地资源不足，随着国民经济的发展和人口的继续增长，土地的供需矛盾日益尖锐。因此，协调用地矛盾，保持土地总需求与总供给的平衡，“一要吃饭，二要建设”，保证人民生活和国家建设的需要，使国民经济有计划、协调、稳定发展是全国和各个地区土地利用的总目标，也是土地利用战略总目标。为实现这一目标，必须根据各地的自然条件、经济条件和预期发展水平，解决有限土地资源在各区域间、在国民经济各部门间，特别是农业和非农业建设之间以及大农业内部合理分配等问题，提出最佳的土地利用结构模式及其空间布局。

2. 土地利用战略方案的选择

土地利用战略方案是战略目标实现的途径，包括战略重点、战略布局和战略对策。要实现同一战略目标，可采用不同的战略方案。不同的战略方案其战略重点、战略布局和战略对策不完全一样。选择什么样的战略方案，直接关系到战略的可行性以及土地利用的宏观效益问题。所以，战略方案的选择是我们研究土地利用战略时始终要面临的主要问题，也正是制定土地利用战略的难点所在。

土地利用战略的重点是区域土地利用的主攻方向和实现战略目标的关键和突破口，对土地利用全局的成败有着决定性的意义。选择战略重点，必须综合分析土地利用面临的关键问题以及社会经济发展所面临的主要任务，并要正确处理土地利用战略重点和一般土地利用的关系。应该看到，战略目标要分阶段来实现，每一发展阶段都应有其战略重点，因此在制定土地利用战略方针时，要处理好不同阶段之间的内在关系，并及时作好土地利用战略重点的转移。

土地利用战略布局是为实现战略目标，在空间上对土地利用所作的总体部署。这种布局属于宏观布局，一般指农业开发，林果业基地建设，牧草地基地建设，工业基地建设布局等带有方向性的宏观布局。

土地利用战略对策是针对目前和将来面临的带有全局性的土地问题和相当长时期内社会和国民经济发展的需要而提出的土地利用基本方针，及保证战略目标、战略方案顺利实施的最基本的政策导向，而不是针对某些局部、次要问题所提的具体政策。土地利用的基本方针和基本政策具有较强的稳定性，对未来的土地利用长期起着巨大的宏观指导作用。这种基本政策往往规定着土地利用的可行空间和重大的土地利用方式。

3. 土地利用战略的调整

在土地利用战略的实施过程中，随着宏观环境的变化、社会经济发展规划的调整及相关理论的突破和技术水平的提高，加之在执行过程中可能出现重大的问题，因此需要对战略目标和战略方案进行及时调整。这就需要我们不断收集、分析战略实施过程中反馈的各种信息，科学地预见和把握以上各个方面的变化情况和发展态势，并正确地分析这种变化对土地利用的要求和影响。只有这样，才能合理地调整土地利用战略。

6.1.4 土地利用战略的指导思想

土地利用战略的指导思想是制定土地利用战略的根本原则和要求，包括：

1. 以国家和上级对本地区经济发展要求为依据

区域内国民经济发展以及与国民经济发展相适应的土地利用结构和布局，受上一级经济发展和规划的指导和约束。例如，我国大西南地区经济发展的战略目标是建设一个新型的巨大重工业基地，开拓出口创汇的各种农产品，发展旅游业，保护江河上游，维护地区生态平衡。这就向不同省、县提出不同要求，各省、各县要落实这些要求以取得土地利用最佳的总体效益。再如，陕西省要求淳化县在粮食增产的同时，建成苹果、烤烟基地，而且已将其列为全国烤烟基地县和陕西省苹果基地县，淳化县就必须根据国家对本地区的这一战略要求确定土地利用方向、结构与布局。

2. 因地制宜，按照客观规律进行谋划

我国地域辽阔，各地区发展不平衡，各地有着不同的自然资源条件、经济发展水平、社会风俗习惯，导致各地的土地利用既有共同的规律，又有差异性。土地利用战略必须充分考虑这些特殊性，从实际情况和科学技术进步的可能出发，进行实事求是、科学的分析是确定国民经济和社会发展预期达到的规模、水平及各部门的土地需求量的重要条件和手段。

3. 取得最好的经济效益、生态效益和社会效益

在满足国民经济发展对土地需要的同时，通过确定土地利用的最佳结构，确定土地最佳利用方向和最佳利用方式，最大限度地挖掘土地资源潜力，做到地尽其力，提供土地利用的经济效益，以尽量少的劳动消耗和物质消耗生产出更多的符合社会需要的产品。但解决土地总供需平衡的问题，绝不是局限在“取得劳动的最近的、最直接的有益效果”而忽视那些“在以后才显现出来的，由于逐渐重复和积累才发生的进一步的结果”，即在取得经济效益的同时必须提高生态效益，保护好包括土地资源在内的环境资源，改善人们的生活和生产环境，因为生态效益体现了较长远的利益和整体利益。解决我国土地供需矛盾的最根本目的还在于满足人们日益增长的物质和文化需要，即取得最好的社会效益。在一定意义上可以说，经济效益、生态效益不是目的，而是取得社会效益的手段。

4. 贯彻十分珍惜和合理利用每寸土地，切实保护耕地的国策

对土地资源合理利用和切实保护不力，耕地资源数量锐减，土地质量下降是全国各地带共同性的问题。耕地是人类营养的主要来源，不仅粮食、蔬菜、棉油等来自耕地，目前占90%的肉产品也是由耕地产出饲料转化的。各地都应针对人均耕地逐年减少的趋势制定出相应的对策和措施，首先保障必不可少的耕地面积，在此前提下根据需要与可能，合理安排其他各类用地面积。严格控制工矿、交通、城镇占地面积，同时大力开展土地整理，扩大有效土地面积，提高土地生产能力。

5. 运用系统论的理论和方法

土地是由多要素组成的整体。土地系统各要素之间，要素整体之间，以及整体与环境之间存在着有机联系。解决土地合理利用问题，涉及不同学科，不同领域。只有树立整体的观点、系统的观点，运用系统论的理论和方法，才能处理好土地系统要素与要素，要素与系统的关系，处理好系统与环境的关系，取得系统

理想的功能和性质。

6.2 土地利用战略的目标

6.2.1 土地利用战略目标的构成

1. 总目标

总目标是土地利用总体规划制定和最终实施的总纲，一切措施都是围绕总目标来开展的，所以总目标的制定十分重要。它必须规定得简单、明确，具有全局性和概况性。不能使用含糊不清、模棱两可、可作多种解释的表达方式，也不允许将无关大局的，只能作为二级或三级目标的内容列入总目标中。只有这样，才能为地区制定一个明确的长期奋斗目标。但由于地区在一段长的时期内需要解决的问题较多，其中对全局具有根本影响的也不只一个，因此，制定地区发展的总目标时，通常可包括两三项内容。如可同时包含经济、社会和生态方面的目标。

2. 分目标

分目标也称阶段目标，是指将整个规划期分为若干发展阶段，以总目标为依据，相应规定各阶段所应实现的目标。总目标覆盖时间长，由于条件、系统状况、环境有序性的变化，地区发展目标也会呈一定的阶段性。只有考虑到规划目标的阶段性，才能把规划目标建立在切实可行的基础上，为目标的顺利实现奠定基础。在划分阶段目标时，要注意前后阶段的区别和连续性，重点是前后阶段的转变。前一阶段除需完成规划的要求外，还要为后一阶段目标作好准备，后一阶段目标除自己的个性以外，应在一定程度上是上一阶段的继续和延续。分目标与总目标不同的是，分目标更具体、时间性更强、可达性更明显。至于规划目标的阶段怎样划分，主要受地区发展现状、人口资源状况和经济发展目标的综合影响。根据通常的做法，一般土地利用总体规划的目标分短期、中期和长期三个层次，各个时期的时间长短根据地区发展需要而定。一般短期目标在5年左右，中期目标以10年为期，远期目标通常在20年以上。

6.2.2 确定土地利用战略目标的依据

确定土地利用战略目标的依据应主要考虑如下四个方面：

（1）国家和高一层次的土地利用战略目标。

（2）地区土地利用的问题与开发方向。

（3）社会生产与生活发展的需要。

（4）区内资金、技术的可能性。

6.2.3 确定土地利用战略目标的程序

1. 明确初始目标

确定土地利用战略目标，首先需要了解各方面对地区发展的最终要求，即地区在未来时期需要达到的目标。通常包括两个方面：一是目标的种类；二是期望值或达到的程度。具体做法是：一般由总体设计人员通过走访、召开专家会议、采用德尔菲等方法，广泛搜集各方意见，全面研究有关背景材料，提出对本地区土地利用目标的看法，即确定一个目标的初始方案。这个方案虽然非常粗略，但它反映了各方面对国土规划目标的看法与要求，是最终确定目标体系的基础，因而是必不可少的。

2. 进行目标预测

这一阶段的主要任务是对初始目标实现的可能性及可能程度进行可行性预测。目标预测一般按以下步骤进行：

（1）确定预测的内容和任务，包括预测的期限、范围及所要达到的要求。

（2）搜集预测资料，包括初始目标确定所依据的基础资料。

（3）选择预测的方法。预测的方法有很多，方法的选择应以资料的掌握情况、预测精度要求、预测费用承担能力及预测技术手段的可能性为依据，并坚持定性分析和定量分析相结合的原则。对于同一目标的预测，最好采用几种不同的预测方法，提出几种不同的预测方案。即使同一预测方法，也要采取不同的假设条件，提出不同的预测结果，以便择优选择。

（4）评审预测结果，主要是分析误差，修正结果。预测是对未来的推测，因种种条件的限制，其结果难免不出现误差。如果误差太大，就会失去预测的意义。因此对预测结果必须认真审查，找出误差所在，计算出误差大小，分析误差原因，采取适当措施予以纠正。

3. 进行目标优化

采取某个预测方法确定的该指标数值尚不能作为规划目标，因为该指标值只是各预测对象自然演化状态下的数值，且没有考虑到指标值间的相互关联与制约。因此，要进行优化研究，以把各指标值作为一个整体，在各种约束条件下，寻求各指标发展的最优值。对于复杂的地区系统开发而言，优化工作必须进行。具体方法除采用综合平衡等传统方法外，常用的有投入产出优化模型，即在投入产出平衡的约束下，利用线性规划解决各指标的选择问题。选用这种方法要注意两点：一是约束条件的选择问题，除考虑投入产出平衡这一组基本约束以外，还应考虑到地区资源总量、国民经济计划与市场需求、技术进步要求、生态平衡约束等方面。二是目标函数和决策选择问题。目标函数一般选择总产出最大，如各部门产值最大、最终产品产值之和最大等。决策变量选择时应突出地区优势部门和主导部门以及为二者服务的部门，也应重视基础产业部门和基础设施部门。在优化目标的基础上，可改变各种约束条件，模拟未来各种因素变化对目标的影响，从而得出不同的目标优化方案。在此基础上利用各种目标决策方法，确定本地区国土规划目标的实施方案。

4. 建立目标体系

即将优化后的目标指标，依据其内在联系，制定成目标实施方案。一般需满足下述要求：

（1）完整性，即目标体系要能反映地区开发所要达到的总体要求。

（2）有机联系性，目标体系不是几个目标的拼凑或机械组合，而是相互联系、彼此制约的整体。

（3）综合效益最佳，目标体系不能仅表明土地利用总体规划的某个或某几个方面的效益，而应表明在经济、社会、生态等各个方面都能取得比较满意的结果。

本章小结

本章在介绍土地利用战略研究的内容和一般过程的基础上，重点介绍了土地利用战略目标的构成、制定依据和确定程序。

关键术语

土地利用　　土地利用战略　　土地利用战略目标

复习思考题

1. 土地利用战略研究的内容是什么？
2. 确定土地利用战略目标的程序是什么？

第 7 章

土地利用需求量预测与结构调整优化

7.1 土地利用需求量预测

7.1.1 土地利用需求量预测概述

土地利用需求量预测是根据区域可持续发展的要求，在分析影响土地利用各种因素的基础上，预测规划期间各业用地的需求量和用地规模。

土地利用需求量预测以国民经济各部门的生产发展规划及人口发展规模为依据，在充分考虑各业协调发展与人们生活需要、土地利用率和生产力不断提高的情况下，对一定区域和一定时期内各业用地的需求量进行测算，弄清各业发展所需的用地数量以及各业用地之间的发展状况，为合理安排农业用地和非农业建设用地以及编制土地资源规划方案提供科学依据。

土地利用需求量预测可分为农业土地需求量预测和建设用地需求量预测两大部分。农业土地需求量预测的主要依据是人口发展预测、消费水平（包括工业消费农产品）及土地生产潜力（包括农产品单产）预测。农业用地预测的主要内容是：耕地预测、菜地预测、果树用地预测、牧业用地预测、水面预测以及林业用地预测。

建设用地预测的主要依据是国民经济发展及其预测指标、人均各类建设用地需求量、建设用地自身发展要求等。建设用地预测包括城镇用地预测、农村居民点用地预测、交通用地预测、水利用地预测、工矿用地预测、旅游用地预测等。建设用地还可按用地性质分类预测，主要包括：国家建设土地、城乡集体建设用地、农林个人建房用地预测。

7.1.2 人口预测

在土地利用总体规划中，人口预测是指对规划期末的总人口及其构成、人口的分布和估算。人口的发展决定着土地利用的基本需求。人口规模及结构直接影响着社会对农产品的需求，同时对城镇规模、环境建设和交通、旅游等用地也产生重大影响。因此，人口预测也是土地需求量预测的基础。土地利用总体规划中人口预测主要包括：人口增长率、人口规模、人口构成、人口性别、消费人口、劳动资源、人口城市化水平、人口迁移趋势等的预测。

1. 总人口预测

预测总人口的方法多种多样，常用的有自然增长法、灰色预测法、系统动力学模型等。

（1）自然增长法。自然增长法的计算公式为：

$$P = P_0(1+K)^n + \Delta P$$

式中：P——预测年人口数；

P_0——基期年人口数；

n——预测年距基期年年数；

K——人口自然增长率；

ΔP——预测年机械人口数。

自然增长法对于预测人口增长稳定地区的较短时间内的人口数（≤15）比较合适，其准确性的关键在于人口自然增长率的确定。由于当前我国计划生育工作做得比较好，因而大部分地区的人口增长比较稳定，而且根据国家计划生育委员会所统计的生育情况也可以较准确地分析计算出人口的增长率。所以自然增长法是当前土地规划、城市规划中进行人口预测的主要方法。

（2）灰色预测法。采用GM（1，1）模型，利用过去的人口统计数据进行规划期人口预测。采用灰色预测法的关键在于所选取的历史数据长度，由于我国的人口发展经历过几次高峰和低谷，发展极不平衡，因而不同长度的历史数据所包含的信息差别极大，所预测出来的结果差别也很大。从实践来看，至少应取我国计划生育政策实施后（或1980年以后）历年的人口数据进行灰色预测，结果才比较科学。

2. 城镇人口预测

城镇人口预测可采用自然增长模型法、地域转移法与 Logistic 模型等。

(1) 自然增长模型法。计算公式为：

$$P = P_0(1 + K + M)^n$$

式中：P——预测年城镇人口数；

P_0——基期年城镇人口数；

K——城镇人口自然增长率；

M——城镇人口机械增长率；

n——预测年距基期年年数。

(2) 地域转移法。预测模型公式为：

$$N = t\{A_1(1 + K)^n + ZB[FA_2(1 + K)^n - S/G]\}$$

式中：N——预测年城镇人口；

t——乡村人口转入城镇非农业人口的系数；

A_1——城镇人口现状；

K——自然增长率；

Z——农业剩余劳动力进入城镇比例；

B——转化的农业劳动力的带眷系数；

F——农村劳动力占农业人口比例；

A_2——现状农业人口；

S——规划年耕地面积；

G——每个劳动力负担耕地面积；

n——规划年距基期年的年数。

(3) 农村人口预测。农村人口预测比较简单，可根据总人口和城镇人口预测结果，采用如下公式进行预测：

预测农村人口＝预测总人口－预测城镇人口

(4) 其他人口参数预测。其他人口参数的预测包括人口年龄构成、性别构成、劳动人口比例、人口的迁移和分布等的预测。一般要求有完整的人口普查资料和准确的人口结构历史统计资料，然后分析各年龄段的各性别的人口的存活率和每年的新增人口，采用递推算法可以求得预测年的各年龄段的各性别的预测人口，据此可以求得预测年的老龄人口、性别比例、劳动人口、负担系数等，这些是对土地结构产生影响的重要人口参数。

7.1.3 农业用地需求量预测

农业用地需求量预测主要包括耕地、园地、林地、牧草地、水产养殖地等的需求量预测。

1. 耕地需求量预测

首先确定各类农产品的数量，然后对规划期末各类农产品的耕地单产进行预测，由各类农产品的需求量和各类农产品的耕地单产即可得到耕地的需求量。

(1) 农产品需求量预测。各类农产品的需求量可以通过本地区的国民经济发展规划或农业发展规划得到。在没有发展规划或规划不符合实际的情况下，需要重新预测。具体步骤为：

1) 人均食物消费水平的预测。随着我国经济的发展和人民生活水平的提高，人们的食物消费结构也随之发生相应的变化。由“温饱型”向“小康型”消费水平转变。虽然吃饭问题仍是21世纪需要解决的第一问题，但已不是“吃饱”而是“吃好”的问题。食物结构将由以植物性食品为主，向动植物型食物兼食转化。口粮比重显著下降，但对肉奶鱼等动物性食品的需求量却大幅度增加，饲料粮的需求也随之大幅度增加，同时，食品工业用粮也将相应地增加。

可以根据当地自然、经济状况和消费的现状水平以及经济发展的速度，并参考省、国内高收入地区、高收入户和国外人均国民收入1 000美元时的消费结构，预测本地区若干年后的消费水平。

根据人均食物消费水平和城乡人口数（人口预测结果）即可求出预测区域内各类食物消费总量。

2) 各类食物商品量预测。食物商品量有调入和调出两种，具体预测可以从计划内和计划外两个方面来分析。计划内是指国家预定的调入（救灾粮、返销粮）、调出（统购粮）的数量；计划外是根据本行政区域同外行政区域经济中心的经济联系（向经济中心方向输出什么、输入什么），估计市场需求量。

3) 农产品需求量预测。根据各类食物消费总量和调入、调出量以及其他需要，首先对食物产品数量按直接消费、间接消费、其他消费分别预测，然后再根据农产品的转化率计算农产品数量。

直接消费包括加工粮、薯类、蔬菜、豆类。直接消费不存在转化率的问题，转化率为1。间接消费包括工业用粮和饲料用粮。植物油、食糖、酒类、粉条是由工业用粮转化而来的；饲料用粮可以转化为人类可以食用的肉、蛋、奶、水产品。间接消费以一定的转化率转为农产品的需求量。其他消费包括种子粮、损耗粮和贮备用粮及特殊用粮。其他消费转为农产品的需求量的转化率也为1。

(2) 耕地生产力预测。耕地生产力预测实质就是耕地单产的预测。这种预测从理论上讲是可行的，但在实际工作中，由于影响产量的因素多种多样，既有劳力投入、耕作技术、施肥水平、灌溉条件等人为因素，也有土壤、光照、雨量、病虫害、无霜期等自然因素，还有农业本身发展状态，如作物品种、农业投资等，这些因素不是独立地起作用，而是相互影响、相互制约。另外，由于主要影响因素的不确定性，使得这种影响更加复杂化，从而增加了产量预测的难度。常用的耕地生产力预测方法有：

1) 因素分析法。这种方法主要是根据某些重要因素的变化对各种作物产量影响的大量试验数据和以未来各项因素的水平预测为资料，进行耕地生产力预测的。例如，化肥、良种、有效灌溉、农业投资等对单产的影响，即增加一定的因素量而带来单产的增加量，再根据预测期末各因素的水平预测，即可求得单产产量。

2) 自然增长法。自然增长法的公式如下：

$$a_i = a_0(1+r)^n$$

式中：a_i——预测期的目标年1种农产品的单产；

a_0——基期年1种农产品的单产；

r——某种农产品单产的年平均增长率；

n——预测年限（目标年减去基期年的年数）。

3) 回归分析法。根据历史资料，能够建立年代与其作物单产之间的一元回归方程，再将预测的年代代入方程即可求得单产。计算公式如下；

$$Y = a + bx$$

式中：Y——粮食单产；

x——年代；

a，b——回归系数，可以用最小二乘法求得。

前面曾讲到，影响单产的因素不仅多种多样，而且产量因素之间还存在相互制约、互相依存的关系。与单产密切相关的因素有：每亩增施化肥量、每年增加有效灌溉面积、每年增加水浇地面积、每年增加机耕面积等。如果需要了解各种因素间的相互制约、相互依存的关系对作物单产的影响程度，可以建立各种因素之间的多元线性回归预测模型，最后可以得到预测的单产。

(3) 耕地需求量预测。根据某种作物农畜产品需求量和耕地产出，可以用以下公式，求得预测期末的耕地面积：

$$A_i = \frac{Q_i}{Y_i} \qquad A = \sum_{i=1}^{n} A_i$$

式中：A——耕地需求量；

A_i——各种作物占用耕地面积；

Q_i——各种作物的需求量；

Y_i——各种作物的单产量。

2. 园地需求量预测

通过调查，首先确定规划区域内目标年人均各类果品、茶叶的消费量，在乘以目标年人口总数，可以得到规划区域内人口的需求量；根据与区域外果品、茶叶市场的经济联系来确定向本地区调入或从本地区调出的商品量，从而求得本地区内需要自产的果品和茶叶数量。其次，根据各类果园、茶园树种茶种的生物特性、树龄、经营管理水平等因素来预测目标年果品和茶叶的单产。最后依据果品和茶叶的需求量及二者的单产量推算各类园地的用地面积。

3. 林地需求量预测

林地需求量预测主要考虑社会经济和保护生态平衡及人民生活对林业生产的要求。本书所说的林地指用材林、防护林、薪炭林。

（1）用材林用地预测。首先，根据规划区域内目标年以木材为原料的工副业发展规模和城乡建设对木材的需求状况，确定调入量和调出量，可求得规划区域内需要自产的木材量。其次，根据树种、树龄、平均的采伐周期、经营管理水平等因素确定单位面积的产材量。最后，根据自产木料量和单位面积的产材量求得目标年用材林用地面积。

（2）防护林用地预测。根据保护生态平衡和创造良好农业生态环境的要求作出防护林用地面积预测。其中较大型的防护林工程将由国家和省提出具体规划，涉及的规划区域应留出防护林用地，以保证防护林带工程的实施（如“三北”防护林工程）。对防护林用地不仅预测总面积，还需推算占用耕地、牧草地、未利用土地的数量。

（3）薪炭林用地预测。薪炭林指为当地居民提供烧材的林地。根据人民生活的需要，预测薪炭林的用地面积。先分析预测目标年所需烧材的数量，测算需由薪炭林提供的烧材的数量。这种测算与规划目标年的各种能源的供应和价格状况，与各种能源的结构比例，如煤炭、石油、电力等能源各占总能源的比例，与新能源的开发，如太阳能、风能和天然气、沼气等的开发和利用密切相关。这种测算比较复杂，计算出需要薪炭林提供的烧柴以后，再预测出薪炭林的用地面积。

综上所述，林地需求量就是用材林用地、防护林用地和薪炭林用地三者之和。

4. 牧草地需求量预测

牧草地需求量预测要首先预测各类畜产品的需求量和对役畜的需求量。畜产品主要是指肉、蛋、奶、皮、毛等。对各类畜产品的需求量预测，要从两个方面分析：其一，规划区域内需求量；其二，从规划区域内向外的调出量和从区域外的调入量。规划区域内向外的调出量和从区域外的调入量。规划区域内畜产品需求量可以通过目标年人口与人均消费量的乘积而求得。向区域外的调出量和从区域外的调入量可以根据国家计划和畜产品市场需求情况而确定。各类畜产品的需求量确定以后，还要计算各类单只畜禽的畜产品产量，由此计算出可生产畜产品的各类畜禽的饲养量。役畜（牛、马、骡、驴）的需求量计算公式为：

$$Y=\frac{G-E}{F}$$

式中：Y——目标年役畜的需求量；

G——目标年的耕地面积；

E——目标年机械化作业面积；

F——目标年每头役畜负担的耕地面积。

对役畜的需求量也可以利用自然降低率的方法计算：

$$Z=Z_0(1-r)^n$$

式中：Z——预测目标年的役畜数量；

Z_0——预测基础年的役畜数量；

r——役畜的年降低率；

n——预测的年限（目标年与基础年间的年数）。

5. 渔业用地需求量预测

第一，预测水产品的需求量。需求量包括规划区域内需求量和向规划区域外的调出量和调入量。区域内需求量根据人均消费量和预测目标年的人口数（分乡镇和乡村两部分）确定；调出或调入量可以根据规划区域外经济市场的水产品供求状况确定。

第二，计算水产品需求量。用规划区域内水产品需求量加上调出量或者减去调入量，即为水产品需求量。

第三，计算单位面积养殖的水产品，根据目标年的水源情况、资金及养殖技术和经营管理水平，推算出单位面积水面的水产品产量。

第四，计算渔业用地面积。根据水产品需求量和单位面积养殖的水产品产量，求得渔业用地面积。具体计算公式如下：

$$渔业用地面积=\frac{水产品需求量}{水产品单产}$$

7.1.4 建设用地需求量预测内容

建设用地需求量预测包括城镇和农村居民点、独立工矿、交通、水利建设等用地需求量的预测。

1. 城镇和农村居民点用地需求量预测

合理的城镇规模应根据所在地区的经济发展水平、城镇人口规模、城镇区位条件、城镇生态环境质量、城镇生活水平、一定区域内城镇对比等因素来确定。城镇用地需求量一般按人口用地定额指标法预测，计算公式为：

$$Z = CJ$$

式中：Z——规划目标年城镇用地规模；

C——规划目标年城镇人口数量；

J——城镇人均用地定额指标。

农村用地规模预测方法与城镇类似，即根据规划年农村人均建设用地指标和农村人口规模预测确定。但由于我国处于城镇化上升期，规划期末的农村人口将显著减少，同时，各地的现状是农村人均建设用地规模过大，农村建房浪费土地严重，因此规划年的农村居民点用地规模必然减少，这一点与城镇相反。所以，在预测农村居民点用地规模时，着重要考虑的是农村居民点的整理复垦能力，这一方面要考虑资金的投入能力，另一方面要考虑农民的接受程度，即进行“迁村并点”的阻力和难度。

农村居民点用地的需求量预测还可以根据规划期间农村个人建房用地面积的预测，并考虑到一定的公建、道路和乡镇企业生产占地系数，求出新增农村居民点用地面积。

城镇和农村居民点建设用地发展规模确定以后，要根据本县的地形、经济条件和人均耕地面积，结合近几年居民点建设实际占用耕地情况，确定新增居民点建设用地面积中耕地与非耕地的比例。要根据城镇规划和村镇规划，在土地利用现状图上具体圈定中心村（含中心村）以上居民点用地发展的范围。

2. 独立工矿用地需求预测

独立工矿用地是指远离城镇，不在城镇范围内的工业、企业和矿业用地。独立工矿用地规模预测可采用两种方法进行。

第一种方法是根据规划年工业企业产值与规划年工业企业用地效益来确定。计算公式为：

$$Q=\frac{P}{a}-Q'$$

式中：Q——规划年独立工矿用地规模（公顷）；

P——规划年工业企业产值（万元）；

a——规划年工业企业平均用地效益（万元/公顷）；

Q'——规划年城镇内工业企业用地规模（公顷）。

第二种方法是根据部门发展计划，将规划期内所有新增的独立工矿项目用地进行累加，同时分析由于迁移、关闭等原因导致的规划期内独立工矿用地减少量，从而计算出独立工矿用地净增量和规划期末的独立工矿用地需求量。

3. 交通建设用地需求量预测

交通建设用地包括铁路用地、公路用地、港口码头用地、民用机场用地以及农村道路用地，各类用地特点不同，因而有不同的预测方法。

（1）铁路用地需求预测。可按规划期内所需的铁路货物和旅客运输能力，确定新修或改造铁路的规模和等级，并按有关的技术标准计算需要新占用地的数量，计算公式为：

$$Q=\sum_{i=1}^{n}D_iL_i$$

式中：Q——新增铁路用地总量（公顷）；

D_i——规划期内计划修建或改建的第 i 条铁路宽度（米）；

L_i——规划期内计划修建或改建的第 i 条铁路长度（公里）；

n——新修或改建铁路条数。

（2）公路用地需求预测。除了可按与铁路用地需求量预测类似的方法外，还可以通过分析区域内社会总产值与路网密度的关系，通过预测规划年社会总产值来确定各等级路网的密度，从而预测出规划年公路用地规模，计算公式为：

$$Q=\sum_{i=1}^{n}W_iSD_i$$

式中：Q——规划年公路用地量（公顷）；

W_i——规划年第 i 等级的公路密度（公里/公顷）；

S——区域土地总面积（公顷）；

D_i——规划年第 i 等级的公路宽度（米）；

n——公路等级数。

（3）港口码头用地需求预测。可根据规划年河运或海运量确定港口个数、规模和位置，并根据港口建设的有关技术要求计算规划年港口码头用地规模。

（4）民用机场用地需求预测。根据规划年航空发展需求，预测机场容量和规模，并按有关技术指标计算出规划年民用机场占地规模。

（5）农村道路用地需求预测。根据农村道路用地规模与农村居民点用地规模的比例关系，在预测了规划年的农村居民点用地规模后，将其乘以比例系数即可得出规划年的农村道路用地规模。

4. 水利设施用地需求预测

水利设施用地需求预测有两种常用方法。

第一种方法是将规划期内新修或改建、扩建水利设施项目用地相加，同时分析规划期内将被废弃的水利设施，从而计算出规划期内水利设施净增量，并预测出规划期末的水利设施占地面积。水利设施项目包括水库、堤坝、水闸、电站、渠道等。其中的电站、水闸属于点状工程，可按设计占地规模计算；堤坝、渠道属线状工程，可根据设计标准，按长度乘以宽度计算占地面积；水库属面状工程，可根据设计容量及水库淹没区的地形情况，计算出水库淹没面积。

第二种方法是根据水利设施用地规模与农业用地规模关系，尤其与其中的需水作物面积的关系，通过预测规划年需水作物的种植面积来确定水利设施用地面积。这种方法对地貌条件较均一，且主要依赖水利工程排灌的均质区域很适用。

各类建设项目的选址、定线，除要考虑建设项目本身对区位、地形、地质、水文、能源、交通、环境等建设条件的要求外，还要注意同其他有关部门协商，确定用地范围后，在土地利用现状图上具体圈定。建设用地发展规模确定以后，也要根据地形、经济条件和项目的具体场址条件，确定占用耕地和非耕地的比例。

5. 其他用地预测

其他用地预测包括旅游用地、名胜古迹和历史文物保护区用地、自然保护区用地、生态保护用地、军事用地等等，视各地的具体情况而定。这些特殊用地的预测需求根据有关的专项规划确定，对用地安排进行充分考虑并给予必要的满足。因为这些用地虽然不产生直接的经济效益（旅游用地除外），却有着难以估量的社会效益和生态环境效益，对于保障国家安全，保护历史遗产，进行科学或艺术研究，改善生态环境，促进土地可持续利用，实现社会持续健康发展，促进人类的文明进步有着不可替代的作用。

7.2 土地利用结构调整与优化

7.2.1 土地利用结构的概念

人体、机器、建筑物都具有特定的结构。一定的结构可以使组成事物的各个因素发挥它们单独不能发挥的作用，而结构合理与否又会推动或阻碍事物的发展。一般而言，系统结构具有相对稳定性，但是由于构成结构的要素及其环境变化的影响，它也会发生变化。因此，在实践中，常常通过调节结构要素达到优化结构，继而带来系统功能效率的提高，这种效应是系统结构优化的产物。

土地利用结构不同于传统意义上的土地结构，它是指国民经济各产业及其内部各部门用地面积的对比及其空间匹配关系。它反映了一个地区土地利用的合理性程度及其生产结构特点。区域土地利用只有建立合理的结构，才能保持一定的土地利用系统的良性循环，从而使得区域土地利用生态经济效益最大化。

7.2.2 土地利用供选方案的拟定

土地利用供选方案的拟定是确定规划用地方案，从而制定土地利用结构调整方案的前提和基础。科学合理地拟定有关的供选方案，需要遵循有关原则和运用适当的方法。

1. 土地利用供选方案的拟定原则

(1) 土地利用供求平衡原则。将各类用地的需求预测与供给分析进行比较，分析其差距及其原因，寻找弥补差距的可能性和现实性。对于确定难以满足需求的土地利用，应该对造成的后果进行预测和充分评估，预留弥补措施。在分析各类用地的需求和供给之后，进行总量平衡，使所有的土地利用面积之和等于现状土地利用的总面积。

(2) 重点照顾原则。既然土地供给难以满足全部的土地需求，那么在土地利用供求平衡时必须有选择地重点照顾和优先满足某些土地利用的需求。这些需要重点照顾，优先保证的土地利用需求应该根据区域的社会经济可持续发展目标而确定。

(3) 方案可行原则。所制定的供选方案不能只是数据上的总量平衡，而必须具备现实的可行性。主要是考虑各类用地的规划数量和布局能否在规划期内实现，实现的难易程度和代价如何，民众能否接受等。

(4) 贯彻落实上级规划意图原则。上级土地利用总体规划是为了保证更大范围的社会经济可持续发展，对于本地区的土地利用必然有一个总体安排和指导方针，对于一些重要的土地利用甚至以指标的形式进行总量控制。因此，对于上级土地利用总体规划分配给本地区的任务，规定的有关指标，应该在土地利用供选方案中加以体现和落实。

（5）耕地总量动态平衡原则。这一原则是今后相当长一段时期内我国的土地规划必须遵守的一个原则。为了确保粮食安全，维护国家长久治安和社会稳定，在现有的生产条件和技术水平下，必须保证一定的耕地数量。由于我国人口的持续增长、城镇建设对耕地的侵占和耕地后备资源的不足，今后我国的耕地数量仍然面临减少的压力；而水土流失、盐碱化、养分失调、投入减少等导致耕地质量仍在下降。因此，维护耕地数量稳定，确保耕地总体质量提高是当前土地利用的一项战略任务，必须得到切实的贯彻执行。所以，在制定土地供选方案时应该确保耕地数量和质量的总体动态平衡。

（6）遵守土地利用政策和法规原则。国家和地方政府为了长远利益和加强土地利用管理，通过制定有关的法律、法规和政策，限制和约束某些土地利用行为。这些在制定土地利用供选方案时必须考虑和严格遵守。

2. 土地利用供选方案的拟定方法

目前常用的土地利用供选方案的拟定方法有：土宜法、综合法和模型法。

（1）土宜法。土宜法建立在土地质量评价的基础上，依据土地质量评价成果资料，结合国民经济各部门发展对土地的需求和区域土地适宜性特点，对于宜农、宜林、宜牧地和适宜种植各种农作物、树种和草种地以及适宜建筑用途土地加以合理的归并，在土地需求量和土宜阈值范围内加以匹配，最终确定较为满意的土地利用结构。

应用土宜法的前提条件是已经完成土地质量评价工作，否则应用此法必须从土地质量评价开始。土地适宜性评价成果反映规划区域宜农、宜林、宜牧和宜建筑地上、下限面积，综合考虑国民经济发展对土地的需求，二者之间加以合理的协调匹配，达到确定土地利用结构的目的。此法的优点在于各类用地面积和布局符合土地质量条件和土地适宜性条件。

（2）综合法。综合法是在单项用地计算的基础上，采取逐项逼近的方法，借以达到土地面积综合平衡，即达到面积数量平衡和空间布局平衡。各项用地需求量具体计算方法见本章 7.1 的有关内容。

各类土地面积之间相互联系，在数量上和空间上具有平衡关系。由于土地总面积是固定的，不能增加也不能减少，土地面积的总体性表现为其内部构成的各类用地之间的此长彼消。土地内部构成的平衡关系可以用下式表示：

$$A = B$$

式中：A——规划期内各类用地面积增加量之和；

B——规划期内各类用地面积减少量之和。

各类用地面积变动情况可以用下式表示：

$$B_t = B_0 + C - D$$

式中：B_t——规划期末用地面积；

B_0——规划期初用地面积；

C——规划期内用地增加量；

D——规划期内用地减少量。

应用综合平衡法确定土地利用结构可依据土地利用现状统计资料和土地需求量预测数据，借助于土地利用现状图，在土地利用综合平衡表上作业，从而达到土地面积在数量和空间位置上的平衡。具体操作过程如下：

应用土地利用现状调查成果即土地利用现状图和土地利用现状统计表，图上的图斑编号与表中相应面积一一对应，反映基期年土地利用现状，见表7—1。依据土地需求量预测资料，对照土地利用现状图，具体研究各个图斑面积中土地用途变更计划，其结果反映于表7—2中。上述操作程序应反复进行，直至土地用途变更计划满足土地供需平衡为止，在此基础上编制土地利用综合平衡表，见表7—3。最终将土地利用结构面积填入土地利用规划结构表中，见表7—4。

表7—1 **土地利用现状调查表** 单位：公顷

图斑编号	图斑面积	利用现状							
		耕地	园地	林地	牧草地	居民点与工矿用地	交通用地	水域	未利用土地
1	50		50						
2	200	200							
3	30	30							
…	…								
…	…								
	$\sum S$	S_1	S_2	S_3	S_4	S_5	S_6	S_7	S_8

表 7—2　　**土地用途变更计划表**　　单位：公顷

图斑编号	图斑面积	用途变更计划							
		耕地	园地	林地	牧草地	居民点与工矿用地	交通用地	水域	未利用土地
1	50		44				2	4	
2	200	165				20	5	10	
3	30	20	5			5			
…	…								
…	…								
	$\sum S$	S'_1	S'_2	S'_3	S'_4	S'_5	S'_6	S'_7	S'_8

表 7—3　　**土地利用综合平衡表**　　单位：公顷

编号	基期土地面积	利用类型								期内减少（—）
		耕地	园地	林地	牧草地	居民点与工矿用地	交通用地	水域	未利用土地	
耕地	300	250				50				
园地	120		100				20			
林地	30	20			5	5				
…	…									
居民点	100					100				
…	…									
未利用土地	50	50								
规划期土地面积	$\sum S$	S'_1	S'_2	S'_3	S'_4	S'_5	S'_6	S'_7	S'_8	
期内增加（+）										

表 7—4　　**土地利用现状结构和规划结构对比表**

用地类型	基期年		规划年	
	面积（公顷）	%	面积（公顷）	%
耕地				
园地				
林地				
牧草地				

续前表

用地类型	基期年		规划年	
	面积（公顷）	%	面积（公顷）	%
居民点及工矿用地				
交通用地				
水域				
未利用土地				
土地总面积				

在表 7—1 至表 7—4 中具体反映土地用途变更面积增减的同时，在土地利用现状图上绘制土地用途变更界线，做到变更前后图数相符，土地面积和空间位置均达到综合平衡。

(3) 模型法。模型法就是依据调查提供的基础资料，建立数学模型，反映土地利用活动与其他经济因素之间的相互关系，借助计算机技术求解，获得多个可供选择的解式，揭示土地利用活动对各项政策措施的反应，从而得到数个供选方案。在土地利用系统中，许多因素的发展既受客观因素的制约，又受决策者主观因素的影响，确定科学的土地利用结构，就是具体确定土地利用结构系统中最优的主观控制变量，使总体目标优化。常用的优化数学模型有：

$$\begin{cases} opti & Z = f(x) \\ s.t & g(x) <> B \\ & x \geqslant 0 \end{cases}$$

式中：$opti$——目标函数 Z 取最大值或最小值；

$s.t$——约束；

$g(x)$ ——约束函数；

B——具体的约束条件；

x——主观控制变量（决策变量）。

1）线性规划模型。当 $f(x)$ 与 $g(x)$ 均为线性函数时，上述模型变为线性规划模型：

$$\begin{cases} \max(\text{或 } \min) & Z = CX \\ s.t & AX <> B \\ & X \geqslant 0 \end{cases}$$

其中：A 为系数矩阵 $\begin{bmatrix} a_{11} & \cdots & \cdots & a_{1n} \\ \vdots & \cdots & \cdots & \vdots \\ \vdots & \cdots & \cdots & \vdots \\ a_{m1} & \cdots & \cdots & a_{mn} \end{bmatrix}$

$B=(b_1,b_2,\cdots\cdots,b_m)^T$

$X=(x_1,x_2,\cdots\cdots,x_m)^T$

$C=(c_1,c_2,\cdots\cdots,c_m)$

线性规划模型可用单纯形法求解。在此之前，需将模型标准化，即将目标函数 $f(x)$ 化为统一求极大值（因 $\min f(x)=-\max f(x)$），而将不等式约束方程在其左边加上一个变量（称为松弛变量）或减去一个变量（称为剩余变量），化为等式约束方程。在引入剩余变量的约束式中，为了构成初始矩阵，往往还要引入一个“人工变量”。这些引入的变量统称为附加变量，而原来约束中的变量称为结构变量，同时还应将 B 化为非负，这样线性规划问题就化成了标准线性规划模型：

$$\begin{cases} \max \quad Z=CX \\ s.t \quad AX=B(B\geqslant 0) \\ \qquad X\geqslant 0 \end{cases}$$

2）多目标规划模型。实际工作中选择方案时往往要同时考虑多个目标，如经济目标、社会目标和环境目标，这种同时考虑多个目标的规划问题称为多目标规划。

具体构建多目标规划模型时，一般应遵循“化多为少”的原则，即在满足规划需求的前提下，进行全面分析，尽量减少目标的数量，常用办法有剔除属性和必要性不大的目标，将类似的几个目标加以合并，把次要目标变为约束条件，把几个目标通过同度量、平均或构成函数的办法，形成一个综合目标。其次可对目标进行排序，选择方案时首先考虑重要目标，淘汰那些满足不了重要目标的方案，然后再考虑次要目标选择方案。

多目标规划现有几十种方法，其中常用的有综合效用值法、主目标优化法等。

第一，综合效用值法。效用是指规划者对损益的一种独特的反应或感觉。效用值用来衡量人们对同一笔货币在主观上的价值，它的取值范围为 0～1 的无量纲数值。因此，只要将各目标值转化成效用值，即可将各目标的效用值相加，最后选择综合效用值最大的方案。如对于有 n 个目标的规划，存有 m 个供选方案，则对于第 i 个方案，可得到第 j 个目标的效用值 U_{ij}。令第 j 个目标的重要性加权系数为W_j，则第i个方案的综合效用值为：$U_i = \sum_{j=1}^{n} W_j U_{ij}$。若第$k$个方案的综合效用值$U_k = \max U_i$，则第$k$个方案为所选方案。

第二，主目标优化法。在多目标规划中，分清了主要目标与次要目标后，可使主要目标优化，并兼顾其他目标，此法称为主目标优化法。

若有n个目标$f_1(x), f_2(x), \cdots, f_n(x)$，且$x \in R$，求$F(x) = [f_1(x), f_2(x), \cdots, f_n(x)]^T$的最优值。若$f_1(x)$是最主要目标，这时可将其他目标作为约束条件$f_i'(x) \leqslant f_i(x) \leqslant f_i''(x)$，因此，多目标规划就化为下列单目标的数学规划模型：

$$\max_{x \in R'} f_1(x) \text{ 或 } \min_{x \in R'} f_1(x)$$
$$R' = \{x \mid f_i'(x) \leqslant f_i(x) \leqslant f_i''(x), i = 2, 3, \cdots, n, x \in R\}$$

本章小结

本章首先介绍了农业土地需求量和建设用地需求量预测的方法。农业土地需求量预测的主要依据是人口发展预测、消费水平（包括工业消费农产品）及土地生产潜力（包括农产品单产）预测。建设用地预测的主要依据是国民经济发展及其预测指标、人均各类建设用地需求量、建设用地自身发展要求等。其次，本章介绍了土地利用结构调整优化的方法。

关键术语

土地利用需求量　　土地利用结构　　预测方法

复习思考题

1. 如何预测农业用地需求量？
2. 如何预测建设用地需求量？

第8章 土地利用分区

8.1 土地利用分区概述

8.1.1 土地利用分区概念

土地利用总体规划的核心是调整土地利用结构和确定土地利用布局，一般多采用土地利用分区和用地指标相结合的方式加以解决。我国幅员辽阔，规划区域内的自然和社会经济条件存在着区域差异性，土地利用的方式和结构受自然和社会经济条件的影响，也具有区域差异性，即土地利用的地域分异规律。为了充分发挥各地的土地资源优势，密切结合区域特点，提供因地制宜的科学规划，合理利用开发土地，必须以区域为基本单元，进行土地利用分区。从这个意义上说，土地利用分区就是根据地域分异规律，以土地利用现状和土地资源的适宜性为基础，根据土地利用条件、利用方式、利用方向和管理措施的相似性和差异性，将规划区内土地划分为不同的土地利用区域，为土地利用的调控和管理提供依据。土地利用分区揭示了土地利用结构客观发展的规律性，是土地利用规划的基本方法。

8.1.2 土地利用分区的目的

(1) 土地利用分区最直接的目的在于合理、科学、导向性地开发利用土地。即在查清土地资源、土地利用现状及社会经济条件的基础上，进行土地利用的归纳共性，区别差异，科学地综合研究，揭示区域性差异的客观规律。

(2) 通过土地利用分区，阐明区域的自然条件、社会经济条件、土地资源优势，土地利用属性、结构、现状、特点、经验及问题，土地开发利用方向、潜力、途径和措施。

(3) 完成土地利用分区规划，结合土地利用总体规划，用以指导全国及区域土地开发利用的宏观决策，同时为制定全国综合自然区划、土地资源区划、综合农业区划和大农业生产发展规划提供重要的科学依据。

(4) 土地利用分区最根本的目的在于增进土地利用的经济效益、社会效益和生态效益，促进国民经济的平衡发展与生态系统的良性循环。

8.1.3 土地利用分区的类型

土地利用分区一般可以分为土地利用地域分区和土地用途分区。

土地利用地域分区是根据自然、社会、经济相结合的地域分异规律和土地利用条件、特征、发展方向及途径的相对一致性而划分的土地利用综合区域。地域分区是一项内容复杂、技术性很强的工作。地域分区涉及的内容极为广泛，不仅需要综合考虑规划区域的自然条件的分异规律、资源的区域特征、土地利用现状和社会经济发展水平的差异，还要结合社会经济发展规划和土地利用规划结构，进而揭示各地域特征，指出地域内的土地利用方向、结构与布局，确定用地控制区以及保护与改造的途径。地域分区应遵循综合分析与主导因素相结合的原则，土地质量差异原则、土地适宜利用原则和保持行政区划界线完整性原则。在综合自然区划、综合农业区划、土地适宜性和土地自然生产力分区以及土地经济等级分区的基础上综合分析，突出主导因素的相似性，把条件近似的区域单元划入同一地域内。地域的相似性和差异性可借助于一系列指标加以反映（如人均用地面积、土地垦殖率、森林覆盖率、土壤类型等），指标对比法和逐步逼近法相结合，定性与定量方法相结合，完成地域分区。最后按地域分区统计各类用地面积并指出今后土地利用的方向和结构。在一个地域内，土地的主导用途（一个或多个）和管理措施相对一致，在不同的地域之间，土地的主导用途和管理措施则存在明显的差异。

土地用途分区是指依据土地资源的特点、社会经济发展需要和上级规划的要求，按照同一的土地利用管制规则划分土地用途区。土地用途区可以是空间上连续或不连续的区域，面积可大可小。土地用途分区的目的是为了指导土地合理利用，控制土地用途转变。

一般来说，在地域分区的基础上进行用途分区。前者主要用于地（市）级以上土地利用总体规划，后者用于县级和乡（镇）土地利用总体规划。

8.2 土地利用分区方法

目前，我国土地用途管制制度还不完善，对土地用途管制分区的理论和方法研究较少，以往划区方法基本采用德尔菲法，依靠专家和技术人员，根据土地的现状用途和规划用途划区。采用的其他方法还有：指标法、因素限制法、聚类分析法、星座聚类法、叠图法等。下面分别加以介绍。

1. 叠图法

本法是将同比例尺的土地利用现状图、各部门的土地利用规划图等图件叠加，基本一致的图斑形成的封闭图斑即为有一定土地用途的图斑，若图斑面积小于最小上图面积则应进行归并。具体做法是：根据各有关部门已有的图件资料，如土地利用现状图、土地适宜性评价图、土地利用总体规划图、农业区划图、城镇（城乡）建设规划图、工业发展规划图、果园建设规划图、林业发展规划图、牧业发展规划图、旅游景物布局图、重点工程布局图等，在对各种图件整理、核实的基础上，将它们依次叠加在一起，对原有的各种分区界线的套合情况进行分析判断，将全部重叠或基本重叠的界线可直接作为土地利用分区的界线，不重叠部分则要分析这些土地的主要用途是什么，这种用途与周围哪个区的土地用途一样或更相近，就划归到哪个区。这种方法的关键技术环节是不重叠界线的处理问题，由于不同的区域大小涉及各个部门的利益，如何用最优的方法选出双方都能满意的结果是问题的关键。

2. 德尔菲法

这是一种完全定性的分区方法。其基本含义是：在对各种有关土地方面的资料和规划资料收集整理的基础上，根据土地所处的地形地貌、气候、土壤状况及土地利用条件，将土地性能相对一致、土地利用状况相近的图斑组合到一起，划分出多个分区单元，或以土地利用现状图的图斑作为分区单元。然后，组织土地、城建、交通、农业、林业、牧业、水利、煤炭、电力、化工等部门的专家对各个单元的土地及环境情况进行分析比较，根据土地利用总体规划对土地用途的要求，结合土地的适宜性评价结果，专家凭借对土地利用状况研究积累的经验，对每个单元的用途提出自己的意见，技术人员汇总各个专家的建议，得出不同土地单元的土地用途。这种方法的关键环节是专家的理论水平和对当地土地利用状况的熟悉程度，专家水平越高，对区域土地状况越了解，分区结果就越接近实际。

3. 指标法

这是一种定性与定量相结合的方法。本方法的具体过程为：第一步，收集资料，分析整理资料，利用现有资料，划分分区单元。第二步，选取指标，赋予权重，计算分区参数。指标的选择分两类，一类为土地利用结构指标；另一类为土地评价的质量指标。选择指标的基本原则是：指标要有代表性，能较好反映区域土地利用特点；要有稳定性，能反映土地的固有性能。权重指某一指标在与各个指标相比较后所占有的权利，权利越大，所占的权重也越大。权重分别确定后，把上述两类指标参数按其权重对应相加，即计算出某一土地单元的参数。第三步，对计算的分类参数进行归类，划区，形成用途区。

照此计算方法，可以进行多指标类推。参与的指标越多，计算就越复杂，分区的结果准确性就越高。

4. 聚类分析法

这是一种定量的分区方法。本方法的基本原理是“物以类聚”，即把一些相似程度较大的指标集合为一类。由于影响土地用途差异的因素较多，并且这些因素在空间上都是渐变的，用任一所谓的“主导”因素都难以测划系统内纷繁复杂的现象，对一些多宜性土地难以确定分区界线，常有一定的随意性。将聚类分析法用于土地用途分区，把众多的指标糅合在一起，还可以将主导因素给较大的权重，做到既全面又突出重点，提高了分区的科学性。

聚类分析法是数理统计学中研究多因素的一种客观分类法。目前，在分区方面得到应用的有谱系图聚类、星座图聚类、模糊聚类、最大树聚类等。现以星座聚类法为例阐述聚类分析法的分区过程。

星座聚类法是图解多元分析法中较为简便易行的一种分区方法。基本原理是将每一个样点按一定数量关系，点在一个半圆之中，一个样点用一颗“星点”来表示，同类的样点便可组成一个“星座”，然后，勾画并区分不同星座界线，就可以进行分区。星座聚类法的基本内容是：

(1) 建立分区指标体系。以 1∶50 000 的县级土地利用现状图为工作底图，以图斑或组合图斑划分分区单元，每一个单元为一个样点。单元要既能反映土地的主导用途，又不宜太多。单元划分后，根据划区需要，选择能代表各区土地资源特点和利用状况的因子作为分区指标，指标可依不同的土地用途选择不同指标，也可依多种用途选择一类指标，但一定要结合分区区域的实际。指标确定后，需收集各单元的数据资料（原始数据）。

(2) 进行数据处理。将各类指标的原始数据进行极差变换，并将变化后的数值化为角度（或弧度），使其变换后的数据落在 0°～180°的闭区间内，计算公式为：

$$O_{ij} = \frac{X_{ij} - X_{j\min}}{X_{j\max} - X_{j\min}} \times 180°$$

式中：O_{ij}——第 i 个样点第 j 个指标变换后的角度数据；

X_{ij}——第 i 个样点第 j 个指标原始数据；

$X_{j\max}$——全部样点中第 j 个指标的最大值；

$X_{j\min}$——全部样点中第 j 个指标的最小值。

（3）指标值赋权重。对每项指标根据其对分区变化的影响程度分别赋予权重，权数大小根据指标的重要性确定，某一项指标越重要，给予的权重越大，并使 $0<W_j<1$。计算公式为：

$$\sum_{j=1}^{p} W_j = 1 \qquad j = 1,2,3,4,\cdots,p\text{(指标个数)}$$

（4）对各指标值进行直角坐标计算。即利用极坐标与直角坐标的变换关系，先算出每一个点的 X、Y 值，然后，将各点的指标的 X、Y 值对应相加，即得各点的坐标值。计算公式为：

1）将极坐标参数方程转换为直角坐标：

$$X_{ij} = W_j \cos O_{ij}$$
$$Y_{ij} = W_j \sin O_{ij}$$

2）直角坐标系中，第 i 个样点坐标为：

$$X_i = \sum_{j=1}^{p} W_j \cos O_{ij}$$
$$Y_i = \sum_{j=1}^{p} W_j \sin O_{ij}$$

（5）制作星座图。由于数据进行了极差变换，且 $W_i=1$，所以，计算的结果必然落在上半圆中，根据 X、Y 的值，在图上量出相应的距离，就可确定每个点在图上的位置。

（6）计算指标综合值。将原始数据进行极度差变化后，已变为归一化数值，这一数值反映了某一样点的某项指标在全部该项指标中所处的“位置”，即高、中、低。若将该样点的各项指标值经极差变换后所得数值（不变为角度或弧度）加权综合起来，便得到这个样点的指标综合值 Z_i，计算公式为：

$$Z_i = \sum_{j=1}^{p} O_{ij} W_j \qquad 0 < Z_i < 1$$

式中：Z_i——第 i 个样点的指标综合值；

W_j——第 j 个指标的权重；

$$O_{ij}=\frac{X_{ij}-X_{j\min}}{X_{j\max}-X_{j\min}}$$

式中：O_{ij}——第 i 个样点第 j 个指标的极差变换值。

根据指标综合值的大小，可对样点的优劣程度有个初步分析。

(7) 利用最优分割法进行分类。把各样点的指标综合值依大小排列，得一有序数列，将这个数列利用最优分割法进行数量分类。最优分割法的基本要求是，使同类的样点指标方差之和最小，不同类的样点指标方差之和最大。再参照各个点的实际和规划资料进行修正，则产生不同的用途区域。

8.3 土地用途分区方案

要想使分区结果既有科学的理论依据，又符合当地国土资源管理的实际，就必须制定科学的分区方案。方案内容包括：制定分区原则和依据，确定分区结构和方法，明确工作底图、上图面积、规划期限、作业流程、分区方法、成果要求等。

8.3.1 分区原则和依据

在土地用途分区开始时，为制定科学可行的分区方案，要做好认真细致的准备工作。准备工作包括：责成专人收集所需资料；组织专业队伍进行技术培训；购置必要的仪器设备和办公用品。在对资料分析研究的基础上，确定分区的原则和依据。

1. 分区原则

分区原则是划区的基本准绳，也是在分区过程中处理矛盾的重要依据。一般来讲，在分区过程中，应坚持以下原则：

(1) 切实保护耕地的原则。耕地资源是人类生存发展的重要基础，它关系到人民生活水平的提高和社会物质财富的增加，保护耕地就是保护我们的生命线，保护耕地体现的是以公益性目标为主的社会效益。土地用途分区作为土地管理的重要调控手段，应以公益性目标为主，突出对耕地资源，尤其是对优质耕地资源的保护，从而优化土地利用的结构和布局，调节土地利用的经济效益，纠正土地利用的“外部不经济”行为，促进土地的持续利用。为体现这一原则，在划区过程中，把质量最好的高效农田划入基本农田保护区，予以特别保护。

(2) 保护生态环境的原则。环境问题是关系到人类生存质量的大事。保护生态环境是土地合理利用，体现公众利益的一个重要方略。发达国家近年来编制土地规划的一个重要趋势就是越来越强调生态建设。用途分区作为土地规划的重要组成部分，必须充分体现保护生态的思想。我国在土地利用中，目前仍存在着水土流失、土地沙漠化、地表塌陷、土地污染、土地盐碱化、草场退化、森林面积减少等一系列生态问题，这些生态问题引发出的沙尘暴天气、旱灾、涝灾等各种自然灾害和地质灾害严重威胁着农业生产，损坏了人们的身体健康，给人类带来了长期的难以消除的危害。为避免这些灾害的蔓延，创造优美、舒适、和谐的人类居住环境，实现保护和改善生态环境的社会目标，在划区过程中，一定要在坚持“一要吃饭，二要建设”的同时，兼顾生态保护，如林业用地与一般农用地的界限发生不一致时，要优先用于林业。并对环境敏感的地段，进行专门划区，给予特别保护。

（3）土地集约利用原则。一方面，我国人多地少，土地资源紧缺；另一方面，土地利用中又存在着宽打窄用、土地资源闲置、耕种撂荒等问题。土地利用由粗放型向集约型转变，是我国社会经济发展的客观要求，也是我国土地利用的重要途径。在划区过程中，要本着有利于生产的空间组织，有利于土地利用的规模经营，有利于土地集约利用的原则，尽量使工业用地向高新技术开发区或经济技术开发区集中，乡镇企业用地向工业小区集中，农村居民点用地向中心村集中，做到每个区域的主导用途明确，促使非主导用途土地向主导用途转变。

（4）因地制宜的原则。我国幅员辽阔，各地区自然、社会、经济条件千差万别，并直接影响着土地利用的方向、方式、深度和广度，使土地利用形成明显的地域差异。因此，土地用途管制分区应结合各地区自然和社会经济条件，充分考虑各地的具体情况，制定符合当地土地资源实际的土地用途管制分区方案，增强土地用途管制分区的实际应用效果。在分区类型、指标、方法、用途管制规则等方面均要体现地方特点。

（5）公众参与的原则。在土地用途管制分区过程中，需要采用所涉土地利用部门的规划等资料，需要与他们对出现的矛盾进行反复协调，需要与各乡镇、村的干部和群众进行广泛的交流，需要到实地去核对土地的利用状况。最终形成的土地用途分区结果，不是所有部门要求的用地都满足的，但从整体上是最优和最合理的。因此，分区过程是公众参与的过程，是宣传、落实用途管制措施的过程，只有公众的参与，才能制定出公众认可和接受的分区方案。

（6）行政和图斑界线完整性原则。分区划线的目的是为了科学有效地控制土地用途。因此，在分区划线的过程中，既要避免将同一权属的土地分割为多种不同的用途，尽可能不打破行政权属界线；又要避免将一个完整的图斑分割为不同的用途区，还要注意交通干线、工程管线、构筑物走向、自然地形界线的完整性，以利于土地用途管制措施的连续贯彻。

(7) 一致性原则。一致性有两层含义：一是土地用途与规划用途的一致性，在分区划线时，要紧紧围绕土地规划对土地用途的要求，对有争议和不明确的地段，要与规划及有关部门协商确定，不可随意改变规划用途。二是保持本区内土地的主导用途、限制用途、可转化用途的一致，避免同一区内土地用途交叉，限制用途模棱两可，转换用途含糊不清。

2. 分区依据

土地利用现状分析、评价及本区域的自然、社会经济资料是分区的基本依据。在分区中，要充分考虑土地的资源特点、利用状况、适宜用途，因地制宜地划区。区域发展战略及各部门用地需求量是分区的必要依据，在符合国家、省(自治区、直辖市)、市（地）、县土地利用总体规划、用地政策的前提下，各级的分区布局和面积数量要尽量满足各部门发展对土地的需求，做到分区结果各部门都能接受，使土地用途分区真正为本区域的经济发展起支撑和保障作用。区域内已有的规划、区划是划区的参考依据，有关部门编制的各种规划反映了各行业对土地利用的特殊要求，代表了一定时期土地利用的合理性，要尽量采纳。各地有关保护耕地、水资源及环境保护的专门资料是分区的有效依据，因为它是实现社会目标和公众利益所必需的，应尽可能采用。分区技术标准是划区的直接依据，在分区过程中制定的技术指标，是分区方案的具体化，应按此操作。

8.3.2 分区类型和方法

土地用途分区究竟有多少类型，哪些是当地土地用途的主导类型，采用什么样的方法才能充分反映出土地的主要用途，不同的地区有着不同的特点。

1. 分区类型

据对国内外土地用途分区类型的研究，我国县级土地用途分区类型通常为一级区 8 个，即农地区、林地区、城镇建设区、乡村建设区、工矿建设用地区、风景名胜旅游保护区、自然保护区、专用区。其内续分二级区，有 12 个左右。

(1) 农地区。农地区指用于农业建设发展的土地区域。含农田、园地、草地和质量差、利用效益低的林地，规划期内转变为农业利用的后备土地资源及分布于其间的为农业建设服务的农村道路、农田水利、农田防护林等农业用地，是土地利用的一种主要用途，是保证粮食、蔬菜、农副产品生产和人民生活需要的用地，是发展农业所需的用地区域，也是以种植业为主的农副产品生产基地。

(2) 林地区。林地区主要指进行木材生产、采种防止灾害等发展林业生产和改善生态环境需要划定的土地区域。含现有林地中的优质高效益林地和对生态环境保护作用重大的林地。本区域土地将用于发展林业生产，规划期间要对这些森林进行特殊的保护。

（3）城镇建设区。指专供于城镇和开发区建设所用的土地区域。具体指城市及建制镇用地和国家、省批准的高新技术开发区、经济技术开发区用地等，一般包括城市建成区和规划新增用地两部分。区内还分布着交通用地、水域及规划期内要作为建设用地的暂留土地。土地主要用来发展城市基础设施建设、市民住宅建设和城市商业服务业建设。分区界线常与设市城市和建制镇的建成区的范围相吻合，为已批准的城镇总体规划的近期建设用地区域。

（4）乡村建设区。即农村人口集聚的土地区域。是指为了集镇和村庄发展用地的区域，区域内的土地主要用于集镇设施、居民住房和村民住宅建设。区域内常有一些用于农产品加工的小型乡镇企业和用于禽畜养殖的鸡场、猪场、牛场等养殖场及一些固定的晒谷场。其区域范围原则上按村镇规划建设用地范围划定。

（5）工矿建设用地区。主要指现状面积大于25.0公顷、规划期不改变用途的独立工矿用地和已列入基本建设投资计划、面积大于25.0公顷的规划工矿用地等。该区的土地还应满足建筑、交通、水源、排水、能源、环保等要求。

（6）风景名胜旅游保护区。本区域是供人们观光旅游的场所，是一种特殊的土地用途，主要包括具有观赏、旅游、文化和科学价值的山河、湖海、地貌、森林、动植物、化石、特殊地质天文气象等自然景物和文物古迹、革命纪念地、历史遗迹、园林、建筑、工程设施等人文景物以及它们所处的环境及风土人情等。该区域土地不仅注重其面积的保护，更注重对生态环境的改善。该区土地是专门用于保护国家的历史遗产和重要宝藏的，应特别保护。

（7）自然保护区。本区域指对有代表性的生态系统、珍稀濒危野生动物物种的天然集中分布区、有特殊意义的自然遗迹等保护对象所在的区域。主要包括国家重点保护动植物的主要栖地、繁殖地区，候鸟的主要繁殖地、越冬地的停歇地，珍贵树种和有特殊价值的植物原生地，野生生物模式标本的集中产地等；具有特殊保护价值的海岸、岛屿、湿地、内陆水域、森林、草原和荒漠；具有重大科学文化价值的地质构造化石分布区、冰川、火山、温泉等自然遗迹。自然资源及野生动物保护区是一种特殊的土地用途区域，是一种限制性极强的土地用途。

（8）专用区。本区域指专门用于某一种特定用途的土地，通常是国家为实现某一社会目标而设定的。如军事用地区、机场（码头）保护区、水源地保护区、环境敏感特别保护区、墓地区等。

在上述划分的区域中，自然保护区、风景名胜旅游保护区、军事用地区等类用地用途较为明确、单一，易划分，便于管制。而一些用地区则用途差别较大，其土地利用的目的和管制的手段有所不同，对管制形成一定的困难，如农地区，既有现有的耕地、林地、牧草地，也有规划为农用地的宜耕、宜园、宜林、宜牧的后备资源，它们之间在土地质量和用途上均有较大的差别。又如，林地区内，土地利用的功能也有较大不同，有用材林、防护林、经济林、薪炭林、科研林等，其管制措施也有区别。因此，在分区类型专题研究中，在划分一级用途管制区的同时，对一些用途重要、类型复杂的区域作了进一步的细分，划分出二级土地用途区。即农地区根据《基本农田保护条例》和《中华人民共和国草原法》又分为基本农田保护区、基本草牧场区和一般农地区。林地区内以主导用途不同划分出生态林区、生产林区。根据土地利用总体规划规定土地用途的不同将工矿建设用地区分为工业用地区、矿业用地区。根据保护程度的不同将自然保护区分为核心区、外围区。根据各地实际情况，又可按特定的用途划分出军事用地区、水源地保护区、环境敏感特别保护区等专用区。

根据不同土地用途区对土地质量和利用方式的具体要求，初步确定了我国县级土地用途管制分区划分的具体标准和依据（参见表8—1）。

表8—1　　土地用途区划分标准与方法

一级用途区	二级用途区	划定标准与方法	最小上图面积（平方毫米）	上图颜色
农地区	基本农田保护区	地形坡度＜25°，土层厚度＞60厘米，粮食亩产量＞300公斤，土壤有机质＞1%。参照国家基本农田保护区划定要求划区	6	深黄色
	基本草牧场区	鲜草亩产量＞300公斤，重要的放牧场、割草地、草种繁殖地，以及为了防风固沙、科研教学、民族宗教等需要特殊保护的草原	100	草绿色
	一般农地区	未划入基本农田保护区的耕地；园地；未划入林地区、基本草牧场区的林地、牧草地；规划开发为农业用地的宜农、宜园、宜林、宜牧后备资源；养殖业用地；小型乡镇企业；布于其间的农村道路、农田水利及农田防护林等	100	浅黄色
林地区	生态林区	国家和省批准公布的重点防护林和特种用途林，为保护生态所需要的林地。林木郁闭度＞30%，灌木覆盖度＞40%的林地。参照林业规划用途分区	100	深绿色
	生产林区	用于用材林、经济林、薪炭林建设的林地。林木生产量大于0.15立方米/亩·年，依据林业规划用途分区	100	浅绿色
城镇建设区		国家及省政府批准的城镇建设区、开发区范围。按国家规定的城镇用地标准和城镇建设规划、土地利用总体规划、开发区规划分区	4	深红色

续前表

一级用途区	二级用途区	划定标准与方法	最小上图面积（平方毫米）	上图颜色
乡村建设区		平原 200～1 000 人、山区 100～500 人现有农村居民地用地区域。按土地利用总体规划、村镇建设规划用地范围划区	4	粉红色
工矿建设用地区	工业用区	面积>25 公顷的用于工业建设的用地范围。依土地利用总体规划图上项目（含现状）布局分区。	100	橘红色
	矿业用地区	面积>25 公顷的用于采矿业发展的用地范围。依土地利用总体规划图上项目（含现状）布局分区。	100	褐色
风景名胜旅游保护区		用于旅游、观光、文物保护的用地。按照国家批准的界线和《风景名胜区管理暂行条例》划区	100	肉色
自然保护区	核心区	围栏保护的典型地段。按照国家批准的界线和《自然保护区条例》划区	100	深棕色
	外围区	用于参观和科研观测所需保护的区域	100	浅棕色
专用区	军事用地区	直接用于军事目的的军事设施用地。含国防工程用地、军事基地仓库设施用地、营房工程设施用地及其他军事设施用地，并包括与军事设施用地比邻的根据军事需要设立的军事禁区	20	紫色
	水源地保护区	用于养殖和捕捞水生动物、植物等渔业生产活动的内水滩涂的水产养殖用地及用于水利资源的土地	20	蓝色
	环境敏感特别保护区	用于保护生态环境、防止水土流失作用的滩涂、湿地和固土作用较好的荒草地及生态环境脆弱地区禁止开垦的土地	20	灰色

2. 分区方法

由于全国地域广大，土地类型复杂，土地资源差异明显，不同层次分区方法有异，就县级而言，各县所拥有的资料情况不同，很难有一种方法适用全国各种类型的县，因此，在方法的选用上，可根据不同情况采用不同的方法。目前，各县国土资源管理部门一般有这么几种情况：一是已完成数字国土工程，土地利用现状图、土地利用总体规划图等图件已全部数字化，图件、数据基础资料齐全、质量高，已建立了数据库，基础条件好的县；二是各种类型的图件和数据齐全，但图件以薄膜图和纸图为主，图件质量一般，基础条件中等的县；三是图件不太全或破损严重，且各行业图比例不一致，面积出入较大，但数据资料相对较好。对此，前两种情况的县宜采用以叠图法为基本方法，对不重叠界线采用聚类法等方法处理的综合方法，而对第三种情况可采用以聚类法、德尔菲法为主的按类逐步排除法。

8.4 土地用途分区步骤

不同的方法，其操作过程有异，各地在划区过程中，要根据当地的土地资源特点和收集到的资料情况，选择适宜的分区方法。现以县级土地用途分区为例，阐述土地用途分区的方法与过程。

8.4.1 分区划线

1. 图件资料齐全地区的分区划线处理方法

此类型县应当充分利用现有的各种图件，采用以叠图法为主，聚类法、德尔菲法为辅的分区方法。分区步骤为：

(1) 检查图件，做好所用图件的前期处理。该方法是建立在图件资料完善可靠的基础之上的。因此，对收集到的各种图件，首先要进行全面检查，对比例尺不一致的图件要进行缩编，统一到与工作底图一致的比例尺上；对界线不清晰的要进行标描、清绘，防止叠图中出现误差；对局部折损、丢漏的图纸，要重新调绘，确保资料的完整无缺；对界线暂有争议的，要组织有关部门协商，避免在分区完成后出现更大的矛盾；对多次、不同年限完成的图件，尽可能采用最近年份完成的图件，保证图件的现实性。

(2) 叠加图件，确定国家和省批准的界线。国家作为公共利益的代表，对土地利用规划、土地用途进行政府的宏观控制，土地用途管制是国家对土地利用的一种强制管理。凡国家批准的一些特殊的用地区，一般不可随意改变，因此，当这些区域界线与其他界线发生矛盾时，国家批准的界线常常作为分区界线，其他区域界线只能处于服从的地位，这类分区界线只有经政府批准同意后才可改变。通常，国家和省批准的用途区域有风景名胜旅游保护区、自然保护区（核心区、外围区）、军事用地区、城镇建设区等。故在分区过程中，我们可以首先对这些区域予以肯定，以便减少叠图后多种界线互交，界线问题处理复杂造成的困难。

具体做法是：通过对各种图件资料的分析研究，筛选国家、省及政府主管部门批准已有的规划图、保护区图等图件，将这些图件缩编为 1∶50 000 的比例，然后以公里网格和明显地物及境界等作标志套合在 1∶50 000 的土地利用现状图上，将批准的区域界线进行核查、勾画，描绘在土地利用现状图上。在划界过程中，应注意几点：一是界线明确无争议的可直接采用，并同时在底图上标注区域名称；二是对界线不太明确或与实地有争议的，要与有关部门协商，并通过科学的研究和论证后确定；三是对一些重叠图，如风景旅游区内出现自然保护区，要根据其双重作用，以主要用途和资源保护优先的原则确定。

(3) 图件套合，划定其他区域划界。由于不同的县存在着不同的分区类型，土地用途各有侧重，所以，为划区的需要，除通过图件已划出的国家批准的土地用途管制区域外，将其余区域分成三类，一类为农业建设用地，一类为非农业建设用地，一类为未利用土地。对如此复杂的土地状况，可采用先易后难、分层分区定界的方法进行。这里需要说明的是：在1997—2000年修编完成的土地利用总体规划中，全国多数地区已根据土地规划要求完成了基本农田的划定和验收工作，基本农田的面积、数量和分布已落实到县级土地利用总体规划图上，且规划已经省政府批准。因此，根据这一实际情况，这些地区在土地用途管制分区中，应注意运用此成果。做好用途管制分区与基本农田划定成果的衔接工作，对未完成划定任务的县（区），应选择指标根据《基本农田保护条例》的要求进行划定。

1）优先确定完全重叠界线。多年来，农业、林业、畜牧业、城建、水利、工矿企业等部门根据本行业在规划期内对土地利用的需求，已做了各自的发展规划，因此，应充分利用这些资料，将基本农田保护区规划图（有的县包含在土地利用总体规划图上）、林（果）业发展规划图、牧业发展规划图、土地利用总体规划图、城镇建设规划图、村镇建设规划图、工矿建设规划图等图件逐一叠加在已划有国家批准界线区域的土地利用现状图上。叠加结果将出现几种情况：一种是几个图上的某一用地范围界线均可重叠；一种是界线出入较小；一种是界线偏离较大。可能形成的矛盾主要有几对，即基本农田—林地、基本农田——般农地、基本农田—非农建设用地、一般农地—非农建设用地、一般农地—林业、林地—牧草地、一般农地—牧草地、工矿用地—城镇村用地等。对于将多种图件上的界线套合后完全重叠的占绝对优势的区域，区域界线直接作为分区界线，优先划定。

2）其次解决不重叠界线、土地为单宜性的问题。对界线基本重叠，有少量争议的界线，根据土地适宜性评价结果判别，如果是单宜性土地，可根据适宜性划定。就某一块地而言，如果是单宜性的土地，一般用途受土地性能的限制比较明显，所以，可根据过去曾完成的县级和乡级土地适宜性评价图，适宜什么，就用作什么。但由于过去的土地适宜性评价的对象仅仅是农用地，这就对解决非农用地矛盾形成困难。因土地是单宜的，适宜用途简单，可在争议双方进行协商的基础上，根据土地的性能和用地要求，采用德尔菲法解决。

3）最后解决界线不重叠、土地具有多宜性的争议。如是多宜性土地，可采用聚类法或德尔菲法辅助划定。这种情况多发生于各部门为了自身利益而扩大的界线，常见的有：林业与果园之间的矛盾、城镇与村庄之间的用地矛盾等，这种矛盾一般较难解决，争议双方应本着生态环境优先、资源保护优先的原则，进行土地利用的最优化评价，运用科学的方法辅助判别。不重叠界线可能出现的各种矛盾与解决时建议采用的方法参见表 8—2。其做法是：对不重叠界线所涉村庄，以行政村为单位，划分分区单元，并编号，而后选取指标、权重，采用聚类计算或专家打分的方法进行划区。

表 8—2　　不重叠界线主要矛盾解决办法表

<table>
<tr><th>争议用途</th><th>协调原则</th><th>优先用途</th><th>裁决方法</th><th>备注</th></tr>
<tr><td>基本农田—林地</td><td>保护耕地资源</td><td>基本农田</td><td>聚类法</td><td rowspan="18">由于一些土地本身用途和适宜性能有双重的功能，即不仅可作为某一种用途，也可作为另一种用途，不论作为哪种用途，都有同等的重要性和科学性。如某一块土地用作城镇和工业建设均适宜，并可获得同等满意的效果，这就要根据需要程度来利用，因此，可暂定为调整区域，即土地用途可根据需要调整。表中标注＊的为可调整的用途。以后根据用地部门的需要程度，哪种急用，就用于哪种，灵活而有效地利用土地</td></tr>
<tr><td>基本农田—基本草牧场</td><td>保护耕地资源</td><td>基本农田</td><td>聚类法</td></tr>
<tr><td>基本农田——般农地</td><td>保护优质农田</td><td>基本农田</td><td>聚类法</td></tr>
<tr><td>基本农田—城镇、乡村用地</td><td>保护优质农田</td><td>基本农田</td><td>德尔菲法</td></tr>
<tr><td>一般农地—城镇用地</td><td>保障经济建设</td><td>城镇用地</td><td>德尔菲法</td></tr>
<tr><td>城镇用地—乡村用地</td><td>加快城市化水平</td><td>城镇用地</td><td>聚类法</td></tr>
<tr><td>基本农田—自然保护用地</td><td>保护生态环境</td><td>自然保护用地</td><td>德尔菲法</td></tr>
<tr><td>城镇用地—风景旅游用地</td><td>保护文物古迹</td><td>风景旅游用地</td><td>德尔菲法</td></tr>
<tr><td>一般农地—水源用地</td><td>保护生态环境</td><td>水源用地</td><td>德尔菲法</td></tr>
<tr><td>一般农地—军事用地</td><td>服从国家利益</td><td>军事用地</td><td>德尔菲法</td></tr>
<tr><td>一般农地—工矿用地</td><td>保障经济建设</td><td>工矿用地</td><td>德尔菲法</td></tr>
<tr><td>＊城镇用地—工矿用地</td><td>保障经济建设</td><td>城镇用地</td><td>聚类法</td></tr>
<tr><td>＊乡村用地—工矿用地</td><td>保障经济建设</td><td>工矿用地</td><td>聚类法</td></tr>
<tr><td>＊林地、基本草牧场地—工矿用地</td><td>保护生态环境</td><td>林草地</td><td>德尔菲法</td></tr>
<tr><td>基本农田——般林草地</td><td>保护优质耕地</td><td>基本农田</td><td>聚类法</td></tr>
<tr><td>一般农地林地、基本牧场地</td><td>保护生态环境</td><td>林草地</td><td>聚类法</td></tr>
<tr><td>＊林地基本草牧场区</td><td>保护生态环境</td><td>林地</td><td>聚类法</td></tr>
<tr><td>一般农地—环境敏感区</td><td>保护生态环境</td><td>保护环境用地</td><td>德尔菲法</td></tr>
<tr><td>一般农地—自然保护区</td><td>保护生态环境</td><td>自然保护区</td><td>德尔菲法</td><td></td></tr>
</table>

2. 图件资料不齐全地区的分区划线处理方法

有一种情况，图件资料不全，比例尺、绘图时间不一致，对此类型的地区，可采用聚类法为主、德尔菲法为辅的方法分区划界。划区过程是：

（1）农用地分区。采取按类逐级排除的方法划分。即从现有耕地中划定出土地质量较高的基本农田，依据国家关于划定基本农田保护区的有关规定划出基本农田保护区；从现有林地中划分出作为生态保护的林地和生产林木的林地，作为林地区；从现有牧草地中划分出有保护意义、质量较好的牧草地，作为基本草牧场区。剩余的耕地、林地、牧草地与园地、规划为农用地的后备资源及分布在其间的乡镇企业一并划入一般农用地区。具体做法是：

1）划分分区单元。将县级 1：50 000 的土地利用现状图作为工作底图，对未明确分区界线的现有耕地、林地、牧草地根据图斑在底图上划分单元，以行政村为单位，全村由上而下，从左到右在图上以图斑统一编号，每一个图斑为一个分区单元。也可以乡镇为单位，以土地利用方式相似的、质量相近的组合地块为单元，如高产基本农田组合为一个单元。在实际工作中，这种划分单元的方法较为可行，其优点在于，既避免了以图斑为单元工作量过大的弊病，又保持了乡镇一级行政区的完整性，便于管理。

在单元划分时，应注意几点：一是某一单元只代表一种土地利用的最佳用途，确保土地主导用途符合国家有关政策和法律及土地利用总体规划的要求，使土地单元与单元之间有较明显的用途差异；二是单元不宜过多，既体现土地用途与土地适宜性相吻合的原则，又使单元与单元之间既有独立性，又有渐变性；三是单元划分界线清晰，便于进行分区面积统计，利于制定有效的土地用途管制措施，力求保持某一区域行政区界线的完整性。因此，在划分中应做到对某一单元而言，具有土地质量和土地生态环境条件的相似性；土地利用现状、特点、潜力相对一致性；土地基本用途与用途管制措施的同一性；乡镇或村行政区界线的完整性。

在划分单元时，为了便于成片管制、集中管理，还要注意各单元本身要有一定的面积。根据国家的有关要求和我国土地资源管理的实际，单元最小面积为：基本农田保护区的土地面积应不小于 1.5 公顷，地块面积完整达 1.0 公顷以上；林地区和基本草牧场区的土地面积不小于 25.0 公顷，面积完整达 5.0 公顷以上；一般农地区的土地面积不小于 25.0 公顷，面积完整达 5.0 公顷以上，这些单元划分的最小面积也是最小区域面积。

2）选择分区指标及权重。在工作底图上划分出分区单元后，选择指标，按指标分类划区。分区指标是划区的主要依据，其选择的准确与否直接影响着分区结果，因此，在指标的选择上应注意几个方面：第一，指标要有代表性，能较全面地反映当地土地利用的实际状况，能较科学地体现本区域内土地利用的主导用途。第二，指标要有稳定性，所选择的指标不易变化，如在短期内发生大的变化，将会影响分区结果。例如，反映土地肥力的因素，有氮、磷、钾和土壤有机质，常选用土壤有机质，因为有机质最稳定。第三，要考虑经济发展与土地利用的关系，不要成为纯自然指标的分区，要充分体现信息社会的特点，把经济发展指标，如交通条件和农、林、畜产品销售条件等都考虑进来。第四，要参照农业区划、国土规划、土地评价及其他分区的指标，使土地的用途分区与县里的其他分区相适应，防止出现大的交叉和漏洞。分区指标可以全县用一套，也可按不同的地域选定。实际进行分区指标选择时，常用的农林牧业用途分区主要指标类型为地形坡度、海拔高度、土层厚度、侵蚀模数、土壤有机质含量、亩产量、灌溉保证率、离中心村的距离等（参考指标见表8—3）。在指标类型基本确定后，要对原始数据进行分析、核查、整理，对定性概念尽量量化。在数据的筛选中，要注意选择权威性数据，如耕地、林地、牧草地面积等以土地部门数据为准；而土壤有机质含量、土层厚度以农业部门的数据为准；交通条件以交通部门的数据为准；环境污染程度以环保部门的数据为准。对一些分区必需却没有现成的数据，还要做补充调查研究工作，确保分区基础资料的可靠性和相对准确。

表8—3　　农地区、林地区分区参考指标表

主要指标 / 区域类型	地形坡度（°）	海拔高度（米）	土壤有机质（%）	年侵蚀模数（t/km）	盐碱含量（全盐量）（%）	土层厚度（cm）	近3年亩均产量（kg）
基本农田保护区	<15	<1 000	>1.0	<500	<0.4	>60	粮>150 棉>50
基本草牧场区	>15	1 300～2 000	>0.6	<8 000		>30	鲜草>300
林地区	>15	>1 000	>0.6	<5 000		>30	林木生长量>$0.15m^3/a$
一般农地区	未达到基本农田保护区标准的耕地；未达到林地区、基本草牧场区标准的林、草地；规划为农业用地的后备资源；分布于其间的乡镇企业、养殖业用地及农村道路、农田水利、农田防护林用地						

续前表

主要指标 区域类型	地形坡度 (°)	海拔高度 (米)	土壤有机质 (%)	年侵蚀模数 (t/km)	盐碱含量 (全盐量) (%)	土层厚度 (cm)	近3年亩均产量 (kg)
指标选取说明	1）地形坡度：它直接关系到植物生长种类、组成、产量和品质，在很大程度上决定着土地的利用方式和土地的生态环境条件。坡度越大，水土流失的可能性越大，土地作为农用效益就越低。 2）海拔高度：海拔的高低决定着土地的利用方式。如海拔高过一定高度，由于温度和地形的影响，将不能作为农用，只可作为林牧用地。 3）土壤有机质：是土地肥力较为稳定的因素，它反映着土壤的肥力水平与待开发荒地的内在潜力。其土壤有机质含量越高，土地的水、肥、气、热状况越协调，肥力水平就越稳定、越高。 4）侵蚀模数：它决定着土地利用系数的大小，尤其与农用地关系紧密，当土地被切割到一定程度时，土地的用途就应由农用转变为从事林草生产。 5）盐碱含量：它的大小限制影响着土地利用，全盐含量一般大于1%时，农作物将不能生长，只能种植耐盐碱的树木和牧草。当盐碱含量达到重度以上时，只能种植耐盐碱作物。盐土上将不能生长植物。 6）土层厚度：它对作物配置关系较大。如果厚度＜30cm，不仅影响作物根系发育，开垦利用不当，还易引起水土流失，使土地丧失生产能力。 7）亩产量：亩产量代表着土地的产出水平，而土地产出率多少是土地生产能力的综合反映。对某一用途而言，其生产率越高，宜性越强，用途越合理。						

分区指标确定后，需对每一项指标赋予权重。通俗地讲，权重就是某一指标在总体系统中的重要程度，它是对某一用途而言的。一般在指标权重确定时，农业用地以适宜种植的程度，即土地质量指标所占权重较大；林牧业用地以植物适宜生长的程度，即土地的地形、水分、植被覆盖率所占权重较大；非农业建设用地以城市容积率、交通网密度所占权重较大；风景旅游用地、自然保护区用地等特殊用地以环境指标所占权重较大。

3）聚类计算，分区划线。指标和权重确定后，应用数学公式对各指标值进行极差变换和直角坐标计算、制作星座图，然后根据各单元值在图中的分布和实际归类划区。

采用上述方法，可以从现有耕地中划出基本农田，再将基本农田连片勾画形成基本农田保护区。可从现有林地中划出林地区，也可从现有牧草地中划分出基本草牧场区。然后，应用林业部门的调查资料和划区标准将用于防护灾害和生态环境保护的林地区划为生态林区，将林地区内用材林、经济林、薪炭林等划为生产林区。再根据实际情况，参照县级土地利用总体规划图，将基本农田保护区外的耕地、园地，林地区、基本草牧场区以外的林、草地，规划为农业用地的后备资源一并划入一般农地区。

（2）应用规划，划分各类建设用地区。目前，县级城镇、村镇、开发区土地利用规划的编制和实施分几种状况：一种是县、镇、村建设和开发区各类规划已经国务院或省政府批准，这种已批准界线的，可经城建部门认可后，直接将规划界线转绘到分区工作底图上。另一种是城镇、村镇规划处在修编阶段，用地数量和布局未批准，可通过城市、农村人口进行预测，根据城市和农村规划期末人口规模、人均用地指标、城（镇）市化水平、建筑密度、交通用地指数、空气污染指数等（参考指标见表 8—4）确定用地数量，划出城镇和村庄建设发展用地范围。还有一种情况是城镇建设区、村镇建设区已批准，而开发区未编规划，要对开发区发展规模进行预测，根据开发项目用地要求，编制开发区规划，落实开发区用地范围。对工业和矿业用地区，可将土地利用总体规划图上工矿用地面积大于 25hm² 的项目逐项勾画到土地用途管制分区底图上。

表 8—4　　　　建设用地用途区划分参考指标表

主要指标 区域类型		人口规模（人）	人均用地（m²/人）	城市（镇）化水平（%）	建筑密度（%）	交通用地指数（%）	人均 GDP（元）	空气污染指数（API 值）
城镇建设区		平地区 >5 000 丘陵区 >3 000 山地区 >2 000	<120	平地区 >20 丘陵、山地区>15	居住区 <25 商业区 <50	>20	>8 000	<150
乡村建设区		平地 >200 丘陵、山地区>100	<150	平地区 >15 丘陵、山地区>10	10～20	>10	>1 000	<150
工矿业建设用地区	工业用区							>100
	矿业用地区							>100
备注		经国家批准的自然保护区、风景名胜旅游保护区、特殊用地区、水资源保护区不另用指标划分，依国家划定范围分别落实即可。						

续前表

<table>
<tr><th>主要指标
区域类型</th><th>人口规模（人）</th><th>人均用地（m^2/人）</th><th>城市（镇）化水平（%）</th><th>建筑密度（%）</th><th>交通用地指数（%）</th><th>人均 GDP（元）</th><th>空气污染指数（API 值）</th></tr>
<tr><td>指标选取说明</td><td colspan="7">1）人口规模：人口数量的多少决定着社会的消费需求，人口数量的增长将引起土地的需求量和利用量的变化，影响着城市住房支出、生活用品支出、文化生活服务支出比重、劳动资源分配等。
2）人均用地：它是编制土地利用总体规划中一个控制城镇用地的重要定额指标，是国家城镇规划用地行业标准。
3）城市（镇）化水平：它指城镇人口占城市总人口的百分比，反映了城市的发展状况。一般而言，城市化水平越高，经济越发达，城镇用地比重也越大。
4）建筑密度：指城镇内建筑面积占总土地面积的比例，反映着土地利用的结构、布局，从这一指标可以看出土地利用的程度和存量土地的潜力。
5）交通用地指数：指交通用地与城市总土地面积的比例，可以反映城镇交通容量，判断城市发展的潜力和目前交通状况。
6）人均 GDP：人均国内生产总值反映着城市的综合经济实力，指标值越大，经济发展越快。
7）API 值：指国家环保局规定的空气污染指数分级，当指数为 100～200 时，表示质量普通，空气质量为国家三级标准，市民长期接触，易感人群症状会轻度加剧，健康人群会出现刺激症状。</td></tr>
</table>

8.4.2 划分土地开发、复垦、整理专项区

以土地利用总体规划为依据，将县域内重点的土地开发区、土地复垦区、土地整理区分别以横线、竖线、斜线的复区形式转绘到土地用途管制分区图上。具体为：用绿色的虚线表示区域界线，用蓝色的横线、竖线、斜线分别表示土地开发区、土地复垦区、土地整理区的区域内容。

8.4.3 统计面积，清绘、整饰成果图

区域划定后，要以土地调查数据为基础，结合规划指标的调整结果，进行分区面积的量算和统计工作，做到面积数据与图斑大小相吻合。面积量算可采用求积仪法、网格法等。对完成的工作底图进行清绘、着色、整饰（加注图例、比例尺、图名、制图时间、单位等），形成成果图。

有条件的县（区）可结合数字国土工程建设，用计算机辅助系统划区，或将土地用途分区图数字化，用微机制图，用计算机软件量测面积。

8.4.4 分区评述

面积统计完成后，要对各个用途管制区进行评述。内容包括：本区域的面

积、土地质量、土地用途、管制措施及今后在土地利用与管理中需要注意的问题等，并编写出分区报告。

本章小结

本章主要针对我国土地利用分区情况做了详细介绍，主要解决土地利用分区的技术问题，包括分区的方法、分区的方案和分区的步骤，本章强调实用性和方法性，在技术层面对土地利用分区作了比较深入的探讨。

关键术语

土地利用分区　　地域分区　　用途分区　　分区方法　　分区方案

复习思考题

1. 土地利用分区的方法有哪些？如何将这些方法运用到土地用途分区中？
2. 谈谈你对土地利用分区方案的构建。

第9章 城镇用地规划

城镇用地规划就是按照城镇的性质、规模和条件，在地域空间上确定各个功能区的布局和城镇各要素的科学合理的安排，为城镇建设的各个方面服务。在确保耕地总量不减少的情况下，通过规划，合理确定城镇建设用地规模，统筹安排各类、各区域用地包括城市绿地，以区域整体思想发展城镇；在考虑城镇个性的基础上，城镇建设统一规划、有机组合，与周围城镇和乡村组合成“形散实聚”的城镇群或城镇化地区。

9.1 城镇用地布局

9.1.1 影响城镇布局的因素

在城镇用地规划阶段，合理的城镇用地布局不仅对城镇自身的发展十分重要，而且对整个地区的经济、社会、技术等方面的发展和生态环境都有深远的影响，对区域经济与社会发展、地区优势的发挥和资源合理利用与保护等也具有十分重要的经济意义。

1. 城镇生产方式的变化

随着社会生产力的发展和生产关系的改变，城镇布局也会有相应的变化。在我国现代化建设过程中，城镇面貌正在发生巨大的变化，由过去的封闭式自我消费模式逐步向开放式商品经济模式转变，出现了新的乡镇企业群，旅游、商服中心，交通运输网络和居住小区，科技文化设施、卫生、环境条件日益改善等，这些都对城镇用地方式产生了很大的影响。

2. 城镇性质与规模

城镇性质与规模直接影响城镇布局与规模，较大的城镇布局比小城镇复杂，综合性城镇和旅游、疗养城镇的布局也不相同。

3. 城镇的自然条件和现状条件

不同的自然条件直接影响城镇内部各组成部分相对位置的选择，因而影响其布局方式。平原、丘陵、山地、水系、气候等因素均对城镇布局产生影响，当地土地利用现状也对城镇布局产生重大影响。

9.1.2 城镇性质的确定

城镇的性质是指各城镇在国家经济和社会发展中所处的地位和所起的作用，即在全国城镇网络中的分工和职能。在城镇用地规划编制过程中，准确分析城镇未来的性质是十分重要的。因为，城镇性质体现了城镇的个性，反映其所在区域的政治、经济、社会、地理、自然等因素的特点，从而决定城镇用地结构，对城镇空间形态的拓展起着先导作用，最终影响城镇经济和社会的发展。

在一定的社区范围内，一个城镇在社会、政治、经济、文化等方面所担负的任务和作用是多方面的，但其中必有一个是主要的，城镇的性质就是由这个城镇的主要任务和作用所决定的。有只担负一种任务和作用的城镇，即单一职能城镇，而绝大多数的城镇是多职能的，且城镇规模发展受外界因素影响较大，其职能地位往往容易变化，因此，在确定其性质时应从多方面进行综合考虑：

(1) 国家经济建设的要求与国民经济计划基本建设区域经济结构中的地位和作用。

(2) 该城镇所属的区域自然、经济条件，资源、能源、国防条件，历史特征等基础因素。

(3) 根据生产力布局的要求及区域生产力合理布局的原则，对城镇的发展远景设想等一系列重要技术指标与经济效益指标的论证，并要分析城镇在区域分工和协作中的主要职能与辅助职能，对城镇的各方面情况进行定性与定量相结合的综合性分析，从地区社会经济发展战略目标中，具体确定社会经济发展的战略目标。

(4) 根据各种客观条件、发展状况、特点等方面的真实情况，明确找出在本城镇发展中占主要地位的主导部门或优势部门，作为确定本城镇性质的重要依据。例如，对旅游小镇主要考虑名胜古迹、风景资源有无观赏价值及围绕为旅游事业服务的工业、交通运输设施等条件是否具备；对矿区小镇主要考虑矿产地理位置、资源、种类、数量、矿床开采条件及分布特点，并进行充分的经济分析论证等。

此外，对城镇所在地区的地形地貌、工程地质、水文地质、排水条件、电源与水源状况、人口密度、历史文化传统、风俗习惯等方面的情况也都应该作一定的调查研究，以掌握可靠的数据。城镇的性质的确定不仅是一项综合性分析工作，而且还是一项动态的工作，因为城镇性质不是一成不变的，建设的发展或客观需要、客观条件的变化，都会促使城镇有所变化，从而影响城镇的性质。

总之，城镇作为其周围区域的社会、政治、经济、文化中心，与周围的农村有极其密切的联系，必须能为周围农村提供工、副业生产的基地，商业与集市贸易的交换场所，以及政治、文化、科学、教育和生活服务的设施，因此城镇的性质的确定，应该以面向农村、服务农村，有利工农结合、城乡结合为基本出发点，而不应只是单纯地从城镇本身来考虑问题。

9.1.3 城镇用地选择与评定

城镇用地布局，就是在城镇用地适宜性评价的基础上，综合考虑区域土地利用和经济、社会、环境条件来确定。

1. 自然环境条件评价

城镇用地自然环境评价的主要是气候、水文、地形等条件。

(1) 气候条件：影响城镇规划建设的主要气象要素有太阳辐射、温度、湿度、降水和风像等方面。

1) 太阳辐射强度是建筑日照标准、建筑朝向和建筑间距离确定的主要依据，直接影响到建筑密度、城市用地指标和用地规模。

2) 温度（包括气温与昼夜温差）是考虑工业生产工艺的适应性和经济性，以及居住区和建筑采取降温措施和采暖措施的依据。

3) 降水的多少、强度是城市地面排水工程规划设计的主要依据，也是城镇防洪、修建水利工程的依据。

4) 风像，包括风向和风速，对城镇功能分区布局有直接影响，通常用风像玫瑰图表示。

(2) 水文条件：主要指江河湖泊等地表水和地下水资源。

1) 江河湖泊等水体对城镇生产、生活用水，发展城镇水运交通，排除雨水、美化环境，改善小气候条件具有重要作用。同时，江河湖泊也可能造成洪水危害、河岸冲刷、坍塌、河床淤积等后果。

2）地下水资源对于城市用地选择、城市发展规模、建设工业项目的性质和规模有着十分重要的意义，应事先探明地下水水量、水质、补给量及地下水位情况。

（3）地质条件：主要包括地质构造及土质的建筑力学性质，是确定建筑承载力的依据。

（4）地震资料：一般六级地震以下地区，建筑物不受破坏影响；在七级以上地震区，须考虑防震工程措施；九级以上地震区不宜拓为城镇用地。

（5）不良地质现象：主要指冲沟，喀斯特现象（溶洞）、滑坍、沼泽、石洪、砂丘及矿区采空区等。地段须事先采取必要治理措施并经详细论证，确认安全可靠后方可作为城镇用地。

（6）地形条件：从城市建设要求考虑，地形起伏在5%左右对各项工程设施不产生很大影响，当地面坡度在6%～8%时尚可较好地对街道定线，而当地面坡度在8%～12%（4.5度～7度）时，不宜作为城镇用地。从排水要求考虑，地面坡度不应小于0.5%。

2. 社会经济条件评价

（1）工业基础：包括主要资源，综合原料、燃料基地的规模，交通运输，给排水，工业协作等条件，工业布局特点是城镇分布的主导因素。

（2）农业基础：农业是向城镇提供商品粮、劳动力、工业原料和农副产品的基地，又是工业的市场，因而农业是城镇发展的制约因素。

（3）对外交通运输条件：包括铁路、公路、航运等。对外交通条件也是城镇发展的制约因素，城镇规划必须详细研究周围地区交通条件及解决对外交通问题的相应办法。

（4）水资源条件：水资源已日益成为城镇发展的重要制约因素之一，城镇发展必须有足够数量和质量的水资源保证。水资源问题应当在总体规划阶段用系统工程方法统筹解决，给予保证。

（5）能源条件：主要指电能的保证条件。

在上述调查评价基础上，经过综合分析，最后确定建设地区的用地是否符合城镇规划建设的要求和适用程度，为正确选择和合理组织城市用地提供科学依据。

9.2 城镇用地功能分区与选址配置的要求

9.2.1 城镇用地分类和功能分区

1. 在进行城镇用地规划时，首先需要确定其用地分类

为统一全国城市用地分类，科学地编制、审批、实施城市规划，中华人民共

和国建设部特颁发《城市用地分类与规划建设用地标准》（GB137—90），其中，对城市用地分类采用大类、中类和小类三个层次的分类体系，共分10大类，46中类，73小类，城镇各类用地的类别编号及具体范围（见表9—1）。

表9—1 **城市用地分类表**

类别名称及编号	范　围
居住用地（R）	居住小区、居住街坊、居住组团和单位生活区等各种类型的成片或零星的用地
公共设施用地（C）	居住区及居住区级以上的行政、经济、文化、教育、卫生、体育以及科研设计等机构和设施的用地，不包括居住用地中的公共服务设施用地
工业用地（M）	工矿企业的生产车间、库房及其附属设施等用地。包括专用的铁路、码头和道路等用地。不包括露天矿用地，该用地应归入水域和其他用地
仓储用地（W）	仓储企业的库房、堆场和包装加工车间及其附属设施等用地
对外交通用地（T）	铁路、公路、管道运输、港口和机场等城市对外交通运输及其附属设施等用地
道路广场用地（S）	市级、区级和居住区级的道路、广场和停车场等用地
市政公用设施用地（U）	市级、区级和居住区级的市政公用设施用地，包括其建筑物、构筑物及管理维修设施等用地
绿地（G）	市级、区级和居住区级的公共绿地及生产防护绿地，不包括专用绿地、园地和林地
特殊用地（D）	特殊性质的用地，军事用地，外事用地，保安用地
水域和其他用地（E）	除以上各大类用地之外的用地

资料来源：《城市用地分类与规划建设用地标准》（GB137—90），建设部发。

2. 城镇功能分区

城镇功能分区的主要目的是为了保证城市各项用地的正常供给，使各功能区既保持相互联系，又避免用地矛盾。

城镇功能分区时，主要考虑以下原则：

（1）经济原则。从加强产业协作，节约投资，节省设备、能源，减少日常经营管理费用出发，要求尽量把相互间联系密切的工厂企业相对集中地组成一个工业区。

(2) 环境保护原则。从空气污染、水源污染、噪声污染方面考虑，应把具有上述污染源的工厂企业布置在城镇的下风方向、下游地区，并设必要的隔离区，合理选择污水处理厂的位置并增设绿化带。

(3) 与现状有机结合原则。新建、扩建项目须尽量靠近现有旧城区，布置新工业区应根据原有工程设施的分布状况，充分考虑新、旧企业之间的协作关系；同时，充分考虑利用现有铁路线、站场、港口、码头、机场、公路等交通设施和现有商业、服务业等生活设施和市政设施，以减少非生产性建设投资，提高投资效果。

(4) 有利生产，方便生活原则。合理布置生产区、生活区、商服、贸易区、文化科学中心，使相互联系方便，促进生产与生活条件的改善，有利于生产发展和商品经济的繁荣，为人民创造优美舒适的环境。

(5) 发展的原则。

1) 考虑市场机制，变自我消费型为开放型结构，以适应城乡经济的迅速发展；

2) 考虑农村劳动力转移的需要，有计划地扩大城镇规模、乡镇企业和第三产业规模；

3) 考虑人民物质文化水平提高的需要，相应地兴建文化、体育、卫生、教育、科研事业设施；

4) 从建立良好环境目标出发，采取必要的防治污染、保护环境措施。

9.2.2 城镇用地选址的具体要求

1. 用地选择要按新建和扩建的不同特点来进行

新城镇的选址一般是在区域规划过程中，从区域范围内选定，而旧城扩建用地选择往往要考虑到与现状的关系，有所限制，新区与老区要融为一体，协调发展。

2. 选择有利的自然条件

一般是指地势较平坦，地基承载力良好，不受洪水威胁，在城镇建设时，不需花费很多的工程建设投资，能保护城镇生产、生活的安全等。否则在进行建设时，要花费很多的费用及精力去改造地形，或采取保护城镇的工程措施，既不能很快地使城镇建设有成效，又得不到经济效益，所以尽量选择有利的自然条件是城镇用地规划布局的重要原则。城镇建设的自然条件复杂，常常是各种条件相互矛盾和相互制约。例如，地形平坦地段，是洪水淹没地区且地基较差，而地形起伏较大的丘陵，地基承载力较好。因此要全面分析比较，甚至要估算不同工程措施的经济账，这样才能得出合理的选择。在现代技术条件下，一些不利的自然条件，可以通过一定的工程改造措施加以利用，但是这些改造都必须注意经济上的合理性与工程上的可能性，要从现实的经济水平和现实的技术能力出发，可以按近期、远期规划的要求来合理地选择用地。

3. 尽量少占农田、菜地

城市周围的农田、菜地，大多经营多年，特别是高产菜地不是短时间能形成的，节省农田、少占良田是党和国家的方针政策，因此也是城镇用地选择时必须遵循的原则。尽量利用劣地、荒地、坡地，在可能的情况下，结合工程建设，适当造田、还田。

4. 保护古迹与矿藏

城镇用地选择要避开有价值的历史文物古迹和已探明有开采价值的矿藏的分布地区。这些情况必须取得文物考古部门和地质勘探部门的协助。要掌握确实可靠的科学依据，在不十分清楚的情况下，应持慎重态度。

5. 满足主要建设项目的要求

城镇建设的项目和内容有主次之分。对城镇的主要建设项目，投资最大或关系最为重要的项目，应满足其建设的要求，对其他次要的项目则要协调考虑。只有这样，才能抓住城镇用地选择的主要矛盾，为城镇建设发展创造较好的条件。在选择用地时不仅要研究这些项目本身的用地要求，还要研究它们的配套设施如水、电、运输等用地的要求，以使这些主要建设项目能迅速建设，并能经济地运行。

6. 妥善处理开发区与中心城镇的关系

目前我国很多城镇都建有各种类型和等级的开发区，正确处理开发区与中心城镇的关系至关重要。开发区的选址要有利于城镇原有布局结构的完善，而不是与原有良好的城镇布局结构形成冲突。开发区的规模大小直接与开发区的选址、界线划分以及中心城镇情况等有关。对一些距离中心城镇较近而地方财力相对薄弱的城镇将其规模控制在1平方公里以内，并以发展不超过5平方公里为宜。对于一些远离中心城的开发区，则应尽力加强其与中心城镇的交通，完善投资环境，以提高吸引外部投资的能力。

9.3 城镇人口规模与建设用地规模的预测

城镇建设用地规模取决于城镇人口规模和人均建设用地指标，在人均用地指标确定的条件下，规划城镇用地的多少，取决于未来城镇人口规模的大小，所以，确定好城镇建设用地规模，实际上就是要做好城镇人口规模的预测，并制定一个科学合理的、符合中国国情的人均城镇建设用地指标体系。

9.3.1 城镇人口规模的预测

未来城镇人口规模的大小，关键在于对规划期末可能达到的城市化水平高低的认识，这样才能正确地预测城镇人口和用地规模。

1. 城镇人口

由于目前我国没有合理的城乡人口划分标准，导致城镇规划中人口统计口径有几种，口径不同当然所得到的结果会大相径庭。笔者认为，城镇用地的人口应当包括建成区内实际居住人口之和，由三部分构成：非农业人口、城区内的从事非农产业的农业人口，以及暂住期一年以上的暂住人口。

现状城镇人口与现状建成区、规划城镇人口与规划建成区要相互对应，即人口统计范围与用地统计范围应一致。

2. 城镇人口规模预测

编制城镇规划，首先要对规划期内城镇人口的发展规模做出预测，各地区经过深入分析，可以预测出本地区未来的人口状况，也可以根据本地区经济社会发展预测出本地区城市化发展状况，进而预测出城镇人口规模。

(1) 城镇人口自然增长部分。由于有计划生育指标控制，比较容易预测。但是，城市人口综合增长水平是要与当地城市经济和社会发展水平及城市的综合承受能力相适应的，自然增长率必须是在国家和省（自治区）规定的控制指标之内。

(2) 城镇人口机械增长部分。因为与城镇的经济发展速度密切相关，城镇经济的发展速度又在很大程度上取决于基本建设投资规模。一般来说，每新增一个城镇人口，基本建设投资为 6 000～7 000 元；每扩展 1 平方公里的建设用地，仅基础设施建设投资一项，全国平均 4.5 亿元。

在计划经济体制下，国家预算内投资占绝对比重，故可根据投资规模框算出人口发展和用地需求。但在市场经济体制下，投资主体呈多元化，国家预算内投资比重越来越小，而预算外投资比重份额加大，有的城市高达 80%以上。预算外投资主要是地方自筹资金和外商投资，而外商投资的随机性很大。而且随着农业生产力水平的不断提高，必定有相当数量的农村剩余劳动力涌入各级城镇，实现职业与居住地域的转换，这是城镇人口机械增长的另外一个不容忽视的因素。因此，规划中的不确定性因素越来越多，预测也越来越难以准确，这是客观原因造成的预测不准。

(3) 在不同城镇中还不同程度地存在着一定数量的暂住人口，长期居住在城市，有的拖家带口，一住就是多年。这些人除了没有城镇的户籍外，其他与城镇人口没什么两样，也要共用城市的各种公共设施和基础设施（虽然在使用种类与频度上与城镇常住人口有所区别）。在省、市、地区等层次中，不同地域单元之间客观上存在着先进与落后、贫穷与富裕的差异，沿海发达地区由外部流入的人多些，内陆欠发达地区向外流出的人多些，城镇流入的人多些，农村尤其是山区农村向外流出的人多些，这几乎可以说是个规律。

9.3.2 城镇建设用地规模预测方法

城镇建设用地是城市经济社会发展的载体，用地标准则是城市永续发展的重要保证，而城镇用地规模是到规划期末城市建设用地范围的大小。预测建设用地面积既要考虑历年用地数量、规划期间的经济发展速度和建设投资规模，又要考虑国家产业政策、国家控制建设用地规模的原则要求和城市在城镇体系中的地位和作用，以及土地集约利用的发展趋势。

（1）历史推断法：根据历史上不同时期各类建设用地扩展变化情况，结合当前实际，综合分析得出未来每年各类用地可能扩展的数量，以此推断出规划期内相应类型用地的规模。

（2）分区测算法：对城镇进行分区依次预测，扣除区内现有用地潜力，估算规划期内各区用地增加值，汇总后即为全市各类用地的规模。

（3）模型预测法：城镇用地规模常用的预测方法有趋势预测、回归预测和线性规划模型预测等，其中线性规划模型法是在分析建设用地面积与人口增长、经济发展速度、土地产出率提高、基本建设投资等因素之间关系的基础上，选用用地参数和效益参数，建立最优化模型，依据相应的约束条件，求用地规模的最大值或最小值。

（4）定额指标法：该方法是最常见的建设用地预测方法，可以用于对各类建设用地的预测。依据《城市用地分类与规划建设用地标准》以及对人口发展规模、建设投资规模的预测，对城市的规划人均建设用地指标采取“双因子控制”，即人均建设用地指标和允许调整幅度，测算未来一定时期建设用地发展规模。

在对城市人口规模进行预测的基础上，按照《城市用地分类与规划建设用地标准》确定人均城市建设用地的指标，就可以计算出城市的用地规模：城市的用地规模＝预测的城市人口规模×人均建设用地标准（在计算城市用地规模时，用地计算范围应当与人口计算范围相一致）（具体指标见表9—2、表9—3和表9—4）。

表 9—2 规划建设用地结构

类别名称	占建设用地的比例（%）
居住用地	20～32
工业用地	15～25
道路广场用地	8～15
绿地	8～15

表 9—3 规划人均单项建设用地指标

类别名称	用地指标（平方米/人）
居住用地	18.0～28.0
工业用地	10.0～25.0
道路广场用地	7.0～15.0
绿地 其中：公共绿地	≥9.0 ≥7.0

表 9—4 规划城镇人均建设用地指标

现状人均建设用地水平（平方米/人）	允许采用的规划指标		允许调整幅度（平方米/人）
	指标级别	规划人均建设用地指标（平方米/人）	
≤60.0	Ⅰ	60.1～75.0	+0.1～+25.0
60.1～75.0	Ⅰ	60.1～75.0	>0
	Ⅱ	75.1～90.0	+0.1～+20.0
75.1～90.0	Ⅱ	75.1～90.0	～
	Ⅲ	90.1～105.0	+0.1～+15.0
90.1～105.0	Ⅱ	75.1～90.0	−15～0
	Ⅲ	90.1～105.0	～
	Ⅳ	105.1～120.0	+0.1～+15.0
105.1～120.0	Ⅲ	90.1～105.0	−20.0～0
	Ⅳ	105.1～120.0	～

续前表

现状人均建设用地水平（平方米/人）	允许采用的规划指标		允许调整幅度（平方米/人）
	指标级别	规划人均建设用地指标（平方米/人）	
＞120.0	Ⅲ	90.1～105.0	＜0
	Ⅳ	105.1～120.0	＜0

说明：

1. 现有城镇的规划人口人均建设用地指标，应根据现状人均建设用地水平确定。所采用的规划人均建设用地指标应同时符合表中指标级别和允许调整幅度双因子的限制要求。调整幅度是指规划人均建设用地比现状人均建设用地增加或减少的幅度。

2. 人均耕地面积小于1亩的地区，在现状人均建设用地水平允许采用的规划指标等级中，只能采用最低一级。

3. 新建城镇的规划人均建设用地指标宜在第Ⅲ级内确定，当城镇的发展用地偏紧时，可在第Ⅱ级内确定。

4. 首都和经济特区城市的规划人均建设用地指标宜在第Ⅳ级内确定；经济特区城市人均耕地小于1亩的，可在第Ⅲ级内确定。

5. 边远地区和少数民族地区中地少人多的城镇，可根据实际情况确定规划人均建设用地指标，但不得大于150.0平方米/人。

用人均建设用地指标进行控制，既能满足城市的基本用地需求，又能把握不同城市的不同用地需求，同时又以土地供给制约和引导需求。以下三节将分别阐述城镇几种主要建设用地的布局与规划，简要介绍怎样才能更有效地保证城镇各项建设用地的合理规模，并做到科学用地。

9.4 城镇居住用地的布局与规划

9.4.1 城镇生活居住用地

城镇生活居住用地是土地利用现状分类体系中重要的组成部分，通常又称作居住用地，即城镇中的生活居住区用地。

1. 生活居住用地概述

生活居住用地是城镇中用于安排和布置生活居住用地、公共建筑、公共绿地及道路、广场等各项用地的总称，具体内容因居民的生活方式、生活水平、城镇规模以及自然地理等因素的不同而有所不同，主要有以下几类：

（1）生活居住用地指居住小区内或街坊内用于布置居住建筑、道路、绿化及院落等的用地；

（2）公共建筑用地指为居民生活所服务的以及城市行政、经济等公共设施的用地；

（3）公共绿地指居住小区或街坊以外的各种城镇公共绿化用地；

（4）道路、广场用地指居住小区或街坊以外的各种城镇道路及广场用地。

2. 生活居住用地的布局与规划设计应遵循的基本原则

（1）符合城市总体规划的要求；

（2）符合统一规划、合理布局、因地制宜、综合开发、配套建设的原则；

（3）综合考虑所在城市的性质、社会经济、气候、民族、习俗和传统风貌等地方特点和规划用地周围的环境条件，充分利用规划用地内有保留价值的河湖水域、地形地物、植被、道路、建筑物与构筑物等，并将其纳入规划；

（4）适应居民的活动规律，综合考虑日照、采光、通风、防灾、配套设施及管理要求，创造安全、卫生、方便、舒适和优美的居住生活环境；

（5）为老年人、残疾人的生活和社会活动提供条件；

（6）为工业化生产、机械化施工和建筑群体、空间环境多样化创造条件；

（7）为商品化经营、社会化管理及分期实施创造条件；

（8）充分考虑社会、经济和环境三方面的综合效益。

9.4.2 居住用地的分布方式

应该在总体规划确定的原则基础上，按照居住用地自身的特点与需要及其与工业等城市要素的相互联系，综合考虑各种影响因素，来确定它在城市中的分布方式和形态。

城镇居住用地的分布一般采用集中与分散两种形式，从形态上看，主要有以下几种形式（详见图 9—1）：

（1）团状：在现有城镇的基础上，随着外围工业的发展，从居住区内向外紧凑发展，基本保持原有的城镇格局，利用现有的城镇基础设施。

（2）星状：这种分布方式在矿区城镇用得比较多，如在煤矿区里随煤井而建立的村庄。

（3）组群状：这种方式也多见于工矿城镇，由于工业的分散布置，或是受用地条件的限制，在城镇地区形成若干个居住用地。

（4）子母状：这种方式多见于大城市和特大城市，主要是由母城和子城中居住用地构成。

9.4.3 居住用地规模及预测

居住用地规模是土地利用规划的研究对象，既要明确居民点现状用地规模，又要预测未来居民点用地规模。

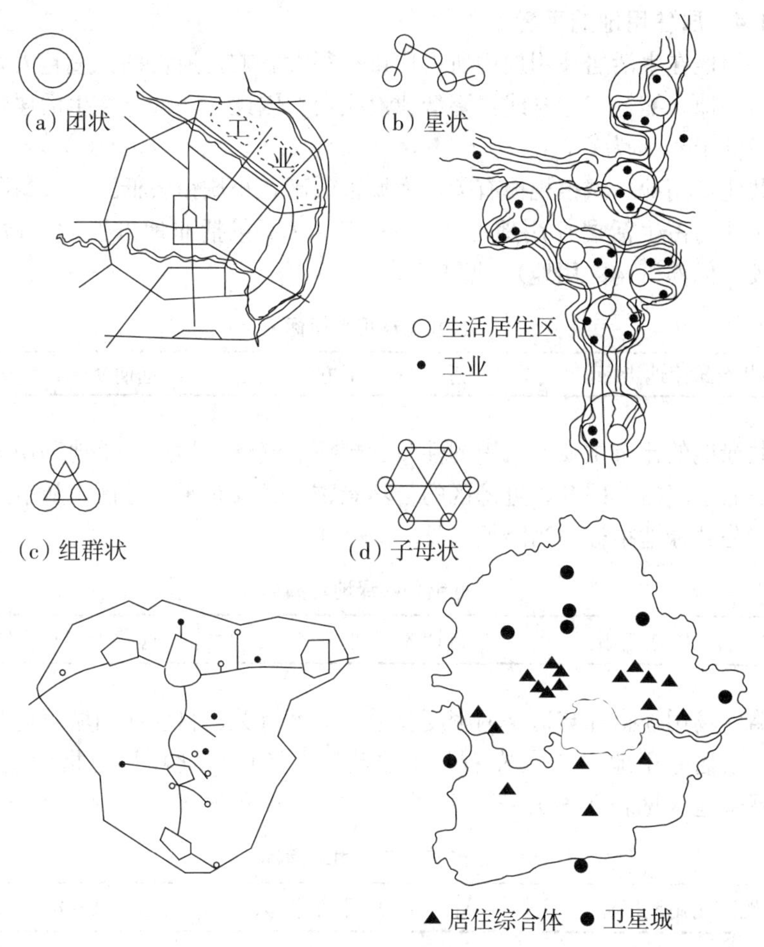

图 9—1　城镇居住用地分布形态

居住用地规模（*F*）、居住人口规模（*P*）、居住人均用地标准（*N*）之间关系如下：$F=f\ (P \cdot N)$，可依人口规模 *P* 和人均用地标准 *N* 间接预测未来居住用地规模。另外，用地指标法和数学模型法还能直接预测未来居住用地规模。

居住用地规模预测属综合预测性质，实践中常运用多种方法进行综合预测，并对预测结果加以科学分析，选择其中通过对比分析认为较接近实际的一种预测结果作为基准，参考其他结果进行调整、修正，确定一种最佳结果作为最终用地规模预测结果加以运用。

9.4.4 居住用地的平衡

居住用地在生活居住用地中所占比重有很大影响，所占的比重越大就有可能紧缩城镇用地，缩短工程管线，降低建设投资。因此，一般整个生活居住用地的比重以不低于40%为宜。

公共建筑用地与城镇规模有关，大城镇较高，小城镇较低。一般情况下，公共建筑用地约占生活居住用地的15%～20%（不包括非地方性的行政、军事、大专院校、休养机构的用地）（见表9—5）。

表9—5　　公共建筑用地指标

公共建筑用地指标	近期6～8平方米/人	远期9～13平方米/人

公共绿地的比重主要看城镇的性质、规模、气候、地形、土地利用现状等条件。一般的小城镇，因其邻近郊区的自然景物，尤其是平原地区，从节约用地出发，应将公共绿地指标适当降低（见表9—6）。

表9—6　　城镇公共绿地定额

城镇公共绿地定额	近期3～5平方米/人	远期7～11平方米/人

道路广场用地指标与道路网密度及道路宽度有关。目前我国城镇道路广场用地约占生活居住用地的20%左右。在此基础上还应将此项用地指标适当放宽，留有发展余地（见表9—7）。

表9—7　　城市道路广场用地指标

道路广场用地指标	近期6～10平方米/人	远期11～14平方米/人

综合以上各项生活用地的状况，可以集中编制生活居住用地平衡表（见表9—8），它是在组织规划多方案评比时的技术经济比较的主要依据之一，也是对城镇土地利用现状分析评价、调整各项用地定额、校核各项用地指标合理与否的重要依据。

表9—8　　生活居住用地指标

	近期（5年）	远期（20年）
	平方米/人	平方米/人
生活居住用地	24～35	40～58
居住用地	8～11	12～19
公共建筑用地	6～8	9～13

续前表

	近期（5年）	远期（20年）
	平方米/人	平方米/人
公共绿地	3～5	7～11
道路广场	6～10	11～14
其他用地	1	1

总之，居住用地是人类生存和持续发展的重要物质基础，也是一种重要的土地消费形式，一定要以可持续消费观为指导，合理规划居民点用地规模及布局，协调好居住用地与其他用地之间的关系。

9.5 城镇工业用地的布局与规划

9.5.1 城镇工业用地

工业用地指城市中工矿企业的生产车间、库房、堆场、构筑物及其附属设施（包括其专用的铁路、码头和道路等）的建设用地。工业区指城市中工业企业相对比较集中的地区。工业区组成指工矿企业的生产车间、库房、堆场、构筑物及其附属设施。

工业区布局是一项相当复杂的规划工作，要求考虑到与工业生产密切相关的各个方面。工业是城镇形成与发展的主要因素，大规模的工业建设，乡镇企业的发展，不仅带动了原有城镇的发展，而且还促进了新建城镇的产生和发展。因此，城镇工业的性质和规模对城镇本身的性质、规模、用地大小、范围等均有重要的影响和作用。与此同时，很多工业在生产中的噪音以及排放大量的废水、废气、废渣引起了城镇环境质量的恶化，破坏了自然环境和生态平衡；工业过分集中，城镇人口膨胀，工业的发展还造成了城镇交通拥挤堵塞的问题。

因此，城镇工业的适当规模与合理布局对城镇本身的发展具有十分重要的意义。

9.5.2 城镇工业用地的构成及组织形式

（1）从合理布置工业用地出发，可按工业性质将工业用地划分为隔离工业、严重污染工业、污染工业和一般工业。

1）隔离工业指放射性及剧毒工业，这类工业污染性极其严重，一般需布置在独立地段；

2）严重污染工业指化工工业、冶金工业等，它们排出大量工业“三废”，需设置较宽的防护林带，一般应布置在城镇边缘下风区；

3）污染工业指某些机械工业、一般性化工工业等，它们排出一定量的工业“三废”，可布置在城镇中的独立工业区或独立地段；

4）一般工业指针织、缝纫、手工业等，对居民生活没有什么干扰，可分散布置在生活居住用地的范围内。

（2）工业用地的构成与其组织形式密切相关，城镇工业用地的组织形式有以下三种：

1）分散布置——用地不多、污染极少，运输量不大的工业企业可与其他用地混合布置，其用地构成以工业企业本身用地为主，附以变电所等必要设施；

2）工业小区——用地不多，污染不很严重的工业，可集中几个工业企业，布置在独立地段上，其用地构成除工业企业本身用地外，还附有变电站、污水处理站、铁路专用线、港口码头、仓库、停车场、工业小区道路、公共服务设施、科研单位等；

3）工业区——将工业布置在一定地段，并且有一定规模，各工业企业间有密切协作关系或共用区域性厂外工程，工业区用地规模较大，其用地除工业企业本身用地外，还包括电厂、水厂、污水处理厂、铁路专用线、站场、码头、仓库、停车场、工业区道路及公共服务中心、科研中心等。

工业用地在城市用地中所占的比重一般为20%～35%；大型工业企业，其用地规模可达50%以上，但在风景旅游地及港口城镇，其工业用地只占10%左右；对于建成区，每人所占工业用地面积一般为18～25平方米之间，个别地区可达30平方米以上；一般的工业区面积应以700～800公顷为宜（职工5万～6万人）。

工业区的合理规模应以满足生产协作，综合利用人防、卫生以及经济合理利用水、电、供热等厂外公共设施的要求而定。

9.5.3 城镇工业用地的规划布局

城镇工业用地布局主要考虑以下五个方面的关系。

1. 与城镇总体布局的关系

一般城镇均采用工业小区和分散工业点两级布置形式。就其对城镇生活居住用地的关系而言，可有以下布置方法：

（1）工业包围城镇形式，即工业区分散在城镇的周围，并按其污染程度，合理布置在四周（见图9—2）。

（2）工业区与其他用地呈交叉布置，即结合地形、不同污染程度和合理组织交通运输，将工业企业与其他用地呈间隔式交叉布置（见图9—3）。

（3）有机结合组团式布置，即根据城市总体规划方案，将一些城镇组成几个

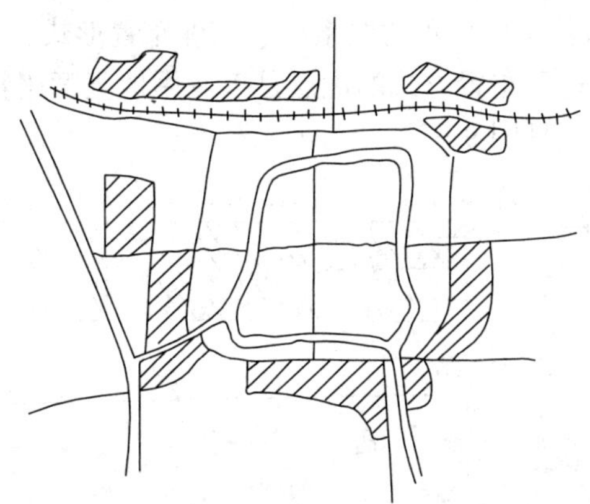

图 9—2 工业区包围城镇

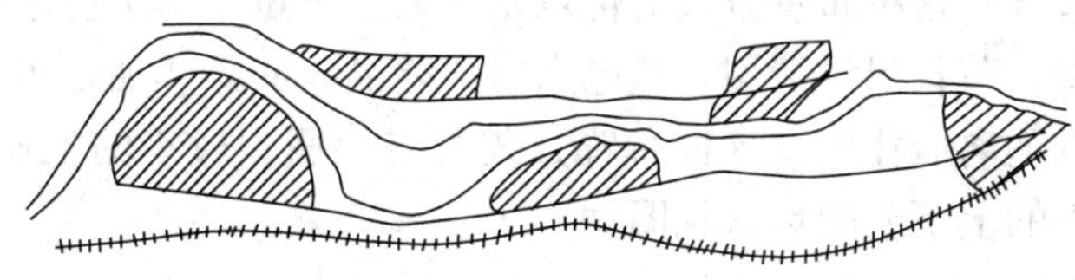

图 9—3 工业区呈交叉布置

划分区，每一分区组团中既有工业企业，又有生活居住区，使生产与生活有机结合起来（见图 9—4）。

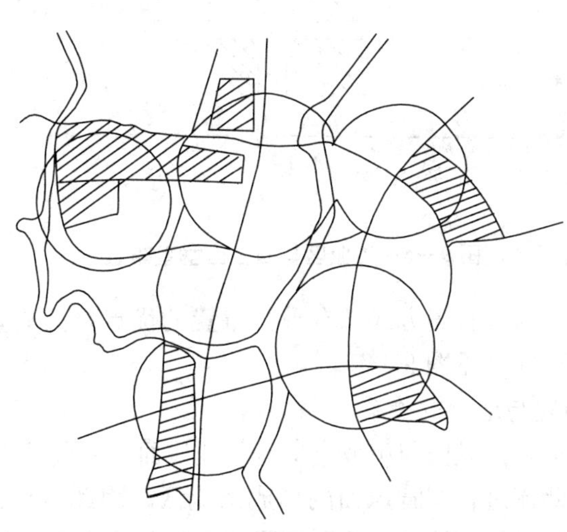

图 9—4 工业区按组团式布置

2. 工业用地与居住用地位置的关系——三种布置形式

(1) 平行布置：这种布置方式的优点是工业用地宽度比较合适，工业用地与居住用地的关系较好（见图 9—5）。

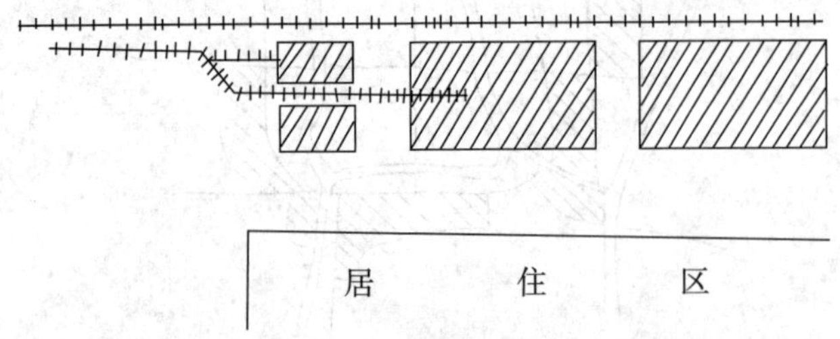

图 9—5 工业区与居住平行布置

(2) 垂直布置：这种布置方式的优点是工人上下班不为工业区内铁路线所隔断，防护带减少，节省建设费用，热电点、危险品仓库，热加工车间及工厂排出的有害物质可以远离居住区。这种布置方式对占地面积较小的工业区较为合适，否则将增加工人的上下班距离（见图 9—6）。

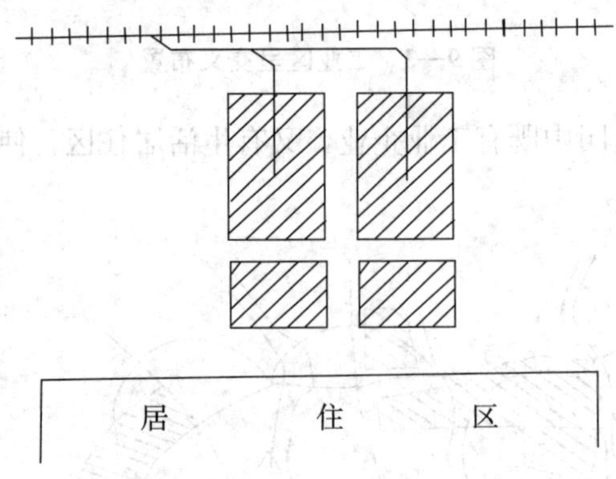

图 9—6 工业区与居住区垂直布置

(3) 混合布置：这种布置方式既有平行布置的优点，又具垂直布置的长处，是比较常用的一种形式（见图 9—7）。

3. 工业用地布置与地形的关系

(1) 在山坡地形，当风向与山坡直交时，迎风面一部分气流顺坡而上，另一部分气流绕山丘两侧流过，在背风面则形成涡流区。因此，在迎风面山坡地区，应将居住区布置在山前平原地带，工厂布置在山前缓坡地带，有害气体顺风向下风侧扩散，居住区不受污染。在背风面布置时，居住区在山上，工厂位于山下平

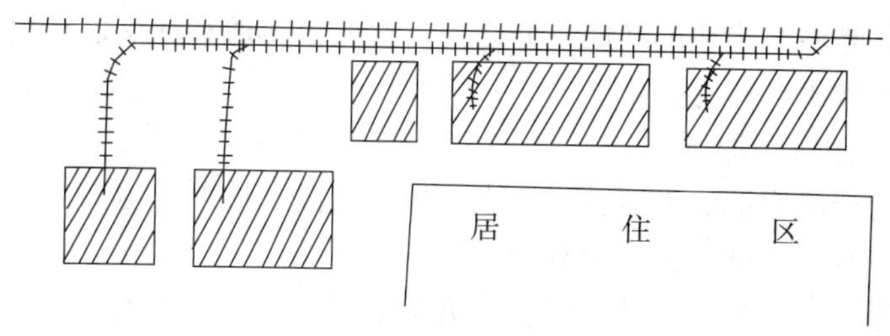

图 9—7 工业区与居住区混合布置

原，这是由于涡流作用，山下的烟尘扩散困难。

（2）在河岸台地、较低阶地一般是冷气汇集处，且地面潮湿、常有雾气集聚。因此，工业用地和居住区均不宜布置在低阶地。更不应把工业用地布置在高台阶，将居住区布置在高台阶下。在山沟地形也有类似的情况。由于气流运动比平原地区剧烈，容易出现冷空气凝聚的现象。此时，若将居住区与有危害的工业都布置在沟底，是很不适宜的。同时，若将居住区布置在工厂上面，就会使居住区受工厂烟尘侵袭，反之，若将居住区布置在工厂下面，也会使居住区受到有害气体及污染气体的袭击。总之，最好将工业区及居住区都布置在沟外的台地上。

4. 工业用地布置与铁路的关系

当工业企业运输量大，或运输特别长大的货物时，需采用铁路运输。工厂应接近铁路正线，或接专用线引入厂内。由于铁路线在城市中的不同布置形式，工业用地有以下几种布置方式：

（1）铁路呈环状放射形布置，工业沿铁路两侧也呈放射形布置。这种形式除大城市外，多见于铁路枢纽城市。这种布置形式的缺点是工业区之间要频繁穿越铁路线联系，相互干扰影响较大。

（2）铁路穿越城镇，城镇沿铁路两侧发展。工业区与生活居住区在铁路两侧平行发展，这种布置方式的优点是减少由于铁路分割而带来的干扰。

5. 工业用地与环境保护的关系

工厂向大气中排放的有害物质，主要靠大气的流动被输送到下风处，同时又与周围空气混合稀释。因此，风、雨、云、雾、太阳辐射量、大气稳定度以及特殊的逆温层等都对大气污染有一定的影响。在布置工业用地时要充分利用自然现象，将排放废气的工业放在下风处。

9.5.4 仓储用地的布局规划

仓储用地是各种物资的储存场所，是城市中为储藏城市生活或生产资料而比较集中布置仓库、储料棚或储存场地的独立地区或地段。仓储用地保证城镇正常生产和生活，是城镇用地的组成部分之一，对城镇交通和环境也有很大影响，所以要综合考虑做出合理的安排。

1. 仓储用地布置原则

（1）满足仓储用地的一般技术要求：地势较高、地形平坦、有一段坡度、利于排水、地下水位较低、土壤承载力大等；

（2）交通运输便利：仓储用地要接近货运量大、供应量大的地区，应考虑铁路运输及水路运输条件；

（3）合理分布、便于使用：不同类型和不同性质的仓库应分别布置在城镇的不同地区，而同类的则可以集中布置，但是居民日常生活用品仓库要均匀分布，接近零售点，方便居民生活；

（4）保障足够用地，预留发展用地：在满足储运正常运作的前提下，用地内的建筑要紧凑，可提高建筑层数；

（5）沿河布置仓储用地，应尽量节约市内岸线的使用，给居民提供更多的游憩空间；

（6）注意环境保护，保证城镇安全。

2. 各类仓储用地的布局规划

仓储用地在城镇中的布局方式与城镇的规模和城镇对外交通运输条件以及仓库的种类有关。一般小城镇，仓储用地宜集中布置在城镇的边缘，靠近铁路、公路或河流，便于城乡集散运输；大、中城镇仓储用地的分布应采用集中与分散相结合的方式，按仓储用地的性质将其组织成各类仓库区，并配置相应的专用线、工程设施和公用设施，按它们各自的特点和要求，分别布置在城镇相应的地段上。

（1）工业仓库用地：在以公路运输为主的居民点不单独设置，将工业物资分散储存于工业企业自行设置的专用仓库，第一产业的产品（粮、油、棉）也宜与加工厂合并布置；以铁路、水运为主的居民点，可在车站、码头附近适当布置转运仓库。

（2）生活仓库用地：应根据居民点性质、人口增长、经济发展趋势，在交通方便、接近商业中心的地段，适当设置独立的生活仓库。

（3）储备仓库用地：可根据国家和地方储备量的要求，在水陆交通方便的地点设置，有专用的独立地段。

（4）特种仓库用地：宜布置在居住区主导风向的下风位、河流的下游并满足卫生、安全、防火要求的独立地段上。

（5）普通仓库或供应仓库：设在市区的相应地段，接近供应地区。

9.6 城镇其他建设用地布局与规划

9.6.1 城镇园林绿化用地布局与规划

城镇园林绿地是城市中专门用以改善生态、保护环境、为居民提供游憩场地和美化景观的绿化用地。在城市中栽种适当的植物和利用自然条件以改善城市生态、保护环境，可为居民提供游憩场地，并美化城市景观。

1. 城镇园林绿地系统

城市绿地系统是城市中各种类型和规模的绿化用地组成的整体，包括：

（1）公用绿地指在市区范围内，属园林部门管理的街道绿地、广场绿地、滨河绿地、防护林带绿地和供游人参观的苗圃、花圃等向公众开放的绿化用地，包括其范围内的水域。

（2）公园是城镇范围内的大型绿地，一般设施比较完善，包括入口、儿童游戏区、安静休息区、青少年活动场地、图书阅览室、展览室、大面积绿化用地（树林、草地）、花坛、温室、花卉盆景、休息及造景需要的亭、廊、榭、台、轩等园林建筑以及比较优越的服务设施。

（3）绿化带是指在城市组团之间、城市周围或相邻城市之间设置的用以控制城市扩展的绿色开敞空间。

（4）专用绿地是城市中行政、经济、文化、教育、卫生、体育、科研、设计等机构或设施，以及工厂和部队驻地范围内的绿化用地。

（5）防护绿地是城市中用于具有卫生、隔离和安全防护功能的防风沙林、水土保持林、护路林、农田防护林及绿化用地。

2. 城镇绿地的规划

当前我国城镇绿化现状标准较低，规划中应特别注意保护现有绿地并在现状的基础上使绿地指标有所提高。具体可参考如下指标：

（1）城镇公共绿地面积（公园、公用绿地面积），近期（5年）达到4平方米/人，远期（20年）达到不低于10平方米/人；

（2）新建城镇市区绿地面积不得低于用地面积的30%，旧区改建保留绿地面积不得低于25%；

（3）城镇绿地覆盖率近期达到30%，远期达到50%。其中，专用绿地工厂区、公共建筑地段内绿地面积应占30%；居住区为30%～50%，一般楼房住宅区为50%，平房区为30%（见表9—9）。

表 9—9 城镇绿地覆盖率

用地类别	该项用地占城镇总用地（%）	可能达到的绿化覆盖率（%）	城镇总用地可能达到的绿化覆盖率（%）
工业仓库用地	30～50	15～30	4.5～5
居住公建用地	30～40	30～50	9～20
对外交通用地	5～8	15～20	0.75～1.0
道路系统用地	10～15	60	6～9
公园公用绿地	2～5	100	2～5
专用绿地	不定	100	不定
合计			22.25～49.60

9.6.2 城镇公共设施用地布局与规划

城市公共设施包括交通设施、公共开放空间（公园）、教育、文化、医疗和社会福利设施。这些设施的建设和管理涉及中央政府和地方政府、公共机构和私有机构，都要纳入城市规划的统筹考虑。城市公共设施建设的目的是让城市居民享受国家提供的公益服务，其建设水平充分反映了城市经济和社会事业发展的整体状况。

在城市规划确定了公共设施的位置以后，所在地块的建造活动就会受到相应的限制，公共设施的实施机构被依法授予强制征地的权力。在公共设施所在地块，原则上不允许其他开发活动，除非是简易结构的临时建筑物，还必须得到城市政府的批准，并且这些建筑物日后不会得到赔偿。

（1）公共设施用地是城市中为社会服务的行政、经济、文化、教育、卫生、体育、科研及设计等机构或设施的建设用地。

（2）市政公用设施用地是城市中为生活及生产服务的各项基础设施的建设用地，包括：供应设施、交通设施、邮电设施、环境卫生设施、施工与维修设施、殡葬设施及其他市政公用设施的建设用地。

（3）居住区公共服务设施（也称配套公建）应包括：教育、医疗卫生、文化体育、商业服务、金融邮电、社区服务、市政公用和行政管理及其他等八类设施。

9.6.3 城市地下空间布局与规划

由于城市聚集效应的增强，产生了对城市地下空间的利用，形成了“上部空间、地面空间和地下空间协调、同步建设”的新概念。地下空间指由天然或人工挖掘形成的土地空间实体，属土地管理范畴，是一种独立具有占有、收益、处分等权利的客体。

1. 地下空间的特点和可利用形态

(1) 地下空间是传统地表平面土地管理的自然延伸和立体发展，地下空间具有供给稀缺性、利用相对分散性、利用方向变更困难性、报酬递减的可能性、利用后果的社会性等特点。

(2) 地下空间的可利用形态有：居住空间、办公空间、商业服务空间、文体服务空间、交通空间、公用设施空间、工业空间、仓储空间、防火防护空间、高层建筑设备的附属空间以及其他特殊空间（如文物保护、矿藏开采、埋葬等）。

2. 城市地下空间利用规划

城市地下空间的利用规划包括基础专项技术工作、总体规划、专项规划、详细规划。基础专项技术工作主要指地下空间基础资料收集、分析以及需求预测；专项规划主要包括地下交通设施、公共设施、市政管线设施、工业设施、防灾防护设施等规划。

城市地下空间总体布局以用地功能组织为基本内容，以地下空间规划结构为基本形态，在城市总体规划的指导下，进行地面地下的协调规划，对已开发利用的地下空间进行改造利用研究，统一解决地上地下空间建筑功能的不同性质组合问题。

3. 地下空间利用规划实施

地下空间规划控制可沿用地面规划的“化整为零、循序渐进”的实施原则，逐级做出总体规划、次区域规划、分区规划、法定图则、详细蓝图的地下空间利用规划实施控制的编制。统筹社会资源，配合地面建设同步协调，对建设条件较为成熟的地段先行建设，形成规划实施的合理时序，针对我国城市建设的实际情况，在具体的实施中，需要解决如下问题：

(1) 进一步加强城市规划法制建设；

(2) 城市规划引入公众参与机制，使规划具有科学性、民主性和权威性；

(3) 进一步加强建设项目规划审批后的跟踪管理；

(4) 进一步在城市规划实施中引入先进的科学技术手段，如网络通讯、地理信息系统等。

在城市地下可利用资源、城市地下空间需求量和地下空间的合理开发量的研究基础上，结合城市总体规划中的各种方针、策略和对地面建设的功能形态规模等要求，对城市地下空间的各个组成部分进行统一安排、合理布局，使其各得其所，有机联系。

9.6.4 特殊用地布局与规划

1. 特殊用地规划的含义

特殊用地一般指自然保护区、风景名胜区、文物保护区、旅游区、军事用地、外事用地及保安用地等特殊性质的用地。特殊用地规划是根据国民经济和社会发展的需要以及土地利用总体规划的要求所做的具体安排。

2. 特殊用地规划的内容

由于特殊用地种类多，各自具有不同的特点。因此，特殊用地规划任务、内容和方法均有所不同，但总体上讲主要包括确定特殊用地的规模、落实界线，规定特殊用地区内土地利用保护的规划。特殊用地规划主要是为县级规划的土地利用分区中划定特殊用地区提供依据，要与土地利用总体规划相协调。

3. 特殊用地规划的分类

特殊用地规划一般有三种类型：

(1) 作为独立的一级或二级用地区。属这种类型的用地规划需严格界定分界线，制定独立的用地规则。

(2) 复区。这种类型是重叠在某种或若干种用地区之上，在确定土地利用方向时应着重考虑土地利用的优先方向，以及与其他用地发生矛盾时按照什么原则解决。

(3) 总体规划未体现的特殊用地区。这些地区一般针对性和专业性较强，如渔业用地、芦苇保护区以及面积较小的重点文物保护区等。它们一般与土地利用总体规划的关系紧密，不作为独立的用地分类，因此编制总体规划时这类专项规划不宜过多。

本章小结

本章从城镇土地利用及城镇用地规划的内容、要求入手，叙述了城镇性质、城镇用地布局、城镇用地功能分区与选址配置的要求、城镇人口规模与建设用地规模的预测方法、城镇各项用地的布局与规划等内容。

关键术语

城镇用地规划　城镇土地　城镇用地布局　城镇人口　城镇用地规模　居住用地　工业用地

复习思考题

1. 简述影响城镇性质确定的主要因素及确定城镇性质的意义
2. 城镇用地选择与评定应从哪几个条件入手？城镇用地评价的结果怎样？
3. 简述城镇建设用地规模预测的方法。
4. 简述城镇生活居住用地的布局与规划。
5. 简述城镇工业用地的布局与规划。
6. 简述城镇地下空间布局与规划。

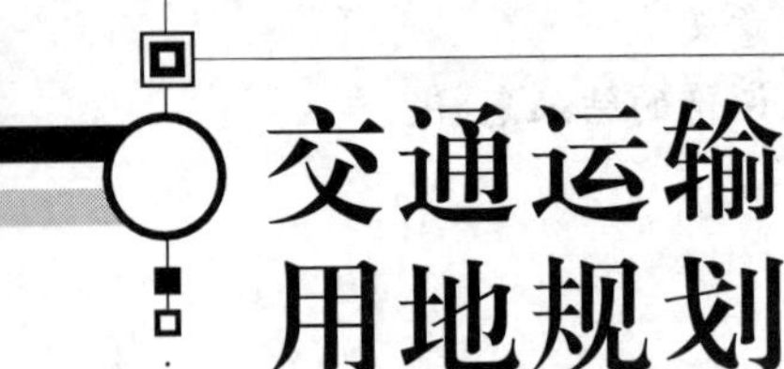

第10章 交通运输用地规划

10.1 公路用地规划

10.1.1 公路用地规划概述

公路是主要供车辆行驶的工程结构物，由路基、路面、桥梁涵洞和隧道构造物以及沿线附属设施三部分组成。公路路线是指道路在地面上的位置及其形状和尺寸，设计时依据交通运输任务、车辆行驶要求和沿线地形地质条件，按快速、经济和安全的原则，在规定的控制点（必经的地点）之间选定路线的布局并设定其位置，确定路线平面、纵断面和横断面的各项几何要素，进行道路的平面和立体交叉设计等。路基路面和桥梁隧道是道路工程的主体构造物，其设计、修筑和养护须能保证在设计使用期内安全而耐久地承受行车荷载的作用。沿线附属设施包括交通安全和管理设施、服务设施（服务区等）、绿化、照明、管理设施（收费站、养护管理房屋）等。

公路用地应贯彻国家合理节约土地资源的国策，并应符合以下规定：

（1）新建公路路堤两侧排水沟外边缘（无排水沟时为路堤或护坡道坡脚）以外，或路堑坡顶截水沟外边缘（无截水沟为坡顶）以外不小于 1 米范围内的土地为公路用地范围；在有条件的地段、高速公路、一级公路不小于 3 米，二级公路不小于 2 米范围内的土地为公路用地范围。

（2）在风沙、雪害等特殊地质地带，需设置防护设施时，应根据实际需要确定用地范围。

（3）桥梁、隧道、互通式立体交叉、平面交叉、交通安全设施、服务设施、管理设施、料场、绿化及其苗圃等用地，应根据实际需要确定用地范围。

10.1.2 公路分级

我国的公路按使用任务、功能和所适应的交通量水平分为五个等级：高速公路、一级公路、二级公路、三级公路和四级公路。其中，又按公路所在地区的地形条件，分为平原和微丘区及重丘和山岭区，分别采用不同的设计标准。高速和一级公路为汽车分向、分车道行驶的专用公路，二级、三级和四级公路都为汽车和其他车辆共用的公路。

（1）高速公路为专供汽车分向、分车道行驶并应全部控制出入的多车道公路。

四车道高速公路应能适应将各种汽车折合成小客车的年平均日交通量 25 000～55 000 辆；

六车道高速公路应能适应将各种汽车折合成小客车的年平均日交通量 45 000～80 000 辆；

八车道高速公路应能适应将各种汽车折合成小客车的年平均日交通量 60 000～100 000 辆/日。

（2）一级公路为供汽车分向、分车道行驶，并可根据需要控制出入的多车道公路。

四车道一级公路应能适应将各种汽车折合成小客车的年平均日交通量 15 000～30 000 辆；

六车道一级公路应能适应将各种汽车折合成小客车的年平均日交通量 25 000～55 000 辆。

（3）二级公路为供汽车行驶的双车道公路。双车道二级公路应能适应将各种汽车折合成小客车的年平均日交通量 6 000～15 000 辆。

（4）三级公路为主要供汽车行驶的双车道公路。

双车道三级公路应能适应将各种车辆折合成小客车的年平均日交通量 2 000～6 000辆。

（5）四级公路为主要供汽车行驶的双车道或单车道公路。

双车道四级公路应能适应将各种车辆折合成小客车的年平均日交通量 2 000 辆以下。

单车道四级公路应能适应将各种车辆折合成小客车的年平均日交通量 400 辆以下。

公路等级应根据公路网的规划，从全局出发，按照公路的使用任务、功能和远景交通量综合确定。

一条公路，可根据交通量等情况分段采用不同的车道数或不同的公路等级。

各级公路远景设计年限：高速公路和一级公路为 20 年；二级公路为 15 年；三级公路为 10 年；四级公路一般为 10 年，也可根据实际情况适当调整。

对于不符合标准规定的已有公路，应根据需要与可能的原则，按照公路网发展规划，有计划地进行改建，提高通行能力及使用质量，以达到相关等级公路标准的规定。

采用分期方式修建公路，必须进行总体设计，使前期工程在后期仍能充分利用。

10.1.3 各级公路主要技术指标

我国各级公路主要技术指标汇总可见表 10—1。

表 10—1 各级公路主要技术指标汇总表

<table>
<tr><td colspan="2">公路等级</td><td colspan="6">高速公路</td><td colspan="2">一级</td><td colspan="2">二级</td><td colspan="2">三级</td><td colspan="2">四级</td></tr>
<tr><td colspan="2">计算行车速度（km/h）</td><td colspan="3">120</td><td>100</td><td>80</td><td>60</td><td>100</td><td>60</td><td>80</td><td>40</td><td>60</td><td>30</td><td>40</td><td>20</td></tr>
<tr><td colspan="2">车道数</td><td>8</td><td>6</td><td>4</td><td>4</td><td>4</td><td>4</td><td>4</td><td>4</td><td>2</td><td>2</td><td>2</td><td>2</td><td colspan="2">1 或 2</td></tr>
<tr><td colspan="2">行车道宽度（m）</td><td>2×15.0</td><td>2×11.25</td><td>2×7.5</td><td>2×7.5</td><td>2×7.5</td><td>2×7.0</td><td>2×7.5</td><td>2×7.0</td><td>9.0</td><td>7.0</td><td>7.0</td><td>6.0</td><td colspan="2">3.5 或 6.0</td></tr>
<tr><td rowspan="2">路基宽度（m）</td><td>一般值</td><td>42.50</td><td>35.00</td><td>27.50 或 28.00</td><td>26.00</td><td>24.50</td><td>22.50</td><td>25.50</td><td>22.50</td><td>12.00</td><td>8.50</td><td>8.50</td><td>7.50</td><td colspan="2">6.50</td></tr>
<tr><td>变化值</td><td>40.50</td><td>33.00</td><td>25.50</td><td>24.50</td><td>23.00</td><td>20.00</td><td>24.00</td><td>20.00</td><td>17.00</td><td></td><td></td><td></td><td colspan="2">4.50 或 7.00</td></tr>
<tr><td colspan="2">极限最小半径（m）</td><td colspan="3">650</td><td>400</td><td>250</td><td>125</td><td>400</td><td>125</td><td>250</td><td>60</td><td>125</td><td>30</td><td>60</td><td>15</td></tr>
<tr><td colspan="2">停车视距（m）</td><td colspan="3">210</td><td>160</td><td>110</td><td>75</td><td>160</td><td>75</td><td>110</td><td>40</td><td>75</td><td>30</td><td>40</td><td>20</td></tr>
<tr><td colspan="2">最大纵坡（m）</td><td colspan="3">3</td><td>4</td><td>5</td><td>5</td><td>4</td><td>6</td><td>5</td><td>7</td><td>6</td><td>8</td><td>6</td><td>9</td></tr>
<tr><td rowspan="2">车辆荷载</td><td>计算荷载</td><td colspan="6">汽车—超 20 级</td><td colspan="2">汽车—超 20 级
汽车—20 级</td><td colspan="2">汽车—20 级</td><td colspan="2">汽车—20 级</td><td colspan="2">汽车—10 级</td></tr>
<tr><td>验算荷载</td><td colspan="6">挂车—120</td><td colspan="2">挂车—120
挂车—100</td><td colspan="2">挂车—100</td><td colspan="2">挂车—100</td><td colspan="2">履带—50</td></tr>
</table>

1. 计算行车速度

各级公路设计速度应根据公路的功能、等级及交通组成，结合沿线地形、地质等状况，经论证确定。一级公路作为干线公路，且纵、横向干扰小时，宜采用设计速度100公里/小时或80公里/小时。一级公路作为集散公路时，应结合混合交通量、平面交叉间距等对设计速度60公里/小时或80公里/小时进行论证比选。二级公路作为干线公路时，设计速度可选用80公里/小时或60公里/小时；作为集散公路时，设计速度宜选用60公里/小时。位于特殊困难的局部路段，且因新建工程可能诱发工程地质病害时，经论证并报主管部门批准，高速公路局部路段的设计速度可采用60公里/小时，但长度不宜大于15公里，或仅限于相邻两互通式立体交叉之间的路段，且相邻路段的设计速度不应大于80公里/小时；二级公路局部路段的设计速度可采用40公里/小时，但长度不宜大于10公里，且相邻路段的设计速度不应大于60公里/小时。如表10—2所示。

表10—2　　各级公路设计速度

公路等级	高速公路			一级公路			二级公路		三级公路		四级公路
设计速度（km/h）	120	100	80	100	80	60	80	60	40	30	20

2. 行车道宽度

高速公路、一级公路各路段的车道数应根据交通量与服务水平要求确定。高速公路、一级公路的车道数为四车道以上时，应按双数增加。高速公路、一级公路整体式断面必须设置中间带。中间带由两条左侧路缘带和中央分隔带组成，其各部分宽度应符合表10—3的规定。

表10—3　　中间带宽度

设计速度（km/h）		120	100	80	60
中央分隔带宽度（m）	一般值	3.00	2.00	2.00	2.00
	最小值	2.00	2.00	1.00	1.00
左侧路缘带宽度（m）	一般值	0.75	0.75	0.50	0.50
	最小值	0.75	0.50	0.50	0.50
中间带宽度（m）	一般值	4.50	3.50	3.00	3.00
	最小值	3.50	3.00	2.00	2.00

注：“一般值”为正常情况下的采用值；

“最小值”为条件受限制时，经技术经济论证后可采用的值。

3. 路基

各级公路路基宽度应符合表 10—4 的规定。

表 10—4　　各级公路路基宽度

公路等级		高速公路、一级公路								
设计速度（km/h）		120			100			80		60
车道数		8	6	4	8	6	4	6	4	4
路基宽度（m）	一般值	45.50	34.50	28.00	44.50	33.50	26.00	32.00	24.50	23.00
	最小值	—	—	26.00	—	—	24.50	—	21.50	20.00

公路等级		二级公路、三级公路、四级公路					
设计速度（km/h）		80	60	40	30	20	
车道数		2	2	2	2	2 或 1	
路基宽度（m）	一般值	12.00	10.00	8.50	7.50	6.50（双车道）	4.50（单车道）
	最小值	10.00	8.50	—	—	—	

注：(1)“一般值”为正常情况下的采用值；

“最小值”为条件受限制时，经技术经济论证后可采用的值。

(2) 八车道的内侧车道宽度如采用 3.50m，相应的路基宽度应减 0.50m。

高速公路为六、八车道，一级公路为六车道时，中间带宽度、路肩宽度均应采用“一般值”。各级公路路基宽度为车道宽度与路肩宽度之和，当设有中间带、加减速车道、爬坡车道、紧急停车带、避险车道、错车道等时，应计入这些部分的宽度。高速公路为八车道时，内侧车道宽度可采用 3.50 米。设计速度为 80 公里/小时的二级公路作为集散公路，需设置慢车道的路段，其路基宽度经技术经济论证可采用 15.0 米。设计速度为 60 公里/小时的二级公路作为集散公路，其路基宽度经技术经济论证可采用 12.0 米。四级公路应采用双车道路基宽。交通量小的路段，可采用单车道 4.50 米路基宽。确定路基宽度时，中央分隔带宽度、左侧路缘带宽度、右侧硬路肩宽度、土路肩宽度等中的“一般值”和“最小值”应同类项相加，不得任意抽换组合。

4. 停车视距

高速公路、一级公路的停车视距应符合表 10—5 的规定。双车道公路应间隔设置具有超视距的路段。高速公路、一级公路以及大型车比例高的二、三级公路，应采用货车停车视距对相关路段进行检验。积雪冰冻地区的停车视距宜适当增长。

表 10—5　　高速公路、一级公路停车视距

设计速度（km/h）	120	100	80	60
停车视距（m）	210	160	110	75

10.1.4　公路用地面积概算

在公路选线之后，即可进行公路占地面积概算。公路精确占地面积尚待公路技术设计后方可确定。首先应确定公路的技术等级。根据我国交通部发布的《公路工程技术标准》的规定，公路的技术等级主要依据其昼夜交通量加以确定。

确定一条公路的等级前，应首先确定该路的功能，即是属于干线公路（可将国道、省道理解为干线），还是集散公路（不排除有些省道起集散作用），或提供接入服务的支线公路；属于直达还是连接，然后结合预测交通量选定公路等级。在上述总交通量的基础上，确定公路技术等级。公路用地是指公路两侧边沟（或者截水沟）及边沟（或者截水沟）外侧不少于 1m 范围内的土地。公路用地宽度＝路面宽度＋两侧路肩宽度＋两侧边沟宽度＋其他用地宽度。式中路面宽度＋两侧路肩宽度＝路基宽度，边沟宽度＝边沟底宽＋2×边坡×沟深。根据公路技术等级，确定该级公路的路基宽度，再结合路沟和绿化带占地宽度，加总即为公路占地宽度。一般来讲，一级公路总用地宽度为 65 米，二级公路为 30～40 米，三级公路为 25～30 米，四级公路为 20～30 米。公路宽度（米）乘以该路线长度（千米，应化为米）再除以 10 000（平方米）即为该路的占地面积（公顷）。再加上养护公路用地和沿线设施用地（注意设施用地，不要重复计算），即为此条公路总用地面积。

根据上述计算方法，可以计算出该区域每条不同等级的公路占地面积，加总后即为该区域公路占地总面积。

10.2　铁路用地规划

由于新建或改建铁路的工程量、投资量都很大，且技术复杂，牵涉面广，因此在建筑一条铁路之前，必须进行深入细致的调查研究和勘测规划工作。

铁路线路是由路基、桥隧建筑物和轨道组成的一个整体工程结构。铁路线路是机车车辆和列车运行的基础，它直接承受机车行驶产生的压力，为了保证列车能按规定的最高速度安全、平稳和不间断地运行，使铁路运输部门能够质量良好地完成客货运输任务，铁路线路必须经常保持完好状态。

10.2.1 铁路等级

根据在铁路网中的作用、性质和客货运量，我国铁路共划分为以下三个等级：

1. Ⅰ级铁路：在铁路网中起骨干作用，远期（交付运营后第 10 年）年客货运量大于 1 500 万吨，行车最高速度为 140 公里/小时。

2. Ⅱ级铁路：在铁路网中起骨干联络、辅助作用，远期（交付运营后第 10 年）年客货运量大于 750 万吨，行车最高速度为 120 公里/小时。

3. Ⅲ级铁路：在铁路网中为某一区域服务，具有地区运输性质，远期（交付运营后第 10 年）年客货运量小于 750 万吨，行车最高速度为 100 公里/小时。具体见表 10—6。

表 10—6　铁路等级和主要技术标准

等级	路网中作用	远期年客货运量（GN）	最高行车速度（km/h）	限制坡度（‰）			最小曲线半径（m）	
				平原	丘陵	山区	一般地段	困难地段
Ⅰ	骨干	≥150	80～140（客运专线除外）	4～6	9～12	12～15	500～1 600	450～1 200
Ⅱ	骨干联络、辅助	<150 ≥75	80～120	6	12～15	15～25	450～1 000	450～800
Ⅲ	地区性	<75	80～100	6	12～18	18～25	400～600	350～500

注：(1) 限制坡度根据地形及机车类型进行选择，内燃机车取小值，电力机车可取大值。

(2) 曲线半径根据速度和地形困难程度进行选择，速度低（80km/h）时取小值，速度高（140km/h）时取大值。特殊困难条件下，经技术经济比选和鉴定审批，Ⅰ级铁路路段的行车速度为 80km/h 的个别曲线半径可减至 400m。

10.2.2 铁路选线

铁路选线是一项综合性的勘测设计工作，需要综合考虑设计铁路经行地区的运输、经济、地形与地质条件等方面的问题。

地形条件是选择限制坡度的重要因素，限制坡度要和地形相适应。既不能选择过小的限制坡度，引起大量人工展线；又不能选择过大的限制坡度，使该限坡得不到充分利用，节省工程的效果不显著，却给运营带来不良影响。

一条干线应力争选定同一限坡，以利直通列车的开行。但若各区段地形条件差别很大，亦不宜强求统一限坡。可根据各区段地形特点，分区段选定限坡，各区段采用不同的机车类型，统一全线的牵引定数。

线路跨越分水岭、自然纵坡陡峻的越岭地段，可采用双机牵引坡度，以减少展线。线路由盆地上升到台地，或跨越分水岭，其两侧河谷纵坡相差很大时，应考虑分方向选择限坡的可能性。

在铁道选线阶段，对沿线地区社会、经济条件要进行勘察和研究。确定线路走向方案，除考虑地形、地质、水文等因素外，沿线的人口、资源、工农业生产水平、经济据点的分布及交通运输条件等因素也是正确选择方案的重要条件。铁路经济选线分为：(1) 网性经济选线。着重研究国民经济发展水平和各地区的经济联系，尤其是大型矿产基地和重要工厂企业的物资流向，主要城市间的旅客流量，对铁路网布局具有重大影响。越是主要的干线，经济选线的意义越大。对那些局部性联络线的布局，主要取决于铁路本身的技术经济比较；(2) 线性经济选线。是在线路基本方向和接轨区域已确定的情况下进行的，着重解决线路走向方案、接轨点及建设规模等重大原则问题。线路走向方案着重考虑不同方案的沿线经济货源、经济据点、人口分布、生产水平、交通条件等因素。接轨点的选择着重考虑客货流方向及接轨地点的发展前景。局部性经济选线方案由于对发展经济影响不大，只是工程技术措施的差异，故主要靠技术比较确定方案的优劣。交通运输地理学对铁路网合理布局规律的研究，可为经济选线提供科学依据。

首先，车站分布既要满足通过能力的需要，又要尽量适应地方的要求，有利于发展当地工农业，位置尽量靠近城镇，方便居民。

其次，注意节约用地，少占农田和经济作物区。线路尽量绕避，以避免直穿农田和干扰排灌系统。

再次，应考虑水文和地质情况，合理设置桥涵；如必须通过农田地段宜尽量采用填方通过，其高度需满足设置桥涵和排水的要求。

最后，道口设置不容忽视。既要保证铁路行车安全，又要方便当地的交通和保证人身安全，有条件的尽量做立交，平交时要按有关规定处理。

10.2.3 铁路用地面积概算

铁路用地主要包括线路、站场和附属工程三部分，线路是列车所行驶的轨道式通道。站场一方面是货物和旅客出入轨道交通运输系统的交接点或界面，另一方面则是列车进行整备、检查、解体、编组等作业的场所。附属工程包括信号、电力供应和给排水等交通控制、运营管理和供应的设施。

1. 路基和桥隧建筑物

路基和桥隧建筑物都是轨道的基础，它们直接承受轨道的重量，以及机车车辆及其荷载的压力。因此，路基和桥隧建筑物的状态与线路质量的关系极为密切。路基面应当平顺，其高程以路肩标高表示。路基面应有足够的宽度，符合轨道铺设、附属构筑物设置和线路养护维修作业的要求。

铁路路基是为满足轨道铺设和运营条件而修建的土工构筑物。路基必须保证轨顶设计标高，并与桥梁隧道连接组成完整贯通的铁路线路。

（1）路基。

1）路基的基本形式。在铁路线路工程中，路基的两种基本形式是路堤和路堑。

路堤：当铺设轨道的路基面高于天然地面时，路基以填筑方式构成，这种路基称为路堤。如图 10—1（a）所示。

路堑：当铺设轨道的路基面低于天然地面时，路基以开挖方式构成，这种路基称为路堑。如图 10—1（b）所示。

此外，还有半路堤、半路堑或不填不挖路基。

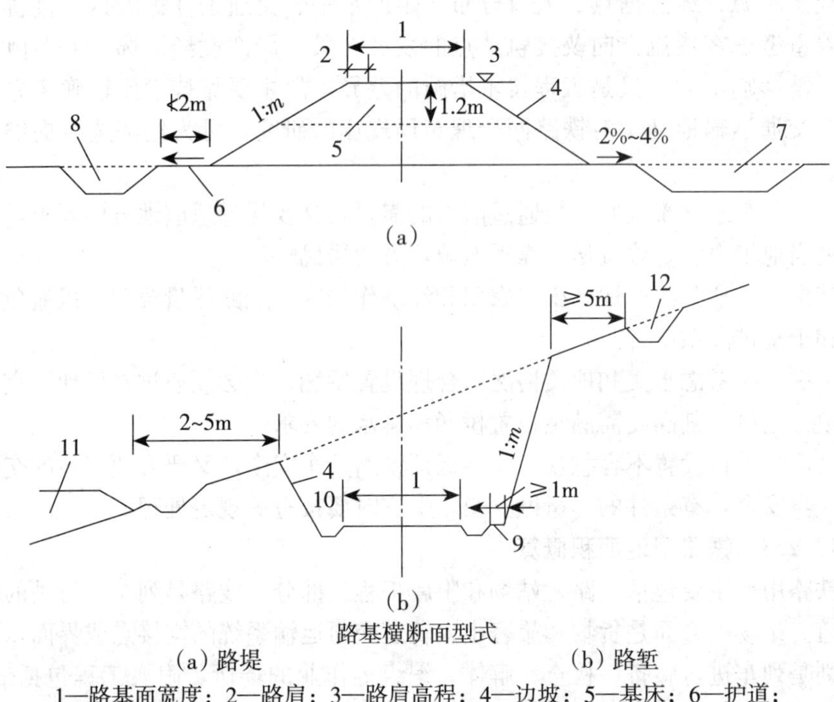

路基横断面型式

（a）路堤　　（b）路堑

1—路基面宽度；2—路肩；3—路肩高程；4—边坡；5—基床；6—护道；7—取土坑；8—排水沟；9—平台；10—测沟；11—弃土堆；12—截水沟

图 10—1　路基形式

2）路基宽度。铁路路基顶面的宽度，根据铁路等级、轨道类型、道床标准、路肩宽度和线路间距等因素确定。而在区间单线曲线路段上，由于需要设置曲线超高而加厚道床厚度，在曲线外侧的路基宽度应随超高度的不同而适当加宽，具体指标参见表10—7与表10—8。

表10—7 铁路路基面宽度 单位：米

铁路等级	轨道类型	单线						双线					
		非渗水土			岩石、渗水土			非渗水土			岩石、渗水土		
		道床厚度	路基面宽度		道床厚度	路基面宽度		道床厚度	路基面宽度		道床厚度	路基面宽度	
			路堤	路堑		路堤	路堑		路堤	路堑		路堤	路堑
Ⅰ	特重型	0.50	7.4	7.1	0.35	6.6	6.2	0.50	11.6	11.2	0.35	10.6	10.2
	重型	0.50	6.4	7.1	0.35	6.6	6.2	0.50	11.6	11.2	0.35	10.6	10.2
	次重型	0.45	7.1	6.7	0.30	6.3	5.9	0.45	11.2	10.9	0.30	10.3	9.9
Ⅱ	次重型	0.45	6.7	6.3	0.30	5.9	5.5						
	中型	0.40	6.5	6.1	0.30	5.9	5.5						
Ⅲ	中型	0.40	6.1	6.1	0.30	5.5	5.5						
	轻型	0.35	5.6	5.6	0.25	5.0	5.0						

表10—8 铁路平面曲线路段路基加宽 单位：米

铁路等级	曲线半径（*R*）	路基外侧加宽	铁路等级	曲线半径（*R*）	路基外侧加宽
Ⅰ、Ⅱ	800及以下	0.5	Ⅲ	600及以下	0.5
	800～1 000	0.4		600～800	0.4
	1 000～1 600	0.3		800～1 000	0.3
	1 600～6 000	0.2		1 000～2 000	0.2
	6 000～10 000	0.1		2 000～5 000	0.1

在铁路用地面积概算时，参照表10—7和表10—8的路基面宽度和曲线路基外侧加宽值，分段计算出线路宽度。然后乘上各段的长度即为线路用地面积，再加上其他用地面积即为铁路用地面积。

（2）桥隧建筑物。当铁路线路要通过江河、溪沟、谷地以及山岭等天然障碍，或要跨越公路、铁路时，就需要修建桥隧建筑物，以使铁路线路得以继续向前延伸。桥隧建筑物包括桥梁、涵洞、明渠、隧道等。在修建铁路时，桥隧建筑物的工程量一般占相当大的比重，而大桥和长隧道的施工期限，有时还成为新建铁路能否按时通车的关键。

桥梁主要有桥面、桥跨结构、墩台及基础三部分组成，桥面是桥梁上铺设的轨道部分；桥跨结构是桥梁承受荷载、跨越障碍的部分；墩台是支承桥跨结构的部分，包括桥墩和桥台，设于桥梁中部的支座称为桥墩，设于桥梁两端的支座叫做桥台。桥墩与桥台的底部为墩台的基础。涵洞设在路堤下部的填土中，是用以通过水流的一种建筑物。铁路隧道大多建在山中，以避免开挖很深的路堑，或修建很长的迂回线，还有建筑在河床、海峡或湖底以下的水底隧道和建筑在大城市的地下铁道。

10.3 水运用地规划

10.3.1 水运航道规划

航道是指具有一定水深和宽度，可供船队行驶的水道。进港航道指驶进港口的航道。船舶进出港口须在规定的航道内航行，以保证船舶遵循航行规则并沿着足够水深的航线行驶。在低潮位（或低水位）时其水深已满足船舶航行需要而无需疏浚的航道，称为天然航道。这种情形实际上很少遇到。为满足所需深度和宽度而需疏浚的航道，称为人工航道。航道宽度系指船底处的断面净宽。

进行区域性水运航道规划时，一要考虑分析区域内的水域条件，进行水域可行性研究；二要根据远景运输量的要求，进一步研究水运能力；三要从当地实际出发，提出航道、港口和其他水运设施的布局方案和建设规划。

在一般情况下，水运多利用天然航道，有的是直接利用，有的则需要经过疏通改造，在需要而又可能的情况下，可开挖人工水道，利用灌溉为主的大型渠系以发展水运。

由于各水系分布不一，在利用天然水道发展水运时，水运航道的布局就取决于天然水道的分布情况。在规划时，应进行水系的全面考察，根据流量、流速、水深、河床宽度和客货流向、运量等因素，确定水运工具、水运能力和相应的港口码头、船闸、导航设施等规划方案。就农村来说，水运规划主要考虑的是内河小吨位船舶的短距离运输，水运设施也较为简单。

水运航道规划的基本内容包括以下三个方面：

1. 分析航行条件

航行条件是指为适应船舶安全航行必须具备的航道的自然条件和通航设施状况，包括航道及跨道建筑物的尺度、航道建筑物的尺度和运用情况、水流流速、风浪以及航行标志情况和通航期等。根据上述情况的分析，进一步确定通航标准。

2. 确定航道等级

根据国家统一的航道定级标准，将已有的航道或计划开发的航道确定级别。我国将通航载重50～3 000吨船舶的航道分为六级，每一级的航道宽度、通航建筑物、跨河建筑物、通航净空和船型、船的尺寸、最低最高通航水位、通航流速及导航设施等均有规定。规划时应根据航道的航行条件及航道开发的可能来确定其等级。

3. 航道建设工程规划

根据航道的航行条件和通航标准的要求，制定具体的建设工程规划，包括修建水工建筑物、疏浚、炸礁等工程项目，以使航道经过整治后，在航道宽度、水深、曲率半径和水流条件等方面能达到航道等级的要求。

10.3.2 码头用地规划

码头是供船舶停泊，以装卸货物、上下旅客和进行有关专业性作业的构筑物。按照运输对象的不同，分为货运码头、客运码头和客货运码头；按货物类型和装卸特点的不同，分为普通件杂货码头、集装箱码头、散货码头（煤码头、矿石码头、矿建材料码头等）、油码头、木材码头、多用途码头等。码头规划和设计的主要内容为：码头平面布置、码头岸线长度、码头前方作业地带和码头结构设计等。

码头都是沿岸布置的。依据岸线的自然条件，装卸作业、存储作业和集疏运作业条件，所需泊位数等因素，可将码头在平面上布置成顺岸式、突堤式、挖入式、离岸式等。

1. 顺岸式

顺岸式码头是顺着天然岸线建造的码头，其前沿线同自然岸线大体上平行（直线、折线或锯齿形），船舶泊位顺岸线依次排列。顺岸式码头的码头前水域比较宽敞，船舶进出港区和靠离码头比较方便，陆域沿纵深发展一般也有较大可能，并有港区平面布置合理及铁路和道路交叉少等优点。

2. 突堤式

突堤式码头的部分前沿线突出于自然岸线，与自然岸线成较大的角度，利用两突堤间的水域构成较大的港池，突堤式码头的布置紧凑，可以在占用岸线少的情况下增多泊位数。突堤式码头布置形式主要适用于海港。

3. 挖入式

向河岸的陆地内侧开挖出港池水域和修建码头的布置形式。这种方案可在有限的岸线范围内人为地增加岸线长度，建立港池式码头，增设较多的码头泊位。港池水域有较好的掩护条件，可免遭风浪侵袭，但其缺点是土方开挖工程量大。

4. 离岸式

这种布置是为了适应大型油轮而发展起来的，原油通过海底油管输向岸上。离岸式码头布置在离岸较远的深水区，无防波堤或其他天然屏障的掩护。一般供大型液货（原油）船和散货（煤、矿石）船泊靠。离岸式码头可采用墩式结构，由中间装卸平台、两个靠船墩和四个系船缆墩所组成。

根据货物运输量和船舶大小，确定码头岸线的长度。首先估算出码头所需的泊位数，然后按照船舶的长度确定码头的长度。

10.3.3 港口陆域作业区规划

港口陆域指自码头岸线边缘至后方交通线之间的范围，承担货物装卸、储存和运输的任务。它可分为前沿作业地带、堆场和仓库、集疏运系统如铁路和道路设施、辅助生产作业、客运站等。

1. 前沿作业地带

由码头前沿线（直立式码头）或坡顶（斜坡式码头）至前方仓库前墙或堆场前沿线之间的场地，称作码头前沿作业地带。地带内根据货物种类的不同要求，布置各种类型的装卸机械，并安排一定面积的待运货物临时堆场和前沿运输通道，以完成船舶的货物装卸操作。合理布置作业地带，安排足够的地带宽度，有助于加快货物的装卸，缩短船舶的停靠时间。

2. 堆场和仓库

由于船舶和车辆两种载运工具的容量相差很大，故必须在量大而快速的船岸之间的货流同缓慢而零散的码头后方的集散运输之间设置缓冲区——仓库和堆场，以保证船舶和车辆都能快速周转。直接服务于船舶装卸作业需要的仓库和堆场，称作一线库场。干散货和集装箱一般采用露天堆场，而杂货通常以设置仓库为主。一线库场所需面积的大小，同泊位的年吞吐量、入库场货物的比例、货物的平均堆存期、单位面积的堆积量等因素有关。通常，一个万吨级泊位的库场面积不宜小于10 000平方米，中级泊位的库场面积不宜小于5 000平方米，泊陆长度比泊位长度要短些，以便在相邻库场间留出运输通道。例如，如果泊位平均长度为160～180米，则库场长度宜为120～140米。库场的宽度，至少要大于40米。依据经验，设置二线库场时，泊位每延米码头线所需要的库场总面积至少应为100平方米。可以依据此粗略的估计值和一线库场所采用的面积，由其差值得到二线库场所需的概略面积。集装箱码头需要宽广的堆场，一个集装箱泊位所需的堆场面积约为4 000平方米。

3. 集疏运系统

港口货物的集疏运主要依靠铁路和道路。铁路是货物运输的主要手段。港口铁路由港外线和港内线组成。港外线包括专用线和港湾站，港内线包括车场、联络线、装卸线等。到达码头的货物，卸到码头装卸线上的货车，然后经由港内联络线和港湾站，到港外专用线。从陆路通过港口出口的货物，则由港外专用线进入港湾站，通过港内联络线到码头装卸线直接卸到船上，或者经库场装卸线把货物卸在库场内，聚集成批后等待上船。码头装卸线的布置可采用平行进线、垂直进线或斜交进线的形式。港口道路也分为港内道路和港外道路两部分。前者为库场内的运输道路和连接各作业区及港区主要出入口的道路；而后者则为港区连接公路和城市道路的对外道路。

10.4 航空用地规划

由于飞机是在空中完成运输与作业的，其交通线一般不受地面条件的限制，在起点和终点之间通常为直线和折线，而且在空中线路上没有交通设施。因此航空用地规划主要是对飞机场进行布局和规划。

机场是航空运输系统中运输网络（航线）的交汇点，是旅客和货物由地面转向空中或由空中转向地面的接口（交接面）。为实现地面交通和空中交通的转接，机场系统包括空域和陆域两部分。前者为航站区空域，供进出机场的飞机起飞和降落。而陆域则包括飞行区、航站区和进出机场的地面交通三部分。运输机场应具有三方面功能：一是保证飞机安全、准点、平稳地起飞和降落；二是安排旅客和货物及时、方便、舒适地上下飞机；三是提供便利和迅捷的地面交通连接市区。为实现这些功能，机场需在飞行区内设置跑道、滑行道和停机坪，在航站区内设置航站楼和各种地面交通衔接设施，建立进出机场的地面交通系统，设置空中和地面交通管制和诱导设备。

10.4.1 机场系统的组成

机场系统的组成可简单地划分为供飞机活动的空侧部分及供旅客和货物转入或转出空侧的陆侧部分，空侧包括供飞机起飞和降落的航站区空域及供飞机在地面上运行的飞行区两部分。陆侧包括供旅客和货物办理手续和上下飞机的航站楼、各种附属设施及出入机场的地面交通设施三部分。

飞行区为飞机在地面活动的区域。它主要由以下四部分组成：

（1）跑道——供飞机起飞和降落；

（2）滑行道——供飞机在飞行区各个部位（停机坪、跑道、机库等）之间滑行的通道；

（3）停机坪——航站楼空侧一边供飞机停放以上下旅客和货物的机坪；

(4) 飞机维修机库和机坪。

飞行区按飞机的飞行特性和尺寸分别划分为若干个等级。前者按跑道的基准场地长度划分为4级，以数码表示；后者按飞机的翼展大小和主起落架外轮缘之间的距离划分为5级，以字码表示。分级的标准采用数码和字码作为机场飞行区的基准代码，其用意是提供一个简单的方法，把有关机场特性的各项规定相互联系起来，以便提供同使用该机场的飞机相适应的各项设施。

陆侧为地面和空中交通工具的转换部，它主要包括以下三部分：

(1) 旅客航站楼——旅客和行李转换运输方式和办理换乘手续的场所；

(2) 货运航站楼——货物转换运输方式及办理交付和承运手续的场所；

(3) 出入机场交通设施——各种连接机场和市区的地面或地下的道路或轨道交通系统。

除了以上各部分外，还有各种附属设施：燃油、电力、食品供应设施，维修设施，安全（救援和救火）设施，商业和服务设施等。

10.4.2 飞行区平面布置规划

飞行区平面布置是指飞行区内各项主要设施的总体布局，包括跑道的数目、方位和构形，跑道同航站区的相对位置；滑行道的安排，各种机坪的位置及各种附属设施的布置等。

1. 跑道构形

跑道是飞行区的主体，跑道的布置方案可基本上决定飞行区的布置格局。跑道布置的内容为确定跑道的条数及其方位，并布置成不同的构形。跑道布置的构形可归纳为单条跑道、多条平行跑道、开口V形跑道或交叉跑道四种基本形式。

2. 跑道通过能力

机场规划应提供远期（一般为20年）、中期（一般为10年）和近期（一般为5年）的年和高峰小时飞机运行次数预估值。主要依据规划期预计的飞机运行次数及跑道的通过能力确定飞行区所需设置的跑道条数。

3. 跑道方位

跑道的方位应平行于主导风向布置，使飞机在一年内能有95%以上的时间可在侧风风速低于容许值的情况下使用该跑道。为此，需对机场的风向和风速进行统计分析，以判别主导风向及其覆盖比例。当单向跑道的布置无法找到能满足这个要求的方位时，需增设一条或几条侧风跑道，布置成开口V形或交叉跑道，使机场的利用率保证在95%以上。

4. 航站区同跑道的相对位置

航站区的位置，应布设在从它到跑道起飞端之间的滑行距离最短的地方，并且尽可能使降落飞机的滑行距离也最短。对于单一跑道，如果在每个方向的起飞和降落次数大致相等，航站区设在跑道中部位置最为理想。这时，不论哪一端用于起飞，其滑行距离均相等。在设置两条平行跑道的情况下，如果起飞和降落可在两个方向进行，则航站区设在中间部位最合适；如果一条供降落，另一条供起飞，则平行跑道的端部宜错开布置，航站区设在接近起飞端的部位，可使起飞或降落飞机的滑行距离都较短。航站区不宜放在两条跑道的外侧，因为它一方面增加了滑行距离，另一方面使飞机在滑行到外侧跑道时需穿越内侧跑道。

5. 滑行道布置

滑行道可大体分为出入跑道的滑行道和停机坪上的滑行道两类。前者的主要功能是为飞机提供从跑道到航站区的来往通道，其设置可使降落的飞机迅速离开跑道，从而提高跑道的运行效率。它的布置方案主要取决于飞机的运行次数。最简单的滑行道布置，是在跑道两端设置可供飞机调头用的滑行道，并用短段滑行道同机坪相连。随着飞机运行次数的增加，可以设置短段平行滑行道；而当飞机运行次数预期在5年内将达到年运行5 000次或者年平均高峰小时达到20次时，需设置全长的平行滑行道。

在跑道端部应设置出口滑行道。当飞机运行次数预期将达到跑道容量的40%～75%时，应在跑道中部设置快速出口滑行道。当年运行次数将达到75 000次，或者高峰小时运行次数将达到30次/小时，应在跑道端部或其附近设置等待起飞机坪，供飞机排队等待放行。在飞机需要沿着滑行道的两个方向滑行时，可考虑在第一条滑行道的外侧增设平行滑行道。

6. 净空要求

选择机场位置和确定跑道方位时，应考虑两个方面的因素，一是避免使飞机飞越人口稠密地区的上空，二是避开障碍物。为保障飞机的起飞和降落安全以及机场的正常使用，在机场周围一定范围的空域内必须没有障碍物影响飞机的运行。为此，规定一些假想面作为障碍物限制面，凡自然物体或人工构筑物的高度伸出这些假想面之上的部分，便当作障碍物而应移出或拆除。在选择机场场址和跑道方位时，必须考虑此净空要求，检查在规定的限制面上是否有障碍物存在。如果有的话，须同有关部门协商移去或拆除，如果无法拆除，则须研究确定可否在不降低飞行安全系数的条件下改变飞机的进出程序。否则，须另选场址。

10.4.3 跑道系规划

跑道系由跑道、道肩、跑道端安全地区、防吹坪和升降带等组成。跑道系规划的内容主要为确定各组成部分所需的长度、宽度。

1. 跑道长度

跑道长度是衡量飞行区能满足多重的飞机起降要求的关键参数，也是影响机场规模大小的一个主要参数。确定跑道长度时，主要考虑以下四个方面因素。

(1) 飞机起飞和着陆性能的要求。飞机在正常起飞情况下所需的起飞距离为：从跑道端部开始启动到离开地面并爬升到离地面的安全高度为 10.7 米处所需的长度，需乘以 1.15 的安全系数。

(2) 飞机质量。飞机的质量越大，为获取相应的升力所需的滑行和爬升距离便越长，因而，所需的跑道长度也越长。飞机质量由基本质量、商务载重（旅客、行李和货物)、航程用燃油和备用燃油等四部分组成。

(3) 气候条件。大气因素包括相互关联的压力、密度和温度，它们对跑道长度要求有较大的影响。如果空气的压力和密度降低，飞机的升力会下降，发动机的功率和推进效率也会降低，而着陆时的阻力会减小。

(4) 跑道特性。跑道的纵向起伏，对飞机起飞和着陆所需的长度也有影响。纵向起伏以跑道中线的有效坡度表征，其定义为中线最高点和最低点的高程差除以跑道的长度。一般情况是，跑道的有效坡度每增加 1%，其长度需增加 10%左右。

2. 跑道宽度

飞机起飞和着陆过程中主起落架轮迹在跑道上的横向分布，相对于跑道中心线呈正态分布，几乎全部运行集中在跑道中部 30 米宽度范围内。为减少飞机偶然驶离跑道时受损的危险性，防止松散材料被吸入喷气发动机内，跑道还需提供一定的附加宽度。重要跑道的附加宽度一般为 15 米。对于精密进近跑道，其宽度不得小于 30 米。

3. 道肩和升降带

在跑道两侧设置道肩，以防止松散材料被吸入喷气发动机内，减少飞机偶然驶离跑道时受损的危险性，并供应急或维护车辆行驶。飞行区等级指标为 D 和 E 的跑道，在宽度小于 60 米时应设置道肩，其宽度为使跑道加道肩的总宽度达到 60 米。跑道宽度为 60 米的 D 和 E 跑道以及等级指标为 A、B 和 C 的跑道两侧各设置 1.5 米的道肩。道肩的横坡度应较跑道的横坡大 0.596%～1%，但其最大横坡不应超过 2.5%。升降带是跑道周围的安全地带。升降带长度一般为 60 米，宽度一般为 75 米。

10.4.4 滑行道和停机坪规划

滑行道规划的主要内容包括：确定滑行道、道肩和滑行带所需的宽度，布置出入口位置，选定曲线半径和计算曲线加宽，保障滑行道同跑道、其他滑行道或物体间的最小间隔距离要求等。

1. 前道宽度和坡度

直线滑行道道面的宽度，依据主起落架外轮缘的间距和外轮缘到滑行道边缘的净距确定。滑行道两侧设置道肩，并在滑行道外设置安全地带，称作滑行带。

2. 滑行道最小间隔距离

滑行道中心线同平行跑道或滑行道，或者同物体之间要保持一定的间隔距离。这一距离随翼展、外轮缘对滑行道边缘的净距和安全间距的不同要求而变化。

3. 滑行道曲线和出口滑行道

滑行道应尽量少转向。不可避免时，转角要小，其曲线半径应同飞机的滑行速度相适应。供着陆飞机驶离跑道用的出口滑行道，可同跑道成直角，也可成锐角。成直角时，由于转角大，飞机进入出口滑行道之前的速度必须降得低些，因而占用跑道的时间较长。为使飞机迅速驶离跑道以增加其容量，可设置同跑道成锐角（一般为30°）的快速出口滑行道。设置的位置，按飞机进入跑道入口和出口滑行道时的速度等因素确定。

4. 停机坪规划

在旅客航站楼的空侧一边设置的停机坪，主要供飞机停放以上下旅客（称作机位）以及飞机进出机位的操纵和滑行。停机坪的大小和布局取决于四个方面因素：机位的数目、飞机在机位停放的方式、机位的尺寸和航站楼平面布局方案。所需的机位数目取决于预定需容纳的高峰小时飞机运行次数和每个机位的容量。而后者决定于机位占用的时间和机位利用情况。大部分机场的机位数（或者候机楼的门位数）变动于年每百万旅客量3～5个之间。飞机停放的方式主要有机头向内、机头斜角向内和机头平行航站楼三种。而飞机进出机位则可以采用飞机自行操纵进入和退出、自行操纵进入但由牵引车推出以及由牵引车拖进和推出三种方法。

10.4.5 航站区规划

旅客航站楼是乘机旅客和行李转换运输方式的场所。它的一侧供旅客和行李离开进入地面交通系统，另一侧供旅客和行李进入或离开飞机，而航站楼本身则提供转换场所，以办理各种转换手续，汇集登机和疏散下机的旅客和行李。旅客航站楼的规划和设计，应该能经济有效地使旅客和行李方便、舒适和快速地实现地面和航空运输方式的转换。

1. 航站楼设施单元

旅客航站楼通常由下述设施单元所组成：航站楼前路边、航站楼大厅、安全检查系统、政府管制机构、候机室、过厅或走廊、行李设施系统、登机和下机、经营管理办公室、为旅客和送行者提供的各种服务设施和特许经营商店。

2. 平面布局方案

按航站楼的功能要求进行平面布局时，要处理好三方面关系：一是不同类型的旅客办理手续（例如，国际和国内航线，不同航空公司等）是集中在一个区域内顺序进行，还是分散在不同的区域内分别进行；二是航站楼空侧边飞机停靠所需的门位数和空间，同其陆侧边出入机场的地面交通所需的路边线或空间之间的矛盾；三是控制旅客从航站楼一侧进入到另一侧离开之间的步行距离，使之在可接受的长度内（例如300米以内）。航站楼的平面布局同旅客量、飞机运行次数、交通类型（国内或国际）、使用该机场的航空公司数、场地的物理特性、出入机场的地面交通模式等许多因素有关。

3. 出入机场交通

一般国内航线的乘机时间大都在1～3小时范围内。由于机场不可能建在离市区很近的地方，旅客出入机场的地面交通时间有时会超过乘机的时间，从而部分抵消航空运输快速的优点。因此，机场规划要考虑出入机场的地面交通问题。各类人员对交通设施有不同的要求，机场规划时往往考虑采用多种交通方式。可以采用的交通方式和工具有下列三种：

（1）私人汽车和出租汽车——有很大的机动性，但机场要为之设置较大的停车场；

（2）公共汽车和机场班车——费用较低，但行驶路线和班次固定，对旅客不太方便，而较适用于机场工作人员；

（3）城市捷运系统——同城市捷运系统衔接的轨道交通线（地铁、轻轨、高速铁路等），可使大批量旅客较迅速而可靠地出入市区大部分地区。

本章小结

本章主要讲述了土地利用总体规划中的交通用地规划，其中主要包括公路分级、各级公路主要技术指标、公路用地面积概算；铁路等级、铁路选线、铁路用地面积概算；水运航道规划、港口的类型、港口的组成、码头用地规划、港口陆域作业区规划；机场系统的组成、飞行区平面布置规划、跑道系规划、滑行道和停机坪规划、航站区规划等内容。

关键术语

公路用地规划　　铁路用地规划　　水运用地规划　　航空用地规划

复习思考题

1. 按使用任务、功能和所适应的交通量水平，我国公路分为哪五个等级？
2. 在公路选线时，平原、微丘陵地区的选线特点是什么？
3. 如何对铁路用地面积进行概算？
4. 如何对港口陆域作业区进行规划？
5. 在选择机场位置和确定跑道方位时，静空的要求是什么？

第 11 章

水利工程用地规划

水利工程用地可分为水利骨干工程用地和田间排灌工程用地两种类型，本章重点介绍以下内容：水库工程规划、灌溉渠道系统规划、引水工程规划、堤防工程规划。

11.1 水利工程用地的类型和等级

11.1.1 水利工程的类型

1. 防洪工程

防洪工程是通过修建水库、分洪或蓄洪工程和堤防、河道整治、开挖新河等保护城市、工矿区和农田免遭洪水危害。防洪工程应根据防洪对象的要求，统一考虑河流上中下游两岸、干支流、近远期和大中小型工程相结合等因素，合理确定防洪任务。

2. 灌溉工程

灌溉工程是指从水源取水，通过渠道及其附属建筑物向农田供水，经由田间工程进行农田灌水的工程系统，包括渠首工程、输配水工程和田间工程三大部分。

3. 治涝工程

治涝工程可以通过设置排水闸、排水站或挡潮闸等工程措施，来治理洼地、坑田的渍涝灾害。建设治涝工程应根据农业高产稳产的要求，考虑涝区的地形、土壤、水文、气象、渍涝情况，正确处理大中小、近远期、上下游、泄与蓄、自排与抽排以及工程措施与其他措施等的关系，合理确定防涝任务和设计标准。防涝设计标准一般以涝区发生一定的暴雨不受渍涝为准，重现期一般为5～10年。

4. 水电工程

水电工程包括水力发电工程、引水式电站和抽水式电站，水电工程规模的大小是根据装机规模确定的。

5. 输水工程

按照总投资，分为两级：总投资在2 000万以上的为大中型；2 000万元以下的为小型。对于城市、工业输水工程，总投资1 000万元以上的为大中型；1 000万元以下的为小型。

11.1.2 水利工程的等别

水利工程的等级划分及设计标准，关系工程周围和下游人民生命财产安全，也关系建设速度和工程造价等方面。根据我国《水利水电枢纽工程等别划分及设计标准（试行）》规定，水利工程按其工程规模、效益和国民经济中的重要性划分为五等，等别按表11—1、表11—2确定。

表11—1 水利工程分等指标（山区、丘陵部分）

工程等别	工程规模	分等指标				
		水库总库容（亿立方米）	防洪		灌溉面积（万亩）	水电站装机容量（万千瓦）
			保护城镇及工矿区	保护农田面积（万亩）		
一	大Ⅰ型	>10	特别重要的城市、工矿区	>500	>150	>75
二	大Ⅱ型	10～1	重要的城市、工矿区	500～100	150～50	75～25
三	中型	1～0.1	中等城市、工矿区	100～30	50～5	25～2.5
四	小Ⅰ型	0.1～0.01	一般城市、工矿区	<30	5～0.5	2.5～0.05
五	小Ⅱ型	0.01～0.001			<0.5	<0.05

注：总库容指校核洪水位以下的水库静库容；

分等指标中有关防洪、灌溉两项指防洪或工程系统中的骨干工程；

灌溉面积指设计灌溉面积。

表 11—2　　水利工程分等指标（平原、海滨部分）

工程等别	工程规模	水库总库容（亿立方米）	防洪		排涝	灌溉	供水	水电站
			保护城镇及工矿区	保护农田面积（万亩）	排涝面积（万亩）	灌溉面积（万亩）	供给城镇及工矿区	水电站装机容量（万千瓦）
一	大Ⅰ型	＞10	特别重要	＞500	＞200	＞150	特别重要	＞75
二	大Ⅱ型	10～1	重要的	500～100	200～60	150～50	重要的	75～25
三	中型	1～0.1	中等	100～30	60～15	50～5	中等	25～2.5
四	小Ⅰ型	0.1～0.01	一般	30～5	15～3	5～0.5	一般	2.5～0.05
五	小Ⅱ型	0.01～0.001		＜5	＜3	＜0.5		＜0.05

注：总库容指校核洪水位以下的水库静库容；

灌溉面积和排涝面积均指设计面积；

挡排工程的等别参照防洪工程规划划分，在潮水灾害特别严重的地区其工程等别可适当提高；

供水工程重要性应根据城市及工矿区的工业和生活需求、经济效益和社会效益分析确定。

11.2　水库工程规划

11.2.1　水库

水库是在适当坝址拦河筑坝形成的蓄水工程，把坝址上游集雨面积内的地表径流拦蓄起来，为灌溉、防洪、发电、养鱼等多种目标服务，以达到综合利用水资源的目的。根据水利部统一规定，按水库总库容大小作为划分水库类型的标准。其标准如表 11—3 所示：

表 11—3　　水库类型

总库容（万立方米）	水库类型	
＞100 000	大Ⅰ型	大型水库
10 000～100 000	大Ⅱ型	
1 000～10 000	中型	中型
100～1 000	小Ⅰ型	小型
10～100	小Ⅱ型	
＜10	塘坝	塘坝

中小型水库主要包括三部分工程（见图11—1）：

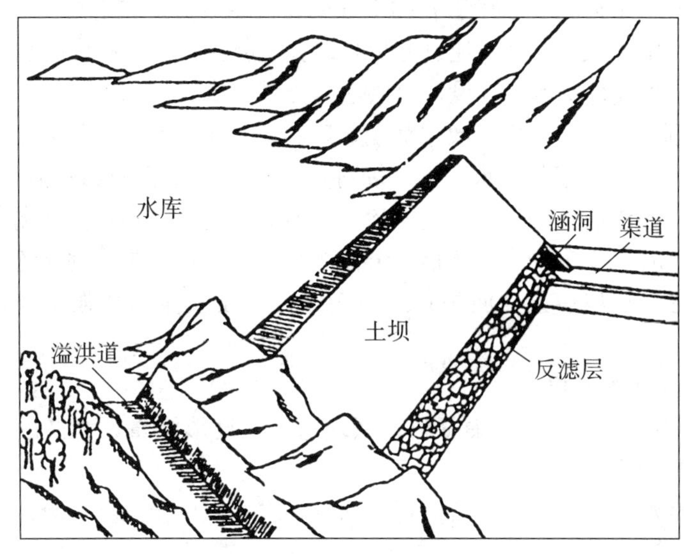

图11—1 小型水库枢纽示意图

（1）坝。坝是水库的挡水建筑物，其作用是拦截河流，抬高水位形成水库。坝越高，水库的库容越大，可储蓄的水量越多。坝是水库的主体工程，不仅要求修筑质量好，而且要管理维护好。无论哪种类型的水库大坝失事，都将对下游的人民生命财产造成巨大损害。因此要确保大坝安全，决不允许发生事故。

（2）溢洪道。溢洪道是水库的泄水建筑物，其作用是排泄水库在汛期难以全部拦截的多余洪水，保障水库大坝安全。不论大小水库，都必须修建有足够泄洪能力的溢洪道，以确保水库安全。

（3）放水建筑物。是水库工程的咽喉部分，它的作用是将库内的蓄水按计划放出去，以供灌溉、发电等综合利用。修好、管好放水建筑物才能将库水适时、适量地放出去，充分发挥水库的效益。

有的水库如果兼有发电任务，水电站也是水库工程的一个组成部分。

11.2.2 水库规划的内容和步骤

1. 水库规划的内容

水库规划的主要内容是：首先在流域规划中选定坝址的基础上，进一步调查和勘测修建坝的各种条件，再根据水库的主次任务，考虑综合运用，分析水库的各项任务可能满足的程度，然后进行各种水位和库容的分析计算，进一步确定水库工程的规模，最后估算水库工程的工程量和长期效益。在上述基础上应对建库的必要性和可能性及合理性，通过分析与计算进行论证，最后应提出坝高等主要数据，为进一步进行水库工程设计提供基本资料和依据。

水库规划时，应对水库的集水面积、库容、来水量和坝基等四个方面进行查清，在一条河流上修建几个水库时，特别应重视算好水账，合理布局，如不重视则可能出现许多矛盾，如一河一沟多库，下游无水可蓄，造成上下游与左右岸的用水矛盾，浪费了人力物力，不能充分发挥水库的作用，或者对水库的防洪问题没有统筹兼顾，所以应该全面规划，切实保证施工质量，加强管理，保证水库安全。

2. 水库规划的步骤

(1) 勘测工作：包括收集资料、坝址选择、地形测量、水文勘测、灌区调查、工程材料与交通等。

(2) 计算泥沙量：同时结合其他方面的要求，以确定水库的死库容和相应的死水位。

(3) 计算年来水量：与用水量对照，进行径流量调节，根据供需矛盾的大小，确定兴利库容的大小，则相应的应洪水位即可初步确定。

(4) 推算洪水：根据洪水的大小，进行调节洪水的计算，确定相应的调洪库容及溢洪建筑物的主要尺寸（如溢洪道的宽度和高度）。

(5) 求总库容：总库容＝死库容＋兴利库容＋调洪库容，并在库容曲线上查出与总库容相应的最高洪水位，再加上风浪爬高和安全超高就是坝顶高程。坝高＝坝顶高程－坝基高程。

11.2.3 水库坝址的选择

选择水库坝址是水库工程中的核心内容之一，对土地利用其他专项规划起着控制作用，根据实践经验应考虑以下几点：

1. 库址地形

库址要“肚大口小底平”。肚大是指库区内地形宽广，可以多蓄水，效益大。口小是指建坝最短，工程量最小，省工省料。

2. 库址水源

坝址以上要有足够的集水面积，使水库能拦蓄所需要的水量，对库区的泥沙情况也应进行调查，以估计水库的淤积。溢洪道最好修在河道一侧基础岩石较坚实的马鞍形的山坳上，输水洞应选在基础较好，洞线较短的完整岩石部位上，总之，要注意既经济又安全。

3. 地质条件

坝址的地质条件要好。坝基和两岸边坡如有较完整的岩石或渗水性小的坚实地层，都应进行水文地质和工程地质调查，以免基础不稳固而漏水或下沉，影响坝体安全。如果地质条件存在问题，例如库区或坝址存在断层或卵石层、溶洞等情况，应作更详细的调查研究，一般不应在此筑坝。如果存在的问题比较简单，可以采取可靠的措施进行处理。坝址附近要有合适修建溢洪道和输水洞的地形和地质条件。坝址应靠近灌区，且比灌区高，这样可以自流灌溉，引水渠短，渠系建筑物少，沿途渗漏蒸发损失小，比较经济。

4. 淹没区

库区的淹没区要小。尽量避免大片的耕地、工厂、古迹、有交通干线和重要的工矿地点，避免大规模地移民。此外，水库的泄洪路线应避开人口稠密的地区、城市重要工矿及交通干线，保证水库下游的人民生命财产安全。

5. 建筑材料

坝址处要有足够适用的建筑材料，中小型水库一般以土坝为主，应根据规划中的坝型、坝高、估算的材料量或合乎质量要求的足够的土料、砂石料，应尽量选用当地的建筑材料，并注意施工时的运输是否方便。

11.2.4 水库的特征曲线

水库的特征曲线是描述水库库区地形特征的，一般包括水库面积曲线和水库容积曲线参见图 11—2。

1. 水库面积曲线

水库中各种蓄水深度的相应水面面积是不相同的，即水库的水面面积是随水位而变化的。在平原河流建库，水库面积随水位增加很快，面积曲线坡度很小；山区建库，则水库面积随水位增加较慢，面积曲线坡度较大。面积曲线可以根据库区地形图用求积仪或数格法在等高线与坝轴线所围成的闭合地形图得到。

2. 水库容积曲线

水库容积曲线指的是水库面积曲线的积分曲线，即水库中水位（Z）与累计库容（V）的关系曲线。按下列公式计算容积。

$$V=\int_{0}^{Z}Adh \tag{11—1}$$

或

$$V=\sum_{0}^{z}\overline{A}\Delta h=\sum_{0}^{z}\Delta V \tag{11—2}$$

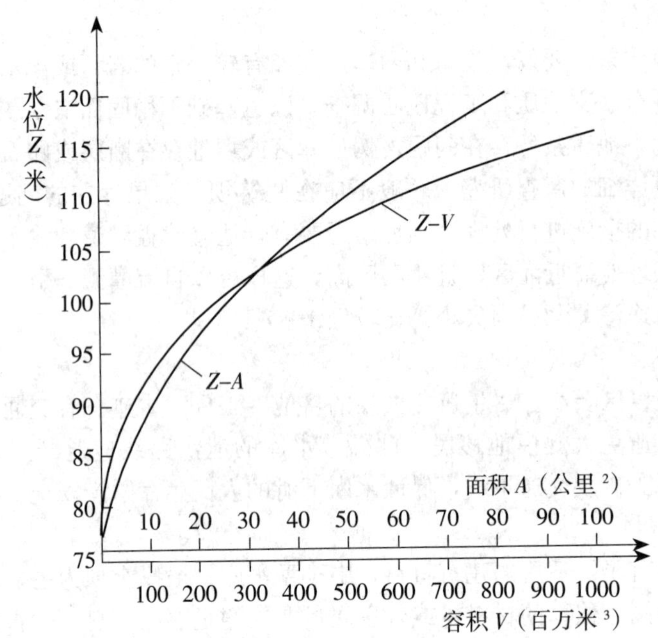

图11—2　水库特征曲线

而
$$\overline{A}=\frac{1}{2}(A_1+A_2A_1+A_2) \tag{11—3}$$

式中：V——为水库库容

Δh——水层深度或等高线（米）

A_2A_1——Δh 的上、下端面积

$\overline{A}$——A_1 与 A_2 的平均值

ΔV——Δh 相应的容积（立方米）

11.2.5　水库特征水位和库容

反映水库工作状况的水位和库容有：设计兴利水位（正常蓄水位或挡水位）、防洪限制水位（汛前限制水位）、设计洪水位，校核洪水位；死库容、兴利库容、防洪库容、超高库容、总库容和有效库容。

1. 设计兴利水位和兴利库容

设计兴利水位指水库在洪水期开始时，为保证供应农业及工业等用水所必须蓄到的水位，又叫正常蓄水位或正常挡水位。设计兴利水位和设计死库容期间的库容就是兴利库容。期间的深度称为水库的消落深或工作深。兴利库容和水库供应期天然来水量之和除去水库中损失水量后，必须满足设计条件下水库供水期内各单位的用水要求。

2. 设计死水位和死库容

水库在正常运行情况下水位降落到的最低位置，称为设计死水位或低水位。这个水位以下的库容就称为死库容或垫底库容。除遇到特殊干旱年份以外，一般不支用死水库容的蓄水，如死水潭一样，故称死库容。在灌溉水库中，死水位必须满足自流灌溉等的要求，在灌溉、发电、航运等综合利用中，除满足上述要求外，还需满足发电最低水深、航运最小水深和环境卫生的要求。

3. 防洪限制水位和重叠库容

水库汛期来临之前和汛期中允许蓄水的上限水位，称为防洪限制水位，或称汛前限制水位。只有在发生洪水时，为了滞洪，水库水位才允许超过防洪限制水位，当洪水稍退之后，水库应尽快泄洪，使水位下降到防洪限制水位。对于没有防洪要求的水库，由于汛前库内水位不能超过防洪限制水位，汛后又无余水可蓄，因此，设计兴利水位一般与防洪限制水位重合。对于某些河流汛后来水较丰，为了多蓄水兴利，设计兴利水位可定在防洪限制水位之上，在此情况下，这两种水位之间的库容才称为重叠库容。因此重叠库容在汛期是防洪库容的一部分，在汛后又是兴利水库的一部分。

4. 设计洪水位和防洪库容

在正常情况下，当设计洪水出现时，水库为了滞蓄洪水允许达到的最高水位，称为设计洪水位，它是水库主要建筑物设计的依据。在设计洪水与防洪限制水位之间的库容，称为防洪库容。当设计洪水发生后，水库一面进洪一面泄洪的情况下，防洪库容正好容纳滞蓄在水库的洪水，同时水位不超过设计洪水位。

5. 校核洪水位和超高库容

当发生比设计洪水更大的校核洪水时，由于水库泄洪建筑物的限制，水库水位将超过设计洪水位，这时达到最高水位，称为校核洪水位。水库建筑规定的最低稳定安全系数，系按此洪水位所产生的水压力来进行校核计算，因此这个最高水位称为校核洪水位。在设计洪水位与校核洪水位之间的库容，称为超高库容。

6. 总库容和有效库容

总库容＝死库容＋兴利库容＋防洪库容＋超高库容－重叠库容

在死库容以上的库容称为有效库容。

在大中型水库的规划设计中，一般都需要进行以上各种特征水位和库容的划分。在设计中，特别是溢洪道上不设闸门控制的水库设计蓄水位常和汛前限制水位相同，这时就没有重叠库容。

水库规划的目的是要从国民经济需要和实际情况出发，合理地选择防洪、兴利、综合利用的最优方案，最后确定水库规模和主要建筑物尺寸。

在生产实践中进行水库规划，不是一次能完成的，尤其要结合水库进行建筑物的布置，进行多种方案比较，结合投资与效益，择优选用最佳方案。总之，应该抱着对人民生命财产负责的态度，认真地做好水库规划的勘测和择优。

11.3 灌溉渠道系统规划

11.3.1 灌溉渠道系统组成及规划程序

灌溉渠道系统是指从水源取水、通过渠道及其附属建筑物向农田供水、经由田间工程进行农田灌水的工程系统，包括渠首工程、输配水工程和田间工程三大部分。在现代灌区建设中，灌溉渠道系统和排水沟道系统是并存的，二者互相配合，协调运行，共同构成灌区水利工程系统。灌排渠道输水工程用地是灌排工程用地的主体，其用地规划必须与灌溉水源和排水容泄区紧密配合，以"水利"为根本，以"水土资源平衡"为原则，因地制宜建立科学合理的综合性灌排工程系统。灌溉渠系由各级灌溉渠道和退（泄）水渠道组成。按控制面积大小和水量分配层次可把灌溉渠道分为干渠、支渠、斗渠、农渠顺序设置固定渠道，如图11—3所示。30万亩以上或地形复杂的大型灌区，必要时可增设总干渠、分干渠、分支渠和分斗渠；灌溉面积较小的灌区可减少渠道级数。农渠以下的小渠道一般为季节性的临时渠道，如毛渠、输水沟、灌水沟、畦等属田间工程，主要起灌水作用。

灌溉渠道系统的规划程序，大致分为三步进行：

（1）查勘，包括初勘和复勘。要求通过查勘拟定出干、支渠的线路及分水口位置，调查干支渠控制范围内的土地利用状况和社会经济情况，记录沿线土壤地质特征，估计主要建筑物的类型和尺寸。

（2）初测和纸上定线。要求对查勘所确定的渠线进行初测，在地形图上定出渠道中心线的平面位置，然后定出渠道纵横断面，初步确定各建筑物的类型和主要尺寸。

（3）工程概算和编写渠系规划报告。

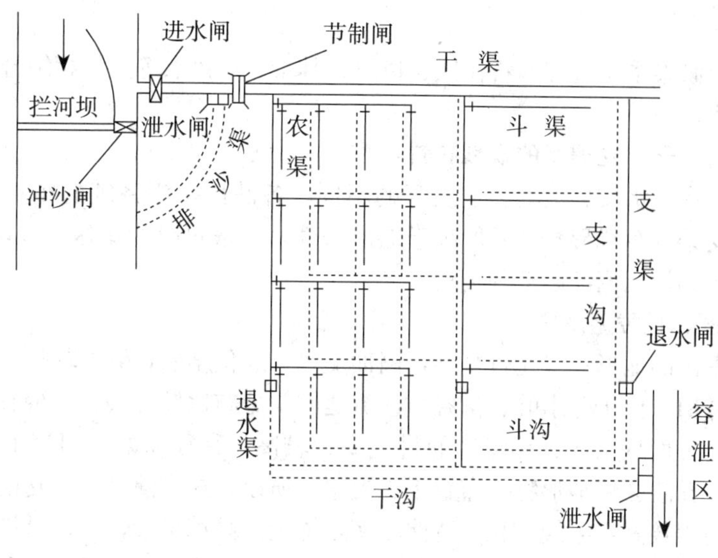

图 11—3 灌溉排水示意图

11.3.2 灌溉渠系规划布置

灌溉渠道系统布置应符合灌区总体设计和灌溉标准要求，并应遵循以下原则：

(1) 沿高地布置，力求控制最大灌溉面积。其他各级渠道应布置在各自控制范围内的较高地带。对面积很小的局部高地宜采用提水灌溉或改种耐旱作物，不必据此抬高渠道高程。

(2) 力求经济合理。一般来说，渠线宜短直，以减少占地和工程量。但在地形复杂地带，若渠道沿等高线绕岗穿谷，可减少建筑物的数量或减小建筑物的规模，但渠线较长，土方量较大，占地较多。如果渠道直穿岗、谷，则渠线短直，工程量和占地较少，但建筑物投资较大。究竟采用哪种方案，要通过经济比较确定。

(3) 灌排统一规划。一般应做到灌有渠，排有沟，灌排分开，自成体系。应尽量保持原有排水系统，不打乱自然排水流向，保证排水通畅。灌溉渠道的位置应参照行政区划，尽可能使各用水单位都有独立的用水渠道，以便管理。

(4) 斗、农渠布置要满足机耕要求。渠道线路要直，上、下级渠道尽可能垂直，斗、农渠的间距要有利于机械耕作。

(5) 要考虑综合利用。在满足灌溉要求的前提下，尽量满足其他部门用水要求，做到一水多用。山区、丘陵区的渠道布置应集中落差，以便发电和进行农副产品加工。

(6) 灌溉渠系布置应和耕作区、道路、林带、居民点等规划相结合，以提高土地利用率。

11.3.3 干、支渠系的规划布置

由于地形、水文、土壤和地质等的不同，各灌区排灌系统的布置形式也不同。干、支渠的布置形式主要取决于地形条件，一般可分为山区、丘陵型灌区、平原型灌区和圩垸型灌区三种类型：

1. 山区、丘陵型灌区

这类灌区的地形一般比较复杂，岗冲交错，起伏剧烈，坡度较陡。耕地大多为坡地和梯田，位于分水岭、沟谷、河流之间，分布比较分散，很少有大片集中的平坦土地，而且山区、丘陵区的耕地高程较高，往往需要从河流上游引水灌溉。山区、丘陵区依地形特征布置干、支渠。所以，这类灌区干、支渠道的特点是：渠道高程较高，渠线较长，弯曲较多，深挖、高填渠段较多，沿渠石方工程和建筑物较多。渠道常和沿途的塘坝、水库相连，形成长藤结瓜式水利系统（如图 11—4 所示），其主要特点是蓄水以塘坝为基础，水库为骨干，通过开渠引水、机电提水把河流和灌区内部的塘库等蓄水工程连结起来，形成一个分散蓄水、统一灌溉的完整水利系统，充分利用水资源扩大灌溉面积，并对防止山洪和保护土地有很大作用，是一种理想的灌排工程用地规划的类型。

2. 平原型灌区

这类灌区大多位于河流中、下游地区的冲积平原，地形比较平坦开阔，有大片集中的耕地。由于各灌区的自然地理条件和洪、涝、旱、渍、碱等灾害程度不同，灌排渠系的布置形式也有不同。因此，分为以下两类灌区介绍其特点和相应的灌排系统布置形式。

(1) 山麓平原型灌区。山麓平原型灌区一般靠近山麓，地势较高，排水条件较好，渍涝威胁较轻，但干旱问题比较突出。当灌区的地下水丰富时，可同时发展井灌和渠灌，否则，以发展渠灌为主。干渠多沿山麓方向大致和等高线平行布置，支渠与其垂直或斜交，视地形情况而定，如图 11—5 所示。这类灌区和山麓相接处有坡面径流汇入，与河流相接处地下水位较高，因而还应建立排水系统。在地面水源有保证，不需要利用沟渠蓄水，地面排水比较通畅的地区，一般可以采用灌、排分开系统。

在地形比较开阔的冲积扇平原上，往往有许多河流分别从各个山口冲入冲积扇，把平原分成若干块，常形成独立的灌溉系统。在这种情况下，如果地形允许，可以沿山麓修建总干渠，横贯各灌区，将各灌区连成一体，以便相互调剂

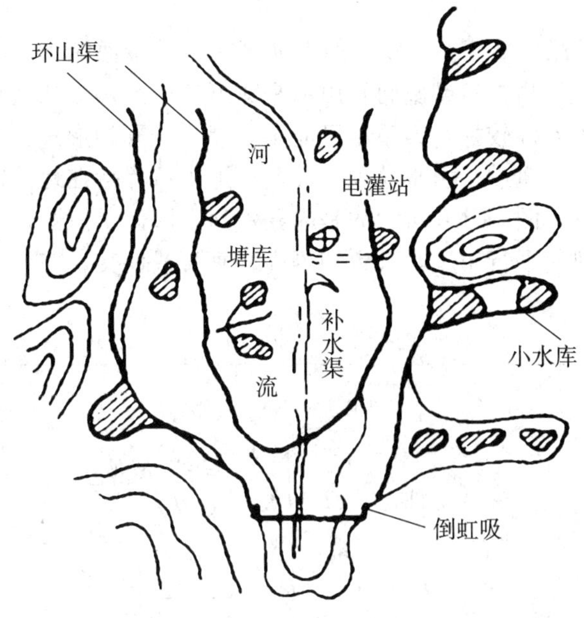

图 11—4 长藤结瓜式水利系统

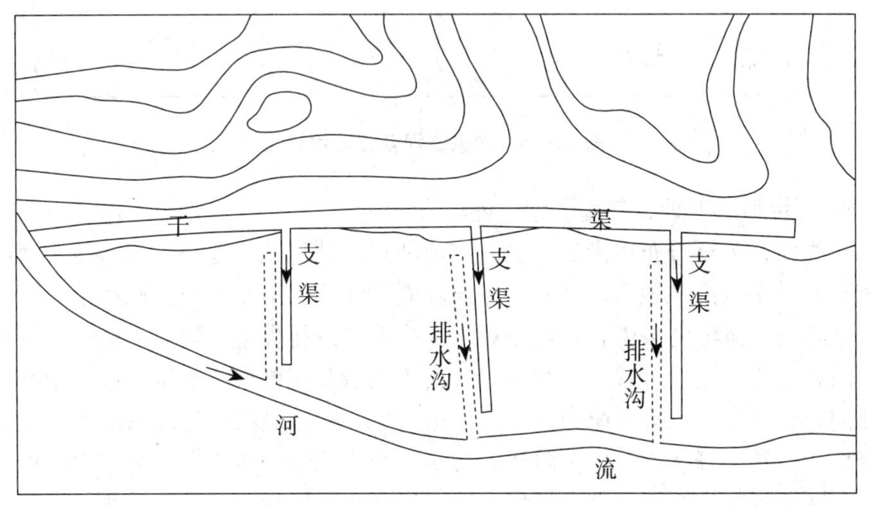

图 11—5 山麓平原型灌区干渠沿等高线布置

水源。

（2）冲积平原型灌区。冲积平原型灌区一般位于河流中、下游，地面坡面平缓，地下水位较高，涝碱威胁较山前平原型灌区严重。在这类灌区，如果地面水充足、排水条件较好，渠系尽可能采用灌排分开的形式。在土壤盐碱化严重地区，需要挖渠道进行引水灌溉，并使渠道水位保持在地面以下深度，利用抽水站提水灌溉。图 11—6 所示的是内蒙古河套灌区示意图，图中总干沟沿黄河河旁高地与河流平行布置，大致和等高线垂直或斜交，支渠与其成直角或钝角布置。

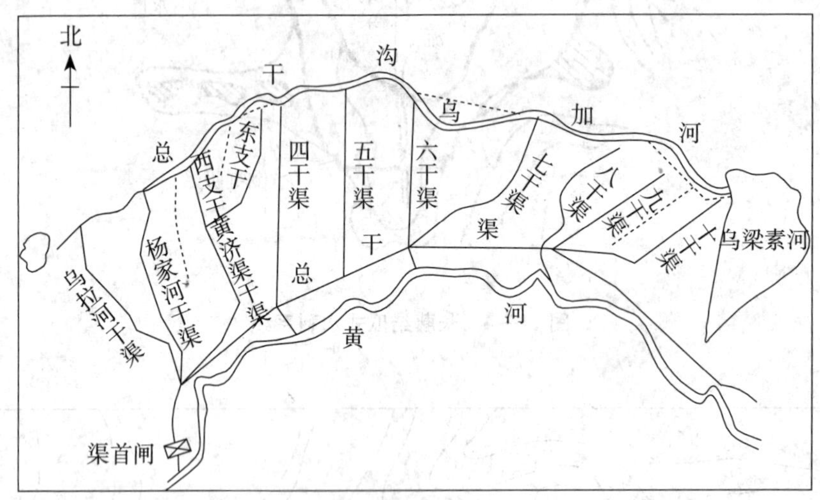

图 11—6　内蒙古河套灌区示意图

3. 圩垸型（滩地、三角洲型）灌区

这类灌区主要分布在沿江、滨湖滩地和三角洲地区，地势平坦低洼，河湖港汊密布，洪水位高于地面，必须依靠筑堤圈圩才能保证正常的生产和生活，一般没有常年自流排灌的条件，普遍采用机电排灌站进行提排、提灌。耕地周围均筑有堤防，形成独立的区域，称为圩垸。由于除涝和控制地下水位是圩垸型灌区的首要问题，所以在灌排系统布置上，以排为主，兼顾灌溉，各成系统。面积较大的圩垸，往往一圩多站，分区灌溉或排涝。圩内地形一般是周围高、中间低，如图 11—7 所示。灌溉干渠多沿圩堤布置，灌溉渠系通常只有干、支两级。在保证控制地下水位，而且地下水质较好的情况下，也可采用井灌。

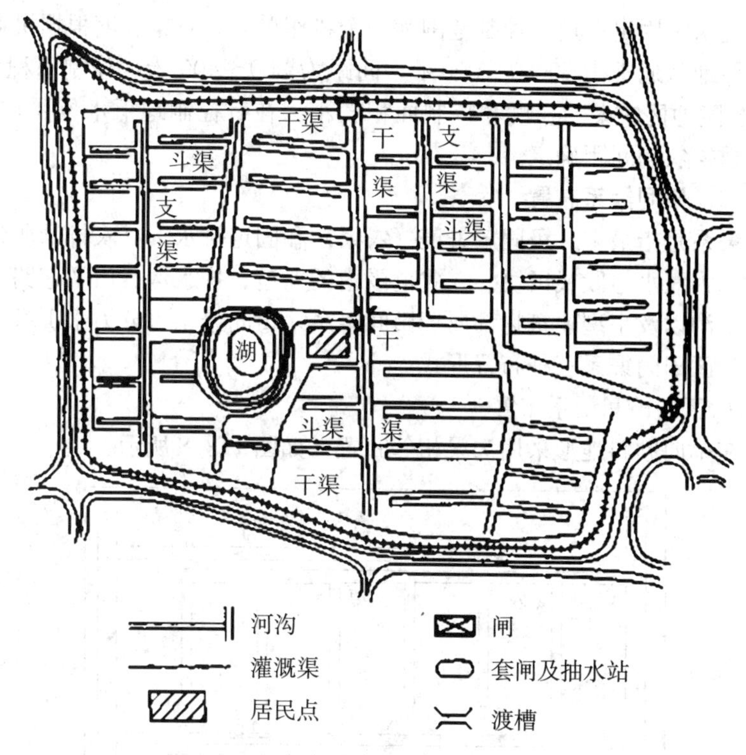

图 11—7 圩垸区灌排系统布置图

11.3.4 斗、农渠系的规划布置

斗、农渠的规划是在干支渠规划布置的基础上进行的，斗渠宜垂直支渠布置，平原地区斗、农渠宜相互垂直。其宽度和长度要便于机械化耕作。

1. 斗、农渠的规划布置要求

斗、农渠的规划和农业生产要求关系密切，除遵守前面讲过的灌溉渠道规划原则外，还应满足下列要求：适应农业生产管理和机械耕作的要求；土地平整工程量较少；有利于灌水和耕作的密切配合；便于配水和灌水，有利于提高灌水工作效率。

2. 斗渠的规划布置

斗渠的长度和控制面积受地形影响较大。山区、丘陵地区的斗渠长度较短，控制面积较小。平原地区的斗渠较长，控制面积较大。我国北方平原地区一些大型自流灌区的斗渠长度一般为1公里～3公里，控制面积为600～4 000亩。斗渠的间距主要根据机耕要求确定，和农渠的长度相适应。

3. 农渠的规划布置

农渠是末级固定渠道，控制范围为一个耕作单元。农渠长度根据机耕要求确定，在平原地区通常为500～1 000米，间距为200～400 米，控制面积为200～600亩。丘陵地区农渠的长度和控制面积较小。在有控制地下水位要求的地区，农渠间距根据农沟间距确定。

11.3.5 田间渠系布置

田间渠系是指最末一级固定渠道（农渠）和固定排水沟（农排）所包围的范围，一般称为灌水地段或田块。在此范围内的渠道、排水沟、田间道路、旱地的畦田与灌水沟以及小型建筑物都属于田间渠系。田间渠系可分为水田区、旱作区和山区丘陵区田间渠系三种布置形式。

1. 水田区的田间渠系布置

（1）在单向倾斜地形采用沟渠相邻布置。如图 11—8 所示。

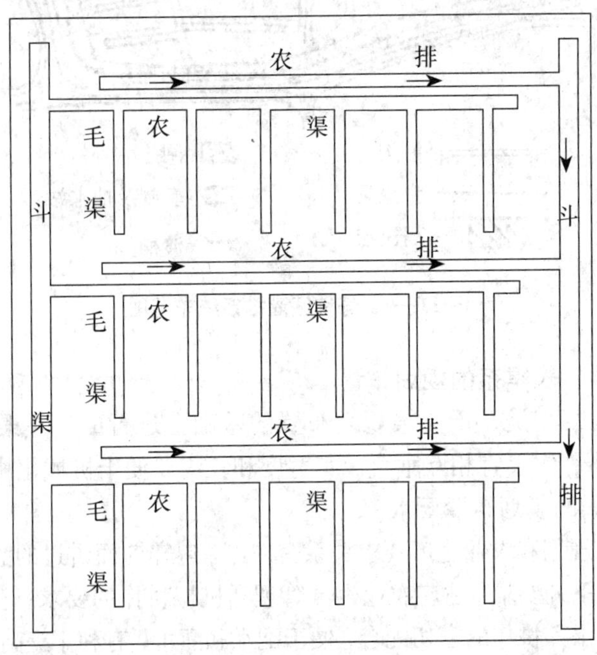

图 11—8 灌排相邻布置

（2）沟渠相间布置适于平坦地形，农渠两侧布置临时毛渠，农排两侧布置毛渠。如图 11—9 所示。

2. 旱作区田间渠系布置

（1）纵向布置。毛渠沿最大地面坡度方向布置，输水垄沟沿等高线布置，如图 11—10 所示。

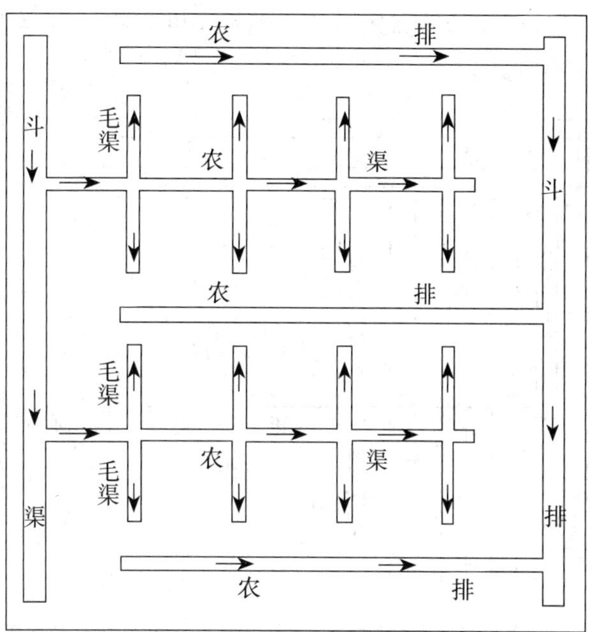

图 11—9　灌排相间布置

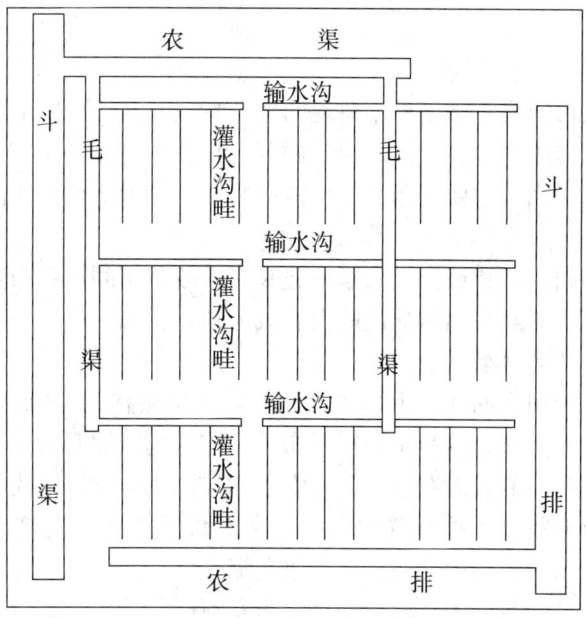

图 11—10　纵向布置

(2) 横向布置。毛渠沿等高线布置，灌水沟畦直接从毛渠引水、无输水垄沟，如图 11—11 所示。

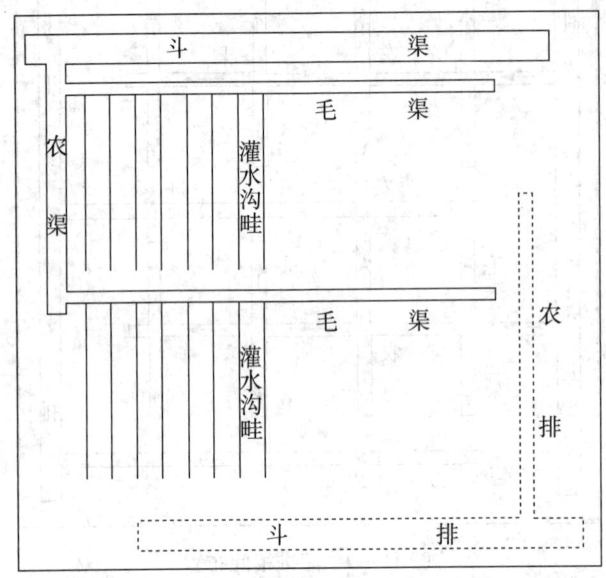

图 11—11　横向布置

3. 山区丘陵区田间渠系

山区丘陵区田间渠系必须根据耕地的地形特点及其所处的部位，因地制宜地加以布置，注意解决旱、涝、洪、渍。山区、丘陵区岗、冲交错，地形起伏，地下水位深，排水通畅，主要问题是干旱的威胁。按地形部位分成岗、塝、冲三种田地。

在岗田区，岗地位置最高。由于地势较高，故其田间渠系布置应考虑以灌溉为主，结合排水。一般采用沿丘陵的山脊线方向、在岗田中间布置斗渠，在斗渠两旁布设农渠，达到排灌结合。

在塝田区，塝田在两侧坡上，塝田为台阶式层层梯田。田块多为等高梯田，也存在易旱缺水的问题，故其田间渠系布置也应考虑以灌溉为主，结合排水。一般采用平行于等高线的方向布置斗渠，农渠则采用垂直于等高线的方向沿田边布置，因塝田的落差较大，故布置农渠时需考虑采用跌水相衔接，并采用双向控制，以防止灌溉水对农渠的冲刷而导致水土流失。

冲田位于山谷冲垄之中，山、丘区沟道及河岸的冲田，地形平坦，为排水防洪涝，灌溉渠道多是灌排两用，特别注意防止沟道上游洪水及冲田两侧山坡的降雨径流，一般在冲田上部修建蓄水塘坝，截存上游来水，沿坡地边缘修建排水沟截排坡地径流。如图 11—12 所示。

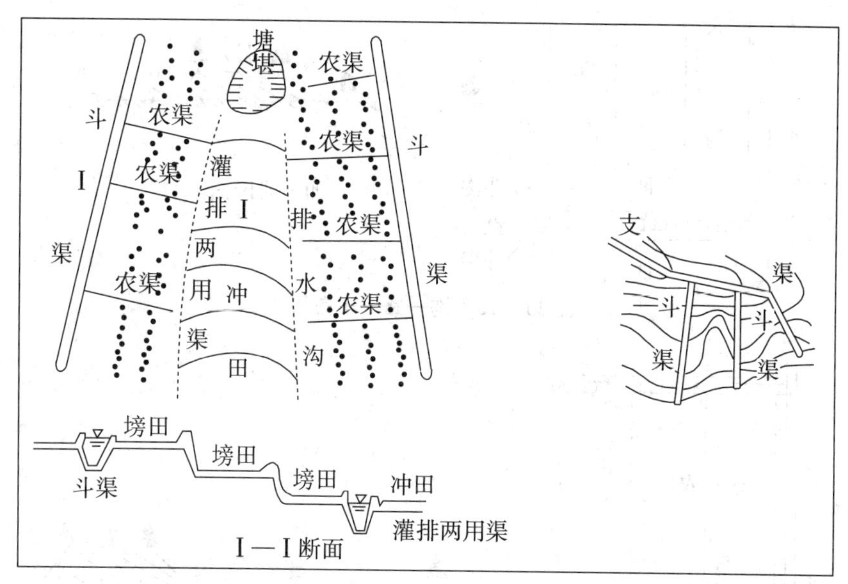

图 11—12　山区、丘陵区田间渠系布置图

11.3.6　田林路布置

在田间渠系规划布置中还要考虑田间道路及林带的布置。田间道路规划应沿地块边缘或渠道、排水沟布置，应考虑减少交叉建筑物和便于机械化作业和农事活动的进行。林带宜布置在田边、渠道、排水沟及道路两侧，达到防风、护渠、改善环境与生态效益，增加收入的目的。道路与渠道、排水沟的位置关系有如下形式。

1. 沟—路—渠形式

这种方式道路布置在灌溉和排水沟之间，有利于田间灌水和排水，渠道的渗漏也可减少，但由于灌排沟道隔开了道路和田间，机械进入田块需要修桥来跨越沟渠，如图 11—13 所示。

2. 沟—渠—路形式

道路布置在田块位置高的一端，道路不积水，便于加宽和进田作业，机械和人畜下田都很方便，但渠道向田间灌水受到道路的阻隔，需修建交叉建筑物，如图 11—14 所示。

3. 路—沟—渠形式

道路布置在田块下端低位置，渠道在排水沟一侧，这种方式便于机械和人畜

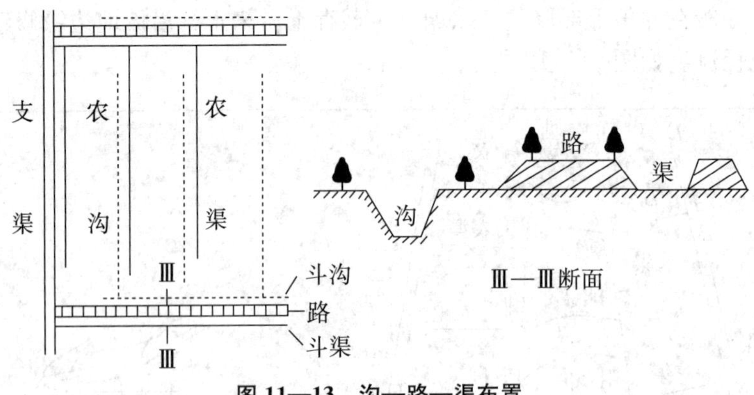

图 11—13 沟—路—渠布置

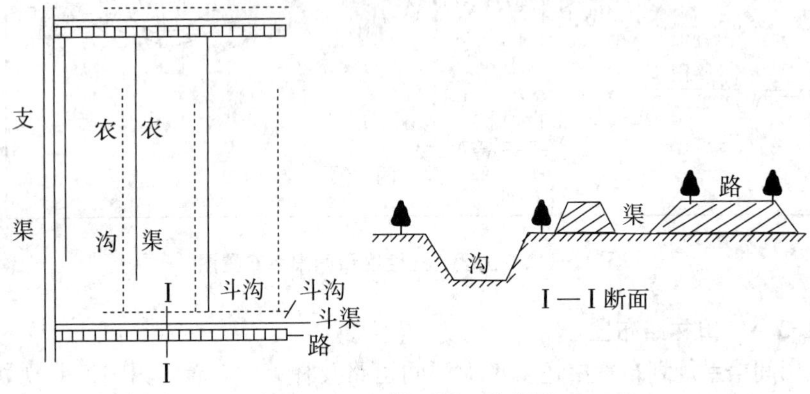

图 11—14 沟—渠—路布置

下田；但渠道两侧都是新筑渠堤，渗漏量大而且渠堤的稳定性差，田间向排水沟排水受道路所隔，需修建涵洞。如图 11—15 所示。

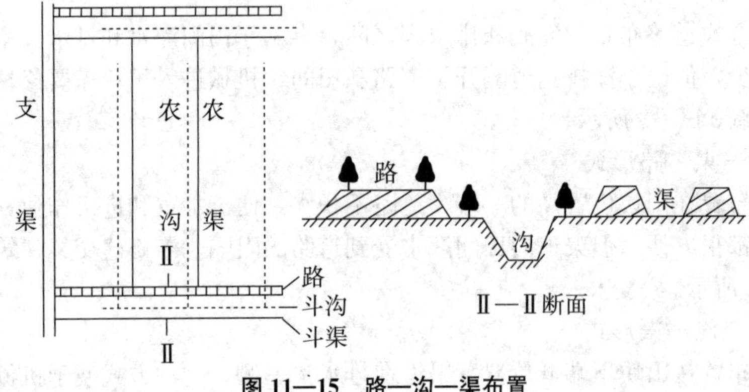

图 11—15 路—沟—渠布置

应视具体条件决定采用何种形式作为路、沟、渠的配置。田块的大小受斗渠布置间距和农渠间距制约。因为斗渠间距限定了田块的长度，所以田块长度通常为 300～400 米，也有达到 800～1 000 米。田块宽度因受农渠间距所限，所以通常为 200～400 米。

11.3.7　排水系统的布置

应利用天然排水河道来安排干、支渠排水以尽量降低工程造价。斗、农渠排水应放在同级灌溉渠道所控制面积内的相对低的位置，尽量全部自流排水。在有大量径流汇入的山坡要开挖截流排水沟，防止对灌区渠系的侵袭。

11.4　引水工程规划

引水工程随水源类型、水位和水量的状况而定。地下水资源丰富的地区，可以打井灌溉。利用地面径流灌溉，可以有各种不同的引水方式，分述如下。

11.4.1　有坝（低坝）引水

当河流水源虽较丰富，但水位较低时，可在河道上修建壅水建筑物（坝或闸），抬高水位，自流引水灌溉，形成有坝引水的方式。如图 11—16 中的 B 点。在灌区位置已定的情况下，此种方式与有引渠的无坝引水相比较，虽然增加了拦河坝（闸）工程，但引水口一般距灌区较近，可缩短干渠线路长度，减少工程量；在某些山区丘陵地区，丰水季节虽然流量较大，水位也够，但丰、枯季节变化较大，为了便于枯水期引水也需修建临时性低坝。有坝引水枢纽主要由拦河坝（闸）、进水闸、冲沙闸及防洪堤等建筑物组成，如图 11—17 所示。

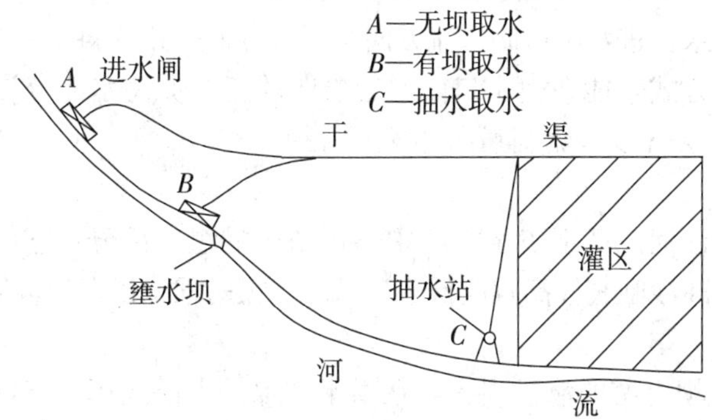

图 11—16　灌溉取水方式示意图

1. 拦河坝

拦截河流，抬高水位，以满足灌溉引水的要求，汛期则经溢流坝顶溢流，宣

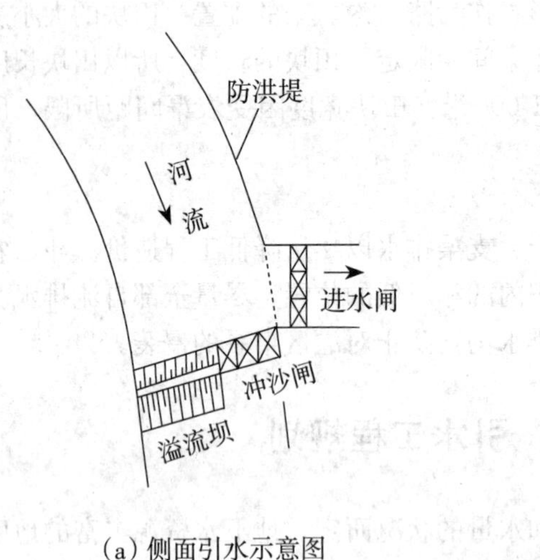

(a) 侧面引水示意图　　(b) 正面引水示意图

图 11—17　有坝引水

泄河道洪水。因此，坝顶应有足够的溢洪宽度，在宽度增加受到限制或上游不允许壅水过高时，可降低坝顶高程，改为带闸门的溢流坝或拦河闸，以增加泄洪能力。

2. 进水闸

进水闸控制引水流量。它有两种布置形式：

(1) 侧面引水。进水闸过闸水流方向与河流方向正交，如图 11—17 (a) 所示。这种取水方式，由于在进水闸前不能形成有力的横向环流，因而防止泥沙入渠的效果较差，一般只用于含沙量较小的河道。

(2) 正面引水。进水闸过闸水流方向与河流方向一致或斜交，如图 11—17 (b) 所示。这种取水方式，能在引水口前激起横向环流，促使水流分层，表层清水流入进水闸，而底层含沙水流则涌向冲沙闸排掉。

3. 冲沙闸

冲沙闸是多沙河流低坝引水枢纽中不可缺少的组成部分，它的过水能力一般应大于进水闸，冲沙闸底板高程应低于进水闸底板高程，以保证较好的冲沙效果。

4. 防洪堤

为减少拦河坝上游的淹没损失，在洪水期保护上游城镇、交通的安全，可在拦河坝上游沿河修筑防洪堤。

此外，若有通航、过鱼、过木和发电等综合利用要求时，尚需设置船闸、鱼道、筏道及电站等建筑物。

11.4.2 无坝引水

当灌区附近河流水位、流量均能满足自流灌溉要求时，即可选择适宜的位置作为取水口，修建进水闸引水自流灌溉，形成无坝引水。在丘陵山区，灌区位置较高，可自河流上游水位较高的地点 A 引水（见图 11—16 的 A 点），借修筑较长的引水渠，取得自流灌溉的水头。无坝取水具有工程简单、投资较少、施工容易、工期较短等优点，但不能控制河流的水位和流量，枯水期引水保证率低，且取水口往往距灌区较远，需要修建较长的干渠和较多的渠系建筑物，还可能引入大量泥沙，淤积取水口和渠道，影响正常引水。

无坝引水口位置选择应符合在河、湖枯水期水位能满足引取设计流量的要求；应避免靠近有支流汇入处；尽量将取水口布置在河岸坚实、河槽较稳定、断面较匀称的顺直河段，或主流靠岸、河道冲淤变化幅度较小的弯道凹岸顶点偏下游处，以便利用弯道横向环流的作用，使主流靠近取水口，引取表层较清的水，防止泥沙淤积渠口和进入渠道。弯道取水口具体位置可按下式计算：

$$L = KB\sqrt{\frac{4R}{B}+1}$$

式中：L——引水口至弯道段凹岸起点的弧长，单位：米；

K——系数，其值为 0.6～1.0，一般可取 0.8；

B——弯道段水面宽度，单位：米；

R——弯道段河槽中心线的弯曲半径，单位：米。

当地形受到限制而引水口必须在凸岸时，则应将渠道设在凸岸中点偏上游处。因该处环流较弱，泥沙较少，为了保证主流稳定，减少泥沙入渠，无坝引水渠首的引水比宜小于 50%，多泥沙河流上无坝引水的引水比宜小于 30%。

一般无坝引水渠首由进水闸、冲沙闸和导流堤三部分组成。进水闸控制入渠流量，冲沙闸冲走淤积在进水闸前的泥沙，而导流堤一般修建在中小河流中，平时发挥导流引水和防沙作用，枯水期可以截断河流，保证引水。渠首工程各部分的位置应相互协调，以有利于防沙取水为原则。四川都江堰工程的进水口正好位于岷江凹岸顶点的下游，整个枢纽包括用于分水的鱼嘴，用于导流的金刚堤，用于排沙、溢洪的飞沙堰等。它已经运行了 2 200 多年，是无坝引水的典范。

11.4.3 抽水取水

河流水量比较丰富，但灌区位置较高，修建其他自流引水工程困难或不经济时，可就近采取抽水取水方式，如图 11—16 中的 C 点。由于它无须修建大型挡水或引水建筑物，干渠工程量小，但增加了机电设备及管理和运行费用。在多泥沙河流中取水，除易产生淤积外，泥沙还会对泵体造成损坏等，设计时应采取必要的防治措施。

11.4.4 水库取水

当河流的流量、水位均不能满足灌溉要求时，必须在河流的适当地点修建水库进行径流调节，以解决来水和用水之间的矛盾，并综合利用河流水源。这是河流水源较常见的一种取水方式。采取水库取水能充分利用河流水资源，但必须修建大坝、泄水（溢洪道）和放水（放水洞）等建筑物，工程较大，且有相应的库区淹没损失，因此必须认真选择好建库地址。

上述几种取水方式，除单独使用外，有时综合使用多种取水方式，引取多种水源，形成蓄、引、提结合的灌溉系统。蓄引提结合灌溉系统主要由渠首工程、输配水渠道系统、灌区内部的中小型水库和塘堰以及提水设施等部分组成。

11.5 堤防工程规划

11.5.1 堤防的组成

堤防一般是用土料做成的，主要有以下几种：修在江河两岸的叫做江堤、河堤；修在海边的叫做海堤或者海塘；修在湖洼周围的叫湖堤、圩、垸；修在潭边的叫民垸。堤顶上的小堤叫子堤。堤防临河一面的边坡叫临水坡（或临河坡），背河的一面叫背水坡（或背河坡）。湖洼中间的隔堤，可以按方向来区分。堤防各部的名称如下：上面叫堤顶；侧面的叫边坡；边坡和堤顶相交的部分叫做堤肩；边坡和地面相交的部分叫做堤脚；地面以上的叫做堤身；压在堤身下面的叫堤基；堤两侧的地方叫堤根地或柳荫地；加强堤防邻水一面的平台部分叫前台；背水一面的平台部分叫后台。

11.5.2 堤防规划的原则

根据近期和远期的兴利防洪的要求，结合当地具体情况进行全面的规划，规划时必须遵守以下原则：

(1) 根据不同地段、不同河流和保护区在国民经济中的重要性，选定不同的防洪标准和堤防断面。

(2) 堤防的规划应与流域规划、地面的水利规划相结合，并成为规划的一部分。力求与其他的防洪措施相配合，只有这样才能有效控制洪水。

(3) 堤防的上下游、左右岸应该统筹兼顾，使堤防起到防洪安全的作用。

(4) 保证主要江河堤防不发生改道性决口，并确保广大农村、交通干线和城市的堤防不发生决口。

(5) 在堤防遭受到特大洪水袭击时，要顾全大局，确保重点，决定取舍的方案和措施，把洪水的灾害限制在最小的范围之内。

11.5.3 堤防设计

1. 拟定堤防防洪标准

根据堤防所保护地区的重要性、历史洪水灾害情况及政治影响等条件，拟定堤防防洪标准，具体见表 11—4：

表 11—4　　防洪标准

保护城镇	保护工矿区	保护农田面积（万亩）	防洪标准
特别重要的城市	特别重要的工矿区	>500	确保
重要的城市	重要的工矿区	100～500	>100
中等城市	中等工矿区	30～100	20～100
一般城市	一般工矿区	<30	10～20

注：对洪水泛滥后可能造成重灾害的一些城市、工矿区和重要粮食基地，其防洪标准可根据上表适当提高，或由国家做出专门规定。

交通运输及其他部门的防洪标准可参照有关标准的规定。

防洪标准较高的一时难以达到的可以采取分期提高的办法。

防洪标准也可以根据各省或各水系的特点，采用各省统一的标准，如长江中下游的地方，统一采用实际年法，即以 1954 年实际洪水位加安全超高 2 米作为长江干流的防洪标准。在滨海平原区，海堤以承担台风暴潮为主，表 11—5 列出广东省、福建省的海堤的标准以作参考。

表 11—5　　广东、福建的海堤的标准

广东省			福建省		
海堤等级	保护面积（万亩）	防御标准	海堤等级	保护面积（万亩）	海堤顶高的标准
1	>5	能抵御历史最高潮水水位加十级大风的风浪爬高	1	>5	能抵御历史最高潮水水位加十二级大风的风浪爬高加 0.5 米
2	1～5	能抵御历史最高潮水水位加九级大风的风浪爬高	2	1～5	能抵御历史最高潮水水位加十一级大风的风浪爬高加 0.3 米
3	0.1～1	能抵御历史最高潮水水位加八级大风的风浪爬高	3	0.1～1	能抵御历史最高潮水水位加十级大风的风浪爬高加 0.3 米
4	<0.1	能抵御历史最高潮水水位	4	<0.1	能抵御历史最高潮水水位加九级大风的风浪爬高

2. 堤防间距顶高程的确定

在确定的堤防标准中，如规定了某一个洪水位，则可以按下面的公式计算：

$$Z=H_{设计}+a+\Delta$$

式中：Z——堤顶高程

$H_{设计}$——设计洪水位

Δ——安全超高，一般取 1.0～1.5 米

a——波浪爬高

其中：

$$a=3.2KH_b\text{tg}\alpha$$

K——坡面粗系数，光滑面 K 为 1.0，干砌块石 $K=0.8$，抛石护坡$K=0.75$

α——堤的内坡与水平面的夹角

H_b——波浪高度

$$H_b=0.0208V^{\frac{4}{5}}D^{\frac{1}{3}}$$

V——最大风速（米/秒）

D——吹程（公里）

新修堤防或者堤防扩宽，则要考虑合理选择堤距的问题，对于同一洪水，采用不同的堤距及相应的堤高，都可以使其通过，但却有不同的技术经济效果。合理的规划必须拟定几个不同的堤距、堤高，经过严谨的技术经济比较，以确定不同的方案。

3. 堤防标准断面的确定

确定堤防标准断面要综合考虑堤防作用、堤高、堤基、当地材料、风浪、水流速度、交通要求等方面情况，选择确保安全、节约土石方量的断面式型和尺寸，一般做成梯面断面。

(1) 堤防边坡。堤防边坡主要决定土壤情况、堤高、高水位的持续时间和风浪的大小等，一般选择范围在 1∶3.0～1∶2.5 之间（参见表 11—6）。堤防的背水坡应当和临水坡相同或稍缓，有利于防止浸润溢出堤坡。

表 11—6 **堤防边坡表**

土类	迎水坡			背水坡		
	堤高 3 米以下	3～6 米	6～10 米	堤高 3 米以下	3～6 米	6～10 米
砂质黏土	1∶2	1∶2.5	1∶3	1∶2	1∶2.5	1∶3

续前表

土类	迎水坡			背水坡		
壤土	1∶2	1∶2.5	1∶3	1∶2	1∶2.5	1∶3
砂壤土	1∶2	1∶2.5	1∶3	1∶2	1∶2.5	1∶3
砂土	1∶2.5	1∶3	1∶3.5	1∶3	1∶3.5	1∶4

(2) 堤顶宽度。堤顶应有一定的宽度，以保证堤身稳定。如另有交通要求时，则按路面宽度的要求确定。各地一般采用的堤顶宽度如表11—7：

表11—7　　堤顶宽度参考表　　单位：米

堤高	<3	3～5	5～7	7～10	>10
堤顶宽	2～3	3～5	5～6	6～8	8～10

堤身高在5米以上和基础差的堤段，应在背水坡留2～3米宽的戗台。如结合居民点布置，戗台还要按居民点规划适当加宽。里塘外河的险段，应把戗台宽度加大。

11.5.4 堤防护坡岸工程

为了保持堤防的正常工作及保证堤防在洪水期不发生溃决，在堤防的邻水坡应该做一些必要的护坡岸工程，防止水流和风浪的冲刷及雨水的破坏作用，有的是由于整治河道的需要而采取这种措施。

护坡护岸工程应从河道的整治考虑，能在分析河床演变基本规律、掌握河势变化趋势的基础上，考虑弯道、分叉和顺直等不同河型特点及河流顶冲点变动范围，进行全面规划，合理布置，分年实施，力求使工程发挥控制作用。

堤防的护岸工程一般包括以下几种方式：

1. 草皮护坡

草皮护坡是最广泛的护坡方法。一般在非直接迎风顶浪的堤段，效果很显著。种草时间一般在春季，品种以巴根草、茴草最好。这里介绍网式和平式两种栽法，即把草皮切成宽8～9厘米，厚5～8厘米的条形，在坡堤上挖成小沟，沟宽9～10厘米，然后把条形草皮嵌入沟内，然后轻轻夯打一次，再洒水到潮湿程度。经过一个汛期后，坡面上就会长满0.2～0.3厘米长的护堤草。对防止坡面产生的雨淋沟有很好的作用（参见图11—18）。

2. 护坡

抛石护坡的优点是可以就地取材，施工简单，便于采取应急措施和应急抢

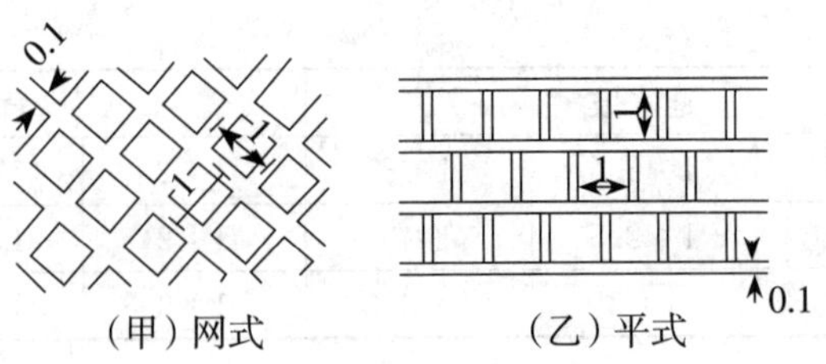

图 11—18　草皮护坡示意图

险，水能自动调整，适应河床变形，不影响整体。抛石护坡设计稳定坡度大致在 1∶3.0～1∶2.5 范围内，以护堤脚为主。抛石护坡工程在枯水期会遭受风浪的破坏作用，在洪水时期，易被水流冲走。因此，在决定抛石规格时，如果在水下抛石，应考虑流速大小来决定抛石的大小，一般石块直径为 0.3～0.5 米左右，但流速较大时，块石直径应该根据当时的具体情况来计算。

3. 块石护坡

为了考虑堤防边坡大小和风浪压力对块石护坡稳定的影响，块石直径不宜太小，当边坡为 1∶2 时，块石直径 D=0.5～0.4 米；边坡为 1∶3～1∶4 时，块石直径 D=0.4～0.3 米。为防止波浪淘刷坡面的土壤，减少波浪对块石的托力，干砌块石下加筑 10～20 厘米厚的垫层，垫层最好是由堤坡向外，由沙到碎石分层垫筑。为使坡面砌石不至于下滑，在坡脚作 1.0×10（m^3）的基槽。砌石顶部，一般要超过设计洪水位 1.0 米。其上要用土封顶，表面植草防冲（参见图 11—19）。

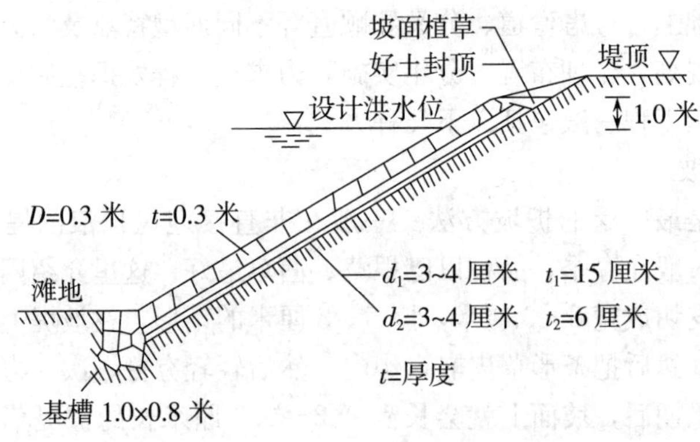

图 11—19　干砌块石护坡示意图

本章小结

本章主要介绍了土地利用详细规划中的水利用地规划，其中主要包括水利工程用地的类型和等级，水利工程的等别；水库规划的内容和目的，水库坝址的选择，水库的特征曲线，水库特征水位和库容；灌溉渠道系统组成及规划程序，灌溉渠系规划布置，干、支渠系的规划布置，斗、农渠系的规划布置，田间渠系布置，田林路布置；有坝引水组成，无坝引水组成，抽水取水，水库取水；堤防的组成，堤防的规划原则，堤防设计，堤防护坡岸工程等内容。

关键术语

水库工程规划　　灌溉渠道系统规划　　引水工程规划　　堤防工程规划

复习思考题

1. 水库规划的内容和目的是什么？
2. 水库坝址的选择应该考虑哪些问题？
3. 在平原型灌区，如何规划布置干、支渠系？
4. 引水方式有哪些？
5. 在进行堤防工程规划时，要遵守哪些原则？

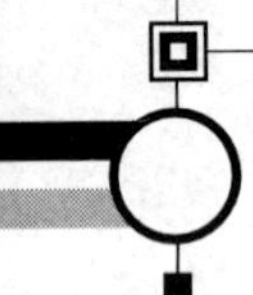

第12章

土地用途管制

12.1 土地用途管制概述

12.1.1 土地用途管制的定义

19世纪末期开始出现土地用途管制制度，于20世纪四五十年代成为大多数国家管理土地的手段，并发挥了积极的作用。由于我国长期以来实行“分级限额审批”的用地管理制度，用地审批权大部分集中在市、县，市、县作为相对独立的利益主体，为了本地区的经济发展，大量征地、出让土地，不重视耕地保护，只考虑局部利益。随着工业化、城市化进程的不断加快，建设用地和农地之间的利益差导致大量农地非农化，耕地面积锐减。针对这一形势，中共中央、国务院在1997年发出《关于进一步加强土地管理切实保护耕地的通知》，明确了将土地用途管制和保护耕地作为土地管理的根本任务。保护耕地的主要途径是实行严格的土地用途管制制度。1998年修订的《中华人民共和国土地管理法》总则第四条规定：国家实行土地用途管制制度，这为土地用途管制提供了法律依据。

土地用途管制制度是指国家为保证土地资源的合理

利用，促进经济、社会和环境的协调发展，通过编制土地利用规划，依法规定土地用途，明确土地使用条件，并要求土地所有者、使用者必须严格按照规划确定的用途和条件使用土地的强制性管理制度。土地用途管制制度是目前世界上土地管理制度较为完善的国家和地区广泛采用的土地管理制度，对合理利用土地资源和保护耕地等起着重要作用。

我们可以从以下几个方面理解土地用途管制：

(1) 土地用途管制是一种约束机制，防止土地资源的浪费和违法占用，保证土地资源的可持续利用，促进经济、社会、环境的协调发展。土地用途管制是一种可以解决市场经济中的市场失灵的政府管制。

(2) 土地用途管制划定的具体用途必须经过一定的科学程序和法定程序，它是一种法定用途，具有法律意义，它是符合各级土地利用总体规划及与其对应的详细规划要求的用途。

(3) 在符合土地利用规划的前提下，土地用途由一种用途变成另一种用途时，必须由土地使用者提出书面申请，经土地管理部门依法审查并获批准，领取土地用途变更许可证，办理土地用途变更登记等手续后，才能把土地用途从一种用途变更到另一种用途。

(4) 如果土地使用者未经批准擅自改变土地用途以及国家机关工作人员和有关管理部门非法批准改变土地用途，则将受到经济、行政和法律的处罚。

12.1.2 土地用途管制的特点

1. 强制性

“管制”一词来源于英文的 regulation 或 regulatory constraint，管制是由行政机构制定并执行的直接干预市场配置机制或间接改变企业和消费者的供需决策的一般规则或特殊行为。管制就是强制性的管理；土地用途管制就是国家依据土地利用规划对土地使用上的限制和对土地用途转变的许可、限制许可或不许可做出的规定，并通过法律或行政手段进行约束的强制性措施。

2. 整体性

规划区域内的全部土地资源是土地用途管制的对象，要把规划区域内的土地资源作为一个整体来考虑，统筹安排社会各行业、各部门和各个土地使用者的需求，使土地利用系统的整体功能最佳，综合安排土地资源的开发和利用。

3. 行政性

各级人民政府是实行土地用途管制的主体。这种权力是国家对城乡地政的统一管理权和公共事务管理权衍生出的管制权，而不是土地所有权。代表国家长远和全局利益的人民政府通过各级土地利用规划来确定土地用途，因此，必须由各级政府来实行土地用途管制，各级政府的土地管理部门具体代表政府行使用途管制权力。

4. 法律性

一旦土地利用规划批准，土地用途也就确定了，即具有法律效力，必须严格执行。任何单位和个人都必须按规定用途使用土地，否则就属违法行为，要承担法律的责任。

12.1.3 土地用途管制与土地利用规划的关系

实施土地用途管制的依据是土地利用规划，落实土地利用规划的手段和措施是用途管制规则。土地利用规划的编制和实施的前提是建立有效的土地用途管制制度。土地利用规划就是在土地利用结构调整的基础上，划分土地用途区，落实用地布局。土地利用分区的主导用途是管制的重点，也是规划确定的土地利用方向。同时鼓励次要用途向主导用途转变，也可暂时维持现状，但不能变为其他用途。

土地用途管制制度是实施土地利用规划的基本法律手段，并且可以实现土地利用规划的法律地位。按照土地用途管制制度的规定，使用土地的个人和单位必须严格按照土地利用总体规划确定的用途使用土地。规划未经批准的或未经规划的地区，不得擅自改变土地利用现状。另外，实行土地用途管制制度，就要求交通用地规划、水利用地规划、林地规划、城市规划等专业规划应服从土地利用总体规划，通过各个专业规划的实施来保证土地利用总体规划的全面实施。

12.1.4 土地用途管制的内容

土地用途管制的内容主要包括：按用途对土地进行合理分类，通过土地利用规划规定每个用途区的土地用途和土地使用条件，规定其主导用途和允许用途，通过土地登记注明土地用途，对用途变更实行审批许可制，实行土地利用监督管理，对违反土地利用规划的行为严格查处等。

实现土地用途管理的关键是农用地转用许可。任何建设项目占用土地，首先都要依据土地利用总体规划进行审查，占用农用地必须获得农用地转用许可后，建设项目才能批准立项；占用农用地不符合土地利用总体规划和土地用途分区规划的，不予颁发许可证，建设项目不能立项。

规划许可证是各项土地用途实现转变的法律凭证，也就是说，规划许可证是行政许可机关赋予许可证持有人一定权利和权能的证明，同时，许可证也为许可证持有人或单位使用许可证的活动设定了范围，使用许可证必须严格按照许可证上标明的范围、方式、期限和其他事项进行，不得超越和违背。

实际上，我国土地用途管制的根本目的在于盘活存量建设用地，控制建设对耕地资源的浪费性占用，确保耕地总量动态平衡目标的实现。因此，土地用途管制的核心是耕地总量控制制度，这是中国特色的土地用途管制制度。耕地总量的控制指标是在预测未来社会经济发展对用地需求和人口增长对农副产品的需求后，根据区域内耕地可持续补充的能力，确定本地区需要保持的耕地量和分阶段控制总量以及各阶段可转移（可供）耕地数量，并通过编制详细规划，对耕地的保护、利用和转移实行分阶段的管制。要实现这样的目标，必须按照划定土地用途分区的土地利用规划，重点抓好非农用地的管制和农用地的管制。

1. 非农用地的用途管制

非农用地用途管制的重点是非农建设用地的用途管制，主要包括增量非农业建设用地的用途管制和存量非农业建设用地的用途管制，其中增量非农业建设用地的用途管制与农用地许可转移管制密不可分。

存量土地的用途管制是指存量建设用地土地利用结构调整和土地利用方式置换的管制，实际上就是盘活存量建设用地。存量建设用地主要指非农业建设闲置或低效利用，在现有经济技术条件下，可挖潜利用的土地，包括破产、停产、半停产企业用地、征而未用、占而未用闲置土地以及城镇内部因规划调整可挖潜改造、利用的土地等。加强对这类土地的管制，对控制和减少项目建设新占土地，特别是新占耕地，提高土地利用效率和效益，实现土地资源的优化配置具有十分重要的意义。

存量土地的用途管制同样要依据土地利用总体规划和城市规划。存量土地的用途管制的对象主要有以下几方面：

（1）土地使用用途因用地功能的改变而发生的调整，如旧城改造、污染企业搬迁、退二进三等。

（2）因土地资产处置方式发生变化的调整，如划拨土地入市、企业改制土地资产处置等。

（3）土地使用用途和方式因土地使用、经营方式的改变而发生的调整，如原地翻建等。

（4）利用不充分或闲置土地的再利用。

2. 农用地管制

根据国际上通行的农用地管制的内容和需求，农用地管制实际上是农用地转移的管制，即对农用地利用现状的改变设定一定的限制条件。借鉴国外的经验，结合我国的实际情况，农用地管制可分为许可转移管制和限制转移管制两类。

（1）许可转移管制。许可转移管制就是根据规划的布局，在一定的条件限制下，允许一部分农地进行规定用途的转用。这类管制包括三种情况：一是农用地内部转移制，这主要是耕地向其他农业生产用地的转移；二是农用地向非农用地的转移管制；三是耕地后备资源的开发转移管制。

（2）限制转移管制。限制转移管制是指依据土地利用总体规划，划定一定数量的农用地主要是耕地作为特殊保护的区域严格加以管制。目前我们在农用地中划定的基本农田保护区就属于这一类性质的用途区域。对这类特殊保护的区域，不得进行任何形式的转用，若要转用，必须履行严格而又特殊的审批程序，并必须缴纳高额补偿费用以再造同等数量、质量的农地，以保持农用地保有量的平衡和稳定。

农地内部转移一直比较放任，没有具体的约束和引导，这种转移已是农户的一种自主行为，或者说这种转移是市场经济作用的结果。中国加入 WTO 以后，农业不可避免地受到冲击，农业内部种植业结构的调整不可避免，因此，对农用地内部转移设置过多的管制要求既不现实也无必要，只要把握一个大的原则，那就是只要不破坏农用地的耕作层，农用地内部转移的管制可适当放松。所以，农用地许可转移管制的重点应放在农用地向非农用地的转移管制和耕地后备资源的开发转移管制上。

1）农用地向非农用地的转移管制。这类管制主要是依据土地利用总体规划来进行，操作步骤如下：第一，依据土地利用总体规划，确定可转移的农用地的数量，在空间区位上予以明确。第二，根据可转用的农用地的总量，制定土地利用年度计划，依据计划批准建设项目的用地申请。第三，根据土地利用总体规划和土地利用年度计划加强对占用农用地的建设项目的审查。第四，依据建设项目占用农用地的数量，制定开发复垦整理计划，以确保本区域的耕地总量的动态平衡。

2）耕地后备资源的开发转移管制。根据土地利用总体规划中的开发复垦和土地整理的规划，依照有关规定组织耕地后备资源的开发复垦，建设项目的“占一补一”的补偿耕地的开发复垦要与农用地向非农用地的转移管制一起实施，并加强开发复垦的项目管理。

除此之外，对未利用土地也要实行用途管制。要说明的是，此处的未利用地用途管制指的是未利用地经开发成为何种用途的土地要科学合理，符合经济、生态环境的要求，而不是盲目的开发。

12.2 土地用途管制规则

12.2.1 土地用途管制规则定义

土地用途管制规则是在划分土地利用区，明确各区的土地用途的基础上，对土地使用和用途变更做出的限制、许可或限制性许可的条款，是实行土地用途管制的直接依据。

12.2.2 各类土地用途区管制规则

1. 农地区土地用途管制规则

(1) 农地区土地用途管制规则通则：

1) 区内农用地不得闲置、荒芜。应培肥地力，防止污染，保证其质量不降低，并不断提高其质量。与土地有关的其他自然资源（植物、水）的利用，不应当造成农业用地面积缩小及土质恶化和肥力下降。

2) 鼓励区内影响农业生产的其他用地或现状用途不适宜的其他用地，逐步搬迁，调整到适宜的土地用途类型区。

3) 因特殊需要，允许在本区内安置或建造天然气加压站、天然气管道、高压线及塔基、变电站、地下管线等小型公共基础设施和水井、油井等的钻勘建设。

4) 不允许在区内建窑、建房、建坟或者擅自挖沙、采石、取土、堆放固体废弃物。

(2) 基本农田保护区土地用途管制规则细则：

1) 依据《基本农田保护条例》等有关法律规定的保护措施来保护基本农田保护区内耕地。

2) 不允许在基本农田保护区内进行城镇、村镇、开发区、工业小区建设，不得安排新建非农建设项目；国家能源、交通、水利等重点建设应尽量避开基本农田保护区；各类非农业建设用地因特殊情况确需占用基本农田保护区内的农用地的，按照《基本农田保护条例》进行审批。

3) 允许区内零星的农业建筑用地、水利设施用地、交通用地、水源地、古迹保存用地和特定生态用地，以及用于基本农田和为其服务的农田水利、农田防护林和农业建设用地。区内现有其他各类非农建筑物、构筑物不允许改建或扩建，鼓励其搬迁。建筑物、构筑物废弃拆除的，其土地要及时复垦为基本农田。

4) 允许区内现有其他零星用地，鼓励进行整治转变为基本农田。

5) 各地区基本农田保护率必须达到80%以上。

6) 合理利用耕地资源，保证基本农田保护区内基本农田达到土地产出率标准（基本农田土地产出率标准根据地方实际确定）。

(3) 基本草牧场区土地用途管制规则细则：

1) 依据《草原法》等有关法律规定的保护措施来保护基本草牧场区内草地。

2) 基本草牧场区内土地主要供畜牧业生产及其服务设施使用。不允许在基本草牧场区内建设任何非畜牧业生产设施及服务设施。需建设畜牧业生产及服务设施的，应按有关法律规定批准，不得任意占用基本草牧场区内土地。

3）允许在基本草牧场区内设置有关畜牧业生产及服务的农业建筑用地、水利设施用地、交通用地、水源地、古迹保存用地和特定生态用地。基本草牧场区内现有其他各类非农建筑物、构筑物不允许改建或扩建，应尽早搬迁。建筑物、构筑物废弃拆除的，其土地要及时种植植被。

4）允许在基本草牧场区内保存现有其他零星的农用土地，鼓励向本区主导用途转变。

5）不允许任何单位或者个人非法开垦基本草牧场区内草地，不得破坏草原植被。已经开垦的应责令责任者恢复植被，退耕还草。

6）任何单位或者个人到基本草牧场区内割灌木、挖药材及经济作物、捕猎、采土、采沙、采石等作业活动，兴建临时性生产设施，应征得草原使用者的同意，报县级以上人民政府农牧行政部门批准。

7）县、乡人民政府应当合理划定基本草牧场区内道路，设立标志，加强管护。机动车辆不得离开道路行驶，碾压草原。

8）合理利用草地资源，保证基本草牧场区内基本草牧场达到土地产出率标准（基本草牧场土地产出率标准根据地方实际确定）。

（4）一般农地区土地用途管制规则细则：

1）一般农地区的土地主要用于农业生产及直接为农业生产服务，不得擅自转变用途。允许一般农地区内设置农业建筑用地、水利设施用地、交通用地、水源地、古迹保存用地、水产养殖用地、特定生态用地。控制一般农地区内的农用地转为建设用地。不得随意占用或荒芜农用地，经批准可以为各项建设占用。

2）按有关法律规定，允许一般农地区内安排不适宜集中于建设用地区的非农建设，如零星的农村居民点用地、居住建筑用地、工矿建筑用地、旅游用地、军事用地、墓地、盐田等。

3）鼓励农业结构调整，进行农业生产格局调整，发展油料、花木、瓜菜、桑茶、特色产品等其他经济作物及挖塘发展水产养殖及种植多年生林果等经济作物。

4）允许在一般农地区内，将生产能力低、生产条件差的一般耕地改为草场，种植牧草或饲料作物，建造临时性畜牧场和饲养场，发展畜牧业。

5）不允许在风沙区、陡坡地、水土流失区以及规定的禁止开垦区内开垦耕地、林地和草地。已经开垦并造成土地沙化或者严重水土流失的，县级以上地方人民政府应当限期封闭，责令责任者恢复植被。

6）鼓励一般农地区内过度开垦、围垦的地区和其他生态脆弱地区的陡坡地退耕还林、还草、还湖。

2. 林地区土地用途管制规则

（1）林地区土地用途管制规则通则：

1）依据《森林法》等有关法律规定的保护措施来保护林地区内的林地。

2）禁止毁林开垦和毁林采矿、采砂、采土、采石、采种、采脂，禁止违反操作技术规程采脂、挖笋、掘根、剥树皮及过度修枝等其他毁林行为，以及一切非林业活动。禁止在幼林地和特种用途林内砍柴、放牧。

3）因特殊需要，允许在本区内安置或建造天然气加压站、天然气管道、高压线、变电站、地下管线等小型公共基础设施和水井、油井等的钻勘建设。

4）严禁各类建设占用各类生态林与生产林用地。

5）鼓励将林地区内破坏环境或影响林业生产的其他用地或现状用途不适宜的用地类型，调整到适宜的土地用途类型区。

（2）生态林区土地用途管制规则细则：

1）生态林区主要用于防护林和环境保护林建设及其服务设施使用，不允许擅自转变用途。

2）禁止在生态林区内进行生产性采伐，允许抚育和更新性采伐，保护生态林区生态环境，防止水土流失。运用各种护林措施，不断提高生态林区内森林的生态功能，生态林区植被覆盖率要求达到80%以上。

3）允许生态林区用于林业保护的林业建筑用地、水利设施用地、交通用地、水源地、古迹保存用地和特定生态用地。生态林区内现有其他各类非农建筑物、构筑物不允许改建或扩建，应尽早搬迁，逐步退出。建筑物、构筑物废弃拆除的，其土地要及时植树造林。

4）确需建设林业生产服务设施（包括培育、生产种子、苗木的设施，储存种子、苗木、木材的设施，集材道、运材道，林业科研、试验、示范基地，野生动植物保护、护林、森林病虫害防治、森林防火、木材检疫的设施），必须经过有关主管部门批准。修筑其他工程设施的，需将林地转为非农业建设用地的，必须依法办理建设用地审批手续。占用或征用防护林林地或者特种用途林10公顷以上者，报国务院有关主管部门审核，低于10公顷者，由省、自治区、直辖市人民政府有关主管部门审核。

5）为保证生态林区的公共价值，在区内限制土地使用者的权利，土地使用者必须固定生产生活活动范围，在不破坏自然资源的前提下，从事现状用地的种植业、养殖业。

6）允许生态林区内现有其他零星的除生产林外的农用土地，鼓励其逐步退出。

7）生态林的经营者有获得生态效益补偿的权利。

（3）生产林区土地用途管制规则细则：

1）生产林区内的土地主要为林业生产需要及其服务设施使用，不允许擅自转变用途。保护生产林区生态环境，合理采伐，防止水土流失。生产林区的森林必须按有关主管部门制定的年森林采伐限额进行采伐。

2）禁止擅自砍伐森林。禁止擅自损害和毁坏防护林、禁伐林带、幼林和人工林。运用各种护林措施经营和发展森林，不断提高生产林区内木材生长率。

3）允许生产林区内的有关林业生产的建筑用地及水利设施用地、交通用地、水源地、古迹保存用地和特定生态用地。生产林区内现有其他各类非农建筑物、构筑物不允许改建或扩建，鼓励其搬迁，逐步退出。建筑物、构筑物废弃拆除的，其土地要及时植树造林。

4）确需建设林业生产服务设施的，必须经过有关主管部门批准。修筑其他工程设施的，需将林地转为非农业建设用地的，必须依法办理建设用地审批手续。占用或征用用材林、经济林、薪炭林林地及其采伐林地面积35公顷以上者，其他林地面积70公顷以上者，报国务院有关主管部门审核；低于上述规定者，由省、自治区、直辖市人民政府有关主管部门审核。

5）允许生产林区内安排不适宜集中于建设用地区的非农建设。

6）允许生产林区内现有其他零星的农用土地，鼓励其逐步退出。

7）生产林的经营者，依法享有经营权、收益权和其他合法权益。

8）合理利用林地资源，保证生产林区内生产林达到产出率标准（生产林产出率标准根据地方实际确定）。

3. 城镇建设区的土地用途管制规则通则

（1）依据《城市规划法》、《城市房地产管理法》等有关法律规定的管理和保护措施进行城镇建设区内土地的利用，允许高密度土地利用行为。

（2）城镇建设区内的土地主要用于城镇建设和开发区建设及相关配套的公共设施与公益事业的建设，严格执行城镇总体规划及分区规划。

（3）城镇建设必须贯彻城镇用地外延扩展与内部挖潜相结合的原则，严格执行《城市用地分类与规划建设用地标准》。

（4）区内人均建设用地标准不超过土地利用总体规划所确定的人均城镇建设用地标准。

（5）区内居住、工业、道路广场和绿地四大类主要用地人均指标分别控制在18～28平方米/人、10～25平方米/人、7～15平方米/人和不小于9平方米/人。

居住、工业、道路广场和绿地四大类主要用地比例分别控制在20%～32%、15%～25%、8%～15%和8%～15%。

(6) 充分利用现有建设用地和空闲地，确需扩大的，应当首先利用非耕地或劣质耕地。原有农用地可随建设用地的开发逐步退出。禁止破坏和荒芜土地，废弃撂荒土地，能耕种的必须及时恢复耕种。禁止建设占用规划确定的永久性绿地、菜地和基本农田。

(7) 在进行城镇建设规划发展区内土地开发利用时，首先保证配套的公共基础设施的建设，以公共设施的配置来引导土地开发利用的区位与时序。

(8) 因特殊需要，允许在本区内安置或建造天然气加压站、天然气管道、高压线、变电站、地下管线等小型公共基础设施和水井、油井等的钻勘建设。

(9) 保护和改善城镇生态环境。区内土地利用符合城市环境质量标准和噪声标准。

4. 乡村建设区的土地用途管制规则通则

(1) 依据《村镇规划法》等有关法律规定的管理和保护措施进行乡村建设区内土地的利用。乡村建设区内的土地主要用于村镇居民住宅、乡（镇）村企业、乡（镇）村公共设施和公益事业等建设，严格执行村镇规划。

(2) 乡村建设区内的建设用地规模应当逐步缩小，严格执行村镇规划标准(GB50188—93)，村镇建设用地控制在国家规定的用地标准之内。

(3) 乡村居民每户只能有一处不超过标准的宅基地。人均村镇建设用地标准控制在50～150平方米/人。新建村镇其人均建设用地标准控制在80～100平方米/人。聚居人口平原地区大于1 000人、山区大于500人的，如居民点内现有空地不能满足未来5年人口增长需要，按人均建设用地标准增加用地。所增加的乡村建设用地应当就近增划，尽可能利用劣质土地，不占耕地。新增乡村建设用地标准为：人均耕地小于1亩的地区，人均乡村建设用地不高于80平方米；人均耕地大于或等于1亩的地区，人均乡村建设用地不高于100平方米。

(4) 区内居住、公共、道路广场和绿地四大类主要用地比例：中心镇分别控制在30%～50%、12%～20%、11%～19%和2%～6%；一般镇分别控制在35%～55%、10%～18%、10%～17%和2%～6%；中心村分别控制在55%～70%、6%～12%、9%～16%和2%～4%。

(5) 村镇建设除拆村并点等建设外，不得新增建设用地；村镇建设必须充分利用旧宅基地、空闲地和废弃地。鼓励通过土地整理，将其他用地区内零星分布的村庄和乡镇村企业，向乡村建设区内集中。严禁在乡村建设区以外新增用地用于村镇建设。确需扩大的，应当首先利用非耕地和劣质耕地。

(6) 在进行乡村建设规划发展区内土地开发利用时，首先保证配套的公共基础设施的建设，以公共设施的配置来引导土地开发利用的区位与时序。

(7) 原有农用地可随建设用地的开发逐步退出。禁止破坏和荒芜土地。废弃撂荒土地，能耕种的必须及时恢复耕种。

(8) 因特殊需要，允许在本区内安置或建造天然气加压站、天然气管道、高压线、变电站、地下管线等小型公共基础设施和水井、油井等的钻勘建设。

(9) 保护和改善村镇环境，防止水土污染。区内土地利用符合环境质量标准和噪声标准。

5. 工矿建设用地区的土地用途管制规则

(1) 工矿建设用地区的土地用途管制规则通则：

1) 工矿建设用地区内的土地主要用于工矿生产建设及直接为工矿生产服务。鼓励其他零星分布的工矿企业向工矿建设用地区集中，提高土地生产效益。

2) 工矿建设用地区建设规模应当按照工矿建设用地区行业用地标准定额严格控制。在进行工矿建设用地区内土地开发利用时，首先要保证配套的公共基础设施的建设，以公共设施的配置来引导土地开发利用的区位与时序。

3) 因特殊需要，允许在本区内安置或建造天然气加压站、天然气管道、高压线、变电站、地下管线等小型公共基础设施和水井、油井等的钻勘建设。

4) 工矿建设用地区内现有农用地，在建设占用以前，不允许擅自改变用途。原有农用地可随建设用地的开发逐步退出。禁止破坏和荒芜土地。废弃撂荒土地，能耕种的必须及时恢复耕种。

5) 工矿建设用地区内不允许进行城镇用地、农村居民点用地、旅游用地的开发，不允许水源地和墓地用途。

6) 改善工矿企业环境，防止水土污染。工矿区内土地利用要符合工矿企业环境质量标准和噪声标准。

7) 工矿建设用地区内必须加强土地生态环境的建设，保证不少于8%的绿地。

(2) 工业用地区土地用途管制规则细则：同工矿建设用地区的土地用途管制规则通则。

(3) 矿业用地区土地用途管制规则细则：

1) 开采矿产资源，应当节约用地。矿业用地区内生产建设过程因挖损、塌陷、压占等造成破坏的土地，应及时复垦，恢复利用，新开发土地其土地复垦率应达到100%，宜农土地应当首先复垦为耕地；原已开发的土地必须逐步复垦。

2) 开采矿产资源，必须遵守有关环境保护的法律规定，防止污染环境。

3）禁止任何单位和个人进入他人依法设立的国有矿山企业和其他矿山企业矿区范围内采矿。

4）关闭矿山前，必须对破坏和废弃土地进行复垦利用，土地复垦利用应与当地农民耕作和发展多种经营相结合，应与改造农田、改良土壤相结合，还应与保护环境、美化环境相结合。

6. 自然保护区的土地用途管制规则

（1）自然保护区的土地用途管制规则通则：

1）自然保护区内的土地依据《自然保护区条例》和《自然保护区土地管理办法》、《环境保护法》等法律、法规保护区内自然环境和自然资源。严格执行自然保护区总体规划。

2）自然保护区土地为环境保护、科学研究和文化教育的目的，主要用于有代表性的自然生态系统、珍稀濒危野生动植物物种的天然集中分布区、有特殊意义的自然遗迹等保护对象所在的陆地、陆地水域的保护，禁止作经济之用。不允许在区内进行任何经营活动。只允许在对其进行科学研究工作的计划范围内进行勘察。

3）不允许在区内进行开垦、开矿、采石、挖沙、砍伐、放牧、涉猎、捕捞、采药、烧荒等有碍于保护目的的各种土地利用活动。但是，法律、行政法规另有规定的除外。

4）为保证自然保护区的公共价值，在区内限制土地使用者的权利，土地使用者必须固定生产生活活动范围，在不破坏自然资源的前提下，从事现状用地的种植业、养殖业。

5）不允许在区内及外围保护地带建立污染、破坏或者危害区内自然环境和自然资源的设施。

6）自然保护区内的土地受到破坏并能够复垦恢复的，有关单位和个人应当负责复垦，恢复利用。

7）区内影响自然环境和自然资源保护的其他用地或现状用途不适宜的其他用地，应按要求调整到适宜的用途类型区。

（2）核心区土地用途管制规则细则：

1）任何人不允许进入其核心区。确需进入者，需经有关部门批准。

2）不允许在核心区建设生产设施和与自然保护区无关的人为设施，原有生产、开发活动应逐步停止。

3）不允许在核心区建设交通设施，不允许机动车进入核心区。

（3）外围区土地用途管制规则细则：

1）外围区用于自然保护的科研观测教学活动、珍稀动植物的驯化繁育和适度参观考察、旅游，不允许其他一切生产、开发活动；原有生产、开发活动应逐步停止。

2）允许在外围保护地带的古迹保存用地、水利设施用地、交通用地和水源地。

7. 风景名胜旅游保护区土地用途管制规则通则

（1）风景名胜旅游保护区内的土地必须服从保护需要，严格执行《风景名胜区管理暂行条例》、《环境保护法》、《文物保护法》等有关法律法规和风景名胜旅游保护区总体规划。

（2）风景名胜旅游保护区内土地主要用于游览、观赏、休息和进行科学文化活动。严格限制有碍于风景名胜旅游保护的各种土地利用活动。

（3）风景名胜旅游保护区内影响自然与人文景观保护的其他用地或现状用途不适宜的其他用地，应按要求调整到适宜的用途类型区。

（4）在对居民的休养具有重要意义的地区，国民经济各部门应互相协调对风景的多次利用，以维护或提高风景的休养用价值。风景名胜旅游保护区的开发、保护和发展特别应当按照规划原则同国防任务以及同保护海岸、开采水源、自然保护和建设疗养、休养区相协调。

（5）允许进行适度的为旅游业服务的建设。任何单位和个人在风景名胜旅游保护区内占用土地，建设其相关旅游设施都要经土地管理部门和风景名胜区管理机构按规划进行审查同意，按有关规定审批。严格控制风景名胜旅游保护区内的建设规模。

（6）严格保护风景名胜旅游保护区内的一切景物和设施。在风景名胜旅游保护区及外围保护地带内的各项建设、土地利用，都不得破坏和随意改变景观、污染环境、妨碍游览；在游人集中的游览区内，不得建设宾馆、招待所，以及休养、疗养机构；在珍贵景物周围和重要景点上，除必需的保护和附属设施外，不得增建其他工程设施。在风景名胜旅游保护区及外围保护地带内不得建设工矿企业、铁路、站场、仓库、医院等同风景和游览无关或破坏景观、污染环境、妨碍游览的单位和设施。按规划建设的各项设施，其布局、高度、造型和色彩等，都必须与周围景观和环境相协调。

（7）原有农用地可保持现状（须生态退耕的除外）。

（8）风景名胜旅游保护区的地貌必须严加保护。严禁开山采石、挖沙取土等经营活动。风景名胜旅游保护区内维护工程必须就地取用的沙石料，应在不破坏地貌的前提下，由地方主管部门安排适当地点，限量采取。

(9) 为保证风景名胜旅游保护区的公共价值，限制个人拥有风景名胜旅游保护区土地的产权。

8. 专用区土地用途管制规则

(1) 军事用地区土地用途管制规则：

1) 军事用地区内土地主要用于军事目的、军事设施用地（不含地下矿藏、文物和其他埋藏物）和根据军事需要设立的军事禁区。

2) 军事用地区系国有土地，军队只有使用权。国家法律保护军事设施用地的使用权限。划归军队使用的土地及土地上的设施、物产，任何单位和个人不得强行占用。用于军事设施用地的土地使用权，其权属不得改变，如改变须经国务院、中央军委批准。

3) 军事用地区必须保护环境，有计划扩大绿化植被面积，防止水土流失。采伐林木时，应严格按照国家和军队有关法规执行。

4) 因特殊需要，允许在本区内安置或建造天然气加压站、天然气管道、高压线、变电站、地下管线等小型公共基础设施和水井、油井等的钻勘建设。

(2) 水源地保护区土地用途管制规则：

1) 水源地保护区土地主要用于保护水资源所必要的公有水面以及保护和改善江、河、湖、泊源头的生态环境。严格限制有碍于水源地保护的各种土地利用活动。

2) 禁止围湖造田、围海造田。禁止向一切水域倾倒垃圾和废渣。保护水环境，保证区内水质符合规定用途的水质标准。

3) 禁止对具有重大经济价值的鱼类产卵场所的湖泊、河流沿岸的树木进行采伐。

4) 责成各用水单位采取必要的措施，合理利用水资源并保持其适宜的状况以及保护水体和水利设施。

5) 不得污染和淤塞河流、湖泊、池塘、排灌渠道和其他水域。

6) 禁止在水源地保护区内建立污染、破坏或者危害水资源环境的设施。已经建立的设施，其污染物排放超过规定排放标准的，应当依法限期治理、搬迁或关闭。在水资源保护区内一切向水域排放污染物的企业，都应建立净化设施并改为循环用水。

7) 原有农用地可保持现状（须生态退耕的除外）。

8) 因特殊需要，允许在本区内安置或建造天然气加压站、天然气管道、高压线、变电站、地下管线等小型公共基础设施和水井、油井等的钻勘建设。

(3) 环境敏感特别保护区土地用途管制规则：

1）环境敏感特别保护区土地主要用于水土流失治理、地质灾害防治和防、行、蓄、滞、洪等保护和改善生态环境，禁止开发利用、擅自转变用途。

2）严格限制有碍于环境敏感特别保护区保护目的的各种土地利用活动。

3）严禁在风沙区、陡坡地、水土流失区内规定的禁止开垦区内开垦林地和草地。已经开垦并造成土地沙化或者严重水土流失的，县级以上地方人民政府应当限期封闭，责令责任者恢复植被，退耕还林还草。

4）禁止在荒漠、半荒漠地区以及严重沙化、盐渍化、水土流失的林地、草地，砍挖植被和进行其他任何破坏生态环境的活动。

5）控制环境敏感特别保护区内土地转变用途，不得随意占用，经批准可以为各项建设占用。需要建设农业生产设施的，应按有关法律规定批准。

6）原有农用地可保持现状（须生态退耕的除外）。

7）因特殊需要，允许在本区内安置或建造天然气加压站、天然气管道、高压线、变电站、地下管线等小型公共基础设施和水井、油井等的钻勘建设。

8）保护和培肥地力，防止环境污染。防止土地沙化、退化和水土流失。

9）鼓励环境敏感特别保护区内影响生态环境保护或现状用途不适宜的其他用地，调整到适宜的用途类型区。

表 12—1　各类用途区规定主导用途、非允许用途和零星用地允许用途表

	农地区			林地区		城镇建设区	乡村建设区	工矿建设区		自然保护区		风景名胜旅游保护区	专用区		
														环境敏感特别保护区	
	基本农田保护区	基本牧区	一般农地区	生态林区	生产林区			工业用地区	矿业用地区	核心区	外围区		军事用地区	水源地保护区	脆弱生态环境特别保护区
基本农田	△	○	√	○	○	×	×	×	×	×	×	×	×	×	×
种植园地	√	○	√	○	○	○	○	○	○	○	○	√	√	√	√
生态林地	√	√	√	△	○	√	√	√	√	△	△	△	√	√	√

续前表

	农地区			林地区		城镇建设区	乡村建设区	工矿建设区		自然保护区		风景名胜旅游保护区	专用区		
														环境敏感特别保护区	
	基本农田保护区	基本牧区	一般农地区	生态林区	生产林区			工业用地区	矿业用地区	核心区	外围区		军事用地区	水源地保护区	脆弱生态环境特别保护区
生产林地	○	○	√	○	△	×	×	○	○	×	×	×	√	○	×
基本草场	○	△	√	○	○	×	×	×	×	×	×	×	×	×	×
一般农用地	○	○	△	○	○	○	○	○	○	○	○	√	√	√	√
特定生态用地	√	√	√	√	√	√	√	√	√	√	√	√	√	√	△
城镇用地	×	×	×	×	×	△	×	×	×	×	×	×	×	×	×
农村居民用地	×	×	√	×	√	×	△	×	×	×	×	○	○	×	×
独立工矿建筑用地	×	×	√	×	√	○	○	△	△	×	×	○	×	×	×
农业建筑用地	√	√	√	√	√	○	○	○	○	×	×	○	○	×	×

续前表

	农地区			林地区		城镇建设区	乡村建设区	工矿建设区		自然保护区		风景名胜旅游保护区	专用区		
														环境敏感特别保护区	
	基本农田保护区	基本牧区	一般农地区	生态林区	生产林区			工业用地区	矿业用地区	核心区	外围区		军事用地区	水源地保护区	脆弱生态环境特别保护区
其他建设用地	×	×	√	○	√	○	○	△	△	×	×	○	○	○	○
盐田	×	×	○	×	×	×	×	△	△	×	×	×	×	×	×
旅游用地	×	×	○	○	√	√	√	×	×	×	×	△	×	×	×
军事用地	×	×	√	√	√	√	√	√	√	√	√	√	△	√	○
墓地	×	×	×	×	×	×	×	×	×	×	×	×	○	×	×
古迹保存用地	×	×	√	√	√	√	√	√	√	√	√	√	√	○	○
养殖场用地	×	×	√	×	×	○	○	×	×	×	×	○	○	○	×
水源地	√	√	√	√	√	√	√	√	√	√	√	√	√	√	√
水利设施用地	√	√	√	√	√	√	√	√	√	×	√	√	√	△	○
交通用地	√	√	√	√	√	√	√	√	√	×	√	√	√	√	√

注：△主导用途；○准许为现状用途使用，鼓励向本区主导用途转变；√允许零星用地使用用途；×不允许使用用途。

本章小结

本章从土地用途管制的定义开始，分别从四个角度叙述了土地用途管制的特点。接着阐述了土地用途管制的目标，非农用地的管制和农用地的管制的内容，从经济学、法学、生态学三个方面来加以理解，其本质含义就是国家从法律的角度对土地用途及变更规定并实施管理的一种制度。最后详细介绍了土地用途管制规则的定义和管制规则的内容。

关键术语

土地用途管制　　土地用途管制目标　　土地用途管制规则

复习思考题

1. 什么是土地用途管制？
2. 土地用途管制的特点是什么？
3. 土地用途管制的内容是什么？
4. 基本农田保护区土地用途管制规则细则有哪些？

第13章

土地开发整理规划

13.1 土地开发整理规划概述

13.1.1 土地开发整理的内涵

一个国家或地区在其工业化进程中，总是伴随着耕地资源的大量消耗，日本、韩国等国的经济发展历程都有力地证明了这一点。资料表明，日本耕地面积在1955年达到高峰以后至1995年减少了52%；韩国耕地面积自1965年达到顶峰后至1994年减少了46%。在我国，据统计，1991年至2000年的10年间，我国共减少耕地730万公顷，平均每年减少73万公顷。尤其近两年通过加大基本建设投资来拉动国民经济增长，高速公路、经济适用房、水利设施等的建设占用了大量耕地。再加上对过度开垦的耕地有计划、有步骤地生态退耕，也将减少大量耕地。耕地的这种锐减趋势，对占世界人口22%的我国来说，形势显得异常严峻。针对我国严峻的耕地形势和未来可能出现的粮食问题，确保我国社会、经济的可持续发展，我国政府提出了实现耕地总量动态平衡的目标。耕地总量动态平衡，其含义至少应包括两个方面：一是耕地数量不减少，二是耕地总体质量不降低，而土地开发整理是实现耕地总量动态平衡的途径。

1. 土地整理

"整理"一词的意思是"使有条理有秩序","土地整理"从字面的意思理解,就是使无序、混乱的土地有条理有秩序。目的是使土地利用方式、强度和结构适应特定发展时期的特定目标。据有关文献资料的记载,德国、法国和俄国等几个欧洲国家较早开展了土地整理实践活动,随后,加拿大、日本、韩国、南斯拉夫、匈牙利等国也陆续开展。世界上各国的土地整理在内容和目标方面各不相同,甚至一个国家在不同的发展阶段土地整理的任务和内容也不相同。德国的土地整理是指调整土地利用结构和土地关系,实现土地利用规划目标的实施过程。俄罗斯的土地整理是为了组织土地利用及保护土地,创造良好的生态环境和改善自然景观而采取的一系列措施体系。我国台湾地区的土地整理是指改进土地利用环境与增大土地利用效能的一系列措施。

在我国,土地整理指在一定区域内,依据土地利用总体规划,采取行政、经济、法律和技术手段,对土地利用状况进行综合整治,增加有效耕地面积,提高土地质量和利用效率,改善生产、生活条件和生态环境的活动。

2. 土地开发

土地开发是指在保护和改善生态环境、防治水土流失和土地荒漠化的前提下,采取工程、生物等措施,将未利用土地资源开发利用与经营的活动。未利用土地的开发要统一规划,特别要注意保护生态环境,严禁在生态脆弱的地区进行盲目开发,同时根据开发区域的地域特点和土地适宜性以及土地利用总体规划,确定土地的适度开发规模和土地用途。

3. 土地复垦

目前,各国土地复垦的概念非常不一致。英国矿业与环境联合委员会的定义是:将废弃的场地改作某种用途。美国的定义是:为将因采煤而影响的土地恢复成林地、草地、农地、娱乐场所或其他高于或相当于采前生产力水平的用途,而采取的各种措施。俄罗斯的定义是:以恢复被破坏土地的生产效能以及改善环境条件为目标的各项工作的综合。

在我国,广义的土地复垦是指对被破坏或退化的土地的再生利用及其生态系统恢复的综合性技术过程。由于采矿业是破坏土地最严重的行业,因此,狭义的土地复垦是指对工矿业用地的再生利用。1988 年 11 月 8 日国务院第 19 号令发布的《土地复垦规定》中明确提出了土地复垦的定义:土地复垦是指对生产建设过程中,因挖损、塌陷、压占等造成破坏的土地,采取整治措施,使其恢复到可利用状态的活动。自《土地复垦规定》颁布以来,上述定义得到社会普遍的认同。

13.1.2 土地开发整理规划的内涵与特点

土地开发整理包括土地开发、土地整理和土地复垦。土地开发整理规划是指在规划区内，在土地利用总体规划的指导和控制下，对规划区内未利用、暂时不能利用或已利用但利用不充分的土地，确定实施开发、利用、改造的方向、规模、空间布局和时间顺序。

1. 土地开发整理规划与土地利用总体规划的关系

土地利用总体规划是土地管理的龙头和基本依据，属于宏观的、长远的规划，以区域的全部土地为对象，以土地利用为中心，对开发、整治、保护土地进行统筹安排。土地开发整理规划是土地利用总体规划的深化和补充，是对其原则、方针、目标的分解与落实，从有利于规划的全面实施出发，也将对规划的内容作适当调整与完善。

2. 土地开发整理规划是控制性规划

土地开发整理规划是一个控制性规划，它的主要内容是在一定时期内对未利用的、利用率低的和废弃土地安排整理、复垦、开发活动，通过土地开发整理分区和组织土地开发整理工程，对土地开发整理进行引导，达到宏观调控土地开发整理活动的目的，与具有明确实施措施的规划设计有很大的差异。它不仅是规范土地部门开展土地开发整理活动的依据，也是规范社会上各种形式开发整理活动的依据，通过限制和引导个人或单位的土地开发整理方向和效益，以达到经济效益、社会效益、生态效益的统一。

3. 土地开发整理规划的体系

土地开发整理规划体系与土地利用总体规划相对应，分为五级：国家级、省级、地市级、县级和乡级。其中国家级、省级和地市级为调控层面，县级和乡级为操作层面。目前我国重点编制国家级、省级、地市级、县级四级土地开发整理规划。

13.1.3 土地开发整理规划的作用与目的

1. 土地开发整理规划的作用

土地开发整理规划是土地开发整理工作的主要依据，其主要作用如下：

(1) 统筹安排土地后备资源潜力的合理开发利用；

(2) 有效引导区域土地开发整理的规模和结构；

(3) 合理安排土地开发整理国家投资总量和结构；

(4) 保障土地利用总体规划目标的全面实现；

(5) 建立土地开发整理项目库的前提和依据；

(6) 土地开发整理项目立项的科学依据；

(7) 审查耕地占补平衡方案是否落实，确保用途管制全面实现。

2. 土地开发整理规划的目的

土地开发整理规划的根本目的是形成合理、高效、集约的土地利用结构，提高土地利用效率，适应社会经济发展对土地的需求。

(1) 有计划地实现耕地总量动态平衡。我国人口多，人均耕地少，耕地后备资源不足，是土地利用面临的突出问题，补充耕地的任务主要靠土地开发整理和复垦来完成。在科学预测耕地供求状况的基础上，充分协调经济建设与生态环境，合理划分土地开发整理区域，安排土地开发整理活动的空间和时间序列，通过综合整治措施，使我国各类零星废弃和利用率低的土地更集约利用，体现了新时期深化土地管理的特点，是实现耕地总量动态平衡的重要措施。

(2) 协调土地开发整理活动与国家各项建设活动的关系。土地开发整理活动涉及经济、社会、生态等各个方面，通过编制土地开发整理规划，充分与国家和地方的经济发展计划，农业、林业、水利、交通、环保等部门规划相衔接，避免土地开发整理的盲目性，在土地开发整理中把短期利益与长远利益、部门利益与国家利益统一起来，实现土地开发整理经济效益、社会效益、生态效益的统一。

(3) 为制定项目投资计划、组织项目实施提供依据。目前，各地土地开发整理存在争项目、争资金的情况，带有很大的短期性和盲目性，而缺乏对当地经济、社会、生态的综合考虑，造成部分土地开发整理活动不经济和引起生态恶化等问题，需要国家对土地开发整理活动进行指导和规范，编制耕地开发整理投资计划，进行有效的组织和管理，促进土地开发整理的有序、健康发展。编制土地开发整理规划有助于国家宏观政策的贯彻落实，明确土地开发整理的方向和重点，便于组织土地开发整理活动，有利于引导和规范地方土地开发整理工作，促进土地开发整理有序、健康发展。

13.1.4 土地开发整理规划的内容与工作程序

1. 土地开发整理规划的内容

土地开发整理规划是土地利用总体规划的深化和补充，是土地利用总体规划的重要组成部分。各级土地开发整理规划的内容各有侧重：国家级土地开发整理规划的重点是制定全国土地开发整理的方针和政策，提出土地开发整理的重点区域和重大工程；省、地市级土地开发整理规划的重点是提出本行政区域内土地开发整理的重点区域、重点工程和重点项目，提出本行政区域内补充耕地区域平衡的原则、方向和途径，确定土地开发整理的投资方向；县级土地开发整理规划的重点是划分土地开发整理区，明确土地整理、复垦和开发项目的位置、范围、规模，作为确立土地整理、复垦和开发项目的依据。各级土地开发整理规划的主要内容如下。

(1) 省级和地市级土地开发整理规划的内容。

1) 分析土地开发整理的背景与条件;

2) 调查评价并测算土地开发整理的潜力;

3) 确定土地开发整理规划目标和任务;

4) 提出土地开发整理的总体安排;

5) 划定土地开发整理的重点区域、安排重点工程、提出重点项目;

6) 制定土地开发整理补充耕地的区域平衡方案;

7) 估算土地开发整理的投资,评价预期综合效益;

8) 制定实施规划的政策措施。

(2) 县级土地开发整理规划的内容。

1) 分析土地开发整理的背景与条件;

2) 调查测算土地开发整理的潜力;

3) 确定土地开发整理规划目标和任务;

4) 提出土地开发整理的总体安排;

5) 划定土地开发整理区,确定各区土地开发整理的方向和重点;

6) 确定土地开发整理项目的位置、范围和规模;

7) 分类分期测算规划期内土地开发整理投入量,并进行社会、经济和生态效益分析;

8) 制定实施规划的技术、经济、组织和政策等方面的保障措施。

2. 土地开发整理规划的工作程序

(1) 准备工作。

1) 成立规划领导小组:领导小组负责审定工作计划,落实编制经费,协调与相关部门的关系,解决规划中的重大问题,审查规划方案等。

2) 组建规划编制小组:编制小组负责土地开发整理规划编制的具体工作。

3) 进行宣传动员:对有关人员进行相关法律法规、政策和专业技能培训。

(2) 调查分析。

1) 收集基础资料。基础资料包含以下六个方面:

第一,自然条件:主要包括气候、地形地貌、土壤、水文、植被、自然灾害等资料。

第二,自然资源:主要包括土地资源、水资源、生物资源、矿产资源、景观资源等资料。

第三,经济社会状况:主要包括人口、经济发展水平、产业结构、基础设施、风俗习惯等资料。

第四，生态环境状况：主要包括土地沙漠化、盐碱化，土地污染，水土流失及生态环境评估、监测，生态建设等资料。

第五，土地利用现状和潜力：主要包括土地利用结构和布局，土地利用程度及效益，土地利用的主要问题，土地权属状况；可开发整理复垦土地的类型、数量、质量、范围、分布等资料。重点收集土地利用现状调查和变更调查、耕地后备资源调查评价等资料。

第六，相关规划、标准：主要包括土地开发整理涉及的农业、林业、牧业、城乡建设、交通、水利、环保、旅游、自然保护等部门规划、标准等资料。自然条件、社会经济状况、生态环境状况、土地利用现状和潜力、相关规划、标准等。

2）资料整理与补充调查。

第一，资料整理：核实所收集资料的合法性、真实性和可靠性，按其类别、性质进行整理。

第二，补充调查：应充分利用现有的各种资料及调查成果。当所收集的资料经整理后不能满足规划编制要求时，应根据实际需要进行补充调查。

3）分析评价。

第一，条件分析：通过分析自然、资源状况和经济、社会、生态环境等条件，阐明土地开发整理的有利条件与不利因素；通过分析以往土地开发整理活动的实际效果，总结经验，明确存在的问题。

第二，潜力评价：根据调查结果，采用科学合理的方法，评价和测算土地开发整理潜力的类型、级别、数量和分布。

第三，供需分析：依据土地开发整理条件分析和潜力评价结果，重点分析规划期内可实现的土地开发整理潜力，并结合土地利用总体规划和社会经济发展需要，进行土地供需状况分析。

（3）拟定规划供选方案。在调查分析的基础上，提出土地开发整理规划的初步目标，并按照不同的技术、经济和政策条件，拟定若干规划供选方案。规划供选方案一般包括下列内容：

1）土地整理、复垦、开发补充耕地和其他农用地的数量和布局；

2）规划指标的分解和补充耕地的区域平衡方案；

3）重点区域、重点工程和重点项目的安排；

4）预期投资和效益分析；

5）配套政策等。

（4）协调论证。在多方案论证比较和与相关规划衔接的基础上，通过充分协调，上下反馈，修正初步目标，相应调整方案，提出一个科学合理、切实可行、综合效益较好的方案为规划推荐方案。

（5）确定规划方案。规划推荐方案应广泛征求有关部门、专家和公众的意见，经修改完善后，报规划领导小组审定，形成规划方案。

（6）规划评审和报批。为保证土地开发整理规划成果质量，上一级土地行政主管部门应对规划成果组织评审，通过有关专家参加的规划评审会，进一步修改完善规划，提高规划编制的科学性和实施的可操作性。根据规划评审意见修改和完善后，按照有关规定上报审批。

13.2 土地开发整理规划中的几个关键问题

13.2.1 土地开发整理潜力分析与评价

1. 土地开发整理潜力的内涵

潜力是一个相对概念，是指在一定时期内一定生产力水平下对某种既定用途，某一指标可能提高或节约的能力。土地开发整理潜力包括土地整理潜力、土地复垦潜力和土地开发潜力，其中土地整理潜力又包括耕地整理潜力和居民点整理潜力两个方面。

（1）土地整理潜力。土地整理潜力有广义和狭义之分，广义的土地整理潜力是指在一定时期、一定生产力水平下，针对某种土地用途，通过在行政、经济、法律和技术等方面采取一系列措施，使待整理土地资源增加可利用空间、提高土地生产能力、降低生产成本、改善生态环境、调整产权关系的幅度。狭义的土地整理潜力是指对现有集中连片的耕地区域和分散的农村居民点，进行田、水、路、林、村综合整治，提高土地利用效率，增加有效耕地面积和其他农用地面积。

土地整理是对土地目前利用状态的调整，是对土地利用现状的整理，是为使土地利用结构、方式更充分合理而采取的一系列措施。所以，通过土地整理挖掘的就是土地在利用上的潜力，土地整理潜力实质上就是土地利用潜力。但土地整理潜力与土地利用潜力又存在细微差别，土地整理潜力是相对于一定的土地整理标准而言的潜力，而土地利用潜力是相对于一定的自然条件与生产水平而言的潜力。从潜力大小上说，土地整理潜力总是小于土地利用潜力的。

土地整理潜力具有相对性，潜力的大小取决于土地利用现状与当地土地整理的标准。土地整理标准是整理后土地在田块规模、水利设施建设、林网布局、田间道路设计、村庄选址、居民点用地规模等方面所达到的状态；土地利用现状是指目前土地在上述几方面的利用状态。

（2）土地开发潜力。在一定的经济、技术和生态环境条件下，未利用地适宜开发利用为耕地及其他农用地面积。

（3）土地复垦潜力。对在生产建设过程中因挖损、塌陷、压占、污染，以及自然灾害等造成破坏、废弃的土地，采取整治措施，使其恢复利用和经营，可增加的耕地和其他农用地的面积。

2. 土地整理潜力调查与评价

根据土地整理对象的不同，土地整理可分为耕地整理、农村居民点整理、其他农用地和其他建设用地整理。它们在潜力测算上具有各自的特点，难以进行统一，因此，对这几种潜力应分别进行测算。

（1）耕地整理潜力。

1）内涵。耕地整理潜力是指通过综合整治耕地及其间的道路、沟渠、林网、田坎、坟地、零星建设用地和未利用地等，提高耕地质量，可增加的有效耕地面积。

2）耕地整理的对象。从耕地利用效率方面考虑，耕地整理的对象主要包括：第一，利用率较低的耕地，表现为地块规模小，布局散乱，地块中分布着较多的其他闲散地类；第二，产出率较低的耕地，表现为有效利用耕地的单位面积的产量低下；第三，利用率和产出率都较低的耕地，这类耕地从理论上讲是最值得整理的耕地。

3）耕地整理潜力的来源。耕地整理潜力表现为耕地经整理后有效使用面积增加。增加的有效耕地主要来源于三个方面：

一是通过道路、沟渠、防护林的综合整治所增加的有效耕地面积。在我国农村地区，许多道路、沟渠或防护林在布设时缺乏统筹安排，造成布设重复混乱，占地面积大，同时由于年久失修、无人管理，部分设施已处于荒废状态，利用效率低下。耕地整理中将这些处于荒废状态或重复布设的道路、沟渠、防护林整理使其恢复成直接生产用地，可增加有效耕地面积。同时，为方便生产、生活，需要对路、林、沟、渠各项设施进行配套，在配套过程中应该统筹规划、优化配置，尽量将每项用地的占地面积压缩到最小限度。这一过程在不同的地区可能产生不同的结果，部分地区可能会因此增加有效耕地面积，部分地区可能会减少有效耕地面积，这主要取决于耕地目前的利用状态与当地耕地整理的标准。

二是通过土地平整、小田并大田等所增加的有效耕地面积。由于地权的分散造成田块小且分散，田坎占地面积大，通过土地平整、小田并大田、权属调整、田块规则等措施，可以减少田坎占地面积，同时将原有的废弃坑塘、坟墓等整理成可利用耕地，并充分利用原耕地中难以利用的边角地，增加有效耕地面积。

三是通过土地利用结构调整所增加有效耕地面积。在农村地区，各种类型用地往往交错分布，耕地整理中还包括对土地利用结构的优化配置，就是将与耕地交错分布、地块面积小、布局散乱、利用率和产出率低下的园地、林地、坑塘水面或其他用地按耕地整理的标准整理成为可利用耕地，增加有效耕地面积。

4）耕地整理潜力调查。

调查方法一：以乡镇为组织单位，采用实地抽样调查与问卷调查相结合的形式，调查各村通过耕地整理可增加耕地的系数与待整理区域的面积（包括耕地及其间的零星地类）。调查表见表13—1。

表13—1　　耕地整理潜力补充调查表

乡镇名称：　　单位：公顷，%

村名	待整理区面积	增加耕地系数	增加耕地面积
合计			

调查方法二：以乡镇为组织单位，按各村集中连片耕地的总体坡度（<6度、6～15度、>15度）分别选取典型样区，调查耕地中沟渠、道路、林网、田坎、坟地、零星建设用地及未利用地等面积之和占待整理耕地区面积的比例，与设定的当前社会、经济和技术条件下，集约利用水平较高的耕地内沟渠、道路、林网、田坎等面积之和占所在耕地区面积的比例。典型样区面积不小于该村该类型耕地面积的2%～5%。调查表见表13—2。

表13—2　　耕地整理潜力补充调查表

乡镇名称：　　村名：　　待整理区面积：

序号	坡度	道路		沟渠		田埂		零星地类（平方米）	样区总面积（公顷）
		长（米）	宽（米）	长（米）	宽（米）	长（米）	宽（米）		
合计									

注：零星地类主要指坟地、零星建筑、未利用地等。

5）耕地整理潜力分析测算。

测算方法一：

$$\Delta S=\sum_{i=1}^{n}(\alpha_i\times S_i)\qquad(i=1,\cdots,n\quad 其中\ n\ 为某乡(镇)村的个数)$$

$$\alpha=\frac{\Delta S}{S}$$

式中：ΔS——乡镇新增耕地面积（公顷）；

α_i——某村新增耕地系数（%）；

S_i——某村待整理区面积（公顷）；

α——乡镇新增耕地系数（%）；

S——乡镇待整理区总面积（公顷）。

测算方法二：

$$\alpha_{di}=A_{di}-A_{bi}\qquad(i=1,\cdots,n\quad 其中\ n\ 为坡度级别的个数)$$

$$\Delta S=\sum_{i=1}^{n}(\alpha_{di}\times S_i)\qquad(i=1,\cdots,n\quad 其中\ n\ 为坡度级别的个数)$$

$$\alpha=\frac{\Delta S}{S}$$

式中：α_{di}——典型样区新增耕地系数（%）；

A_{di}——典型样区中沟渠、道路、林网、田坎、坟地、零星建设用地和未利用地等面积之和占典型样区面积的比例（各坡度级别样区分别计算）（%）；

A_{bi}——设定的与典型样区同坡度类型区集约利用水平较高的耕地中沟渠、道路、林网、田坎等面积之和占耕地区面积的比例（%）；

S_i——与典型样区同坡度级别的待整理耕地区面积（公顷）；

其他符号表示的意义同前。

各地可同时采用上述两种方法进行调查、分析测算，并相互校核。

6）耕地整理潜力分级。一般以乡镇为分级单元（有条件的地方也可以村为分级单元），以增加耕地系数为分级依据，在全县范围内进行潜力分级。各地根据实际情况制定分级标准进行级别划分，潜力级别一般不少于3个级别。

（2）农村居民点整理潜力。

1）内涵。农村居民点整理潜力主要是指通过对现有农村居民点改造、迁村并点等，可增加的耕地及其他农用地面积。

2）农村居民点整理潜力的来源。农村居民点整理潜力是指通过农村居民点整理，增加耕地及其他农用土地面积。总的来说，农村居民点整理是通过将居民点现状人均建设用地量降低为国家或本地区规定的人均建设用地标准，从而将节约的土地整理成为农用土地，实现土地利用空间的扩展。居民点建设用地一般包括宅基地、公共设施和道路、绿地、取土坑等，其中宅基地中还包括一些生产性用地，主要有放置农机具的场地、饲养耕畜、家畜、家禽的畜禽舍，搞庭院经济的果树用地、菜地等。具体地说，农村居民点整理是通过以下四种途径增加农用土地面积的：

一是通过农村居民宅基地整理，将现状人均宅基地用地量降低为国家或本地区的人均宅基地占地标准所节约的土地面积。近年，随着农村经济的发展，许多地区农村相继出现建房高潮，由于缺乏严格管理、科学规划和合理引导，致使农村居民宅基地超标严重，许多新建房户并不退出旧宅，已进城务工经商并购置商品房的农民大多还保留农村旧宅，于是出现双重占地，甚至一户多宅、多重占地现象，严重地区还出现“空心村”现象，通过对这部分农村居民宅基地的整理，将超标用地或旧宅实行退宅还田，可增加农用地面积。

二是适当提高建筑容积率所节约的土地面积。我国农村居民的居住建筑多为平房，楼房很少，建筑容积率低。农村居民点整理过程中可根据本地区的实际情况，多增加一些“公寓式”住宅，逐步提高农村居民点用地的建筑容积率，可节约土地面积。

三是通过对村庄中的闲散土地整理所节约的土地面积。在农村居民点用地中有许多乡镇企业以圈大院的形式占地，出现了许多未被利用的空地。此外，农村居民点用地中的其他一些生产性用地，如通常所说的庭院经济用地，也存在土地利用不充分和闲置问题。将这些利用不充分或闲置的土地进行治理整治，可节约土地面积。

四是通过自然村向中心村的合并所节约的土地面积。我国南方农村居民点多是散列式分布，规模小、点数多、相距较近。农村居民点整理中将过于分散、规模较小的小村庄向基础较好、规模较大、分布合理的村庄合并，可节约土地面积。

3）农村居民点整理潜力调查。

调查方法一：以乡镇为调查组织单位，调查农村居民点用地面积、人口数、人均建设用地标准，为分析测算农村居民点整理增加耕地系数和面积提供基础数据。调查表见表 13—3。

表 13—3　　农村居民点整理潜力补充调查表

序号	乡镇	农村居民点总面积（公顷）	人口数（人）	人均用地标准（平方米/人）	人口自然增长率（‰）

调查方法二：以乡镇为调查组织单位，调查各自然村农村居民点用地面积、闲置土地面积、户数、人口数、人均建设用地标准、当地宅基地标准及村镇规划对该居民点的安排，为确定农村居民点整理潜力的空间分布服务。调查表见表13—4。

表 13—4　　农村居民点整理潜力补充调查表

乡镇名称：　　户均宅基地标准：____平方米/户　　人均建设用地标准：____平方米/人

序号	村名	农村居民点总面积（公顷）	户数（户）	户均用地（平方米/户）	人口数（人）	人均用地（平方米/人）	闲置土地面积（公顷）	是否拆并

4）农村居民点整理潜力分析测算。

$$Q_t = Q_0 \times (1+r)^t \pm \Delta Q$$

$$S_t = B \times Q_t$$

$$\Delta S = S_0 - S_t$$

$$\alpha = \frac{\Delta S_g}{S_0}$$

式中：Q_t——规划农村人口总数（人）；

Q_0——现状农村人口总数（人）；

r——人口自然增长率；

t——规划期（年）；

ΔQ——人口机械变动量（人）；

S_t——规划农村居民点用地面积（公顷）；

B——规划人均用地（参照村镇建设标准和当地宅基地标准，并通过对当地经济发展状况、农民收入水平、农居质量和农村建房周期、风俗习惯等因素的调查，分析农村居民点规划人均建设用地）（人/平方米）；

ΔS——潜力面积（公顷）；

ΔS_g——新增耕地面积（公顷）；

S_0——现状农村居民点面积（公顷）；

S_t——规划农村居民点面积（公顷）；

α——增加耕地系数（%）。

5）农村居民点整理潜力分级。一般以乡镇为分级单元，以增加耕地系数为分级依据，在全县范围内进行潜力分级。各地根据实际情况制定分级标准，进行级别划分，一般不少于3个级别。

（3）其他农用地和建设用地整理潜力。各地可根据实际需要参照上述潜力调查、测算、分级方法对其他农用地和建设用地整理潜力进行分析。

3. 土地复垦潜力调查与评价

（1）土地复垦潜力调查对象。

1）露天采矿、挖沙取土、烧制砖瓦、工程建设等挖损地；

2）地下采矿、工程建设挖空后形成的地表塌陷地；

3）排放废石、废渣、矸石、尾矿、粉煤灰和垃圾等的压占地；

4）各种污染损毁地；

5）自然灾害损毁地；

6）其他可复垦的废弃地。

（2）土地复垦潜力调查方法。以乡镇为单位，根据乡级土地利用现状图，按图斑对废弃地进行调查（已计入土地整理范围的废弃地应不予以调查）。主要调查废弃地的面积、坡度、有效土层厚度、土壤质地、水源保证情况、有无限制因素、是否适宜复垦、可复垦为耕地的面积与系数，以及可复垦为其他农用地的面积。调查表见表13—5。

表13—5　土地复垦潜力补充调查表

乡镇名称：

图幅号	序号	图斑号	面积（公顷）	坡度	有效土层厚度（厘米）	土壤质地	水源保证情况	适宜复垦面积（公顷）	复垦增加农用地面积（公顷）	复垦增加耕地面积（公顷）	增加耕地系数

（3）土地复垦潜力分级。一般以乡镇为分级单元（有条件的地方也可以村为分级单元），以复垦增加耕地系数为分级依据，在全县范围内进行潜力分级。各地根据实际情况制定分级标准，进行级别划分，一般不少于3个级别。

4. 土地开发潜力调查与评价

（1）土地开发潜力调查对象。

1）宜农荒草地：目前尚未利用的树木郁闭度＜10％、表层为土质、生长杂草的土地；

2）宜农盐碱地、裸土地：目前尚未利用的或难以利用的、一般只生长天然耐盐植物和基本无植被覆盖的土地；

3）荒滩地：尚未利用的宜农荒滩地；

4）其他未利用土地。

（2）土地开发潜力调查方法。以乡镇为单位，根据乡级土地利用现状图，按图斑对各类未利用地进行调查（已计入土地整理范围的未利用地应不予以调查）。主要调查未利用地的面积、坡度、有效土层厚度、土壤质地、水源保证情况、有无限制因素及是否适宜开发、可开发为耕地的面积与系数，以及可开发为其他农用地的面积。调查表见表13—6。

表13—6　　土地开发潜力补充调查表

乡镇名称：

图幅号	序号	图斑号	面积（公顷）	坡度	有效土层厚度（厘米）	土壤质地	水源保证情况	适宜开发面积（公顷）	开发增加农用地面积（公顷）	开发增加耕地面积（公顷）	增加耕地系数

（3）土地开发潜力分级。一般以乡镇为分级单元（有条件的地方也可以村为分级单元），以开发增加耕地系数为分级依据，在全县范围内进行潜力分级。各地根据实际情况制定分级标准进行级别划分，一般不少于3个级别。

13.2.2　土地开发整理规划目标的确定方法

1. 土地开发整理规划目标的内涵

规划目标是指为保障经济社会可持续发展对土地资源的需求，规划期间通过土地开发整理，所要达到的特定目的。主要包括规划期内全县及各乡镇土地开发整理的规模及增加耕地与其他农用地的面积。

2. 确定规划目标的依据

（1）国民经济和社会发展的要求；

（2）土地利用总体规划的要求；

（3）生态建设和环境保护的要求；

（4）土地整理、复垦、开发的潜力。

3. 确定规划目标的方法

（1）依据确定规划目标的依据，提出初步规划目标。

（2）对初步规划目标进行可行性论证。主要分析影响土地开发整理规划目标实现的各种因素，包括规划期间补充耕地及各类用地的需求量、土地开发整理可提供的用地量、投资能力等。

（3）依据论证结果，经过上下反馈、充分协调和修改完善，由规划领导小组审核确定规划目标。

4. 土地开发整理总体安排

依据土地开发整理供需分析和所要达到的规划目标，在与上级规划充分协商的基础上，做出土地开发整理的总体安排（表 13—7），划分土地开发整理区，安排土地开发整理项目，并将规划任务落实到各乡镇（表 13—8）。

表 13—7　　________县土地开发整理规划结构调整表　　单位：公顷

调整至地类 / 开发整理类型	农用地			建设用地	合计
	合计	耕地	其他农用地		
土地整理（耕地、农村居民点、闲散废弃土地等用地整理）					
土地复垦（工矿、道路、闲散废弃地等用地复垦）					
土地开发（荒草地、滩涂苇地等其他未利用地开发）					
全　县　合　计					

注：土地整理、复垦、开发类型和调整至农用地（如：园地、林地……）、建设用地（如：城镇、农村居民点、工矿……）的地类可根据当地实际情况细化。

表 13—8　　________县土地开发整理指标分解表　　单位：公顷

乡镇名称	耕地整理		农村居民点整理		土地复垦		土地开发		合计	
	增加农用地	其中耕地	增加农用地	其中耕地	增加农用地	其中耕地	增加农用地	其中耕地	增加农用地	其中耕地
全县										

13.2.3　土地开发整理区的划定方法

土地开发整理区是根据土地开发整理潜力分布的空间特征，为引导土地开发整理活动和投资方向，在规划期内有针对性地安排土地开发整理项目而划定的区域。省级和地级规划划定的区域称为土地开发整理重点区；县级规划划定的区域称为土地开发整理区。

1. 划定土地开发整理区的目的

（1）明确各区土地开发整理方向和重点；

（2）分类指导各地开展的土地开发整理活动；

（3）引导投资方向；

（4）为安排项目提供依据；

（5）因地制宜地制定土地开发整理措施。

2. 土地开发整理区的类型

（1）土地整理区。土地整理区是指以开展耕地整理、农村居民点整理、其他农用地整理等活动，安排土地整理项目为主的区域。包括耕地整理区和农村居民点整理区。

（2）土地复垦区。土地复垦区是指以开展土地复垦活动、安排土地复垦项目为主的区域。

（3）土地开发区。土地开发区是指以开展土地开发活动、安排土地开发项目为主的区域。

（4）土地综合区。土地综合区是指包括上述两种或两种以上，且难以区分活动主次关系的区域。

3. 进行土地开发整理的条件

(1) 土地开发整理潜力较大，分布相对集中；

(2) 土地开发整理基础条件较好；

(3) 有利于保护和改善区域生态环境；

(4) 划区一般以乡镇为基本单元，有条件的地方也可以村为基本单元。

4. 土地开发整理区划分方法

(1) 以土地利用现状图为工作底图，依据土地开发整理潜力分布图和分区原则绘制分区草图。

(2) 征求相关部门和公众意见，对有争议的区域进行调整，在协调一致的基础上确定。

13.2.4 土地开发整理项目的确定方法

项目一般是指在土地开发整理区内安排的、在规划期内组织实施的具有明确目标的土地开发整理建设活动。省级和市级规划确定的项目分为重点项目和一般项目，一般以项目规模作为划分依据；县级规划确定的项目不分重点和非重点，统称项目。

1. 项目及项目类型

(1) 项目类型。项目一般按照相对单一活动类型划分，可分为土地整理项目(包括耕地整理项目、其他农用地整理项目、农村居民点整理项目)、土地复垦项目和土地开发项目。

(2) 项目名称。项目名称是对项目特征的基本概括，应体现项目地点和项目类型等。项目的具体名称可在此基础上根据各地实际情况确定。

(3) 项目编号。项目编号必须是唯一的，项目编号用 9 位阿拉伯数字表示，前 6 位为国家行政区划代码(《中华人民共和国行政区划代码》，GB/T 2260—1999)，后 3 位为项目顺序号。

2. 项目选定的原则

(1) 以土地开发整理潜力评价结果为基础，注重生态环境影响；

(2) 集中连片，且具有一定规模；

(3) 具有较好的资源和基础设施条件；

(4) 具有良好的社会经济效益；

(5) 地方政府和公众积极性高，资金来源可靠；

(6) 对实现规划目标起支撑作用；

(7) 项目建设期一般不超过 3 年(农村居民点整理除外)。

规模标准参见表 13—9。

表 13—9　　县级土地开发整理项目规模参考标准表　　单位：公顷

项目类型	平原	丘陵	山区
农地整理项目	≥100	≥35	≥15
居民点整理项目	≥3	≥2	≥1
复垦项目	≥1	≥1	≥1
开发项目	≥2	≥2	≥2

3. 项目选定的方法

(1) 根据土地开发整理潜力分析、划区结果和规划目标，初步提出项目类型、范围与规模；

(2) 进行实地考察，邀请当地干部、群众座谈，分析项目实施的可行性；

(3) 与有关部门协商，进行综合平衡；

(4) 确定项目的界线、测算面积。

13.2.5　投资估算方法

1. 投资估算内容

估算实现规划目标所需的总投资和各项目的投资额。

2. 投资估算方法

(1) 测算典型项目单位面积投资量。分地貌类型和项目类型在本地区或类似地区选择已经完成的典型项目，分别测算出典型项目单位面积投资量。

(2) 估算项目投资量。根据典型项目与规划确定的各个项目在地形、地貌、基础设施（水、电、路）、交通条件、物价水平、劳动力价格等方面的差异，对项目单位面积投资标准进行修正，再根据项目规模计算出项目投资量。

(3) 计算总投资量。

$$C=\frac{C_0}{\sum_{i=1}^{n}S_i\times R_i}\times G \qquad (i=1,\cdots,n,\text{其中 } n \text{ 为项目个数})$$

式中：C——总投资量（万元）；

C_0——项目总投资量（万元）；

S_i——项目规模（公顷）；

R_i——项目增地系数；

G——规划补充耕地总量（公顷）。

13.2.6 筹资渠道分析

规划期内土地开发整理资金筹措分析，必须从以下几个方面来进行：首先，必须全面了解现行土地税费体系，其收支运行体制及其与土地开发整理的相关性分析，掌握现行土地税费体系中收入增加和支出结构调整的可能性。其次，必须了解大农业体系内相关税费收支体系的运行情况，包括农业综合开发等资金运行体制情况，探索相关领域融资的可行性。最后，就社会资金以及银行金融业进行借贷融资的形式（土地整理开发产业化、比例有偿投资、产业化及市场化运作等）来加以分析。

1. 现行土地税费体系情况分析

为了更合理地开发和利用土地，国家制定了一系列有关土地的法律法规，目前，我国与土地有偿使用有关的税费主要包括以下几种：

(1) 新增建设用地有偿使用费。《新增建设用地土地有偿使用费收缴使用管理办法》中明确规定，新增建设用地有偿使用费是指国务院或省级人民政府在批准农用地、征用土地时，向以出让等有偿使用方式取得的新增建设用地的县、市人民政府收取的平均土地纯收益。新增建设用地土地有偿使用费30%上缴中央，70%上缴地方政府，专项用于耕地开发整理。全国共划分为14个等级，实行不同的等级费用标准收缴此项费用。

(2) 耕地开垦费。我国《土地管理法》和《基本农田保护条例》均明确规定：非农业建设经批准占用耕地的，按照“占多少，垦多少”的原则，开垦与所占耕地数量和质量相当的耕地或按规定缴纳耕地开垦费，专款用于开垦新的耕地。

(3) 耕地占用税。1987年开征的新税种。《中华人民共和国耕地占用税暂行条例》以及《关于耕地占用税具体政策的规定》中规定：凡占用耕地建房或从事非农建设的单位和个人都要按其实际占用的耕地面积缴纳耕地占用税，实行定额税率，财政部对各省、自治区和直辖市核定了每平方米的平均税额，大体上是从2.5～9.0元/平方米不等。

(4) 土地复垦费。土地复垦费是指因挖损、塌陷、压占等造成土地破坏，没有条件复垦或复垦不符合要求的，应当按规定缴纳的费用，专项用于土地复垦，复垦后的土地优先用于农业。土地复垦实行“谁破坏、谁复垦”的原则。

(5) 城镇土地使用税。城镇土地使用税是指土地使用者在城市、县城、建制镇、工矿区范围内使用土地或新征的耕地和非耕地应该依照法律规定缴纳的土地使用税。1989年颁布的《中华人民共和国城镇土地使用税暂行条例》将若干城市在土地有偿使用改革中征收的土地使用费改为土地使用税，并且将征收范围扩大到全国城市、县城、建制镇和工矿区使用国有土地的单位和个人。土地使用税按照单位和个人实际占用的土地面积计征，采用定额税率，按照城市规模分为4个税级，大城市0.5～10.0元/平方米，中等城市0.4～8.0元/平方米，小城市0.3～6.0元/平方米，县城、镇及工矿区0.2～4.0元/平方米。

(6) 土地出让金及续期土地出让金。土地出让金指各级政府土地出让主管部门将国有土地使用权出让给单位或个人使用，按照规定向单位或个人收取的土地出让价款。主要包括：各级政府土地管理部门将土地使用权出让给土地使用者，按规定向受让人收取的土地出让的全部价款；以及原通过行政划拨获得土地使用权的土地使用者，将土地使用权有偿转让、出租、抵押、作价入股和投资，按规定补交的土地出让价款。续期土地出让金是指土地使用期满，土地使用权受让人需要续期时，由土地主管部门收取的续期土地出让价款。

(7) 土地增值税。转让国有土地使用权、地上的建筑物及其附着物取得收入的单位和个人，依照法律规定应缴纳土地增值税。这是1994年1月开征的为防止国有土地收益流失而设置的新税种，以转让房地产收入的增值额为征税依据，实行四级超额累进税率，税率为30%～60%。

(8) 新菜地开发建设基金。《国家建设征用菜地缴纳新菜地开发建设基金暂行管理办法》(1985) 中规定，凡征用城市郊区菜地，用地单位都要缴纳新菜地开发建设基金，收缴标准为：每征用一亩菜地，城市人口百万以上的，缴纳7 000～10 000元；城市人口50万以上百万以下的，缴纳5 000～7 000元；城市人口不足50万的，缴纳3 000～5 000元。

(9) 合同改约补偿金。合同改约补偿金是指土地使用权受让人经过批准改变土地使用权出让合同指定的土地用途时，按规定补交的价款。

(10) 土地收益金。土地使用者将其所使用的土地使用权转让（含连同地面建筑物一同转让）给第三者时，就其转让土地交易额按规定比例向财政部门缴纳的价款；土地使用者将其所使用的土地使用权出租（含连同地面建筑物一同出租）给其他使用者时，就其所获得的租金收入按照规定的比例向财政部门缴纳的价款。

在上述税费中，“新增建设用地有偿使用费”、“耕地开垦费”、“耕地占用税”及“土地复垦费”等主要是用于耕地开发整理；而其他一些税费的支出结构比较复杂，有的是地方部分留存用于土地管理工作中各种经常性开支，有的主要是用于城市基础设施建设，也有的是通过财政渠道进行转移支付等。

2. 农业性资金来源分析

农业综合开发资金等农业性资金中有相当一部分资金是用于土地方面。农业综合开发是国家支持农业发展的重要手段，以改造中低产田为重点，加强农田水利基本建设。其开发扶持范围主要是土地资源的开发治理、多种经营和科技现代化示范项目等。原则上财政资金的70%用于土地治理项目，30%用于多种经营项目。在加入WTO之后，随着农产品补贴方式变化（间接化）和支农资金运作方式的变化（产前的土地资源质量提高及市场化优化配置、产中的高科技投入、产后农产品市场销售渠道建设，以及农业产业化所要求土地开发整理产业化市场化运行体制的确立的影响），需要对现存资金进行必要的整合。

3. 社会资金及银行信贷资金

相关行业的产业化实践表明，产业化能够提高运作效率和系统资源的规模经营和集约化利用程度，随着农业产业化的发展，土地开发整理也可以发展成为农业相关产业群体之一。因此，在我国经济结构调整，尤其是产业结构调整和完善过程中，土地开发整理产业化，必然要求土地开发整理资金供给在立足于“取之于土，用之于土”的基础上，也需要在投资主体多元化条件下实现“投资—收益—再投资”的良性循环机制，这样可以以股份制、合作制以及股份合作制等形式广泛地筹集社会资金，并且促使“整理业”和银行业交流与合作，将以前银行业与广泛松散的农户个体之间较弱的联系，通过“整理业”的组织优势而得以强化，为银行信贷资金更有效地支持我国农业发展开辟新的领域。

13.2.7 效益评价方法

效益评价一般包括生态效益、经济效益和社会效益三大效益的评价。

1. 经济效益评价

经济效益评价的重点是对通过土地开发整理的投入产出进行分析，一般采用静态分析法，主要测算投入量、预期净产出和投资回收期等。

(1) 投入量。测算方法参见投资估算方法。土地开发整理投入量测算内容包括土地开发整理的规模、土地开发整理的工程量、土地开发整理资金预算，目的是为确定土地开发整理区、土地开发整理的时序安排提供依据。土地开发整理投入量与土地开发整理的内容、措施、要求有关，不同的土地利用类型，要求其开发整理的投入量不同，应分别加以考虑。

(2) 预期净产出。

$$R=\Delta S\times r+S_0(r-r_0)$$

式中：R——开发整理增加的年纯收入（万元）；

ΔS——净增加耕地面积（公顷）；

S_0——整理前耕地面积（公顷）；

r——整理后单位耕地面积年纯收入（万元）；

r_0——整理前单位耕地面积年纯收入（万元）。

其他类型的整理可参照该公式进行计算。

（3）投资回收期。

$$T=\frac{C}{R}$$

式中：T——投资回收期（年）；

C——土地开发整理投资（万元）；

R——土地开发整理增加的年纯收入（万元/年）。

2. 社会效益评价

土地整理的社会效益指的是土地整理实施后，对社会环境系统的影响及其产生的宏观社会效应。也就是说，土地整理在获得经济效益、生态效益的基础上，从社会角度出发，为实现社会发展目标（促进农村经济发展、增加就业机会、缩小城乡差别、公平分配等）所作贡献与影响的程度。土地整理的社会效益因涉及的范围广，具有明显的间接性、潜在性和滞后性，且易与经济效益、生态环境效益交叉，所以对其难以进行辨别。可将土地整理的社会效益归结为三点：一是土地整理对农村社会环境的影响；二是土地整理对农村社会经济的影响；三是土地整理对合理利用自然资源的贡献。

土地整理的社会效益评价可从土地开发整理后增加耕地对扩大农村剩余劳动力就业、增加农民收入、土地经营规模化、集约化、改善农业生产和农民生活条件、促进农村现代化建设等方面进行定性与定量相结合的评价。

3. 环境效益评价

土地整理需借助一系列的生物、工程措施，在此过程中必然打破一定区域内土地资源的原位状态，会对该区域内的水资源、土壤、植被、生物等环境要素及其生态过程产生诸多直接或间接、有利或有害的影响。土地整理的生态效益就是土地整理投资行为主体的经济活动影响了自然生态系统的结构与功能，从而使得自然生态系统对人类的生产、生活条件和质量产生直接和间接的生态效应。当然，这种效应可能是好的，也可能是不好的，即投资行为的最终结果，可能是带来自然生态系统的正向演替，所谓正的生态效益；也可能是使得自然生态系统逆向演替，所谓负的生态效益。土地整理对自然生态系统结构的影响表现为整理后，自然生态系统中各构成要素的组合、相互关系及其在系统中的空间配置发生变化。如土地整理后水土资源结构的变化、生物多样性的变化、林草比例的变化等。土地整理对自然生态系统功能的影响表现为整理后，人类从自然生态系统中持续稳定地生产产品的能力发生改变。如土地整理后土地生产率的变化、农田作物光温利用率的变化等。土地整理对环境的影响表现为整理后，农业生态环境质量与人为的生产和生活环境发生变化，如土壤质量的变化、土地侵蚀面积与程度的变化、村庄内部环境的变化等。

土地整理生态环境效益可根据植被覆盖率增加、防治土地退化面积、治理和改善农田生态环境、提高旱涝保收能力等方面进行定性与定量相结合的评价。

本章小结

本章在介绍土地开发整理基本概念和基本理论的基础上，重点介绍了土地开发整理规划编制的内容，其中涉及土地开发整理潜力的调查、土地开发整理区划定的方法、土地开发整理项目的确定方法、土地开发整理资金筹措的渠道以及土地开发整理效益的评价方法。

关键术语

土地开发　土地整理　土地复垦　土地整理潜力

复习思考题

1. 简述土地开发整理规划的内容。
2. 耕地整理潜力的内涵是什么？其调查方法有哪些？
3. 土地开发整理项目的确定方法有哪些？
4. 土地开发整理资金的筹措主要有哪些渠道？

第14章 土地保护规划

14.1 土地保护规划概述

14.1.1 土地保护规划的概念

土地保护规划是指在一定的历史条件下，人们从保障土地生态环境或满足社会需求出发，为防止土地退化及不合理使用土地等，以一定的政策、法律和经济手段，对某些区域或地块所采取的限制和保护性措施。

土地保护按其性质可分为两个方面：一是土地用途保护，如基本农田保护，风景旅游区和自然保护区的保护；二是土地质量保护，如防风固沙，防止沙漠化，防止盐碱化，防止土地污染等。

14.1.2 土地保护规划的任务和类型

土地保护规划是基于我国土地资源紧缺，生态环境脆弱这一特点而提出的。其基本任务是在分析土地资源的数量、质量、环境、价值等的基础上，确定土地保护的类型、规模、保护区的分布、范围、保护重点与保护级别，并制定保护措施、技术方案和有关政策。土地保护不是消极的维护，而是在维护的基础上不断改善土地资源和生态环境。

根据我国目前的实际状况，土地保护规划主要有以下几种类型：

（1）以保护资源为主的土地保护规划。如基本农田保护区规划、蔬菜基地保护规划、草场保护规划等。

（2）以保护土地生态环境为主的土地保护规划。如海岸带保护规划，风景旅游区保护规划，水土保持规划等。

（3）以保护珍稀物种和自然历史纪念物为主的土地保护规划。如自然保护规划、文物古迹保护区规划等。

14.2　基本农田保护区规划

14.2.1　基本农田和基本农田保护区的概念

在我国，“基本农田”一词的提出可追溯至1963年黄河中下游水土保持工作会议，此后，也有高产稳产基本农田、旱涝保收基本农田等称谓，但直到20世纪80年代末，基本农田的内容仍是指生产能力高、抗灾能力强的高产稳产农田。

基本农田是从战略高度出发，在一定历史时期内，为满足国民经济持续稳定发展，社会安定和人口增加对耕地的需求，而必须确保的农田。由于农田产量高低和稳定程度有一定的地域性，难以给出明确的界定标准，所以上述基本农田的定义对基本农田保护的实践，难以给予恰当指导。参考国外基本农田类似定义，基本农田的内涵应包括以下三个方面：第一，强调基本农田与一般农田的内在肥力差异，即土地对作物适宜性和自然生产力高低；第二，明确基本农田与一般农田所处地段不同，即农田土地条件优劣；第三，基本农田是一定时期内人地关系平衡的一种表达，具有时段性。

基本农田有广义和狭义之分，广义的基本农田是指农田资源，即直接或间接、当前或潜在用于生产基本农产品土地的总称，它包括当前适合条件的耕地和潜在适合条件的林、草地，用于农业生产的沟渠、田间道路等农田建筑物所占用的土地，也包括宜农荒地。狭义的基本农田是指当前耕地的一部分，是按照一定时期人口和社会经济发展对农产品的需求，依据土地利用总体规划确定的不得占用的耕地。

严格来说，农田保护包含了三层意义：一是农田保存，即根据区域社会和经济发展需要，维持区域必需的农田数量和质量动态稳定，保存农田生产力。二是农田利用，即保持拟保存的农田资源的持续开发利用，以便取得合理的生态、社会和经济效益，保证国民经济稳定和社会发展所需基本农产品的供应。三是农田监测和管理，即利用行政、科学手段，对拟保存农田的环境、基础设施、土壤肥力和土地利用状况进行监测和管理。其中保护的主体是保存农田生产力，保护的前提是明确人地关系和区域发展目标，保护的目的是持续有效地利用农田资源。监测和管理是保护的手段，也是农田可持续利用的保证。

按照我国《土地管理法》和《基本农田保护条例》，下列耕地应列入基本农田：

(1) 经国务院有关部门或者县级以上的地方人民政府批准确定的粮、棉、油生产基地内的耕地；

(2) 有良好的水利与水土保持设施的耕地，正在实施改造计划以及可以改造的中、低产田；

(3) 蔬菜生产基地；

(4) 农业科研、教学试验田；

(5) 国务院规定应划入基本农田保护区的其他耕地。

基本农田保护区是指对基本农田实行特殊保护，并依据土地利用总体规划和依照法定程序而确定的特殊保护区域。

14.2.2 基本农田保护区规划的原则

1. 切实保护耕地的原则

十分珍惜和合理利用每寸土地，切实保护耕地是我国的一项基本国策，划定基本农田保护区，其重点是保护耕地资源，以满足人口高峰年对耕地的需求。

2. 综合协调的原则

基本农田保护区划定应以土地利用总体规划为依据，在区域内的各类用地进行综合协调和统筹安排的基础上，正确处理好吃饭与建设的关系，使非农业建设用地与农业用地得到合理配置，形成最佳的社会经济效益。

3. 双轨并行的原则

基本农田保护区规划必须遵循由上而下和由下而上相结合的双轨并行的原则，基本农田保护控制指标由省、市、县、乡（镇）逐级下达，以乡（镇）行政辖区为基本核定单位。基本农田保护区划定方案经上一级人民政府审核后，提请同级人民代表大会常务委员会审议通过，并报省人民政府备案。基本农田保护区的保护与管理实行由下对上逐级负责的保护办法，逐级签订基本农田保护责任书。

4. 区域完整性的原则

为了便于基本农田保护区的划定、建档和管理，完善和巩固地籍管理体系，基本农田保护区的划定，不宜打破村级行政界线。

14.2.3 基本农田保护区规划编制的程序

1. 准备工作

(1) 组织准备。组织准备主要是成立规划领导小组、规划编制技术组以及经费的落实等。

(2) 资料收集。收集区域国民经济和社会发展计划、统计年鉴、人口普查、土壤普查、农业区划、重点建设项目、各部门专项规划、土地利用现状调查和土地利用总体规划等有关资料和图件。

(3) 制定工作方案。主要是制定编制规划的工作和技术方案，包括：1) 编制规划的指导思想；2) 规划编制的内容；3) 规划编制的程序和方法；4) 组织实施的方法步骤；5) 时间安排和经费预算等。

2. 耕地资源现状和潜力分析

利用规划基期土地利用现状变更调查资料，结合土地适宜性评价结果，分析规划区耕地的数量、质量及其分布状况；耕地利用特点与存在的问题；耕地的生产和开发利用潜力等，为编制规划提供基础依据。

3. 耕地需求量预测

根据规划期内人口和国民经济发展对农产品的需求、建设用地的发展需求以及上级下达的规划期内非农业建设允许占用耕地的控制指标，对规划期内耕地的需求量进行预测。

4. 基本农田保护控制指标的确定与分解

根据耕地需求量预测结果，联系上级下达的基本农田保护控制指标以及当地耕地资源的具体实际，通过综合分析，确定当地基本农田保护的实际控制指标，包括保护耕地面积和保护率。然后，在当地基本农田保护实际控制指标的控制下，联系下一级行政区的自然、经济条件和耕地资源状况，将基本农田保护控制指标逐级分解至乡镇。

5. 基本农田布局

在落实非农建设用地允许预留耕地的位置和范围的基础上，根据当地基本农田保护的控制指标以及耕地资源的实际状况，遵循一定的原则，确定应划入基本农田保护区的范围标准，通过内业预划定，实地勘察、核对和丈量，具体划定基本农田保护片块，对保护片块编号、登记造册，并在每个保护片上设立保护标志牌。

6. 基本农田保护措施的制定

根据国家和地方人民政府有关基本农田保护的法律、法规和有关文件规定，制定切实可行的基本农田保护措施，从法律、行政和经济措施方面加强对基本农田的保护。

7. 规划成果的整理和制图

整理基本农田保护区规划编制的有关成果资料，撰写基本农田保护区规划报告以及工作和技术总结，绘制基本农田保护区分布图。

14.2.4 基本农田保护区规划的编制内容

1. 规划控制指标的确定

(1) 基本农田保护区控制面积的确定方法。基本农田保护区控制面积的确定方法主要有农产品的耕地需求量预测法和人口预留法等。

1) 农产品的耕地需求量预测法。农产品的耕地需求量是指为满足日益增加的人口对农副产品的需求而必须确保的耕地面积。该方法的技术路线是通过对规划期内人口总量、人均农产品消费水平、农作物的单产水平及耕地复种指数等的预测，求得为满足规划期内人口对农副产品需要的耕地总需求量，将规划基期耕地的总供给量与预测的耕地总需求量进行综合平衡，从而确定当地基本农田保护区的控制面积。

2) 人口预留法。人口预留法是利用区域历年人口的增长趋势资料，根据当地国民经济和社会发展计划中的人口发展规划，预测人口的增长高峰年基期人口总数，然后按建设部门的人均建设用地标准，测算出人口增长高峰年的建设用地总需求量，采用下式确定当地基本农田保护区的控制面积：

$$A=A_0-\left(P_1\cdot\frac{m}{10\,000}+P_2\cdot\frac{n}{10\,000}\right)$$

式中，A——当地基本农田保护区的控制面积（公顷）；

A_0——规划基期耕地面积（公顷）；

P_1——人口增长高峰年预测的城镇人口（人）；

m——城镇人均建设用地指标（平方米/人）；

P_2——人口增长高峰年预测的农村人口（人）；

n——农村人均建设用地指标（平方米/人）；

m 和 n——参照《城市用地分类与规划建设用地标准》（GBJ 137—90）和《村镇规划标准》（GB 50188—93）取值。

(2) 规划控制指标的确定。当地基本农田保护区的控制面积确定以后，将其与上级下达的基本农田保护区控制指标进行比较，进而确定当地基本农田保护区规划的实际控制指标。根据规划编制原则，所确定的当地基本农田保护区实际控制指标不得低于上级下达的控制指标。

2. 基本农田保护区的划区定界

(1) 划区定界的原则。

1) 将高产、稳产农田优先划入基本农田保护区。除土地利用总体规划确定的城镇村建设用地和重点建设项目用地允许预留的耕地以外，位于平原地区、交通主干道两侧以及城镇村周边的、集中连片的高产、稳产农田必须优先划入基本农田保护区，避免出现保高不保低、保远不保近、保差不保优、保小不保大等现象。

2) 坚持从实际出发，有利发展的原则。基本农田保护区的划区定界要有利于今后农业发展和布局，有利于对土地增加投入，有利于基本农田建设，有利于基本农田保护责任的落实。此外，为保障国家、省重点工程项目和城市规划期内建设发展用地，促进地区社会经济的健康、快速和持续发展，以下两类地块可不划入基本农田保护区：第一类，《国民经济和社会发展“九五”计划和2010年远景目标》所确定的国家和省重点建设项目中，已经确定选址和用地范围项目所要使用的耕地；第二类，与土地利用总体规划相衔接并经有关机关审批的、城市规划期建设用地范围内的耕地。

(2) 基本农田保护片的划定。

1) 室内预划定。以规划基期1∶10 000比例尺的土地利用现状图为工作底图，首先根据土地利用总体规划图，将城镇村建设用地和重点建设项目用地允许预留的耕地位置和范围在工作底图上表示处理，然后利用详查或变更调查地块的面积档案资料，根据基本农田保护区规划的控制指标，遵循上述划区定界的原则，在室内预先进行基本农田的划区定界。基本农田保护区原则上要以乡（镇）为单位划区，以行政村为单位划片，落实到具体地块。为照顾自然地块的完整性和避免保护片数过多，亦可跨乡（镇）、行政村设立保护片，但面积汇总必须按行政界线分布条件。

2) 外业实地勘察补划定界。内业预划的保护地块，需经外业实地勘察、丈量、核准无误后，才能确定可否保护。将预划定的工作底图带到实地逐片逐块地进行核对，若出现图纸与实地不一致的现象，则根据勘查结果，视地类变更、面积变化或因自然灾害的影响而发生变化等情况，在工作底图上进行调整、补充、修正，最后确定基本农田保护块的界线，实地核查后每一片保护区的界址经办人都要核实签名，确保无误。

3) 编号登记。对实地核查划定后的基本农田保护区、片和块进行逐一编号登记，内容包括编号、四至、面积、利用类型等。编号一般以乡（镇）为单位，按由北至南、由西向东的顺序进行，县（市、区）按全国统一代码为六位数，乡

（镇）代码为两位数，村基本农田保护片编号为三位数，乡（镇）基本农田保护片编号，在其图名下统一标注县（市）、乡（镇）代码。

（3）面积量算与汇总。基本农田保护区、片和块的面积尽可能通过土地利用详查或变更调查地块的面积档案资料确定，对于发生变化的地块可采用数据化仪、求积仪进行量算或通过建立基本农田保护信息系统的方法自动求算面积。

1）基本农田保护信息系统量算法。首先将各乡（镇）初始详查及变更调查的1∶10 000或1∶25 000标准分幅图进行扫描输入和数字校正，并按基本农田保护图斑、现状地物、零星地物分层进行矢量化处理，然后将各乡（镇）经实地核查后打破原详查耕地图斑界线的基本农田保护片界线，通过数字化输入，并附注图斑属性信息，建立基本农田保护区信息系统，最后通过计算机自动量算、汇总产生基本农田保护区面积量算表格。

2）数字化仪或求积仪量算法。如果基本农田保护片未打破相应耕地的图斑界线，则可通过查阅土地利用乡镇调查图斑量算面积表来求算面积，面积量算表中图斑毛面积扣除线状地物、零星地物和田埂系数的面积即为基本农田保护片净面积。如果基本农田保护片划定时打破相应耕地图斑界线，则需运用数字化仪或求积仪进行面积量算，求出被打破图斑的净面积。面积量算精度应符合全国农业区划委员会《土地利用现状调查规程》的规定，将量算确定后的面积填入相应的表格中。

（4）清绘成图。把经外业勘察调整确定后的基本农田保护片、块工作底图，转绘至规划基期1∶10 000或1∶25 000比例尺的乡（镇）土地利用分幅图上，经着色后形成乡（镇）基本农田保护区分布图，县（市、区）基本农田保护区分布图则以乡（镇）基本农田保护区分布图为基础进行编绘，编绘要符合《土地利用现状调查规程》的规定。县（市、区）、乡（镇）基本农田保护区分布图的内容包括：第一，规划划定的基本农田保护区；第二，国家、省重点建设、城镇规划建设预留耕地范围。

基本农田保护区、国家和省重点建设、城镇规划建设预留地的着色参照《县级土地利用总体规划编制规程》确定，基本农田保护区一般采用黄色，国家、省重点建设、城镇规划建设预留地一般采用红色。若基本农田保护片中嵌套有非耕地小图斑或建设预留地，则采用0.3毫米的黑色实线圈定其范围。重点工程项目的名称根据其用地范围大小在图上用黑体字予以注明，线型工程沿线标注，非线型工程在其用地范围内标注，在基本农田保护区分布图的左下角附上图例。

（5）保护牌的设立。基本农田保护规划经有关部门审批以后，必须在实地设立保护标志。一般在城镇周边、道路两边、面积在66.67公顷以上的基本农田保护区均须在明显的地方设立保护牌。保护牌由县（市、区）人民政府设立。保护牌规格为长1.5米、宽1.0米、厚0.06米，立柱规格为0.1米×0.1米×2.5米。保护牌和立柱上均需预留出空洞，二者用螺栓固定，立柱埋入深度为1.2米。保护牌上绘出保护片平面图，注明保护片名称、保护片编号、保护面积、四至地界、保护期限、责任单位或个人姓名、立牌单位、立牌时间等，保护牌的样图参见图14—1，并在设立保护标志牌保护片的主要拐点部位设立保护桩，保护桩的规格为0.1米×0.1米×1.0米。

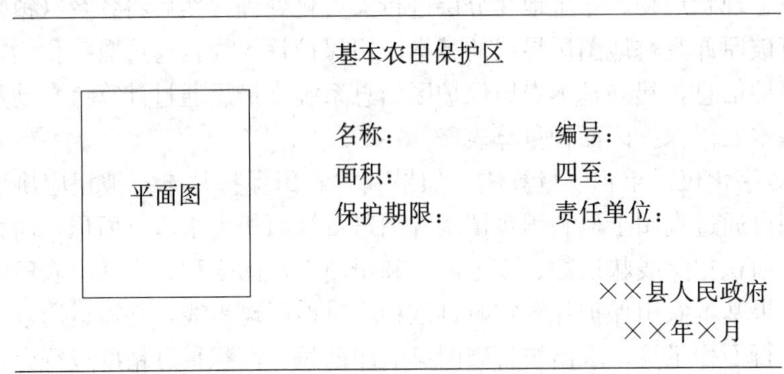

图14—1　基本农田保护区标志牌示意图

3. 管理与保护措施的拟定

编制基本农田保护区规划的目的是为了切实保护耕地，有效地利用土地。为此，必须采取行政、法律、经济和技术的综合手段，制定一套基本农田的管理制度和保护措施，才能保证规划的稳步实施。

(1) 运用法律机制，制定地方性的政策措施，落实保护责任制。各乡（镇）人民政府应根据《土地管理法》、《基本农田保护条例》及上级有关文件的精神，颁布基本农田保护区布告，各村根据乡（镇）政府布告精神和本村实际，制定保护公约，进一步确定保护期内本村农田的保护目标和检查管理制度。为明确乡村两级保护基本农田的责任，各村经济合作社或村民委员会与乡（镇）人民政府签订基本农田保护责任书，规定保护年限，落实保护责任和奖罚措施。县政府颁布相关的法规，明确保护制度，规定在基本农田保护区内做到“几不准”，如不准任何单位和个人擅自改变或占用基本农田保护区耕地，不准任何单位和个人闲置、荒芜基本农田保护区的耕地，从行政法律上保证基本农田的保护等。

(2) 采取合理的经济手段，增强基本农田的保护力度。非农建设经批准可使用基本农田保护区耕地的，不仅要按《土地管理法》和有关行政法规的规定缴纳税费，而且应按照“占多少，垦多少”的原则，由占用耕地的单位或个人在用地年度内组织开垦与所占用基本农田的数量和质量相当的耕地，并重新划入基本农田；没有条件开垦或开垦的耕地不符合要求，必须按规定缴纳耕地开垦费，专款用于开垦新的耕地。如果非农建设占用了基本农田保护区内的菜地，应按国家有关规定缴纳新菜地开发基金。严格奖惩制度，凡违反有关保护区规定，一经发现要严肃处理，对执行保护规定和管理工作成绩突出的，给予奖励，从经济手段上加强对基本农田的保护。

（3）建立地力监测体系及补偿制度。县级人民政府应根据本县实际制定基本农田保护区耕地地力的分等定级办法，由农业行政主管部门会同土地管理部门组织实施，通过基本农田保护区耕地地力分等定级，建立档案，逐步建立起基本农田保护区地力和施肥效益的监测网点，定期提出地力变化状况报告以及相应的地力保护措施，为农业生产者提供施肥指导。政府要在加大资金投入的同时，鼓励并积极引导农民向保护区耕地增加投入，帮助农民制定有关耕地培肥计划及相应的培肥措施，提倡和鼓励农民对其经营的基本农田施用有机肥料，合理施用化肥和农药，逐步提高保护区耕地的质量，对积极投入提高地力的农民，要给予必要的补偿和奖励，对于不积极投入并造成地力下降的农民，要给予经济上的处罚，并责令其在规定的限期内恢复地力。

（4）采用科学的管理方法，从技术上加大对基本农田的保护。加强对基本农田保护区的动态管理，土地管理部门应会同有关部门共同搞好基本农田保护区的动态监测。县人民政府也应加强保护区的检查和监督，定期组织土地管理部门、农业行政主管部门以及其他有关部门对基本农田保护、管理和建设情况，进行全面检查，检查其保护范围和面积，并将检查情况向上一级人民政府作出书面报告。基本农田保护区划定后，应及时整理有关图件和资料，建立保护区资料档案，使基本农田保护做到有法可依，有章可循，有据可查，建立“三有”管理制度。基本农田保护区划定后，必须有计划地组织进行农田基本建设，推广农业科技，提高耕地质量，防止土地污染和土壤肥力的退化。

（5）制定基本农田保护区的生态环境保护措施。建立基本农田保护区环境污染监测体系，加强对保护区环境质量的监控。对基本农田保护区的环境污染进行长期定位监测与评价，定期提出环境质量与发展趋势的报告，根据环境变化的情况，制定相应的治理措施，促进环境的良性发展。在划定的基本农田上建立生态农业基地，完善灌排系统和耕作道等农业基础设施，建立耕地环境污染监测系统，定期监测耕作区的环境污染程度以及环境质量，以便及早采取措施进行治理。在生态农业区内进行农业综合开发，采用先进的农业生产技术，改善农业生产条件，提高农业的综合生产能力。

4. 规划成果

（1）基本农田保护区规划报告。基本农田保护区规划报告应包括以下几个方面内容：1）自然条件和社会经济概况，耕地资源的数量、质量及其分布状况，耕地生产和开发利用潜力及利用存在问题分析；2）基本农田保护区规划编制的指导思想和原则；3）基本农田保护区规划的期限、编制的内容与工作方法，包括规划编制的步骤、技术路线和方法等；4）规划期内人口和耕地需求量预测；5）基本农田保护区控制指标的确定、分解及其依据；6）划定的基本农田保护区面积及其分布状况分析；7）基本农田保护区管理与保护措施。

（2）基本农田保护区规划成果图。基本农田保护区规划成果图主要包括：1）县（市、区）基本农田保护区分布图（1∶50 000）；2）乡（镇）基本农田保护区分布图（1∶10 000 或 1∶25 000）。成果图的总体要求是图面颜色要协调、清晰，涂色要均匀，保护区界线清楚。

（3）基本农田保护表格。基本农田保护表格主要包括：1）基本农田保护片登记表；2）乡（镇）基本农田保护区面积汇总表；3）地（市）、县（市、区）基本农田保护区面积汇总表；4）国家、省重点工程项目以及城镇建设拟使用耕地面积统计表。

5. 基本农田保护区规划的验收

基本农田保护区规划的验收要坚持“全面验收，突出重点，保质保量，注重实效”的原则，通过验收，检查各地落实《基本农田保护条例》、基本农田保护区规划的原则以及有关文件的精神，保质保量完成上级下达的基本农田保护面积控制指标，保证规划划定的基本农田保护区界址清楚、面积准确、图表册一致，使划定的基本农田保护区能适应土地用途管制的需要。验收的内容主要包括以下几个方面。

（1）组织准备和宣传发动情况。

1）规划工作的组织领导、宣传发动是否有力；

2）规划工作的专项经费是否落实；

3）是否建立规划的工作方案和计划；

4）基本农田保护的指标是否及时分解下达；

5）规划编制的工作图件、资料是否准确、齐全。

（2）基本农田保护区规划原则的落实情况。

1）重点检查是否将城镇和村庄周边、铁路和公路两侧的耕地及其他区域质量好、产量高的耕地以及集中连片的耕地优先划入基本农田保护区；

2）上级下达的基本农田保护面积控制指标是否完成。

(3) 外业调绘情况。

1）是否将预划定的基本农田保护区工作底图带到实地核实，核对图上标注地类、界线与实地是否一致；

2）实地踏勘是否进行记录，实地踏勘人是否签名；

3）实地踏勘率是否符合要求。

(4) 数据汇总分析和核查工作成果情况。

1）基本农田规划各类数据分类是否正确，汇总分析是否全面、准确，分析情况是否符合实际；

2）应提交的表格、图件等资料是否齐全；

3）规划报告的内容是否全面、客观、具体；

4）数据表格的填写以及规划成果图的编绘、着色是否符合规范要求，图件质量是否符合要求。

(5) 保护标志的设立情况。

1）保护牌所标示的内容和实地是否一致；

2）城镇周边、道路两侧和面积在66.67公顷以上的基本农田保护区是否在明显地方设立保护牌。

(6) 制度建设情况。

1）是否建立基本农田保护区规划资料、报表、图件等档案；

2）是否建立基本农田保护区分级监控制度；

3）各级人民政府是否建立基本农田保护目标责任制，由政府一把手负总责，把基本农田保护工作落实到村基层组织。

14.2.5 我国基本农田保护区的划定情况

自1992年国务院批转国家土地管理局、农业部《关于在全国开展基本农田保护工作的批示的通知》(国发［1992］6号）以来，尤其是1994年颁布《基本农田保护条例》以来，各地陆续开展了基本农田保护区的规划和划定工作。

根据各省、自治区、直辖市的土地利用总体规划汇总，在规划期间，全国基本农田保护面积为10亿多公顷，基本农田保护率达到84.6%。其中，黑龙江省的基本农田保护率为全国之冠，达到91.0%，山西省、陕西省、云南省、贵州省和重庆市的基本农田保护率较低，但也都达到80%。各省、自治区、直辖市的基本农田保护面积和基本农田保护率见表14—1。

表 14—1　全国省（自治区、直辖市）的基本农田保护面积及保护率　单位：千公顷

省份（自治区、直辖市）	1996 年耕地面积	基本农田保护面积	基本农田保护率（%）	省份	1996 年耕地面积	基本农田保护面积	基本农田保护率（%）
北京市	343.9	299.3	87.0	湖北省	4 949.5	4 009.1	81.0
天津市	485.6	426.0	87.7	湖南省	3 953.0	3 360.0	85.0
河北省	6 897.1	5 870.0	85.1	广东省	3 272.2	2 846.7	87.0
山西省	4 588.7	3 671.0	80.0	广西	4 408.0	3 760.0	85.3
内蒙古	7 812.3	6 587.0	84.3	海南省	762.1	647.9	85.0
辽宁省	4 174.8	3 632.1	87.0	重庆市	2 556.5	2 045.2	80.0
吉林省	5 578.4	4 848.9	86.9	四川省	6 624.1	5 418.1	81.8
黑龙江省	11 834.4	10 833.2	91.0	贵州省	4 903.5	3 922.8	80.0
上海市	315.1	274.7	87.1	云南省	6 421.6	5 137.3	80.0
江苏省	5 061.7	4 404.0	87.0	西藏	362.6	310.2	85.6
浙江省	2 125.3	1 807.7	85.1	陕西省	5 140.5	4 112.7	80.0
安徽省	5 971.4	5 076.0	85.0	甘肃省	5 024.8	4 105.6	81.7
福建省	1 434.7	1 219.5	85.0	青海省	688.0	550.4	80.0
江西省	2 993.4	2 546.5	85.1	宁夏	1 268.7	1 053.0	83.0
山东省	7 689.3	6 690.0	87.0	新疆	3 985.7	3 387.5	85.0
河南省	8 110.3	6 894.7	85.0	**总计**	**129 737.2**	**109 747.1**	**84.6**

数据来源：根据省（自治区、直辖市）《土地利用总体规划》整理。

我国基本农田保护率较高的省份大部分集中在我国的东北区、东部沿海区、华南区以及新疆和西藏自治区。而西南和黄土高原地区的基本农田保护率略低。

各地在开展基本农田保护区的规划和划定工作之后，大量优质高产农田划入保护区得以切实保护，乱占滥用耕地的势头得到了有效控制，对非农建设尤其是城市用地规模的盲目扩展也起到了一定的控制作用。而且各地在基本农田保护区划定以后，普遍加大了农业投入，加强了农田水利建设，大力改造中低产田，提高土壤肥力，使农业的基础地位得到进一步加强。例如，广东省提出 10 年内使全部基本农田达到“五化”标准，即田园林网化、灌溉硬底化、机耕道路泥化、品种良种化和管理的科学化。但各地在基本农田保护区划定中也存在一些问题，

比较突出的问题是，一些地方在为完成上级下达的指标，或达到某一较高的数量指标，把一些劣质耕地、偏远山区的一些耕地都划入基本农田保护区。而与此同时，相当数量地形平坦、交通和水利条件好的肥沃良田，尤其是一些经济比较发达地区的城市郊区、交通沿线的优质高产农田却规划作为建设用地。一些地方单从指标上看，基本农田的保护率不低，但没有划入基本农田保护区的耕地往往都是一些优质良田、菜地，实际上是存在“划劣不划优”的问题。

14.3 自然保护区规划

14.3.1 划定自然保护区的意义

自然保护区是指国家为保护自然资源、改善自然环境，开展科学研究等方面的需要，对具有代表性的不同自然地带的环境和生态系统，珍贵稀有动植物栖息生长地及其他自然历史遗址和重要水源地等划出界限，加以特别保护的自然地域，建立自然保护区的意义主要有以下几个方面。

(1) 自然保护区能提高生态系统天然的“本底”。自从人类出现以后，随着人口的增长、生产的发展和技术的进步，自然生态系统越来越多地遭到人类的干扰和破坏。目前保存下来受干扰较少的生态系统，是极为珍贵的自然界的原始“本底”。它为衡量人类活动所引起的后果，提供了评价的准绳，同时也给建立合理的高效的人工生态系统指明了途径。

(2) 自然保护区是动物、植物和微生物物种及其群体的天然贮存库。由于人类的破坏和自然环境的改变，许多动植物种已经灭绝，或者正在迅速地趋于灭绝，或者处于稀有和濒危状态。自然保护区被称为天然基因库，能够保存多种生物、各种类型的生物群落和它们赖以生存的环境。

(3) 自然保护区是进行科学研究的天然实验室。在自然保护区里通常保存较完整的生态系统、丰富的物种和它们赖以生存的、较接近自然状态的环境以及其他自然历史遗迹，这就为进行各种生物学、生态学、地质学、古生物学以及其他分支学科的研究提供了良好的基础，特别是由于自然保护区中保护对象存在的长期性和天然性，为环境监测和各种定位研究提供了有利条件。

(4) 自然保护区是活的自然博物馆，是向群众普及自然界知识和宣传自然保护的重要场所。

(5) 自然保护区可划出一定的地域开展旅游活动。自然保护区保存较完好的自然生态系统、珍稀动植物、特殊自然历史纪念物和景观，对旅游者有很大的吸引力。

(6) 自然保护区对建立良好的生态系统有重要作用。保存完好的天然植被及其组成的生态系统，有助于保持水土、涵养水源、调节地方气候，使生态过程正常进行，对地区环境的改善起着良好作用。特别是在生态系统比较脆弱的地域建立的自然保护区，对于环境保护更有重要的作用。

14.3.2 自然保护区的类型

从我国当前管理体制的具体情况出发，并考虑到自然资源的类型、保护对象的性质和任务，自然保护区分为五种基本类型。

(1) 生态系统自然保护区。对较完整的自然生态系统及生物、非生物资源进行全面保护，如长白山、西双版纳、神农架等保护区。

(2) 珍贵林木及其他自然保护区。对珍贵植物资源及有特殊效用或价值的植被进行保护，如丰林的红松、云雾山的草原、金佛山的银杉自然保护区。

(3) 野生动物自然保护区。以各种珍稀动物或其他特殊价值的野生动物资源为主要对象的自然保护区，如佛坪的大熊猫、白河的金丝猴、南湾的猕猴自然保护区。

(4) 森林公园保护区。自然景观优美，有观赏价值，供游览的自然保护区，如张家界、九寨沟自然保护区。

(5) 自然历史遗迹保护区。对于一些需要采取特殊保护措施的非生物资源形成的自然历史遗迹进行保护，如五大莲池、山旺化石保护区。

14.3.3 自然保护区的规划方法和步骤

建立自然保护区应以生物地理原理为指导，尽量利用已有的生物、地理、地质等调查资料和图件，其中植被图和植被分区图参考意义比较大。规划的主要步骤有：

1. 明确保护的主要目标，确立保护的对象以及自然保护区选择

具体地讲，选择自然保护区的条件有：(1) 不同自然地带的典型的自然生态系统和自然综合体。(2) 中国特有的或世界性的国家一类保护珍稀或濒危生物物种和生物群落的重要生存繁殖地区。(3) 具有重要科学价值的自然历史遗迹，如地质剖面、冰川、熔岩、温泉、化石产地和重要的水源地等。(4) 在维护生态平衡方面具有特殊的重要意义而需要加以保护的地区。(5) 在利用与保护自然方面具有传统的成功经验的地区，这些地区往往不仅有重要的科学研究或观赏意义，而且有重要的经济价值。

2. 确定自然保护区的范围

自然保护区的面积大小要根据已确定的保护对象与目标来确定。要考虑到保护区的面积效应（保护物种的数量与其面积大小成正比关系）、隔离效应（要考

虑保护区与非保护区之间的距离关系）、平衡效应（要考虑维护平衡时物种的最大数量或维护物种的自下而上繁衍不致灭绝）、递减效应（要考虑对保护区物种数量递减过程的监测和延缓措施的需要）。

3. 划分自然保护区的结构

1971年，联合国教科文组织提出的“人和生物圈计划”（MAB）是一个世界范围内的国际科学合作规划。MAB规划在实施过程中，提出了影响深远的生物圈保护区的思想。根据其思想，一个科学合理的自然保护区应由三个功能区域组成（图14—2），分别为：（1）核心区：在此区生物群落和生态系统受到绝对的保护，禁止一切人类的干扰活动或有限度地进行以保护核心区质量为目的，或无替代场所的科研活动；（2）缓冲区：围绕核心区，保护与核心区在生物、生态、景观上的一致性，可进行以资源保护为目的的科学活动，以恢复原始景观为目的的生态工程，可以有限度地进行观赏型旅游和资源采集活动；（3）实验区：保存与核心区和缓冲区的一致性，在此区允许进行一些科研和人类经济活动以协调当地居民、保护区及研究人员的关系。

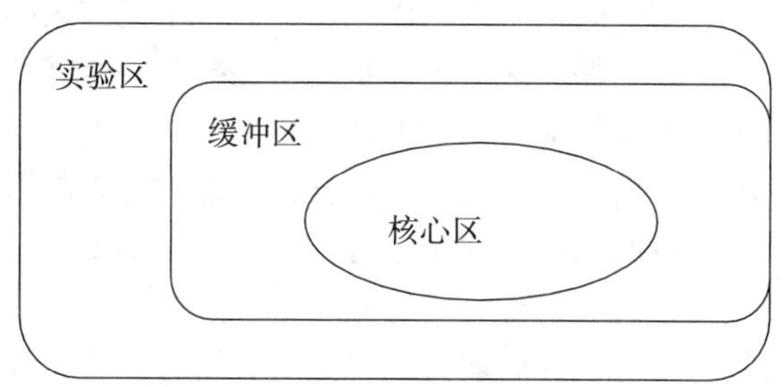

图14—2　一个理想的自然保护区的功能分区

在具体规划设计自然保护区的实践中，最重要的是如何合理地划定自然保护区各个功能区的边界问题。现在一般有以下原则：（1）核心区。核心区的面积、形状、边界应满足种群的栖居、饲食和运动要求；保持天然景观的完整性；确定其内部镶嵌结构，使其具有典型性和广泛的代表性。（2）缓冲区。隔离带，隔离区外人类活动对核心区天然性的干扰；为绝对保护物种提供后备性、补充性或替代性的栖居地。（3）实验区。按照资源适度开发原则建立大经营区，使生态景观与核心区与缓冲区保持一定程度的和谐一致，经营活动要与资源承载力相适应。

4. 确定保护区等级

自然保护区的建立首先要面临的一个问题是在何地建立何等级别的保护区。为解决这些问题，必须遵循一定的原则确定保护区建立的科学性。目前通常采用一系列的指标进行综合分析和判断。

（1）典型性和代表性。这是指自然保护区的对象对于所要保护的那种类型是否有代表性。通常在保留有原始植被的地区，保护区最好包括对本区气候带最有代表性的生态系统，从生物地理学的观点来说，即应设在有地带性植被的地域，它应包括本地区原始的"顶级群落"。

（2）稀有性。对于很多自然保护区来说，保护稀有的动植物种类及其群体是一个重要的任务。如果某些自然保护区集中了一些其他地区已经绝迹的、残留下来的孑遗的生物种类，就会提高自然保护区的价值。

（3）脆弱性。脆弱性是指所保护的对象对环境改变的敏感程度。脆弱的生态系统往往与脆弱的生态环境相联系，并具有很高的保护价值。但是对它们的保护比较困难，要求特殊的管理。

（4）多样性。保护区中种群的数量和群落的类型是保护区的又一重要问题。一般来说，种类数量越多，即多样性程度越高的类型，其保护价值越大。这一指标主要取决于立地条件的多样性以及植被发育的历史因素。

（5）面积因素。有些地区由于人为破坏严重，一个保护区的重要性经常随面积的增加而提高。一个自然保护区必须满足维持保护对象所需的最小面积。保护区的最小或最适面积，因保护对象的特征和生物群落类型的不同而有差异。

（6）天然性。习惯上用天然性来表示植被或立地未受人类影响的程度。这种特性对于建立科学研究目的保护区或是核心区，有特别重要的意义。有的保护区既包括天然的，又包括半天然的部分，也是非常理想的。特别是一个具有天然性的保护区，同时又具有稀有性和脆弱性的特点时，则会显著提高其保护价值。

（7）感染力。感染力是指保护对象对人们的感官所产生的美感的程度。虽然从经济观点来看，不同物种具有不同的利用价值，但是由于科学的发展和人类认识的深化，许多动植物正在被发现具有新的经济价值。同时，由于不同种类的物种和生物类型是不可替代的，因此从科学的观点来说，很难断言哪一种类型和物种更为重要。但是由于人类的感觉和偏见，不同的有机体具有不同的感染力。

（8）潜在的保护价值。有些地域一度有很好的自然环境，但由于各种原因遭到了干扰和破坏，如森林受到采伐和火烧，草原经过了开垦或放牧，沼泽进行了排水等。在这种情况下，如能进行适当的人工管理或通过天然的改变，生态系统过去的面貌可以得到恢复，有可能发展成比现在价值更大的保护区。当我们找不到原有的高质量的保护区时，这种有潜在价值的地域，也可以被选作自然保护区。

（9）科研的潜力。包括一个地区的科研历史、科研的基础和进行科研的潜在价值。

通过对上述标准的综合分析，将自然保护区分别列入不同的等级。对那些具有特别重要的保护价值，不仅在国内，同时在国际上也具有重大影响和意义的保护区，应列为国家级的重点保护区。上述选择自然保护区的标准有时可能是相互交叉、互为补充的，例如一个具有代表性的保护区同时具有多样性、天然性、科研价值；有些标准可能相互矛盾，相互排斥，如一个稀有的保护对象往往很难具有典型性或代表性等。因此保护区的选择是一个十分复杂的问题，运用上述标准进行选择和评价时，必须和建立自然保护区的目的结合起来，以保护物种多样性最丰富的地区，面积大、功能完整的生物群落或生态系统的典型代表，以及特有物种或特殊兴趣的群体。

5. 制定保护措施和保护制度

为了有效地对保护区实行管理，切实对保护对象实行保护，要制定一系列的保护措施、管理制度和法规，以达到预期的保护目标。

本章小结

土地保护规划可以分为以保护资源为主的规划、以保护生态环境为主的规划和以保护珍稀物种和自然历史纪念物为主的规划。本章主要介绍了基本农田保护区规划和自然保护区规划，分别介绍了各自编制的目的、原则、方法和步骤。

关键术语

土地保护　　基本农田保护区　　自然保护区

复习思考题

1. 怎样进行基本农田保护区规划？
2. 基本农田保护区应采取哪些措施？
3. 怎样进行自然保护区的规划？

第15章

土地开发整理项目规划

15.1 土地开发整理项目的概念与特点

15.1.1 土地开发整理项目的含义

土地开发整理项目是指投资主体明确、独立核算、按照一定的程序独立运行，对未利用土地、废弃地或已利用土地实施开发整理的投资项目。

作为土地开发整理项目，具有以下几方面的特征：

1. 投资主体明确

土地开发整理项目的运作是一种投资活动，有别于以往的土地开垦和农田基本建设活动，要求投资主体必须明确，以期从法律上明确项目的法人或业主资格。土地开发整理项目的资金渠道主要有财政投入、企业和个人投入、银行贷款及其他社会资金。

2. 独立核算

每个开发整理项目必须进行独立的经济核算，有明确的效益指标，即每个项目构成一个独立的经济核算单位，并且是独立的执行单位。

3. 按一定程序独立运行

一个项目是一个独立的业务单位，其技术设计、资金筹措、项目实施、组织管理等业务工作都是独立进行的。项目的成立和目标要服从和服务于国家经济发展规划，但项目一旦确定，便具有一切活动的独立性，行政单位或其他局外人不得非法干涉。土地开发整理项目由于范围大、综合性强，往往跨部门、跨区域，需要政府进行组织、协调项目的一些活动，但也要尊重项目活动的科学性和独立性。

4. 有明确的建设起止时间和建设空间

项目应有明确的时间限制。项目活动都有预定的起点和终点，起终点的时间为项目周期。土地开发整理项目周期指从土地开发整理规划编制到项目运行管理的全过程。项目要有特定的地理位置和区域范围。项目范围，具体在什么地点，对一个项目来说必须界限明确。项目范围应该根据土地利用总体规划或土地开发整理复垦专项规划，分期分批地连片组织实施，开发整理复垦一片，成功一片。

5. 属一次性投资

每个投资项目都构成一个相对完整的特定系统，有特定的内容和目标，任意两个项目都不会重复。从项目开始到结束，一个项目周期运行完毕，本次投资活动即告完成。

6. 有正式的项目管理机构

项目管理机构是为完成特定的项目任务而建立起来的，从事项目具体工作的组织。该组织是在项目生命期内临时组建的，是暂时的，只是为了完成特定的项目目标而组建的。为实现项目的目标，项目组织和项目一样有其生命期，经历建立、发展和解散的过程。选择或组建一个合适的实施机构是顺利实施项目的重要的组织保证。在失败的投资项目中，机构问题如果不是关键原因，也一定是主要原因。在实施机构中，配备积极肯干、素质高、能力强的项目经理又是关键中的关键。应该明确参加项目的负责人，建立责、权、利相结合的经济责任制。

15.1.2 土地开发整理项目的特点

1. 属于资源环境产业范畴

土地开发整理项目尽管与农业、工业、城市发展等第一、第二、第三产业密切联系，但随着资源环境问题的日益突出，资源环境产业已逐渐分离出来而成为独立的产业。所以土地开发整理项目已不再属于第一、第二、第三产业内部的子项目，而是属于“零次”产业的资源环境产业的独立项目。其产品和建设目标是为第一、第二、第三产业的发展提供资源和高质量的生态空间。

2. 建设内容综合

土地开发整理是田、水、路、林、村的综合整治，涉及水利、道路、林业、农业、环保等多个部门的工作和利益，所以土地开发整理项目投资在考虑其单项独立性的同时，要充分考虑与其他部门的联系，注意项目投资的综合性。

3. 基础性和公益性

依据投资项目在市场中发挥的功能，可分为竞争性项目、基础性项目和公益性项目。竞争性项目是指投资收益较高、市场调节比较灵敏、具有市场竞争能力的投资项目；基础性项目是指具有一定自然垄断、建设周期长、投资量大而受益水平较低的基础产业和基础设施投资项目。公益性项目是指不具备盈利能力，但具有较高社会效益和生态效益的投资项目。从为第一、第二、第三产业的发展提供资源和高质量的生态空间角度考虑，土地开发整理项目属于基础性和公益性项目。但可以通过政府的优惠政策将其转换成竞争性项目，实行产业化经营。

4. 政策性强

土地开发整理是基础性、公益性产业，受市场引导作用比较小，一切有关开发整理事业的行为受制约性较强政策，如国家耕地保护政策、环境保护政策、农业产业政策、西部开发政策以及财政政策等。土地整理要体现这些政策导向。

5. 目标综合

土地开发整理项目属于基础性和公益性项目，其强调的是经济效益、社会效益、生态效益三个目标的统一。土地既是农林牧渔业发展的资源，又是第二、第三产业发展的载体，同时还是人类生产生活的空间，所以，土地开发整理既属资源产业又属环境产业，同时还是社会公益事业。土地开发整理项目往往是在追求社会目标、生态目标的前提下，兼顾经济目标，并达到协调统一。因此，土地开发整理项目评价中，国民经济评价、生态评价、社会评价是必需的。

6. 运行复杂

土地开发整理项目的实施涉及的内容复杂、部门较多。目标上不但涉及经济问题，更多涉及的是社会问题和生态问题；工程上不但涉及土地平整，还涉及水利工程、道路工程、电力工程、生态工程。不但涉及土地管理部门，还涉及财务、计划、审计、农业、林业、水利、建设、环保等部门。实施过程不但涉及政府，还要涉及企业、乡、村两级集体组织和个人，利益分配关系也非常复杂。因此，土地开发整理项目的运行程序非常复杂。

7. 投资与受益相分离

目前，土地开发整理以政府投资为主。政府作为投资人不直接获取利益，而直接受益的是整理区涉及的土地所有者或使用者。政府更强调的是社会效益和生态效益，而社会效益和生态效益的受益者则是更广泛的社会公众。土地开发整理项目的基础性和公益性决定了投资与受益相分离的特性。

8. 长效性

土地开发整理项目见效缓慢，投资回收期长，但对农业扩大再生产具有长效的作用，要从战略的高度对长效性的投资项目敢于投资。

9. 稳定性

土地整理是一项长期的投资活动，投资来源稳定，有批准的投资计划和资金保障。国家按照批准的项目投资计划，拨付项目资金。

15.1.3 土地开发整理项目分类

1. 政府投资项目、法定投资项目和社会投资项目

政府投资项目指各级政府直接投资建设的开发整理项目。目前，主要指国家投资土地开发整理项目和各级地方政府投资土地开发整理项目两种，简称国家投资项目和地方投资项目。国家投资项目是指由中央政府批准和实施，并且由中央政府投资建设的项目。地方投资项目是指由地方政府批准和实施，并且由地方政府投资建设的项目。

法定（义务）投资项目指用地单位和个人履行“耕地占补平衡”或土地复垦义务自行实施的投资项目。如果不能自行实施，则按照《土地管理法》和《基本农田保护条例》的规定，向政府缴纳耕地开垦费，或按照《土地复垦规定》中的规定向政府缴纳土地复垦费，由政府组织实施。

社会投资项目是指由企业或个人以营利为目的投资建设的项目。国家有关政策与法规对社会投资土地开发整理事业给予鼓励和支持。目前，各级政府还未对此类项目的管理做出具体规定。随着国家关于土地开发整理社会投资优惠政策的逐步落实、土地开发整理产业化进程的加快，企业或个人投资建设的项目会大量出现，为此，各级政府需加紧制定有关管理办法。

2. 开发项目、整理项目、复垦项目和综合项目

土地开发项目是指以荒山、荒地、荒滩等未利用土地资源为主要对象，以增加有耕地面积为主要目的的开发整理项目。《土地管理法》规定：国家鼓励单位和个人按照土地利用总体规划，在保护和改善生态环境、防止水土流失和土地荒漠化的前提下，开发未利用的土地；适宜开发为农用地的，应当优先开发成农用地。当开发整理区域内未利用土地达到60%以上时，项目性质应确定为开发

项目。

土地整理项目是指按照土地利用总体规划的要求，通过对田水路林村进行综合整治，以增加有效耕地面积，提高耕地质量，改善农业生产条件和生态环境为目的开发整理项目。当开发整理区域内通过整理增加耕地面积占总增加耕地面积60%以上时，项目性质应确定为整理项目。

土地复垦项目是指对生产建设过程中，因挖损、塌陷、压占等造成破坏和废弃的土地，采取整治措施，使其恢复到可供利用状态的开发整理项目。当开发整理区域内破坏和废弃的土地达到60%以上时，项目性质应确定为复垦项目。

综合项目是指具有开发、整理、复垦中两种以上综合性质的开发整理项目。当根据开发整理区域内土地利用或增加耕地性质不能确定为某一开发、整理、复垦单项项目时，则应确定为综合项目。

3. 新建、续建、改建、重建和扩建项目

新建项目是指拟列入投资计划开始实施的新项目。

续建项目是指对已经批准实施的项目提高建设标准或增加建设内容继续建设的项目。当开发整理项目建设标准比较低、或建设内容不全面时，经过一定时间运行，往往需要继续投入资金提高建设标准或完善建设内容，此时，可将原项目列为续建项目。

改建项目是指对原有建设内容进行部分或全部改动，或对原项目建设内容进行更新改造而设立的项目。

重建项目指由于原有项目建设内容老化，需将老化的原有项目建设内容废除，按照原项目建设内容重新建设而设立的项目。续建、改建、重建项目可以统称为土地再整理项目。

扩建项目指对已经批准实施的项目扩大建设区域范围的项目。由于投资或市场的限制，原开发整理项目区确定的范围一般较小，随着投资力度加大或市场需求的增加，需加大建设区域范围，此时，可将原项目列为扩建项目。

目前，各级政府所立项目基本都为新建项目。

15.1.4 土地开发整理项目的作用

1. 保障作用（保障土地开发整理目标的实现）

为了保证目标的实现，各级土地开发整理专项规划不但制定了规划目标，划定了开发整理区，还将规划目标和欲开发整理的区域落实到了项目上。各级土地利用总体规划或土地开发整理专项规划都制定了土地开发整理目标。

全国土地开发整理规划制定的目标是：适应国民经济快速发展和生态环境建

设的需要，按照占补平衡的基本原则，在充分考虑补充耕地的资源潜力、投入和区域协调的前提下，通过大力推进土地开发整理，补充耕地数量和质量不低于同期建设占用、灾害损毁和农业结构调整损失的耕地，林地、牧草地等其他农用地得到有效增加，土地利用效率明显提高，土地生态环境得到改善，土地资源尤其是耕地资源可持续利用能力进一步增强。具体目标是：到2010年，全国土地开发整理补充耕地274万公顷（4 110万亩），平均每年补充耕地27.4万公顷（411万亩）。其中：土地整理全面展开。到2010年，通过农田和农村居民点整理补充耕地165.87万公顷（2 488万亩），平均每年16.59万公顷（248.8万亩）；新增工矿废弃地得到全面复垦，历史欠账逐步消化。到2010年，通过消化历史欠账复垦工矿废弃地补充耕地35.05万公顷（526万亩），平均每年3.51万公顷（52.6万亩）；在保护和改善生态环境的前提下，宜耕土地后备资源得到适度开发。到2010年，通过开发宜耕土地后备资源补充耕地73.04万公顷（1 096万亩），平均每年7.3万公顷（109.6万亩）。

2. 整合作用（综合各项工程和资金）

以往农业综合开发部门的土地开发与治理、土地复垦，农业或水利部门的农田水利基本建设，水利部门的水土保持，林业部门的农田防护林、水土保持林建设，建设部门的村镇改造或旧城改造，交通部门的农村道路建设，电力部门的农电建设等土地开发及基础设施建设工程一般多从部门利益和局部用地关系出发，而较少考虑土地利用的综合性和整体性、土地的产权关系，从而使各项工程建设各自为政，总体性不强，降低了投资效果。而目前正在实施的土地开发整理项目则是不但通盘考虑上述提到的各项工程的布局和建设，而且还考虑到土地产权的调整问题。可以说，土地开发整理就是土地开发与治理、土地复垦、农田水利基本建设、水土保持、农田防护林建设、村镇改造、农村道路建设、农电建设的集合。上述每一项都是土地开发整理活动的组成部分，都可纳入土地开发整理范畴。土地开发整理可以将上述各工程整合在一起，集中财力、物力、人力进行综合整治。通过整合可以提高土地利用的整理性，避免重复投资造成的浪费。

3. 扶持作用（补贴、支持、救济）

土地开发整理项目的确定，从微观角度讲，起到了扶持地方农村经济发展的作用。在一些以传统农业为主的地方，通过土地整理，扩大了耕地面积，改善了农业生产条件，旱涝保收，进一步巩固了农业的基础地位。在一些基础条件较好、农业生产力比较高的地方，通过土地整理，改变了传统农业生产格局，建立了高标准农田，适应了现代化、大农业生产需要。在开展土地整理的地区，农业生产条件改善后，农业生产成本降低，规模效益提高。特别是国家补助项目的设立，对贫困地区、少数民族地区、革命老区、受灾地区的农村经济发展起到了极大的推动作用。从外部环境来看，我国已经加入 WTO，对我国国民经济来说，机遇和挑战并存，对农业来说也是如此，我们既能够利用机会，也要承担相应的义务。在这样一个外部环境的影响之下，势必会造成一系列有关农产品补贴方式的变化，这就会引起财政支农资金的运作模式的变化，通过实施土地开发整理项目可以将我国对农业的补贴方式从明补变为暗补方式。

4. 带动作用（非项目区的发展）

土地开发整理项目的建设对非项目区和周边地区的土地开发整理事业的开展起到辐射和推动作用，可以形成规模效益，率先建成土地开发整理示范区。特别是国家土地开发整理项目的设立，由于其规模大、标准高、资金有保证，其带动作用非常明显。

15.1.5 土地开发整理项目投资与管理

土地开发整理实行项目管理制度。政府投资、用地单位和个人履行耕地占补平衡或土地复垦义务、社会投资以及农村集体组织或农民个人投资进行土地开发整理的活动，都应纳入项目管理轨道，逐步建立起多元投资、分类管理、市场运作、社会监督的土地开发整理项目管理机制。项目管理要坚持科学化、规范化。严格项目可行性研究、申报、评估、审查、实施、验收、权属调整、效果评价及成果管护等各个环节的管理，按规划设计组织施工，按实施进度拨付资金，按实际成效考核验收，实现土地开发整理高标准、高效益。各省、市、县都要依据土地开发整理规划、计划和项目管理有关要求，搞好项目储备库建设。要认真选择土地开发整理项目，进行项目可行性研究和论证，有组织、有计划地建立滚动、分级分类的项目储备库，以满足实施土地开发整理需要。

1. 政府投资项目

政府投资项目资金来源主要有以下两个方面：

(1) 新增建设用地有偿使用费。《新增建设用地土地有偿使用费收缴使用管理办法》中规定，新增建设用地有偿使用费是指国务院或省级人民政府在批准农用地、征用土地时，向以出让等有偿使用方式取得的新增建设用地的县、市人民政府收取的平均土地纯收益。新增建设用地土地有偿使用费 30%上缴中央，70%上缴地方政府，专项用于耕地开发整理。全国共划分为 14 个等级，实行不同的等级费用标准收缴此项费用。新增建设用地土地有偿使用费 30%上缴中央部分专门用于国家投资土地开发整理项目；70%上缴地方政府部分专门用于省级地方投资土地开发整理项目。

(2) 国家农业综合开发复垦项目资金。国家农业综合开发资金主要来源于各地每年上缴财政的耕地占用税、世界银行贷款和按规定比例返还的有偿资金等。用于土地开发与治理的资金占农业综合开发资金的70%以上，其中，部分资金专门用于土地复垦。从1995年开始，原国家土地管理局在国家农业综合开发办公室的支持下，分别在江苏省徐州市、安徽省淮北市、河北省唐山市开展土地复垦项目的试点工作。三个土地复垦项目启动，标志着国家土地管理部门独立运作项目的开始。用于土地复垦项目投资的国家农业综合开发资金从开始的500万元发展到目前的2 400万元。这部分国家财政资金为我们开展土地复垦工作起到了积极的作用，同样也为现在开展国家投资土地开发整理项目的运作打下了良好的基础。根据土地开发整理特点和实际需要，现已将“农业综合开发土地复垦资金”整合到“国家投资土地开发整理项目”中。

按照管理权限，国家投资项目由国土资源部门负责组织项目可行性研究与规划设计的评估、审查、实施和验收；实行专家评审、项目法人、招投标、监理、公告、合同和审计等制度；对承担项目可行性研究、规划设计、工程施工、工程监理的单位，按有关规定推行资质管理；地方政府项目管理和资金管理机制差别较大，但大致可分为三种情况：(1) 由地方行政管理部门统揽；(2) 由专门机构管理；(3) 交由经营性公司办理。

2. 法定（义务）投资项目

项目资金来源于占用耕地的单位和个人。如果占用耕地的单位和个人不能履行其义务，则要缴纳以下两项费用：(1) 耕地开垦费。我国《土地管理法》和《基本农田保护条例》均明确规定：非农业建设经批准占用耕地的，按照“占多少，垦多少”的原则，开垦与所占耕地数量和质量相当的耕地或按规定缴纳耕地开垦费，专款用于开垦新的耕地。耕地开垦费由市县级政府收缴和使用，专门用于地方耕地占补平衡。(2) 土地复垦费。按照《土地复垦规定》中“谁破坏，谁复垦”的规定，造成土地破坏的单位和个人对土地复垦需投入或缴纳复垦费。土地复垦费是指因挖损、塌陷、压占等造成土地破坏，没有条件复垦或复垦不符合要求的，应当按规定缴纳的费用，专项用于土地复垦，复垦后的土地优先用于农业。

用地单位和个人履行耕地占补平衡或土地复垦义务自行实施的项目，由项目所在地国土资源管理部门负责组织可行性研究与规划设计的评估、审查、批准和验收。国土资源管理部门用耕地开垦费、土地复垦费组织实施的项目，按政府投资项目管理。

3. 社会投资项目

社会投资项目是指由企业或个人以营利为目的投资建设的项目。其资金来源是企业或个人自有资金或借贷资金。

由项目所在地国土资源管理部门负责组织可行性研究与规划设计的评估、审查、批准和验收。

4. 自发投资项目

农村集体组织或农民个人为了改善生产或生活条件，自觉地投资于自己所有或使用的土地，开展土地开发整理活动，从而形成自发性投资。农村集体组织或农民个人投资进行土地开发整理的活动，规模较大、具备按项目管理条件的，按照社会投资的项目管理；规模较小、不具备按项目管理条件的，由县级国土资源管理部门制定有关办法，逐步纳入规范化管理轨道。

15.2 国家投资土地开发整理项目概述

15.2.1 国家投资土地开发整理项目界定

国家投资土地开发整理项目主要是从投资主体和资金渠道的角度来讲的，是指国家使用新增建设用地土地有偿使用费上缴中央财政部分安排的土地开发整理项目。项目性质都属重点项目、示范项目和补助项目

国家投资土地开发整理项目包括国家投资、土地开发整理和项目三种含义。

(1) 国家投资是指新增建设用地土地有偿使用费上缴中央财政30%部分。

(2) 土地开发整理是在一定区域范围内，国家依据土地利用总体规划或土地开发整理复垦专项规划，有计划、有步骤地利用土地资源，采取综合措施，进行一定的资金投入，通过对田水路林村的综合治理，调整用地结构，增加有效耕地面积，提高耕地质量，改善农业生产、农民生活和生态环境的一项对土地资源进行可持续利用的系统工程。

(3) 项目是指在明确的土地开发整理复垦区域范围内，通过增加一定的投入，在一定的建设期内形成新的设施和生产能力，以获得预期效益的建设活动。

15.2.2 国家投资土地开发整理项目种类

1. 重点项目

重点项目是指国家以增加耕地面积为主要目的，集中资金成规模地进行耕地开发的土地开发整理项目。重点项目应具备以下条件：

(1) 项目所在地具备了所必需的土地开发整理的水、路、电等基础设施，或

已拟定相关的道路、水利、电力工程、村庄改造等建设方案，有关措施与资金已落实，或上述几项建设正在实施。

(2) 达到规定的建设规模。土地开发：丘陵山区 100～600 公顷（1 500～9 000亩），项目相对集中连片，单片面积不少于 20 公顷（300 亩），片块不超过 10 片；平原地区 400～2 000 公顷（6 000～30 000 亩），项目相对集中连片，单片面积不少于 50 公顷（750 亩），片块不超过 10 片。土地整理：丘陵山区 100～1 000 公顷（1 500～15 000 亩），项目相对集中连片，单片面积不少于 40 公顷（600 亩），片块不超过 10 片；平原地区 400～2 000 公顷（6 000～30 000 亩），项目相对集中连片，单片面积不少于 60 公顷（900 亩），项目相对集中连片，单片面积不少于 20 公顷（300 亩），片块不超过 10 片；平原地区 200～1 000 公顷（3 000～15 000 亩），项目相对集中连片，单片面积不少于 60 公顷（900 亩），片块不超过 10 片。

(3) 净增耕地面积比例达到规定标准。土地开发净增耕地面积不低于项目规划设计面积的 60%；土地复垦净增耕地面积不低于项目规划设计面积的 40%；土地整理净增耕地面积不低于项目规划设计面积的 10%。

2. 示范项目

示范项目是指国家在耕地开发中，为完成有关土地开发整理管理与技术等方面的改革，创新任务，具有示范作用的土地开发整理项目。在选择示范区项目时，应具备以下要求：(1) 基础条件具备。是指项目所在区位具有土地开发整理所必需的路、水、电等配套基础设施，或已经拟定相关的道路、水利、电力工程，村庄改造建设方案，有关措施与资金已经落实，拟同步规划，同步实施，或上述几项建设正在实施，项目具有代表性。(2) 管理工作扎实。是指项目所在地土地行政主管部门在土地开发整理有关政策配套、管理机制与手段、应用先进科学技术等方面工作比较突出。(3) 建设规模按照不高于重点项目同等类型建设规模。

3. 补助项目

补助项目是指国家对特定地区耕地开发给予适当资金补助的土地开发整理项目。在选择补助项目时，应在项目所在地区，建设规模等方面具备以下条件：(1) 项目所在地区主要是指贫困地区、少数民族地区、革命老区、受灾地区，通过项目建设，能增加耕地面积，改善农业生产条件，发展当地经济。(2) 建设规模是指项目相对集中连片，丘陵山区 100 公顷（1 500 亩）以上，平原地区 200 公顷（3 000 亩）以上。

15.2.3 土地开发整理项目立项指导思想与立项原则

1. 立项指导思想

坚持增加有效耕地面积，提高耕地质量，改善农业基本生产条件，提高农业的生产能力，改善农民生活条件和生态环境，实现耕地总量动态平衡与土地资源可持续发展。

2. 立项原则

(1) 保护和改善生态环境，促进土地资源可持续利用；

(2) 增加有效耕地面积，促进实现耕地总量动态平衡与农业可持续发展；

(3) 依据土地利用总体规划和土地开发整理专项规划，符合土地利用年度计划；

(4) 以土地整理和土地复垦为主，适度开发未利用土地；

(5) 采用先进科学技术，达到经济、社会和生态效益的统一；

(6) 高起点、高标准、高质量，一步到位；

(7) 因地制宜，先易后难，调动社会各方面的积极性。

15.2.4 国家投资土地开发整理项目管理

国家投资土地开发整理项目管理由国土资源部负责，依据土地利用总体规划、土地利用年度计划和土地开发整理专项规划，以及国土资源政策确定。

项目是一个由投资引发的发展过程，具有不同的发展阶段。目前国家投资土地开发整理项目管理程序分为七个阶段：土地开发整理规划阶段；项目入库阶段；项目规划设计与预算阶段；项目投资计划与预算建议的编报、审查，年度项目投资计划和预算草案阶段；项目实施阶段；项目竣工验收阶段；项目后评价阶段。

1. 土地开发整理规划阶段

在土地利用总体规划的指导下，制定和执行土地开发整理规划，是搞好土地开发整理的前提。2000 年国土资源部下发了《土地利用规划实施管理工作若干意见》，其中明确规定，土地开发、复垦、整理项目的立项，必须依据土地利用总体规划或土地开发、复垦、整理专项规划。《国家投资土地开发整理项目管理暂行办法》也明确要求，各省（区、市）国土资源管理部门根据本地区土地利用总体规划或土地开发整理复垦专项规划等组织项目申报，并规定由省（区、市）国土资源管理部门负责审核项目是否符合土地利用总体规划或土地开发整理专项规划。《关于认真做好土地开发整理规划工作的通知》要求，各级土地开发整理规划编制工作务必在 2002 年底以前完成，凡没有土地开发整理规划的土地开发整理项目，一律不予安排。

土地开发整理项目的入库审批、规划设计、项目实施和检查验收，都必须依据土地开发整理规划。国家投资的重点土地开发整理项目，原则上应当安排在土地开发整理规划确定的重点区域中，并有利于重大工程的实施。各级土地行政主管部门要建立健全土地利用规划审查制度，严格按照批准的土地利用总体规划和土地开发整理规划对土地开发整理活动进行审查。申报国家投资的土地整理、复垦、开发项目，省级土地行政主管部门应当出具项目是否符合土地利用总体规划和土地开发整理规划的意见。

2. 项目入库阶段

这一阶段主要涉及项目识别、项目可行性研究和项目评估三方面内容。

（1）项目识别。项目是连接国家发展计划、部门战略或地区发展战略与具体的投资行动的桥梁，是实现宏观政策导向以谋取经济发展的国家行为与微观自主决策的单位或个人的投资获利行为相对接的媒介。

项目识别是对投资意向产生的过程和方法的统称。项目的产生或者说投资意向的产生可以来自国家计划、部门计划或地区发展计划，可以来自企业家的创意，可以来自项目地区农业生产经营者的要求，也可以来自国际社会的投资建议。但是，由于利益驱动机制的作用，来自不同角度的项目投资意向总是倾向于以自我利益为举办项目的核心目标，如果对此没有充分的估计和认识，并在进一步的项目准备、评估和实施过程中予以调整的话，可能会导致一个本来很好的投资意向最终归于失败。

项目识别的中心工作是确定拟议的投资意向的建设目标。如前所述，不同的投资意向来源，其建议的建设目标往往是利己的。但是，要成功地举办项目，就必须协调不同项目参与者的不同利益要求，在反复协调的基础上达成一致，并做出相应的保证。对于国家利益是如此，对于银行、投资企业、集体经济组织、农民都一样。另外，还必须意识到，并不是所有的目标都能够相互协调的，协调过程中必须对目标做出适当的取舍，一般来说，要尽量使所选择的目标简单明确，有较强的独立性，这样有助于项目的成功。一个重要的经验是，雄心勃勃的投资计划，一般具有较强的政治号召力，但往往因过于复杂而难以周密计划，最终难逃失败的命运。

项目识别是项目程序的开始。项目程序启动后，随着项目前期工作的深入，投资意向中的较差方案会不断被排除，而保留下来的方案会趋于深化。社会上流行一种说法，认为投资咨询单位一般不会提供否定项目的咨询意见，这不完全是事实。因为项目主办单位一般提出的是一个初始的模糊概念，在进入项目程序后，咨询单位会逐步淘汰不合理方案、逐步将初始概念清晰化，最后提交的建设方案在一定意义上可以说是一个全新的可行方案。当然，也不排除一些咨询单位屈于长官意志，把不可行项目论证成可行项目，使这些所谓的可行项目又披上了科学的外衣。

项目识别多用排除法，排除项目方案的主要理由包括：1）不适合项目建设目标或当地接受能力的工艺；2）风险过大；3）项目产品需求不足或缺乏比较利益；4）原料或技术供应有严重障碍；5）项目机构与管理能力不相称；6）资金动员成本过高，需要难以承受的营运支出；7）预期效益不佳或经济、社会、环境成本过大；8）缺少受益者的参与承诺或缺少政府部门的支持。与排除项目建议相反，通过识别审查的项目一般具有以下共同特点：1）主要投资方案已经得到多方面的肯定，并进行了一些比较深入的分析；2）已经对影响项目的外部条件包括政策、体制等问题做出了判断，并达成了一致的解决意见；3）对预计的投资、成本和效益做出了粗略估计，由此判断项目方案是基本合理的；4）有证据表明，项目能够得到受益者和当地政府的充分支持；5）项目能够得到足够的资金支持；6）已经制定了进一步加强项目准备工作的计划。

初步可行性研究（或内容稍简略一些的投资机会研究、项目建议书）是项目识别的主要手段，同时也是识别结果的主要表现形式。其主要研究内容包括：市场分析和受益人分析，可获得的各种替代技术方案分析，主要建设、生产物资和人力资源的供求分析，投资方案，生产经营方案的比较分析，不同建议方案的财务分析，对项目具有重大意义的可控制因素及不可控制因素的识别和分析，对下一步项目准备工作的建议。初步可行性研究报告或项目建议书被批准，就意味着投资意向被决策部门所采纳，但项目前期工作并没有完成，投资意向还需要在以下阶段的前期工作中逐步深化和落实。

（2）项目可行性研究。项目识别结束后，还需要对其进行深入研究，需要对项目特性取得更加正确的认识，要重新审查项目目标，进一步权衡各方案的投资、成本和效益，按照更加精密的方法进行技术、经济、机构、财务、社会、环境方面的分析，明确回答项目意向是否可行或是在什么条件下可行。

可行性研究是常用工具或方法，可行性研究报告是成果的主要表达形式。可行性研究的根本目的是从所有有关方面证实整个投资意向的可行性和合理性，是研究对拟建项目所可能面临的各种条件的应对策略。同时，它也是向决策者提供取舍投资意向的建议，是获得资金的一种手段，但必须认识到获得资金并不是可行性研究的目的。

可行性研究是要消耗资源的，目前情况下，土地开发整理项目可行性研究费用占项目总投资的1%～2%。因此，可行性研究本身有一个节支的问题，研究人员必须有成本意识，该节省的一定要省下来，但如果可行性研究工作做得好，必然会从项目投资、生产经营成本的节约、项目的经济效益中得到数倍的补偿，可行性研究通常是由有资质的专业咨询机构和专业咨询人员完成的，但一个普遍的问题是缺少有技术并有经验的咨询工作领导人。

因此，要做出一份高质量的可行性研究报告并不是一件容易的事情，世界上没有两个完全相同的东西，完全相同的投资项目是不存在的，可行性研究同样不存在一个通用的标准模式，但可行性研究必须对一些基本问题做出解答：拟建项目是否符合国家的发展目标和优先顺序；有关政策是否与项目目标的完成情况相适应；技术上是否健全，是否是可采用的技术方案中最好的一个；项目管理上是否切实可行；市场对项目产品是否有充分的需求；项目在经济上是否合理，财务上是否可行；项目是否与受益人的社会文化传统相适应；项目在环境方面是否存在重大异议。

可行性研究必须在资金估计和技术估计方面留有余地。由于存在大量的不确定因素，再完备的研究也会存在缺憾，由此造成资金方面的短缺是经常遇到的，因此，项目设计中要留有足够的灵活性，以便按照更具经验的人士的意见和项目的实际执行情况，对这些参数或因素进行再评估和修正。对于在工程技术方面存在很大不确定性的项目，最好先建设一个试验性的小规模的先导工程，并密切监督项目的执行过程。

可行性研究报告被批准，就表明不仅投资意向被决策部门所采纳，而且一些具体的对策建议也从整体上被决策部门所采纳。

(3) 项目评估。项目评估在项目管理程序中是非常关键的环节之一，是项目决策前的最后一个环节。土地开发整理项目的评估是指在项目建议书及可行性研究的基础上，通过专家评审、实地考察、专家团评估等方式，在项目实施前对与项目有关的技术、管理、财务、经济、社会、环境等方面的因素进行综合分析评价，为项目的最后决策提供依据的工作过程。一般而言，评估应以项目的可行性研究报告为基础。

项目的评估与可行性研究的关系十分密切，相辅相成。评估是在可行性研究的基础上进行的，没有可行性研究，就无法进行评估；而评估又是可行性研究工作的延续和深化，没有经过评估，可行性研究报告不能最终确认。

3. 项目规划设计与预算阶段

《项目管理办法》规定，国土资源部对申报项目进行审查，符合规定要求的，纳入部土地开发整理项目库（备选库）；并通知有关省（区、市）土地行政主管部门组织项目申报单位，按规定要求编制项目规划设计和预算。省（区、市）土地行政主管部门对项目规划设计和预算进行审核，将审核同意的项目排列优先顺序，报国土资源部。国土资源部对上报的项目规划设计和预算进行审查，符合有关规定的，纳入部土地开发整理项目库（初审库）。

根据国土资源部第226号文件的要求，中央承担项目的规划设计与预算由部整理中心组织编制，报国土资源部。地方承担项目的规划设计与预算由省级国土资源管理部门组织编制，报国土资源部。

4. 项目投资计划与预算建议的编报、审查，年度项目投资计划和预算草案阶段

根据国土资源部第226号文件的要求，中央承担项目的投资计划与预算建议由部整理中心组织编制，报国土资源部。地方承担项目的投资计划与预算建议由省级国土资源管理部门组织编制，并由省级国土资源管理部门与财政部门联合上报国土资源部、财政部。国土资源部对项目投资计划与预算建议组织审查，通过审查的，纳入部土地开发整理项目库（初审库），综合编制年度项目投资计划和预算草案，报财政部。

5. 项目实施阶段

项目实施是项目程序中重要的一环。项目前期准备工作需要在项目实施工程中接受检验，只有顺利实施的项目，才能实现其预期目标，为各参与者带来利益，从而促进或带动经济的发展。实施阶段是一个容易让人忽视的项目发展阶段。社会各界往往对提出新建议或签署新协议感兴趣，而对实施过程中所发生的大量问题不予关注，除非到了矛盾激化，项目发展走向所预期的反面的时候。这说明人们容易满足于计划，认为项目实施会按照预想的计划进行，实施中的困难在准备阶段都已经尽可能地估计到了。但这不是事实，原因之一是项目实施的特定环境很难被准确地认识，因而项目准备提供的对策建议本身就不一定切合实际情况，需要在实施中及时加以调整；原因之二是项目实施的环境条件是变化的，也必须在实施的过程中及时做出反映。大量的实践表明，项目实施阶段不仅需要周密的计划，更需要严格的管理。

6. 项目竣工验收阶段

项目竣工验收是指由建设单位、施工单位和项目验收委员会（项目验收组），以批准的项目设计任务书和设计文件，以及国家（或部门）颁发的施工验收规范和质量检验标准为依据，按照一定的程序和手续，在项目建成后，对项目的总体进行检验和认证（综合评价，鉴定）的活动。

项目竣工验收是项目建设过程的最后一个程序，是项目从投资实施到交付使用进行生产运营的衔接转换阶段，是投资建设成果转入生产使用的重要标志，是全面考核投资建设工作质量的关键环节。

7. 项目后评价阶段

项目评价不是竣工验收，而是在建设工作结束后，项目进入经营期时所进行的综合分析工作，因此也叫做后评价。后评价的目的是广泛了解项目的建设情况、运营情况和可能的发展前景，与原来的预计进行对照分析，分析项目建设成功或失败的各种原因，总结得失，为将来的项目识别、准备、实施和经营提供经验教训。后评价的结论和建议还有助于改进项目的运营。

后评价是为了总结经验教训以指导和改善以后的工作，必须做到适度。如果把后评价收集和处理信息放在档案里，后评价就失去了意义，但如果过于热衷于这项工作，收集过多信息、编制过多报表，超过了能吸收并据以执行的程度，也是浪费。

后评价工作如果有经营人员参加，那么评价结果就容易及时到达经理们的手中，发挥作用。但他们的参与可能会产生夸大困难或夸大效益的倾向，容易使人们怀疑评价结论的合理性。因此，应该把后评价工作分为自我评价和专业评价两个阶段来进行。自我评价阶段，要尽可能让负责该项目设计、实施和经营的人员参加；专业评价阶段，就要摆脱经营人员的干扰，使专业评价人员能有条件做出客观独立的判断。

对于土地开发整理项目的后评价要特别注意对项目的可持续性和可重复性做出判断。所谓可持续性，不仅是指财务问题，也是指技术、机构、市场、社会和环境问题。所谓可重复性，是指项目所使用的技术、所采用的管理模式、所取得的关于处理社会和环境问题方面的经验向其他项目移植的可能性。

以上七个阶段的内容可参见表15—1。

表15—1　　国家投资土地开发整理项目管理程序

序号	阶段	环节	标志	时间	项目库
1	土地开发整理规划阶段	制定和执行土地开发整理专项规划	土地开发整理专项规划		
2	项目入库阶段	项目申报	省厅申请立项报告、项目可行性研究报告、省级项目踏勘报告	截止日期：每年11月15日	申请库
		立项审查	项目审查、立项要点必要的现场踏勘		
		立项批复	项目立项批复文件	截止日期：第二年1月31日	备选库

续前表

序号	阶段	环节	标志	时间	项目库
3	项目规划设计与预算阶段	地方承担项目规划设计编制、上报	地方承担项目规划设计	截止日期：第二年3月31日	
		地方承担项目规划设计审查、审查意见通知	地方承担项目规划设计审查意见	截止日期：第二年4月31日	
		地方承担项目预算、下一年度新增建设用地土地有偿使用费收入预算、项目投资计划和预算建议上报	地方承担项目预算、下一年度新增建设用地土地有偿使用费收入预算、项目投资计划和预算建议	截止日期：第二年5月31日	
		地方承担项目预算、项目投资计划和预算建议审查			初选库
4	项目投资计划与预算建议的编报、审查，年度项目投资计划和预算草案阶段	续建项目材料上报	续建项目材料	上报日期：第二年7月	
		提出下一年度项目投资计划和预算草案编制要点	下一年度项目投资计划和预算草案编制要点		
		下一年度项目投资计划和预算草案编制，报财政部	下一年度项目投资计划和预算草案编制	截止日期：第二年9月5日	
		财政部、国土资源部联合下达项目投资计划与支出预算	项目投资计划与支出预算批复		国土资源部项目预算库
5	项目实施阶段	项目实施	项目实施方案、公告制、工程招投标制、项目责任制、工程监理制、报告制度、按季分月用款计划等		
		项目监督检查	项目工程质量、进度、资金监督检查制度		
6	项目竣工验收阶段	县级自查	自查报告、初验申请		
		省级初验	初验报告、终验申请		
		终验	验收报告		
7	项目后评价阶段	项目运行管理及后评价	项目运行管理及后评价报告		

15.3 土地开发整理项目规划与相关规划的关系

15.3.1 土地开发整理项目规划与土地利用总体规划的关系

土地利用总体规划对开发整理项目的布局具有控制作用，即开发整理项目区的确定必须符合总体规划。总体规划划定的土地用途分区决定了土地整理项目的分布区域和整理后土地利用的方向，总体规划中划定的土地利用单元构成了确定项目区的基础。另外，政府投资优先安排总体规划确定的基本农田保护区和粮食主产区内的项目。

土地开发整理专项规划的实质是总体规划的延伸。开发整理项目区的确定不但必须符合总体规划，而且要符合开发整理专项规划。专项规划进一步明确了开发整理区域，并对开发整理项目类型、规模、分布与时序做出了具体安排。国家级开发整理专项规划确定了开发整理重点区域和重大工程；省级规划确定了重点区域和重点工程；县级规划确定了开发整理区域和开发整理项目。政府投资优先安排开发整理专项规划确定的重点区域、重大工程、重点项目。

15.3.2 土地开发整理项目规划与土地开发整理专项规划的关系

土地开发整理专项规划是指在土地利用总体规划的控制下，依据规划区域开发整理潜力的大小与分布，划分开发整理区域，并对开发整理项目类型、规模、分布与时序做出具体安排。省（市）级和县级的主要内容有：(1) 分析土地开发整理的背景与条件；(2) 调查测算土地整理、复垦和开发潜力；(3) 制定土地开发整理规划目标；(4) 划定土地开发整理区，确定各区土地开发整理的方向和重点；(5) 确定土地开发整理（重点）项目的位置、规模；(6) 估算土地开发整理的投资、评价预期效益；(7) 开发整理专项规划，制定实施规划的保障措施。

开发整理专项规划实质是总体规划的延伸。开发整理项目区的确定不但必须符合总体规划，还要符合开发整理专项规划。专项规划进一步明确了开发整理区域，并对开发整理项目类型、规模、分布与时序做出了具体安排。国家级开发整理专项规划确定了开发整理重点区域和重大工程；省级规划确定了重点区域和重点工程；县级规划确定了开发整理区域和开发整理项目。政府投资优先安排开发整理专项规划确定的重点区域、重大工程、重点项目。

15.3.3 土地开发整理项目规划与农业综合开发规划和农业综合开发项目规划的关系

农业综合开发是在一定区域范围内，国家有计划、有步骤地综合利用资源，采取综合措施，实行综合投入，进行综合治理，取得综合效益的一项系统工程。

农业综合开发内涵包括三个方面：一是深度开发，即对现有的中低产田进行改造，以充分利用现有资源，提高农业生产率和单位面积产量；二是广度开发，仅靠现有资源是不够的，还必须开发利用新的农业资源，开垦宜农荒地，复垦废弃地；三是综合开发，对项目实行山、水、林、田、路综合治理，对农、林、牧、副、渔等资源进行全面利用，同时对农业综合开发的各种服务设施进行配套建设。

农业综合开发规划是指在一定区域范围内，对农业自然资源的开发、利用、整治和保护所作的整体安排。也就是对区域内田、水、路、林、村综合治理，对农、林、牧、副、渔等资源进行综合利用和系统规划。规划的实施则是通过国家立项的农业综合开发项目建设完成。国家立项的农业综合开发项目是政府支持、保护和发展农业的一种特定措施，是通过中央、省、地（市）、县各级政府的配套资金，吸引农民群众共同投入资金共同搞好开发，具有信贷、财政调控的双重职能。

农业综合开发项目立项，坚持以改善农业基本生产条件，提高主要农产品综合生产能力，增强农业发展后劲为主要目标，把提高粮食生产能力作为首要任务。农业综合开发项目立项坚持以内涵开发为主、集中连片开发、突出效益第一和高起点、高标准、高质量的原则，以改造中低产田为重点，同时在水源条件和土壤条件好的地区适量开垦宜农荒地。农业综合开发项目包括土地开发治理、多种经营、农业高新技术开发三大类，其中土地开发治理占总投资的70%以上。土地开发治理项目是以中低产田改造为重点，通过增加各种投入，改善农业生产基本条件，挖掘土地资源潜力，合理利用土地，形成粮、棉、油、肉等主要农产品新增生产能力为主要目标的开发性生产活动。农业综合开发规划属于部门规划，应服从土地利用总体规划、土地开发整理规划。开发整理项目在符合土地利用总体规划、土地开发整理规划的同时，也不能与农业综合开发规划相矛盾。土地开发整理项目与农业综合开发项目的建设目的与内容基本一致，因此，土地开发整理项目可以独立确定实施范围，也可以与农业综合开发项目结合来确定实施范围。有关省、市采取的做法是将农业综合开发项目资金及项目规划、设计、实施整合到土地开发整理项目中，取得了良好效果。

15.3.4 土地开发整理项目规划与水利规划和交通规划的关系

骨干水利工程和交通工程规划是确定开发整理项目的重要依据，也是进行项目规划与设计的依据，而田间水利工程和田间道路工程规划是构成开发整理项目规划与设计的重要组成部分，要符合开发整理项目规划的整体要求。应将田间水利工程、道路工程与开发整理项目的资金、规划、设计、施工、管理进行整合，充分发挥土地开发整理项目整体性、综合性、基础性的特点。

15.3.5 土地开发整理项目规划与居民点规划的关系

居民点规划按规划层次可分为城镇规划、集镇规划和村庄规划；按规划性质可分为总体规划和详细规划。居民点体系规划、总体规划或土地利用总体规划的主要内容之一是确定城镇或集镇的用地布局和用地范围，因此开发整理项目区应选择在城镇或集镇规划用地范围之外。居民点总体规划，如城市总体规划、集镇总体规划或村庄总体规划和区域骨干工程设施规划，如交通规划、水利规划、电力规划、防护林规划等共同构成开发整理项目规划的基础，开发整理项目规划必须服从居民点总体规划，并与之衔接。土地开发整理的特点是实施田、水、路、林、村综合整治，为此，居民点规划或土地利用总体规划确定的村庄用地规划，应纳入土地整理项目规划。

15.4 土地开发整理项目规划

15.4.1 土地开发整理项目规划概念

土地开发整理项目规划是指依据土地利用总体规划和土地开发整理专项规划，在项目区内进行各种基础设施布置，土地利用结构与布局的调整、产权调整与利益分配所作的安排。土地开发整理项目规划必须符合土地利用总体规划和土地开发整理专项规划。土地开发整理项目规划范围，即项目区应该与土地开发整理专项规划所确定的土地开发整理区相一致。

土地开发整理项目规划依据土地开发整理类型，首先可分为农地整理项目规划和建设用地整理项目规划。其中农地整理项目规划又可分为土地开发项目规划、土地整理项目规划、土地复垦项目规划和土地开发整理综合项目规划。土地开发整理项目规划实际上属于土地利用详细规划。按土地利用详细规划的性质划分，土地开发整理项目规划则属于修建性的详细规划。

15.4.2 土地开发整理项目规划的内容

1. 确立整理目标

目标是项目规划的行动指南和编制，实施规划方案的依据。目标的确定受社会经济发展和土地利用政策影响。我国现时土地开发整理项目规划目标主要是以增加有效耕地面积，提高农业综合生产能力，改善农地基础设施条件，增加土地收益，为农业生产的规模化、区域化、产业化、社会化、机械化、园区化创造有利条件。随着社会经济的发展，土地整理项目规划的社会目标、生态目标会越来越重要。生产型整理向生态型整理转变是项目规划目标的客观发展趋势。

2. 确定土地利用方向和利用水平

根据当地的社会经济发展水平和土地资源的适宜性评价，确定土地利用的方向。土地利用方向应与土地利用总体规划确定的用途相一致。而项目规划主要是进一步确定与规划用途相适应的生产项目，为工程规划与设计提供依据。土地利用水平体现了项目规划综合标准。土地利用水平要以规模化、区域化、机械化（自动化）、产业化、社会化程度来衡量。土地利用水平受社会经济影响较大，在发达地区，经济实力较强，项目规划的标准，即土地利用水平较高。

3. 确定土地利用结构和布局

根据当地的市场条件和土地适宜性确定项目区土地利用结构和布局。土地利用结构包括两个层次，一是用地方向结构，二是各业内部结构。由于项目规划的各项工程规划与土地利用相关，因而确定的土地利用结构应具体到生产项目上。例如，在一个项目区内，可能的生产项目有小麦，玉米，棉花，苗圃，水产养殖，园地，蔬菜，花卉等。项目规划的工程布置与土地利用布局密切相关，因而还要根据生产项目进行用地配置。

4. 项目工程规划

项目工程规划的主要内容是：土地平整工程规划，农田水利工程（包括电力工程在内）规划，道路工程规划，生态防护工程规划。土壤改良工程规划、景观工程规划作为土地开发整理项目工程内容近几年也越来越受到重视。项目工程规划应综合考虑土地利用水平，土地利用结构、布局，土地自然条件，区域性生产设施布局，土地利用现状等因素。

5. 项目规划方案的可行性论证

项目规划方案可行性论证以定量分析为主，定性定量相结合。论证的内容主要包括：是否满足规划目标，对生态环境有无影响（由生态环境评价环节完成），工程技术的可行性，投资承受能力，社会效益及经济效益。

6. 项目规划方案的实施计划和措施

必须制定切实可行的实施计划和措施才能保证规划方案的具体实施。包括制定工程进度安排，资金使用方案，土地产权调整方案，工程监督管理措施等。

15.4.3 土地开发整理项目规划的程序

1. 规划准备

规划准备是指在项目前期所要进行的工作。包括制定工作计划、成立领导小组，成立规划工作小组、搜集整理资料等。

(1) 制定工作计划。根据规划任务书制定项目规划工作计划。包括指导思想、工作内容、工作步骤与方法、日程安排、人员组成与分工及经费预算等。

(2) 成立领导小组。领导小组确定工作计划，协调部门关系，研究解决规划工作中的重大问题，审查确立规划方案，并以领导小组的名义上报规划。

(3) 成立规划工作小组。规划工作小组由有资质的专业人员组成，负责土地开发整理项目规划的编制工作。

(4) 搜集整理资料。资料要求具备真实性、完整性、时效性和具有法律效力。

项目规划应搜集以下资料：

1) 项目区基本概况。行政辖区，地理位置，四至，总面积，覆盖范围，区内人口等。

2) 自然条件。包括项目区地形，地貌，土壤，水文，气候，地质，植被，自然灾害等情况。

3) 自然资源。包括土地资源，水资源，生物资源，光热资源，矿产资源等。

4) 社会经济条件。包括经济状况，市场状况，基础设施，人民生活水平，民族与文化等。

5) 土地利用现状。包括各类用地的数量，布局，土地利用的有利及不利因素，土地权属状况等。

6) 土地利用潜力状况。包括待开发整理土地的数量，质量，生产潜力，开发整理潜力及布局等。

7) 土地政策、法规及相关的规定、标准等资料。包括涉及土地利用的有关行业规划资料，涉及城建、林业、环保、水利、交通、能源、牧业、水产等的规定和标准。

2. 土地利用现状分析及评价

对确定为开发整理项目区的土地进行利用现状分析，确定土地的适宜用途和适宜程度。

3. 确定土地开发整理项目的目标、任务和要求

根据规划任务书的要求及项目所在区域的自然条件、土地质量、社会需求、经济建设需要、经济发展水平、技术水平等，确定土地开发整理项目规划的目标、任务和要求。

4. 确定土地开发整理项目的总体布局

根据项目区的自然条件、资源状况、社会经济条件、交通水利设施状况以及土地适宜性评价结果，确定主干交通线路和水利干沟渠等重点开发整理工程设施的位置和规模，村镇的位置和发展方向等。

5. 规划编制

根据项目规划目标，当地的社会、经济、自然和技术条件，以及土地的适宜用途和项目总体布局，合理确定各类用地的数量，各项工程设施和生物措施的位置和用地规模，并将其落实到具体地块。

6. 规划方案评价与确定

(1) 技术可行性分析。技术可行性分析包括项目规划的技术可行性分析和实施项目规划拟采用技术的可行性分析。

1) 项目规划的技术可行性分析。对规划所采用的各项技术参数和指标是否准确可靠，规划是否符合土地利用总体规划，土地开发整理规划要求以及规划方案能否完成规划目标、任务和要求等方面进行分析。

2) 实施项目规划拟采用技术的可行性分析。对在土地开发整理中投入的人力、物力和技术保障体系（如道路修筑，土地平整，表土处理，排灌工程及其建(构) 筑物修筑，生物措施等）以及项目规划目的实现的保障程度等方面进行分析。

(2) 社会效益评价。评价项目规划对社会发展的保障和促进作用。效益指标为：农产品人均占有量，农产品商品率，城乡居住和就业条件，交通水利等基础设施改善程度，单位面积耕地供养人数等。

(3) 经济效益评价。分析物质技术要素组合和利用的经济性，分析可能实现的经济目标和实效性。效益指标为：土地利用率，耕地面积增加率，投入产出率，技术措施增产率等。

(4) 生态效益评价。评价项目规划对生态环境的改善程度。效益指标为：森林覆盖率，水土流失治理面积，土地沙化治理面积，土地污染治理面积，人均绿地面积等。

(5) 规划方案确定。组织有关专家对规划方案进行论证修改，确定最佳规划方案，提交规划文本、规划说明、规划图件和规划附件。

7. 上报审批与实施

土地开发整理项目规划应由具有土地开发整理项目批准权的单位审查批准。

经批准后的项目规划可按照规划要求对项目组织实施。项目规划的实施应有利于保证工程安全，降低工程成本。优先安排防洪、排涝等对生产建设有重大影响的重点工程及道路、水利、电力等基础工程。农用地开发整理项目应注意不违农时，优先安排不影响农作物生长或影响不大的工程，其他工程尽量安排在农闲季节。

15.4.4 土地开发整理项目工程规划

土地开发整理项目工程规划主要有土地平整工程规划、农田水利工程规划、田间道路工程规划、生态防护工程规划。

1. 土地平整工程规划

（1）土地平整基本原则和要求。

1）要和土地利用工程规划统一起来。使土地平整适应土地整治的要求，并作为其一个组成部分。否则，如平整土地不与田、沟、林、路、井等工程密切结合，另搞一套，势必造成返工浪费现象，挖了又填，填了又挖，降低效果，挫伤群众的积极性。

2）既有长远目标，又要立足当前。满足当年受益，当年增产，确保当年增产的关键是保留表土。一般头一年整地是先大体上平一下，如新建灌区先粗平，做到当年能放水灌溉，当年增产粮食，以后每年再进行加工，达到精细平整。一定要防止那种单纯追求数量，不讲究质量，破坏表土的现象。

3）通过土地平整要达到使用机耕，发挥机械效率，提高机耕质量；灌水均匀，节约用水；利于压盐，排水，改良土壤；满足作物高产稳产对水分的需要。

4）平整后的地面坡度应满足灌水要求。不同的灌水技术要求的坡度不同，平整土地工作应以此为标准，绝不能有倒坡的情况。顺灌水方向田面坡度一般为1/800～1/400，最小不应小于1/1 000，最大不应大于1/300。水稻格田要求的坡度更小，近于水平，纵向坡度不应大于1/2 000～1/1 000。

5）适宜机械耕作。这就要求田块长些，以800～1 000米为宜，最小不小于400米。

6）平整土方量最小。平整田块内应力求尽可能移高填低，使填挖土方量基本平衡，总的平整土方量达到最小。在此基础上，应使同一平整田块内的平均土方运距最小。

（2）平整方案和选择。

1）根据整理区平整工程量及地形变化幅度的大小，农田平整方案可分为局部平整与完全平整两种。局部平整即结合地形地势进行平整，允许田块有一定坡度，以耕作田块为平整田块，在每个平整田块内部，保持土地的挖填方平衡，不需要从区外大量取土或将土大量运往区外，最终的地面高程是在挖填方平衡高程的基础上，根据所布置的沟渠水流方向来确定，各田块之间允许有一定的高差。即考虑渠道的布设要求，采取中高式或一面坡式两种形式，以满足水流走向及灌溉要求，尽量做到自流排灌。局部平整的优点是：填挖方工程量和工程投资大大降低，有利于保护表土层；其缺点是：土方量计算较复杂，耕地新增量有所降低，增大沟渠布置的难度。全面平整则是在地形平坦地区，将整个项目区作为一个平整田块，设立一个平整高程，以平整高程为基准面对整理区进行全面平整。

这种方案的优点是：能够最大限度地挖掘土地利用潜力，增加耕地面积，便于布置各项工程项目，方便农业生产；田面水平，易于开展机械化作业，进行渠道、道路、防护林的规划设计。其缺点是：填挖方工程最大，投资量大，对表土造成极大的损坏。

2）根据地形纵向变化情况，田块平整方案有：平面法、斜面法和修改局部地形面法三种。平面法，即设计地段平整成一近似水平面，一般多用于水稻田的平整，土方量大。斜面法，即将设计地段平整成具有一定纵坡的斜面。坡度方向与灌水方向一致，并达到灌水技术要求。用斜面法平整地段纵向坡度一致，对沟、畦灌有利，土方量也较大。修改局部地形面法，即对设计地段进行局部的适当修改，而不是全部改变其原有地形面貌，只是将过去弯曲不平的地段修直平顺就可以。这种方法适用于面积较大，地形变化较多，如果大平大填则工作量太大的地区，优点是大大减少土方量。

3）根据平整的精度又可分为大平、粗平、细平三种。大平也就是常说的大平大整，这是平整土地当中用工最多、动土方量最大的一项工程，往往需要几年的时间才能完成。诸如削平土岗、填沟补洼等都属于大平大整的范围。粗平是平整土地最广、范围较大的一种平地工程，可分为：取高垫低，合并地块，改地轸（即田埂）等多项内容。细平就是在粗平的基础上对土地进行精细的平整，方法多种多样，细平是建设高标准园田化农田的基础工程。

4）根据平整土源，可分为客土平整和地块内推平两种。客土平整就是采取区域调土或地块间调土的方式进行土地平整。在项目区内其他区域土层较薄，平整区域又无表土的情况下，需要从区外调土。如果两个田块相差较大，需要挖高垫低时，则两个田块之间也需要客土平整。如果一个田块内部相差不大，则可以采取田块内部全部推平法平地，如果高差较大，则可采取按等高线局部推平法平地。

2. 农田水利工程规划

（1）排灌沟渠规划。排灌沟渠规划布置是关系整理区的全局问题，规划的好坏，对土地整理工程的效益与造价影响甚大，因此，必须予以重视。在作排灌沟渠的规划布置时，一定要深入现场，对地形、土壤、水源、灾害以及作物种植与需水情况等，作细致的调查研究，并要把土地利用规划与水利规划结合在一起分析，对沟渠布置做出不同的规划方案，加以反复比较，选取最佳方案，以期减少工程投资，增加整理效益。

1）骨干沟渠规划布置。骨干沟渠一般指干、支级排灌沟渠，它是整个排灌系统的骨架，又是下一级渠系工程规划布置的前提。

2）田间排灌沟渠布置形式。田间排灌沟渠，一般指斗、农级固定沟渠及其所包围的田块内部的临时沟渠（毛渠、毛沟及输水垄沟等）两部分，前者沿田块边界配置，后者设置于田块内部。合理规划田间排灌沟渠，对建立旱涝保收高产稳产农田有重要意义。由于各地区的自然条件不同，田间排灌渠系的组成和布置有很大差别，必须根据具体情况，因地制宜地进行规划布置。

3）排灌水工建筑物配置。排灌水工建筑物配置主要为保证排灌水顺利通过各种天然与人工的障碍和调节水量、工程联结等，它包括控制建筑物和泄水建筑物，交叉建筑物，联结建筑物和量水建筑物，库，井，站引水枢纽，进出水池，机房等。

（2）喷滴灌工程规划。和其他灌溉工程一样，喷滴灌工程规划首先要进行现场调查与勘测，搜集地形、土壤、气象、水源、作物种植情况、当地灌水经验、已有灌溉制度、动力（电源）来源、交通以及社会经济状况等资料。此外还应搜集喷灌机具、管材供应情况等资料。

1）喷灌系统的选择。喷灌系统的选择，应根据地形、土壤、气象、水源、作物、土地利用总体规划及农业生产现状条件，结合考虑各喷灌系统的优缺点和适应条件，对可能的几种方案从基建投资，运行成本，喷洒质量等方面进行综合权衡，最后选定喷灌系统的类型。在灌水频繁、经济价值高的蔬菜及经济作物区，以及地形较复杂，地面坡度较陡或利用自然水头喷灌的小区，可采用固定或半固定管道式喷灌系统；在地形复杂，地块零星不整，或有障碍物的地区，可采用固定或半固定管道式喷灌系统；在地形复杂，地块零星不整，或有障碍物的地区，可采用轻小型定喷机组式喷灌系统或绞盘牵引喷式喷灌系统；在辽阔草原、牧场及缓坡地区较大的地块宜采用大型喷灌机组式喷灌系统，如各类自走式喷灌系统。

2）布置管（渠）道系统。管道系统的布置与水源位置，地形条件，地块形状，耕作方向及主要风向风速等因素有关。对于喷灌，尽量使水源（泵站或水井）位于喷灌系统的中心，干管沿主坡方向布置，并尽可能通过地块中间，支管与主风向及干管垂直，与等高线及耕作方向平行（对于带支撑轮的滚动支管则应与耕作方向垂直，便于支撑轮顺耕作方向滚动），支管首末压力差应小于喷头工作压力的20%，以使各喷头流量差值小于10%。对于定喷机组式喷灌系统的输水明渠（或暗管）则应顺主风向布置，以便顺风喷洒，逆风行走。对于滴灌，应根据作物喷灌水要求等因素，确定合适的系统类型。对灌水频繁、管道工作时间长、利用率高的蔬菜、园田等作物，宜采用固定式滴灌系统。对果树等宽行作物则根据经济等条件，采用固定式或移动式系统。对大田作物，为降低工程造价，多采用移动式系统。滴灌系统一般分干、支、毛三级管道，布置时应相互垂直，使管路最短，水头损失最小。毛管一般平行于等高线并顺垄沟方向对称布设于支管两侧。

(3) 竖井工程规划。竖井工程有两项功能，一是在干旱地区抽水灌溉，解除旱情；二是在地下水位高的盐渍化地区，井灌井排降低地下水位、治理盐碱危害。竖井工程规划一般与灌溉系统和排水系统配合进行。竖井规划也是灌溉系统规划的一个组成部分。

1) 地下水资源估算。对井灌区、井渠双灌区、井灌井排采补结合等整理区，规划中要进行地下水资源尤其是潜力资源的调查，查清地下水储量、可采量及可利用量；计算降雨入渗补给，灌溉回渗补给，灌渠引入补给及地下径流补给量；进行水资源采、供平衡计算，合理规划井位和确定井的数量。在土地整理规划中，对大面积开采地区，必须进行总体规划，不能单纯考虑开采，以避免造成地下水源的恶化。

2) 竖井的规划。

第一，井型选择：根据地下水资源量、埋深、分布和地形部位及土壤质地情况，并考虑当地采用井型的习惯，合理确定井型，如管井、筒井、辐射井等。

第二，井数的确定：在整理区，一般多是单井灌溉、排水，也有用群井联合灌排。合理规划井数，要根据整理规划要求，先计算单井灌溉面积，根据控制单井面积，地下水资源情况及灌溉要求，确定井的数量。

第三，井的布局：根据单井出水量、单井灌溉面积和影响半径确定。在平面布局上，主要是合理确定井的间距和井位，合理井距以井间不强烈干扰和不增大单井合理灌溉半径为准则，布局中还要考虑设点均匀，有利于地下水开发和发挥灌溉效能，密切与灌排系统配合，并有利于田块设计。在立面布局上，要合理分层开采，根据地下水埋深和资源量，合理确定深、中、浅井的比例。

(4) 小型抽水站（泵站）规划。

1) 灌溉泵站规划。灌溉泵站规划的内容是：在一定原则指导下具体解决灌区划分、站址选择、枢纽总体布置等问题。

在划分灌区时，其规模的大小与扬程的高低是值得注意的两个问题，一定要慎重考虑。应根据地形、水源水量、取水条件、渠系布置、管理方便等诸多因素，按照当地农田基本建设规划，具体确定灌区的规模。如地形平坦开阔，其他条件又许可，规模可适当大些，而地形复杂，地块又不够集中的地区，则划成灌区为宜。要适应作物种植结构合理及高产的需要。遇旱能及时灌溉，充分满足作物生长供水需求，是确保高产稳产的重要条件。如灌区过大，流程过长造成供水不及时，会影响作物正常生长。灌区规模大小一般与渠系填筑开挖占压耕地成正比关系。适当控制灌区规模或采用地理低压管道供水等措施，可减少占压耕地。在丘陵山区及某些高地，应从节省装机容量，减少土建投资等因素考虑，合理划分灌区，防止高抽低灌浪费扬程的现象发生。同时又要注意控制抽水级数，以节省土建投资，便于运行管理。依照上述原则，灌区的规模及形式，应根据不同的地形特点加以确定，通常有一级抽水一区灌溉、一级抽水分区灌溉、多级抽水分区灌溉几种形式。

站址（即泵站位置）的选择，通常是与灌区划分结合在一起考虑的。具体选定时应注意泵站宜设在灌区内地势较高的地段，以便抽出的水能通过渠道自流入田灌溉。并尽量靠近水源，河床、水位、流量等相对稳定可靠，以保证在灌溉季节能有效供水。若采用电力泵站，则站址应尽量靠近电源线，以节省输电工程投资。如用热机拖动水泵的泵站，则应考虑在水陆交通较为便利处设站，方便燃油运输。地基条件要好，取水口应在不受水流冲刷或泥砂淤积的河段设置。出水池处应有坚实的高地可供建造，切不可勉强在虚土上修建，防止日后坍塌。为提高动力设备利用率，站址与原有居民点应尽量靠近。如条件限制时，也要靠近与居民点、村镇联系便利的交通方便地段，以利动力设备在冬闲季节综合利用。

灌溉泵站枢纽布置形式，主要根据站址地形、选用的设备类型与水文地质等自然条件确定。地势较高的平原及丘陵山区等地，多选用卧式的高扬程水泵，泵站枢纽的总体布置一般为正向进水正向出水形式。在地势不高的平原圩区内的有些单机灌溉泵站，可以根据选用水泵的特点，采用进出水方向互成直角的总体布置形式。这种形式管路短，弯头少，而且在特殊干旱年份，临时调度机器（如流动船机）支援抗旱，比较方便实用。

2）排涝泵站规划。排涝泵站的规划内容与灌溉泵站基本相同，它包括排涝区划分、站址选择、枢纽总体布置等内容。但在具体要求上却有很大区别。根据农业高产稳产和节约能源的要求，排涝区的划分必须遵循“四分开、一控制”的原则。所谓“四分开”，就是指内外分开、高低分开、水旱分开和灌排分开。所谓“一控制”，就是指严格控制排涝区内的地下水位，确保农作物不受渍害。据此原则，排涝区内耕地一般可划分成三种类型，即畅排区（地面积水可顺畅地自流排走）、半畅排区（地面积水有时可自流排走，有时则不能，需要抽排）和抽排区（地面积水全部靠抽水排除）。在具体划分时，还应注意减少占压耕地。习惯上排水采用下列两种方式：一级排水，区内涝水先由泵站抽入内湖，然后由内湖通过排水沟自流排入外河，或者涝水先自流排入内湖，再由泵站从内湖抽至外河。这种排水方式还用于面积较小或地势平坦且面积较大的滨湖圩区；二级排水，区内涝水先由二级内排泵站抽至内湖，然后视外河水位状况，由一级外排泵从内湖抽入外河或通过自流外排涵闸排至外河。这种排水方式可以实现高水高潮、低水低排、节约排涝动力，适用于地形复杂、面积较大的排涝区。

排涝泵站站址选定，除了与灌溉泵站有相同的要求外，还应考虑下列几点：应在区内地势较低处设站，最好在排水沟末端靠近外河的地段，以利于迅速汇集内涝水，及时快速排出；对于与灌溉结合的泵站，应同时考虑引水田及灌溉渠道等建筑物在高程的布置要求；在地质、地形条件基本相同时，应尽量放在外河水位较低地段（即河流的下游段），以降低抽水扬程。沿江滨湖圩区的地基条件一般较差，应特别注意避开流沙和淤泥层，以防止地基处理投资太多。

排涝泵站枢纽总体布置，一般有如下两种形式：一是单排泵站布置。两种排水方式中的内、外排泵站，一般为单排泵站。其枢纽总体布置通常在内外排沟上建泵房，出水池与内湖或外河由较短的明渠相联，如用流动船机分散在区内各点抽排时，则排水干沟要挖至内湖或外河圩堤脚下。这样，抽排时船机出水管搁置在圩堤上即可。二是排灌结合泵站布置。在内湖周围的排涝泵站，通常可建成与灌溉相结合的泵站。其枢纽布置根据当地具体情况有多种形式。如圩内水质适宜灌溉时，可结合河网水位的预降进行布置。它只需在出水池侧增建分水口门控制灌溉即可，又如圩内涝水水质不宜灌溉时，则灌溉用水只好另从内湖引入泵房附近，引水涵洞可与自流排水涵洞结合布置。

3）排灌电气工程规划。排灌电气工程规划包括电力排灌负荷量计算和电力网布设两项内容。规划时，要确定电力排灌设备总容量，受载系数和同时率，计算负荷量。排灌站负荷量是根据排灌站设备容量或排灌流量及扬程计算，在井灌区由井数与设备容量求负荷量。合理布设变电站，确定主变容量和电压等级，确定馈线分布、负荷分配及保护方式等；输、配电和低压线路布设，要与排灌、道路等工程相结合，负荷分配及布局进行电力线路路径选择。设计中，要进行输、配电线输送容量、供电按机井的布局进行电力线路路径选择。设计中，要进行输、配电线输送容量、供电半径和导线截面选择计算，其标准要满足电力系统安装与运行规程，保证电能质量和安全运行，确定配电变压器。井灌专用变压器要设在负荷中心或接近负荷处，变压器供电距离要满足电压降规定值需求；当一台变压器负担多井时，变压器容量要适应，送电综合距离要保证电压降在限定之内。当小水电与国网并网运行时，要做好并网规划和运行安排，合理调整负荷，达到经济、有效、安全供电。

3. 田间道路工程规划

农村道路网是国家及地方公路网的延伸。是沟通乡镇与村庄、村庄与村庄、村庄与田间以及田间内部生产作业的纽带。按主要功能和使用特点分为干道、支道、田间路、生产路和作业道五级。

干道和支道是乡镇与村庄之间、村庄与村庄之间相互联系的道路，以通行汽车为主，是服务于项目区的区域性基础设施，承担着项目区的内外货流通任务。干支道规划是乡镇土地利用总体规划中的重要内容之一。

田间路、生产路和作业道是村庄与地块之间、地块与地块之间、地块内部相互联系的道路，以通行各种农用机械，田间生产管理人员行走为主，是项目区内的田间基础设施，承担着项目区田间生产服务的任务。田间路、生产路和作业道是项目规划的重要内容之一。

田间路和生产路一般在农地整理中的田块规划时进行布设，规划设计要有利于田间生产和劳动管理。既要满足机械化作业条件，又要考虑田间人员作业要求。应与田、林、沟、渠结合布置。田间路一般沿田块短边结合斗渠、斗沟和副林带布设，而生产路一般沿田块长边结合农渠、农沟和主路带布设。

（1）田间道。田间道是由居民点通往田间作业的主要道路。除用于运输外，还起到田间作业供应线的作用。其应能通行农业机械，一般设置路宽为4米左右，南方丘陵区通常采用小型农机，在此基础上，可酌情减少路宽。田间道又可分为主要田间道和横向田间道。

主要田间道是由农村居民点到各耕作田区的道路。它服务于一个或几个耕作田区，如有可能应尽量结合干支道布置，在其旁设偏道或直接利用干支道；如需另行配置时，应尽量设计成直线，并考虑使其能为大多数田区服务。

横向田间道亦可称为下地拖拉机道，供拖拉机等农机直接下地作业之用，一般应沿田块的短边布设。在旱作地区，横向田间道也可布设在作业区的中间，沿田块的长边布设，使拖拉机两边均可进入工作小区以减少空行。在有渠系的地区，要结合渠系布置。一般有以下几种方案：

1）横向田间道布置在斗沟靠农田一侧。这种布置形式可利用挖排水斗沟的土方填筑路基，节省土方量，并且拖拉机组可以直接下地作业，道路以后也有拓展的余地。但是斗渠和斗沟之间应种植数行树木。此外，横向田间道要穿越农沟，须在农沟与斗沟连接处埋设涵管或修建桥梁、涵洞等建筑物。埋设涵管时，如果孔径不足，势必影响排水，在雨季田块易积水受淹。并且在这种情况下，道路位置较低，为避免被淹，必须在路旁修筑良好的截水路沟。如果居民点靠斗沟一侧，宜采用这种形式。

2）横向田间道布置在斗渠与斗沟之间。这种布置形式便于渠沟的维修管理，但今后拓展有困难。拖拉机组进入田间必须跨越排水斗沟，需要修建桥梁。在降水较多的地区，排水斗沟断面较大，如采用这种形式基建投资大。在降雨量较小的北方地区，可以采用这种形式。

3）横向田间道布置在靠近斗渠的一侧。如果居民点靠近斗渠，采用上述布局形式会增加拖拉机组下地的空行行程，增加生产费用。一般结合斗渠布置，这样机组下地作业方便，但需修建涵管等建筑物，加大基建费用。同时还要在渠路之间植树两三行或开挖路沟，以便截排渠边渗水，保证路面干燥。

（2）生产路。生产路的设置应根据生产与田间管理工作的实际情况确定。生产路一般设在田块的长边，其主要作用是为下地生产与田间管理工作服务。

1）旱地生产路设置。平原区旱地应不受灌溉条件的限制，田块宽度一般为40米～600米，宽的可达1 000米。在这种情况下，每个田块可设一条生产路。如果田块宽度较小，为200米～300米，可考虑每两个田块设一条生产路，以节约用地。生产路要与林带结合，充分利用林缘土地。其应设在向阳易于晒暖的方向，即在林带的南向、西南向和东南向。这样就能使道路上的雪迅速融化，使路面迅速干燥。当道路和林带南北向配置时，任意一面受阳光照射程度大体相同，道路应配置在林带迎风的一面，使路面易于干燥。

2）灌溉地区生产路的设置。有两种情况：一是生产路设置在农沟的外侧与田块直接相连。在这种情况下，农民下地生产与田间管理工作和运输都有很大的方便。一般适用于生长季节较长，田间管理工作较多，尤其以种植经济作物为主的地区。二是生产路设置在农渠与农沟之间。这样可以节省土地，因为农沟与农渠之间有一定间距。田块与农沟直接相连有利于排除地下水与地表径流，同时可以实现两面管理，各管理田块的一半，缩短运输活动距离。一般适用于生产季节短，一年只有一季作物，以种植谷类为主的地区。

（3）梯田的田间道与生产路。梯田是山区、丘陵区的一种主要的水土保持措施，梯田田间道路的布局应按照具体地形，采取通梁联峁，沿沟走边的方法布设。田间道多设置在沟边、沟底或山峁的脊梁上，宽2米，转弯半径不小于8米。为防止流水汇集冲毁田坎，沟边的路应修成里低外高的路面，并每隔一段筑一小土埂，将流水引入梯田。生产路也应考虑到通行小型农机具的要求，宽1.5米左右。路面纵坡一般不大于11°。纵坡为11°～16°时，连续坡长不应超过10米～20米，转弯角度不能小于110°。如山低坡缓，路呈斜线形；如山高坡陡，路可成“S”形迂回上山。

4. 生态防护工程规划

生态防护工程是土地整理项目建设的重要内容之一。土地整理的目标是要达到经济效益、社会效益、生态效益三方面综合效益最大化。生态防护工程建设的目标是：(1) 有效防止自然灾害发生，改善、治理和恢复生态环境，为项目区的可持续土地利用创造良好的生态条件；(2) 为项目取得高产创造良好的作业条件；(3) 为项目区创造良好的景观环境。

生态防护工程措施分为四类：生物措施、工程措施、化学措施和农业措施。土地整理工程中主要以生物措施和工程措施为主。

生物措施就是利用植物发达的根系固沙、固土作用和高大繁茂茎枝叶的防水作用，对需防护的土地提供生物防护屏障。生物措施一般见效慢、实施周期长，但比工程措施投资少，且可实现标本兼治，并具有生态、经济、社会等多方面的效益。既可改善整理区域内的生态环境，促进水土资源的合理利用，提高土地产出水平，又能建立秀美的土地景观系统。生物措施主要包括营造农田防护林、水土保持林、防风固沙林、护岸固滩林、护路林和种植保护草等。

工程措施就是通过一些工程，改变局部地形、局部构造，从而影响水流方向、阻挡风沙、防止崩塌，对需防护的土地提供工程防护屏障。工程措施一般见效快、实施周期短、投资大，对灾害严重或生态环境已遭破坏的土地治理效果显著。工程措施往往是临时措施，治标不治本。实际上，上述两种措施必须结合使用才能达到最佳的防护效果。工程措施除了具有防护效果之外，也具有塑造土地景观系统的功能。工程措施主要包括修筑梯田，开截流沟，开挖鱼鳞坑、水平条、水簸箕，修筑沙障、地埂、土埝、树桩埝，修建谷坊、淤地坎、小水库、防洪堤、蓄水池、沉沙池、水窖、水窑，引水拉沙，客土垫地等。

依据生态防护的功能和作用，生态防护工程可分为农田防护工程和生态治理工程。生态治理工程根据形成水土流失的原因可分为：水土保持工程和防风固沙工程。农田防护工程是土地整理规划设计中的重要内容，一般的农地整理项目都会涉及此类工程。农田防护工程主要以生物措施为主，规划时与田块、灌排渠道、道路同时进行，做到田、水、路、林综合配套。农田防护工程有三种形式：第一种是林带形式，即农田的四周营造的带状林，林带往往在农田之中交织成网，这种形式在国内外普遍应用；第二种是农林间作形式，即在农田内部种植树木，树木行距一般在10米至50米之间；第三种是种植片林形式，即在农田内种植片林，形成生态岛。以上三种形式根据防护对象，可以结合使用。目前，土地整理规划中普遍使用林带形式，农田防护林带主要确定的参数是：林带结构、方向、间距、宽度、树种和林带交通口。

在水土流失地区，水土保持工程规划是土地整理项目规划必不可少的内容。

没有地表覆盖植被的土地，在雨水入渗的同时，易形成地表径流，若遇暴雨，表土极易被雨水径流冲走。营造水土保持林是增加地面植被、保护坡面土壤不受径流冲刷、截水保土的根本措施。造林时应依据不同的地貌部位配置水土保持林。一般可分为分水岭防护林、护坡防护林、固沟防冲林。其中、固沟防冲林又分为沟头防冲林、沟边防冲林、沟坡防冲林、沟底防冲林。在水土流失地区采取工程措施也是治理水土流失必不可少的手段，所采用工程措施主要有：坡地梯田工程、鱼鳞坑和水簸箕工程、坡地蓄水工程、沟头防护工程、谷坊工程、淤地坝工程。

在风沙威胁较大的地区营造防风固沙林是防止风沙侵害和治理风沙地的根本措施。通过营造防风固沙林可以防止地表风蚀、沙化、固定流沙，变沙荒地为农林牧生产基地。根据防风固沙林的作用，可以分为防风林和固沙林两种。防风林又可分为沙障林和风蚀林两种。根据沙地状况，固沙林又可分为固定、半固定沙丘固沙林和流动、半流动沙丘固沙林。除营造防风固沙林外，还可以采用工程措施治理风沙地，工程措施主要有草方格固沙、引水拉沙、粘土固沙、胶结物固沙等。

本章小结

本章主要介绍了土地开发整理项目的概念、分类与作用，国家投资土地开发整理项目的概念、种类、立项指导思想与立项原则，土地开发整理项目规划的概念、内容与程序以及主要工程规划的要点。

关键术语

土地开发整理项目　　国家投资开发土地开发整理项目　　土地开发整理项目规划

复习思考题

1. 简述土地开发整理项目的概念与特点。
2. 简述土地开发整理项目分类。
3. 简述国家投资土地开发整理项目概念和种类。

4. 简述国家投资土地开发整理项目管理程序。
5. 简述土地开发整理项目规划与相关规划关系。
6. 简述土地开发整理项目规划的概念和主要内容。
7. 简述土地开发整理项目的主要工程规划要点。

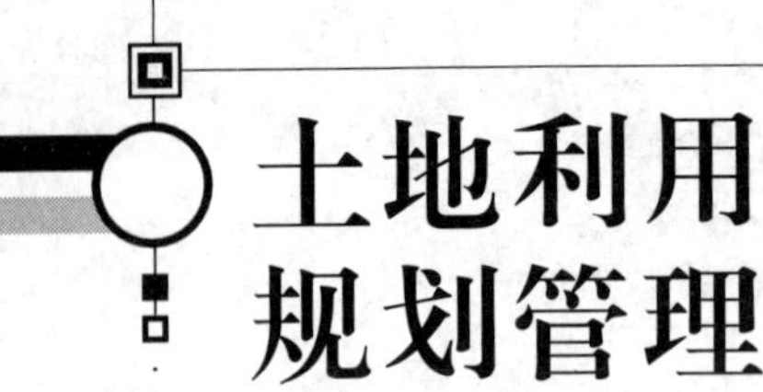

第16章

土地利用规划管理

16.1 土地利用规划管理概述

16.1.1 土地利用规划管理的概念

土地利用规划管理是为了合理利用和保护土地资源，维护土地利用的社会整体利益，组织编制和审批土地利用规划，并依据规划对城乡各项土地利用进行控制、引导和监督的行政管理活动。土地利用规划管理是国家土地行政管理的重要组成部分，管理活动的主体是国家土地行政管理机关，包括国务院土地行政管理机关和地方各级土地行政管理机关。客体是土地利用规划及与之相关的组织和个人的行为。土地利用规划管理是各级人民政府的重要工作之一。

土地利用规划管理的根本目的是维护土地利用的社会整体利益，促进经济社会可持续发展。其管理贯穿于土地利用规划编制、审批和实施的全过程，是土地行政管理的重要内容。规划是管理的前提和依据，管理是规划依法科学制定和有效实施的保证。土地利用规划管理主要包括三方面的工作：一是依法组织制定（包括编制和审批）土地利用规划；二是按照经批准的土地利用规划控制并引导城乡各项土地利用，即依法实施土地利用规划；三是对土地利用规划实施情况进行监督检查。

16.1.2 土地利用规划管理的原则

1. 依法行政原则

土地利用规划管理实行依法行政的原则，是贯彻依法治国方针的必然要求，同时也是其职能特点和工作性质决定的。土地利用规划是一项国家措施，是国家加强土地宏观调控、规范土地开发利用行为、保障经济社会可持续发展的重要手段。因此，规划管理必须以法律为依据，并体现国家和政府的意志。另一方面，土地利用规划是一项全局性、综合性、长期性的工作，规划的编制和实施涉及方方面面的利益关系，这些利益关系只有依靠法律手段来调整和规范，才能实施有效的管理，保证社会整体利益和长远利益。

2. 民主管理原则

民主管理原则是由我国社会主义国家性质决定的，是与依法行政原则相辅相成的。土地利用规划管理中贯彻民主管理的原则，最根本的是实行参与式管理，即规划管理的公众参与。在规划管理决策过程中，对涉及社会公共利益的，要尽可能广泛征求意见，集思广益；对只涉及个别单位、个人利益的，也要听取受影响单位代表、个人的意见，维护其合法利益。

3. 集中统一管理原则

土地利用规划管理实行集中统一管理的原则，是土地集中统一管理的重要体现，是长期实践经验的总结。土地利用涉及国家的长远利益和整体利益，必须实行集中统一管理，首先是集中统一规划和集中统一规划管理。体现在以下几方面：土地利用规划的编制，必须符合法律、法规，必须认真贯彻国家的方针、政策；土地利用规划的制定、建设项目用地预审、农用地转用和土地征用审批、基本农田保护区的划定、土地开发复垦整理等，都必须按经法定程序批准的土地利用总体规划进行；对土地利用总体规划进行修改，必须符合法律、法规的规定，并报原批准规划的人民政府批准，不得下放规划审批权。

4. 政务公开原则

政务公开是各级土地行政管理部门推进依法行政和民主化决策、加强勤政廉政建设、改善部门形象的一项改革措施，有利于增强土地管理人员的服务意识，提高依法行政水平和行政管理效能，完善监督机制，防止腐败行为。土地利用规划管理中的政务公开，包括编制规划的公开（公众参与）、规划成果的公开（规划公告）和规划实施管理中有关办事的程序、规则、标准和结果的公开等。

5. 经济效率原则

土地利用规划管理也要遵循用最小的投入（消耗）获得最大的产出（社会综合效果）的原则。为此，土地利用规划管理要努力实现组织机构合理化、行政工作程序化、工作责任制度化、管理方法现代化。

16.1.3　土地利用规划管理的方法

土地利用规划管理的方法很多，概括起来，可以分为行政的方法、法治的方法、经济的方法、社会的方法和科技的方法。为了提高规划管理效能和管理水平，往往需要综合采用多种管理方法。

1. 行政的方法

所谓行政的方法，就是依靠行政组织，运用权威性的行政手段，采用命令、指示、规定、制度、计划、标准等行政方式来组织、指挥、监督土地利用规划编制、审批和实施的方法。行政方法是土地利用规划管理的一项基本方法，其优点是便于集中统一管理和及时贯彻执行，且有较强的针对性，手段比较灵活，同时也是实施其他管理方法的必要手段；其缺点是容易导致行政权力的滥用。行政方法的正确有效运用，首先必须遵循行政合法性原则，即行政管理权的存在与行使必须依据法律、符合法律，不得与法律相抵触。其次，必须遵循行政合理性原则，即在法律没有规定或规定比较模糊的情况下，按照客观、适度的标准或对法律的合理解释采取必要的措施。

行政方法的有效施行，必须有一套完善的管理制度。目前，我国土地利用规划实施管理的基本制度已经形成，其重点是三项制度：一是实行土地利用年度计划管理制度，即将土地利用总体规划确定的指标按年度分解实施，通过计划的执行保证规划的实施。二是实行建设项目用地预审制度，即在建设项目可行性研究论证阶段，由土地行政主管部门根据土地利用总体规划进行审查，凡不符合规划的建设项目不得通过预审，土地行政主管部门不受理农用地转用和建设用地申请，从“源头”上控制不合理用地。三是实行土地利用项目的规划审查制度，即根据土地利用总体规划审查农用地转用、土地征用、土地整理复垦开发等各种土地利用项目，确保城乡建设、土地整理开发等各项土地利用活动符合土地利用总体规划，节约和合理利用土地。此外，还建立了规划公告、规划备案、基本农田保护规划管理、城镇规划用地规模审核、规划信息管理、规划动态监测、规划执法检查等一系列管理制度。

2. 法治的方法

所谓法治的方法，就是通过法律、法规、规章和种种具有强制性效力的规程、标准，规范土地利用规划制定和实施的行为，进行有效的管理。从世界范围来看，法治方法是土地利用规划管理最通行、最基本的方法。在当前发展社会主义市场经济和推进依法治国的重要历史时期，必须把规划法制建设作为加强土地利用规划管理的首要任务和根本措施。具体包括：有法可依，即加强立法建设，完善土地利用规划管理的法律、法规、规章；执法必严，即严格执法，严格按照经批准的土地利用总体规划和有关法律法规审批、使用土地，切实维护法律和规划的严肃性；违法必究，即加强规划监督检查，加大对违反规划用地、批地和违法修改规划等违法行为的查处力度。

另一方面也要看到，法治方法适于处理管理中的共性问题，但对于某些特殊性、个性的问题则不尽适宜，而行政方法具有一定的灵活性，两种方法是相辅相成的关系。

3. 经济的方法

所谓经济的方法，就是按照客观规律的要求，通过经济杠杆，运用价格、税费、奖金、罚款等经济手段来进行土地利用规划管理，促进规划的实施。由于在社会主义市场经济中还客观存在着国家与企业、企业与企业，以及劳动者个人之间的物质利益差异，要处理好各种物质利益关系，仅靠行政方法是不够的，必须通过各种经济手段来处理。土地利用规划的实施也要自觉运用经济机制，宏观调控手段和经济调节手段缺一不可。建立和完善土地利用的内在经济机制，把积极的经济手段与政府的规划意图、社会的整体利益结合起来，有利于高效、合理利用土地，有利于规划的实施。

4. 社会的方法

所谓社会的方法，就是发动社会大众参与规划的制定，监督和维护规划的实施。土地利用系统是一个庞大而复杂的社会经济生态系统，土地利用规划是一个复杂的系统工程，规划决策需要考虑多种因素，处理各种关系。通过公众参与，可以集思广益，比较准确地表达社会需求，减少决策失误。规划实施同样需要积极运用社会方法，通过规划的公布和管理的公开，可以促使政府部门公正执法，有效制约和避免各种违反规划的行为发生，有利于从源头上防治腐败，提高工作效率。

5. 科技的方法

所谓科技的方法，就是运用科学的管理方法、先进的管理手段进行土地利用规划管理，提高管理效率和管理水平。目前在土地利用规划管理中应用较多的现代科学技术是“3S”技术，即遥感（RS）、地理信息系统（GIS）和全球定位系统（GPS）技术。通过大范围的遥感监测，能够实现对规划实施情况的快速监测与跟踪管理，并为规划执法检查和查处提供依据。最近几年，国家应用遥感监测成果对规划实施情况进行监测，收到了很好的效果。运用地理信息系统技术，建设土地利用规划管理信息系统，在规划编制管理、土地利用计划管理和用地审批管理中也将发挥重要作用。全球定位系统技术监测精度更高，在规划核查上也有广阔的应用前景。这些方法的应用，丰富了土地利用规划管理手段，提高了规划管理的科技水平，也拓宽了土地利用规划的功能和作用。

16.1.4 土地利用规划管理的任务

土地利用规划管理包括编制和审批管理、实施管理和监督管理。为了保证各项管理活动的顺利进行和实施，还要有相应的保障措施。具体来说，土地利用管理的主要任务是：

1. 土地利用规划的组织编制和审批管理

土地利用规划的组织编制管理，主要任务是提出规划的目标和任务，组织编制规划草案，协调相关部门用地矛盾，组织专家论证和群众评议，确定规划送审方案等。土地利用规划的审批管理，主要任务是将规划送审方案报请政府审核、修改和通过，依照法定程序逐级申报，由法定审批机关审核并批准规划。土地利用规划的组织编制管理和审批管理是一个连续的过程，组织编制管理是制定土地利用规划的前期管理工作，审批管理是制定土地利用规划的后期管理工作。

2. 土地利用规划的实施管理

其主要任务包括土地利用年度计划管理、建设项目用地预审管理、农用地转用和土地征用规划审查管理、土地整理复垦开发项目规划审查管理、基本农田保护区规划管理、城市规划和村镇规划审核等。土地利用规划实施管理是土地利用规划管理工作的主要内容。所谓“三分规划，七分管理”，其中的“管理”就是指土地利用规划实施管理，它也充分说明了规划实施管理在土地利用规划工作中的重要地位。

3. 土地利用规划实施的监督检查管理

它既包括对违反规划的用地行为进行查处，又包括对下级规划是否符合上级规划以及土地利用计划执行情况的检查处理；既包括由行政管理机关进行的定期和不定期监督检查，又包括社会监督，即发动群众对规划实施及其管理活动的监督等。监督检查管理是保证土地利用规划实施的重要措施，也是及时反馈规划实施信息，改进规划管理的必要手段。

4. 土地利用规划的基础保障管理

土地利用规划工作的正常开展，需要从组织、人员、法制、机制、科技等各方面创造和提供相应的保障条件，进行必要的基础管理。现阶段土地利用规划的基础保障管理，主要包括建立健全规划管理目标责任制、规划的立法、规划技术规范的制定、规划人员执业资格和设计单位资质管理、规划成果管理、规划管理信息系统建设等，这些方面不仅影响当前各项规划工作的开展，而且对规划的长远发展具有重要保障作用。

16.2 土地利用规划的组织编制和审批管理

16.2.1 土地利用规划组织编制管理

土地利用规划组织编制管理，是指依据有关的法律、法规和方针政策，明确土地利用规划的编制主体，规定土地利用规划编制的内容要求，设定土地利用规划编制和实施程序，从而保证土地利用规划依法编制。土地利用规划组织编制管理的内容包括：

1. 编制的主体

土地利用规划的编制主体是各级人民政府。在各级人民政府的直接领导和组织下，由政府土地行政主管部门编制，其中的一些技术性工作可以委托具有规划设计资格的单位承担。

具体来说，全国土地利用总体规划由国务院土地行政主管部门组织编制；省、自治区、直辖市土地利用总体规划分别由省、自治区、直辖市人民政府组织编制，其中，直辖市中心城市土地利用总体规划由直辖市人民政府组织编制；地（市）级土地利用总体规划及中心城区土地利用总体规划由地（市）级人民政府组织编制；县级土地利用总体规划由县级人民政府组织编制；乡（镇）土地利用总体规划由乡（镇）人民政府组织编制。县级以上土地利用专项规划可以由县级以上人民政府土地行政主管部门组织编制，乡（镇）土地利用专项规划仍由乡（镇）人民政府组织编制。

2. 编制内容

土地利用规划编制的基本内容由国务院土地行政主管部门根据有关法律、法规规定，各地可以结合实际有所侧重和补充。土地利用规划的基本内容是：(1) 在调查基础上，进行土地供需分析预测；(2) 确定规划目标和土地利用发展方向；(3) 进行土地利用结构和布局调整；(4) 划分土地利用区；(5) 分解落实上级下达的耕地保有量、基本农田、城镇建设用地规模等控制指标；(6) 提出土地整理、复垦、开发重点区域和项目；(7) 安排交通、能源、水利等重点基础设施建设项目用地；(8) 安排土地生态建设和环境保护用地；(9) 制定实施规划的政策和措施。

3. 编制依据

土地利用总体规划编制的主要依据是：(1) 依法批准的上一级土地利用总体规划；(2) 与土地利用规划有关的法律、法规和技术标准；(3) 党和国家有关土地利用和管理的方针、政策，以及土地行政主管部门的指导意见；(4) 国民经济和社会发展规划、国土整治和资源环境保护的要求以及各项建设对土地的需求；(5) 当地自然、社会、经济、生态条件和土地利用现状、潜力。土地利用专项规划编制的主要依据是有关的法律、法规、政策、标准和统计，以及土地利用专题调研成果。

4. 编制程序

土地利用规划组织编制一般按以下程序进行：(1) 提出规划编制任务；(2) 制定编制计划；(3) 确定规划编制单位；(4) 协调规划编制中的重大问题；(5) 论证规划中期成果；(6) 组织征求意见；(7) 验收规划成果；(8) 申报规划成果。

16.2.2 土地利用规划审批管理

1. 土地利用规划评审标准

根据国土资源部发布的《省级土地利用总体规划审查办法》，省级和城市土地利用总体规划主要从以下几个方面进行评审：

(1) 编制原则。规划的编制是否符合《中华人民共和国土地管理法》规定的编制原则，即严格保护基本农田，控制非农业建设占用农用地；提高土地利用率；统筹安排各类、各区域用地；保护和改善生态环境，保障土地的可持续利用；占用耕地与开发复垦耕地相平衡。

(2) 目标和方针。规划是否与国家经济及社会发展目标和方针、政策相符，是否体现了耕地总量动态平衡、基本农田保护和 21 世纪人口高峰期对耕地的需求，是否体现了改善生态环境，保护林地、草地的要求，是否体现了土地的集约利用和优化配置，是否落实了上级下达的土地利用主要规划指标。

(3) 土地利用结构与布局调整。土地利用结构调整依据是否充分，分区和布局是否合理，交通、能源、水利等国民经济基础设施建设及其他重点建设项目用地是否有保障，土地开发、复垦、整理安排是否合理、可行。

(4) 实施措施。实施措施是否体现了土地用途管制的要求，是否切实、可行。

(5) 协调情况。农用地与各类建设用地安排是否相协调，城市总体规划、村庄和集镇规划中建设用地规模是否控制在土地利用总体规划确定的城市和村庄、集镇建设用地规模范围内，非农业建设占用耕地指标分解是否与各类非农业建设用地总规模衔接到位。

(6) 规划是否符合原国家土地管理局发布的《土地利用总体规划编制审批规定》的要求。

2. 审查报批程序

《土地管理法》规定，各级土地利用总体规划经地方人民政府审查同意后，逐级上报有批准权的人民政府审批。土地利用总体规划的审查报批一般需要经过以下几个步骤：前期工作—申报—审查—批复阶段。下面以国务院批准的省级土地利用总体规划的审查报批为例，说明土地利用总体规划审查报批程序。

（1）前期工作。省、自治区、直辖市土地行政主管部门在组织编制规划时，应深入调查，充分论证，广泛征求社会各界的意见，认真组织评审，做好部门协调工作。国土资源部要加强对省级土地利用总体规划编制工作的指导。

（2）申报。规划经省级人民政府审查同意后，由省级人民政府上报国务院。上报材料包括规划文本及说明、专题报告和省级人民政府审查意见各40份，规划图件2份。国务院收到报件后，将规划文本及说明、专题报告和省级人民政府审查意见批转国土资源部组织审查。

（3）审查。国土资源部收到国务院交办的报件后，分送国务院有关部门及有关单位征求意见，在综合各方面意见的基础上，对规划进行全面、公正、客观的评价，并提出同意批准、原则批准、不予批准的意见。

在规划审查过程中，国土资源部综合有关部门意见，认为有必要对该规划进行进一步修改完善的，可建议国务院将该规划退回各省、自治区、直辖市人民政府，请其按要求修改完善后，另行上报。

国土资源部完成组织规划审查的时间为一个月。有关部门和单位自收到审查规划征求意见之日起15日内，应将意见书面反馈给国土资源部，逾期按无意见处理；有关部门对规划有较大意见分歧时，国土资源部应组织有关各方进行协调。

（4）批复。国土资源部将综合审查意见和附件及有关部门不同意见一并报国务院审批。凡属原则批准，但需进一步修改、补充和完善的规划，省、自治区、直辖市人民政府在公布规划前应认真组织修改，并将修改后的规划报国土资源部备案。规划审查批复的周期一般不超过两个月。

16.2.3 土地利用规划审查的主要内容

1. 农用地规模（重点是耕地保护）

（1）耕地保有量；

（2）基本农田保护；

（3）其他农用地；

（4）农用地的质量。

2. 建设用地规模

（1）非农建设用地规模；

（2）人口和城乡居民点用地规模；

（3）城镇人口和城镇用地规模；

（4）农村人口和农村居民点用地规模；

（5）重点建设项目用地规模。

3. 土地利用布局

(1) 各类土地利用布局是否合理，是否按土地适宜性和区域的差异性合理安排各类用地；

(2) 建设用地布局是否做到不占或尽可能少占耕地、林地及其他优质农用地；

(3) 土地利用分区方法是否正确，结果是否合理。

4. 土地开发整理

(1) 补充耕地的潜力分析是否符合实际，规划确定的补充耕地量是否做到占补平衡；

(2) 土地整理规模是否合理，政策措施是否得力；

(3) 土地复垦应当按照“谁破坏，谁复垦”的原则安排；

(4) 后备土地资源开发应当符合《土地管理法》有关规定。

5. 土地生态环境保护建设

(1) 审查规划是否具有土地生态环境保护建设方面的内容；

(2) 审查土地利用安排是否可能造成土地生态环境的破坏；

(3) 审查土地利用安排是否有切实可行的环境保护措施。

6. 规划协调

(1) 与国民经济和社会发展规划、国土整治规划等的协调情况；

(2) 与城镇体系规划协调情况；

(3) 与其他行业规划的协调情况，如水土保持规划等；

(4) 各有关部门协调的情况和意见。

7. 规划实施的政策措施

(1) 规划的政策措施是否与有关法律和法规保持一致；

(2) 规划的政策措施是否具体可行。

8. 规划文件及其他

(1) 规划报告；

(2) 规划文本；

(3) 规划说明；

(4) 规划图件；

(5) 其他方面。

16.3 土地利用规划的实施管理

16.3.1 土地利用计划管理

1. 土地利用计划管理的概念及内容

土地利用计划管理是为了实施土地利用总体规划，合理利用和保护土地，组织编制和审批土地利用计划，并采取控制、监督等措施保证土地利用计划实施的行政管理活动。《土地管理法》第二十四条明确规定，“各级人民政府应当加强土地利用计划管理，实行建设用地总量控制”。这就赋予了土地利用计划管理的法律地位，同时规定了各级政府进行土地利用计划管理的责任。土地利用计划管理是国家土地行政管理的重要组成部分。管理活动的主体是国家土地行政管理机关，包括国务院土地行政管理机关和地方各级土地行政管理机关。

土地利用总体规划是一个长期的规划，批准后有一个逐步实施的过程，逐年实施土地利用总体规划需要土地利用年度计划的调节与控制。实施土地利用总体规划是土地利用计划管理的根本任务。土地利用计划管理包括三方面的工作：一是组织编制和审批土地利用计划；二是加强土地利用计划实施管理；三是对土地利用计划实施情况进行监督检查。

2. 土地利用年度计划编制和报批的程序

土地利用年度计划的编制和审批采用“上下结合”的方法，其程序是：

(1) 上报计划建议。首先由县级以上地方人民政府土地行政主管部门会同有关部门，按照国土资源部的统一部署，根据本行政区域土地利用总体规划国民经济和社会发展计划及土地利用的实际状况，参考基期（本年度）计划执行情况，提出本行政区域计划期（下一年度）的土地利用计划建议（预报数），经同级人民政府审查后，报上一级人民政府土地行政主管部门。国务院批准的建设项目和国务院有关部门批准的道路、管线工程及大型基础设施建设项目等使用土地，涉及农用地转用的，由国务院有关部门以建设项目为单位，按照国土资源部管理和地方土地行政主管部门管理两类提出下一年度的土地利用年度的计划建议。计划建议在报国土资源部的同时，应当抄送项目拟使用土地所在地的省、自治区、直辖市土地行政主管部门。下一年度的土地利用年度计划建议，按每年国土资源部的通知要求执行。

(2) 编制和下达计划指标。国土资源部根据国民经济和社会发展计划、国家产业政策、全国土地利用总体规划及建设用地和土地利用的实际情况，在各地和国务院有关部门提出的土地利用年度计划建议的基础上，综合平衡，编制土地利用年度计划方案，其中的农用地转用计划指标报国家计委，由国家计委纳入上报国务院的国民经济和社会发展计划，待国务院批准国民经济和社会发展计划后，国土资源部再连同土地开发整理计划指标一同下达执行。土地利用年度计划分别列出全国和省、自治区、直辖市以及由国务院批准土地利用总体规划的城市（目前实际只包括计划单列市，其他城市实行备案制）和新疆生产建设兵团的各项计划指标。

（3）逐级分解下达计划指标。县级以上地方人民政府土地行政主管部门接到上级下达的计划指标后，结合本地区的实际情况，对控制数进行研究，组织所属基层土地管理部门和计划部门对原上报建议数进行修正，将上级下达的农用地转用计划指标、耕地保有量计划指标和土地开发整理计划指标逐级分解，拟订实施方案。各地在拟订实施方案时，可以根据当地实际情况，增加若干控制指标。实施方案经同级人民政府批准后下达。

3. 土地利用年度计划指标

（1）农用地转用计划指标。分为城镇村建设占用农用地指标和能源、交通、水利等独立选址的重点建设项目占用农用地指标。农用地转用计划指标依据国民经济和社会发展计划、土地利用总体规划、国家供地政策和土地利用的实际情况确定。

（2）土地开发整理计划指标。分为土地开发补充耕地指标和土地整理复垦补充耕地指标。土地开发整理计划指标依据土地利用总体规划、土地开发整理规划、建设占用耕地等耕地减少情况确定。

（3）耕地保有量计划指标。耕地保有量计划指标依据国务院向各省、自治区、直辖市下达的耕地保护责任考核目标确定。

16.3.2 建设项目用地预审

建设项目用地预审是指国土资源管理部门在建设项目审批、核准、备案阶段，依法对建设项目涉及的土地利用事项进行的审查。建设项目用地预审是实施土地利用总体规划的一项重要措施，是《土地管理法》赋予的一项新工作。《土地管理法》第五十二条明确规定："建设项目可行性研究论证时，土地行政主管部门可以根据土地利用总体规划、土地利用年度计划和建设用地标准，对建设用地有关事项进行审查，并提出意见。"2004 年 12 月 1 日开始实施的《建设项目用地预审管理办法》提出，预审意见是建设项目批准、核准的必备文件；未经预审或者预审未通过的，不得批准农用地转用、土地征用，不得办理供地手续。简言之，用地预审是建设项目审批、核准的必备程序。

建设项目用地实行分级预审。需人民政府或有批准权的人民政府的相关部门审批的建设项目，由该人民政府的国土资源管理部门预审。由国土资源部预审的建设项目，国土资源部委托项目所在地的省级国土资源管理部门受理，但建设项目占用规划确定的城市建设用地范围内土地的，委托市级国土资源管理部门受理。受理后，提出初审意见，转报国土资源部。通过项目用地预审，将用地审查工作前置到建设项目可行性研究论证阶段，对未通过预审的项目，不得批准立项，这就从"源头"上把住了用地的审查关。因此，预审工作对于土地利用规划实施管理工作具有非常重要的作用。

1. 建设项目用地预审的内容

预审的主要内容：

（1）建设项目用地选址是否符合土地利用总体规划，是否符合土地管理法律、法规规定的条件；

（2）建设项目是否符合国家供地政策；

（3）建设项目用地标准和总规模是否符合有关规定；

（4）占用耕地的，补充耕地初步方案是否可行，资金是否有保障；

（5）属《土地管理法》第二十六条规定情形，建设项目用地需修改土地利用总体规划的，规划的修改方案、建设项目对规划实施影响评估报告等是否符合法律、法规的规定。

2. 建设项目预审的程序

（1）申报。需审批的建设项目在可行性研究阶段，由建设用地单位提出预审申请。涉密军事项目和国务院批准的特殊建设项目用地，建设用地单位可直接向国土资源部提出预审申请。建设用地单位申请预审，应当提交下列材料：建设项目用地预审申请表，预审的申请报告，需审批的建设项目还应提供项目建议书批复文件和项目可行性研究报告。

（2）受理。由国土资源部预审的建设项目，国土资源部委托项目所在地的省级国土资源管理部门受理，但属建设项目占用规划确定的城市建设用地范围内土地的，委托市级国土资源管理部门受理。由国土资源部负责预审的输电线塔基、钻探井位、通讯基站等小面积零星分散建设项目用地，由省级国土资源管理部门预审，并报国土资源部备案。不符合预审申请和初审转报件的，应当场或在五日内书面通知申请人和转报人，逾期不通知的，视为受理和接收。

（3）审查。由政府土地行政主管部门审查，委托评估地价，拟订供地方案，编制建设项目呈报说明书，经同级人民政府审核同意后，报上一级土地行政主管部门审查。受国土资源部委托负责初审的国土资源管理部门应当自受理之日起二十日内完成初审工作，并转报国土资源部。国土资源管理部门应当自受理预审申请或者收到转报材料之日起二十日内，完成审查工作，并出具预审意见。预审意见应当包括结论性意见和对建设用地单位的具体要求。

（4）批复。建设用地单位应当认真落实预审意见，并在依法申请使用土地时出具落实预审意见的书面材料。

16.3.3 农用地转用和土地征用规划审查

土地利用总体规划是农用地转用审查的重要依据。做好农用地转用规划审查工作，是落实土地用途管制的重要环节。我国《土地管理法》第四十四条规定：

“建设占用土地，涉及农用地转为建设用地的，应当办理农用地转用审批手续。”根据《关于完善农用地转用和土地征收审查报批工作的意见》（国土资发［2004］237号），对农用地转用和土地征收审查报批工作的具体要求如下：

（1）城市分批次建设用地严格按法律规定报批。分批次范围内的用地要提供土地开发建设整体方案，有控制性规划的，还应提供控制性规划。分批次范围内已有具体建设项目的，应附具项目名单，列明项目名称、性质、规模和用地面积。

（2）能源、交通、水利、矿山、军事设施等确需单独选址建设的项目，属国务院、国家相关部门或省级人民政府批准、核准的单独选址建设项目，涉及农用地转用和土地征收的，报国务院批准；除此之外的单独选址建设项目，涉及农用地转用和土地征收的，报省级人民政府批准，其中征收土地面积超过省级批准权限的，土地征收必须报国务院批准；建设项目确需占用基本农田的，必须报国务院批准。

（3）各类建设的用地必须符合土地利用总体规划。确需单独选址建设的项目，依法可以改变土地利用总体规划的，规划修改方案可以在报批用地时一并报批；其他项目用地涉及修改规划的，按法定程序修改规划后，方可报批用地。

（4）建设项目的可行性研究报告或其他有关文件没有明确分期建设的，应一次性报批农用地转用和土地征收。城市分批次建设用地，市、县每年报批应控制在五个批次内。

（5）农村集体建设和村民住宅建设在向集镇、乡镇工业小区和中心村集中过程中，新址用地必须符合规划，纳入计划；涉及占用农用地的，不得以土地置换为名，规避农用地转用报批手续。

（6）对违法用地，须先按有关规定进行处罚。确需补办用地手续的，在补办用地手续时，须附具对违法案件和有关责任人的处理意见及落实情况，征地补偿安置费用、耕地开垦费按违法用地期间最高标准支付和缴纳。

（7）补充耕地实行边占边补的，耕地开垦费必须列入工程投资概算，补充耕地的土地开发整理项目须按有关规定验收；建设单位缴纳耕地开垦费的，报批用地时应附具耕地开垦费缴纳证明和代其补充耕地单位的证明。经依法批准占用基本农田的，耕地开垦费缴纳标准按当地最高标准执行。补充耕地实行先补后占的，报批用地时应附具补充耕地验收文件和资金来源情况的说明。

16.4 土地利用规划的监督管理

规划监督也是实施规划不可替代的重要手段。监督的主要方式之一是执法检查，定期或不定期对土地利用规划的执行情况进行检查，对违反规划的行为依法严格予以处罚，构成犯罪的，依法追究当事人的刑事责任。

16.4.1 土地利用规划实施的行政检查

土地利用规划实施的行政检查，是指土地行政主管部门依法对单位或个人是否依法按土地利用总体规划确定的土地用途批准和使用土地的事实所作的强制性检查的具体行政行为。其主要特征包括：

(1) 行政检查是土地行政主管部门的具体行政行为，它以行政机关的名义进行。

(2) 行政检查是土地行政主管部门的单向强制性行为，不需要征得有关单位或个人的同意。行政主体在作行政检查时，任何单位或个人有服从和协助的义务，否则必须承担相应的法律责任。

(3) 行政检查必须依法进行。行政检查涉及面广，必须有直接的法律依据。否则，建设单位或个人有拒绝接受检查的权利。

土地利用规划实施的行政检查，按照不同的标准划分，有以下几种类型：

(1) 普遍检查与特定检查。普遍检查是指土地行政主管部门依照职权对管辖范围内的土地利用组织开展普查；特定检查是指对某一项用地守法情况进行检查。

(2) 职权检查、授权检查与委托检查。职权检查是指土地行政主管部门在职权范围内进行检查；授权检查和委托检查则是上级土地行政管理部门授权或委托下级土地行政主管部门进行检查。

(3) 巡视检查和跟踪检查。巡视检查是组织监督检查人员分层包干，责任到人，实行目标管理，在包干地区内，建立定期或不定期的巡视检查制度；跟踪检查也叫批后检查，是指对经规划批准的建设用地项目，从开工到竣工进行全过程检查。

(4) 主动检查与被动检查。主动检查是监督检查人员依职权的主动行为；被动检查则是根据人民来访、来信举报的违法用地行为，进行检查。

(5) 联合检查和单独检查。联合检查一般是会同监察、建设部门检查违法用地；单独检查则是土地行政主管部门单独进行。

16.4.2 土地利用规划成果备案和档案管理

1. 土地利用规划成果备案

根据有关规定，经批准的县级以上土地利用总体规划成果应当报国土资源部备案。具体说，经国务院批准的省、市级规划，应将规划文本、说明各15套，规划图件1套（含现状图、规划图，市级规划需另附城乡结合部规划图），报国土资源部备案；经省级人民政府批准的地（市）、县（市）级规划，应于批准后的3个月内将经批准的规划文本、说明各2套，规划图件1套（含现状图、规划图和城乡结合部规划图）和规划批复文件报国土资源部备案。上报的规划图件需加盖主管部门的公章。

经省级人民政府批准的地级、县级和乡级土地利用总体规划成果应当报省级国土资源部门备案；由省级人民政府授权的设区的市、自治州人民政府批准的乡级土地利用总体规划也应当报省级国土资源管理部门备案。报省级国土资源部门备案的方法，由省级土地行政管理部门规定。

2. 土地利用规划档案管理

土地利用规划档案是土地行政主管部门在土地利用规划编制、审批和实施中形成的文件和资料，包括本级规划的文件、资料和本级人民政府审批的其他各级规划的文件、资料，它是土地行政管理档案的重要组成部分。土地利用总体规划一经批准，同级土地行政管理部门要及时将本级规划编制和审批工作中形成的文件、资料收集齐全，并按其内容的有机联系和文件材料形成的规律进行整理、立卷、归档，保证档案的齐全、完整和真实。规划档案的内容主要包括：规划批复文件、规划文本和说明、规划图件、规划附件（包括专题研究报告及基础资料、基础图件、工作报告、审查和评审意见等）及规划编制、审批工作中的其他文件。为了便于保管和提供利用，根据规划档案数量大、利用率高和时有增补的特点，可在土地行政管理全宗档案分类方案的一级或二级类目中设“土地利用规划”类。有条件的地方，还应当实行规划档案的计算机管理。

16.4.3 土地利用规划管理信息系统

土地利用总体规划是一项复杂的系统工程。由于传统的土地资源调查是一项非常繁重的工作，要花费大量的人力、物力和时间，影响土地调查的周期。随着社会经济的持续发展，土地利用总体规划每经过一定时期，根据当时社会经济发展及国家产业与社会发展政策的需要，要进行修编。而土地利用的未来性、多目标性和复杂性，要求我们必须应用现代科技手段实施动态监测，才能保证规划成果真正达到宏观控制土地利用和实施用途管制的要求。因此，建立土地利用规划管理信息系统，实现规划成果的数字化是提高土地利用总体规划编制和实施管理水平最有效的途径，即应用系统工程的方法，采用 3S 技术和计算机技术建立土地利用总体规划信息系统，通过输入各种规划信息完成规划编制和实施管理，实现土地利用总体规划的动态管理和实施监测。

土地利用规划管理信息系统建设的基本任务是建立土地利用规划数据库，形成国家、省、市、县四级土地利用规划管理信息系统应用体系，实现土地利用规划成果管理、规划编制与审批以及规划实施管理的信息化、网络化。目前，国家级土地利用规划管理信息系统建设工作已经完成，地方各级系统建设的标准和规范已初步建立。

现阶段的土地利用规划管理信息系统建设，要严格遵照各级国土资源信息化规划和总体技术要求，要保证在系统环境和技术实现上与其他相关信息系统的协调与衔接，避免各自为政、重复建设；系统建设要与国土资源数据交换中心建设相结合，建立的各级土地利用规划数据库要同时存储在相应的数据交换中心，以实现对规划数据的应用与共享；系统建设坚持规范化、标准化原则，要严格按照有关标准和规范，进行各级规划数据库建设和应用软件开发，确保信息共享、网络互联。

16.4.4 违反土地利用规划要承担的法律责任

现行土地管理法律、法规规定了违反和擅自修改土地利用总体规划应承担的法律责任。

《土地管理法》第七十三条规定："买卖或者以其他形式非法转让土地的，由县级以上人民政府土地行政主管部门没收违法所得；对违反土地利用总体规划擅自将农用地改为建设用地的，限期拆除在非法转让的土地上新建的建筑物和其他设施，恢复土地原状……对直接负责的主管人员和其他直接责任人员，依法给予行政处分；构成犯罪的，依法追究刑事责任。"第七十六条规定："未经批准或者采取欺骗手段骗取批准，非法占用土地的，由县级以上人民政府土地行政主管部门责令退还非法占用的土地，对违反土地利用总体规划擅自将农用地改为建设用地的，限期拆除在非法占用的土地上新建的建筑物和其他设施，恢复土地原状……对非法占用土地单位的直接负责的主管人员和其他直接责任人员，依法给予行政处分；构成犯罪的，依法追究刑事责任。"第七十八条规定："……不按照土地利用总体规划确定的用途批准用地的，或者违反法律规定的程序批准占用、征用土地的，其批准文件无效，对非法批准征用、使用土地的直接负责的主管人员和其他直接责任人员，依法给予行政处分；构成犯罪的，依法追究刑事责任。非法批准、使用的土地应当收回，有关当事人拒不归还的，以非法占用土地论处。非法批准征用、使用土地，对当事人造成损失的，依法应当承担赔偿责任"。

《〈中华人民共和国土地管理法〉实施条例》第三十四条规定："……在土地利用总体规划确定的禁止开垦区内进行开垦的，由县级以上人民政府土地行政主管部门责令限期改正；逾期不改正的，依据《土地管理法》第七十六条的规定处罚"。第三十六条规定："对在土地利用总体规划制定前已建的不符合土地利用总体规划确定的用途的建筑物、构筑物重建、扩建的，由县级以上人民政府土地行政主管部门责令限期拆除；逾期不拆除的，由作出处罚决定的机关依法申请人民法院强制执行。"

此外，《中华人民共和国刑法》第三百四十二条规定："违反土地管理法规，非法占用耕地改作他用，数量较大，造成耕地大量毁坏的，处五年以下有期徒刑或者拘役，并处或者单处罚金。”第四百一十条规定：“国家机关工作人员徇私舞弊，违反土地管理法规，滥用职权，非法批准征用、占用土地……情节严重的，处三年以下有期徒刑或者拘役；致使国家或者集体利益遭受特别重大损失的，处三年以上七年以下有期徒刑。”

16.5 土地利用规划管理的制度建设

目前，我国在做好土地利用总体规划编制和实施工作的同时，积极开展了土地利用规划管理的基础工作建设，逐步建立和完善了有关土地利用规划管理的规章制度。我们认为，除了《土地利用总体规划编制审批规定》、《省级土地利用总体规划审查办法》、《建设用地计划管理办法》等规章建设外，还应加强以下几个方面的制度建设。

16.5.1 土地规划师执业资格制度建设

建立土地规划师执业资格制度，是由土地利用规划管理的重要性、土地规划工作的职业特性、与推进土地规划教育相适应、满足土地规划改革开放的需要所决定的，具有重要的意义。

1. 是贯彻实施《土地管理法》，加强土地利用规划管理工作的需要

加强土地利用规划管理工作，关键是搞好规划队伍建设。土地利用规划涉及各行各业，影响深远，既是一项政府行为，又是一项涉及面很广的社会实践活动，政策性、技术性均比较强，没有一支具备相当素质的土地规划队伍（包括规划管理公务员队伍和业务技术队伍），是难以做好这一工作的。近年来，我国土地利用规划事业有了很大发展，机构日益完善，队伍不断扩大。但是，目前从事土地利用规划工作的人员流动性比较大，一些地方将不具备规划基本知识和技能的人员安排在土地规划岗位上，影响了队伍的整体素质。建立土地规划师执业资格制度，加强对土地利用规划专业的准入控制，有利于稳定规划队伍，全面提高队伍素质，以适应加强和改进土地规划管理工作的需要。

2. 有利于提高土地利用规划管理工作的质量和水平

建立土地规划师执业资格制度，是土地利用规划工作发展的需要。规划本质上是为实现预定的目标而不断实践的过程。在这一过程中，对国家有关法律、法规、政策有较好掌握和对规划意图有充分理解的土地规划人员将起重要作用，由此对土地规划人员的素质也提出了更高要求。建立土地规划师执业资格制度以后，一方面，将对从事土地利用规划工作的人员的学识、技术和能力进行必要的考核，只有持有土地规划师证书、具有一定的规划业务素质的人才能进入规划岗

位执业，从而保证规划工作的质量；另一方面，明确了土地规划师在相关工作中的权力、义务和责任，只有持证并经注册的土地规划师才能主持规划设计工作，才有规划成果的签字权、规划管理的经办权。同时可以提高规划人员的工作积极性和社会责任感，形成良性的人才竞争机制，提高规划管理的工作水平。

建立土地规划师执业资格制度，是由土地利用规划的职业特性决定的。土地利用规划的根本目的是维护土地利用的社会公共利益，实现土地的集约、高效和合理利用，促进经济社会可持续发展。从事土地规划工作的人员必须具备土地规划的专业知识和技能，更要有良好的职业道德和社会价值观。只有这样，才能真正维护全局利益和社会公共利益。

3. 可以加强和规范土地利用规划教育

我国自20世纪50年代起就在有关院校中设立了土地规划专业。改革开放以来，土地规划学科建设有了很大发展，许多院校相继恢复或增设了土地规划或与土地规划相关的专业，为土地利用规划工作培养了大量专业技术人才。但是，当前土地规划教育也存在明显的问题。如专业设置不规范、基础教育与职业发展脱节现象比较严重、继续教育跟不上等问题。建立土地规划师执业资格制度，可以有效解决上述问题。一是通过明确土地规划师执业资格要求，可以促使有关院校和学科及时调整专业培养方向和课程设置，使基础教育更有针对性；二是可以建立基础教育与规划实践的良性互动发展机制，规划实践中的最新信息与需求可以通过土地规划师执业资格要求及时反馈到基础教育的内容设计中去，基础教育的改进可以进一步促进规划实践；三是可以促使土地规划人员接受继续教育。由于这种继续教育与土地规划师资格以及定期注册相联系，实际上具有强制性，因而能促使土地规划人员自觉参加继续教育，保证教育的普及程度和质量。

4. 是加强国际交流与合作，适应土地利用规划对外开放的需要

在市场经济发达的国家和地区，对事关全社会公共利益的土地规划从业人员的管理主要是成立土地规划师协会，并在协会管理下对土地规划执业人员实行严格的资格考试和注册制度。如英国、美国、加拿大、荷兰等国家，这一制度对土地利用规划管理具有重要的影响。我国应该建立类似的制度，以加强与有关国家和地区的交流与合作。

16.5.2 土地用途转用规划许可制度

土地用途转用规划许可制度的审查内容包括：

1. 审查是否符合土地规划用途

这主要是新增建设用地、耕地开垦和未利用土地开发的规划转用。包括：(1) 引用的土地利用总体规划及批准的文件。跨地区（市）、县（市）的工程，

引用地区（市）级以上的土地利用总体规划；独立工矿、县城等城镇建设用地引用县级土地利用总体规划；村镇建设则引用乡级土地利用总体规划。（2）规划分区、规划地块用途是否与拟转用的用途相符。比如农业用地中，地区内的土地主要用于农业生产及直接为农业生产服务的项目用地，但哪些是为农业生产服务的用地，哪些不是为农业生产服务的用地，所占面积如何确定等问题，需要根据不同的社会经济条件、不同的农业生产方式、不同地形、不同的经营规模等来确定。（3）是否需要修改规划。区间或区内用途变化是否符合土地利用结构成本合理取向准则，是否可逆转，土地生态环境是否得到改善等，即是否是规划允许的范围内或修改完善规划。如在林业用地区内安排耕地开垦，如地形平缓，坡度在15度以下，水肥条件好的，在搞好水土保持的前提下，应该是可以的，如分区指标和管制规则包括了可以开垦耕地的内容则可以不改规划，如未包括，则需要修改规划等。

2. 审查用地规模，初步核定用地计划

重点是控制用地总量，促进土地的集约利用，以及通过退宅还耕与城镇占用耕地计划指标进行置换，促进土地动态优化。

3. 审查土地保护、整治措施是否实施

重点是占用耕地的，是否落实了占补平衡的资金；占用基本农田的，是否落实了补充面积；取土用地是否符合水土保持规定，是否编制和实施了土地复垦规划等。

16.5.3 推行公众参与制度

一般来说，在公共政策形成过程中，公众参与是确保政策符合民意及政策合法化的根本途径。公众参与政策制定的方式和程序多种多样。除立法机关代表制度外，民意调查，信息公开制度，听证会制度，院外游说制度，协商谈判制度，公民请愿和公民投票制度都是实现政策制定的民主化与科学化的基本制度。公众参与政策制定有利于加强政策合法化，减少官僚主义和腐败现象，也有利于改善经济增长的质量，提高贫困人口的生活水平。

对于土地利用规划来说，具体可以采用公众参与方式中的名义调查制度，信息公开制度，公示制度，听证会制度等。首先，通过民意调查，在土地利用规划之前，应该尽可能地了解该土地所有者，或者土地使用者的土地利用状况，初步建立土地利用规划以后，可以通过民意调查来检验具体的规划，获取理解和支持，掌握民众对规划的反馈信息，以进一步改善规划。其次，可以通过网络等手段，公开具体的土地利用规划方案，进行信息的披露，即推行土地规划公示制度。另外，通过建立听证会制度等来进一步规避土地利用规划中的失误和风险。

16.5.4 建立土地利用规划监测和实施评价制度

土地利用总体规划运行的整个过程实际上就是一个信息系统的“信息”运行

过程，而土地利用总体规划实施评价的一个重要作用就是提供既定土地利用总体规划的种种信息。在这个信息运行过程中，与土地利用总体规划优劣成败相关的信息是通过评价这一手段发现的，也是通过这一手段反馈到土地利用总体规划制定者和决策者那里。在土地利用总体规划实施管理中，建立健全土地利用规划监测体系及土地利用规划实施评价制度，是实施土地利用总体规划的重要技术手段，通过这一监测体系和反馈机制可以及时监控土地用途的变化和土地利用结构的调整，从而反映土地利用总体规划的执行程度和结果，使本级政府和上一级政府及时了解土地利用变化信息，及时发现和解决规划实施中存在的问题，保证规划的顺利实施。建立土地利用规划实施评价体系，由立法部门、司法部门、投资部门、金融部门、研究机构、新闻媒介部门、社会团体部门以及非执政党部门组成的评价者对土地利用总体规划的实施效果进行外部评价，由土地管理部门组成的评价者对土地利用总体规划的实施进行内部评价，将有利于土地利用总体规划的调整和修编。

本章小结

本章在介绍了土地利用规划管理的一般性概念、原则、任务和方法的基础上，详细介绍了具体的管理内容，即土地利用规划编制和审批管理，土地利用规划实施管理及土地利用规划的监督管理。最后，补充性地介绍了土地利用规划的制度建设方面内容。所谓“三分规划，七分管理”，就是本章所特别强调的思想。

关键术语

土地利用规划管理　土地利用规划编制管理　土地利用规划审批管理
土地利用规划实施管理　土地利用规划监督管理

复习思考题

1. 土地利用规划管理的原则、任务和方法是什么？
2. 土地利用规划管理包括那些内容？
3. 谈谈你对当前土地利用规划管理的认识，并提出进一步加强土地利用规划管理的措施。

第 17 章

土地利用规划中的公众参与

土地利用规划是我国土地管理事业的“龙头”，虽然土地利用规划由政府编制并组织实施，但土地利用规划更应是一种公众行为，公众自始至终都应是土地规划服务的主体。从这个意义上说，公众是土地利用规划中不可或缺的重要角色，土地利用规划的科学、合理、公平离不开公众的高度参与。

但是，即使在欧美发达国家，公众参与也只是从 20 世纪 60 年代才逐步发展起来的。公众参与规划是社会经济发展的产物，在任何时候，都不应脱离国家的实际发展需要和政治、社会制度的客观情况来空谈公众参与。

17.1 公众参与理论的发展

公众参与中的公众是一个广泛的概念，是指相互关联的团体，他们在地理上接近、具有特别的利益或在福利受到影响方面面临相似的情况。

公众主要包括如下类别：（1）直接受土地规划影响的团体和个人。包括直接受影响的单位和居民、土地规划的预期受益人、承担风险的团体和个人，他们一般生活在受规划影响的区域里。如产权直接受影响或直接受到威胁的团体和个人。(2) 受影响团体的代表。如受影响区域的各级主管机构、各级有关政府管理人员、地方组织等。(3) 其他感兴趣的团体。如生态学家以及土地利用方面的部分专家等。

17.1.1 斯凯夫顿报告

根据文献资料记载，早在1947年，英国《城乡规划法》所创立的规划体制已经允许社会公众发表他们的意见，要求地方规划部门公布所编制的规划，特别是对有直接影响的公众征集意见。然而，到了1960年，这一模式受到挑战。原因是一些规划提案虽受到某些利益团体的反对，但有时也会不了了之，使得规划不免带有某些政治或政权色彩。其结果促使公众更加主动直接地参与规划。因此，就是在这样的背景下，“公众参与规划”的意识才真正诞生。1968年修订的《城乡规划法》中规定：地方规划机构在编制其规划时，必须提供地方评议或质疑的机会，这一规定将公众参与视为审批规划的必要前提。

然而，公众究竟如何参与规划？新的规划所指的参与特点和以往传统的参与相比究竟有什么不同？在当时，这些问题还不明确。鉴于此，当1968年城乡规划法案还在准备的过程中，政府部门就组建了一个特别小组，由斯凯夫顿任主席，主要任务是研究并提交一份关于公众如何参与规划的报告，希望提出一种具有公开性的最佳方法和途径来确保公众参与制定区域的规划。1969年出版了著名的《斯凯夫顿报告》，报告中提出了一些关于鼓励公众参与规划的有趣想法，例如，采用“社区论坛”的形式建立地方规划机构之间的联系，通过任命“社区发展官员”来联络那些不倾向公众参与的利益群体。

尼戈·泰勒认为，公众参与土地规划的含义界定具有一定的模糊性，即一方面强调公众应当决定公共政策，另一方面又提出土地规划师应该自己决断他们认为是正确的东西。从早期对公众参与土地规划的界定来看，“公众参与”是在地方政府主持和职业土地规划师指导下进行的，地方政府和土地规划师具有最终的责任和权利来准备规划并作出决定。因此，早期的公众参与土地规划实质上更多的是“征询”公众意见，还不能说是公众主动地参与决策。

17.1.2 戴维多夫的“辩护性土地规划理论”

戴维多夫的“土地规划中的辩护论和多元主义”是美国公众参与土地规划的重要理论之一。他提出规划师应当借鉴律师的角色，应该成为社会弱势群体的辩护人、代言人，就像律师维护当事人的利益那样。经过这一过程整合形成的规划方案要比由规划机构人员单方面编制出来的好，特别是社会弱势群体的利益通过土地规划师的辩护，将合适地、恰如其分地得以反映。

17.1.3 阿斯坦因的“市民参与阶梯”理论

阿斯坦因的“市民参与阶梯”理论对“公众参与”这一概念进行了系统分析。她认为公众参与可以分为不同的层次，参与的程度也因此有所不同。这一阶梯共有八个横档，可分为三个层次、八种形式（参见图17—1）。最低的层次是“无参与”，由两种形式组成，最低形式是“执行操作”，即一些政府机构早就制定好了规划，他们所要进行的所谓公众参与就是让公众接受规划。无参与的另一种形式是“教育后执行”，它说明了这种公众参与形式的虚假和政府机构的傲慢，这种参与形式的意图是调教公众的态度和行为从而使公众接受规划，并不是真正要听取公众的意见。

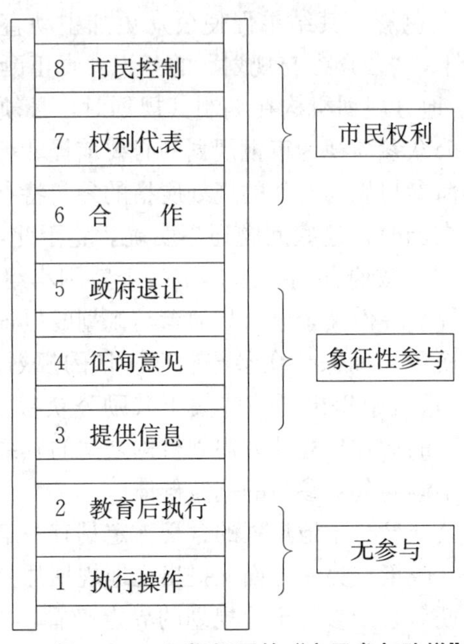

图17—1 阿斯坦因的“市民参与阶梯”

第二层次是“象征性参与”。其中又分为三种形式，即第3、4、5横档。第3横档是“提供信息”，即政府向市民提供关于政府计划的信息并告诉市民的权利、责任。这是一个好的开端，再上一层（第4横档）是“征询意见”，获取公众的意见。这是很有益的工作，因为调查工作可以使决策者获得市民直接的要求。但如果仅仅停留在这种形式上，那么市民的意见将最终无法落实。再上一层（第5横档）是“政府退让”，这又进了一步，但市民对他们所提的要求仅仅在某些方面得到政府同意是不会满意的。

第三层次是“市民权利”，其中又分为3种形式，即第6横档是“合作”，第

7横档是“权利代表”，最高形式（第8横档）是“市民控制”。

阿斯坦因的“市民参与阶梯”理论在当时以及现在来说都具有十分重要的思想和理论意义。从她的这个理论可以看到，只有当所有的社会利益团体——包括地方政府、私人公司、邻里和社区非营利组织——之间建立一种规则和决策的联合机制，市民的意见才将起到真正的作用。

17.2 土地利用规划中的公众参与形式与制度

17.2.1 土地利用规划中的公众参与形式

土地规划中的公众参与涉及规划编制阶段的公众参与、规划实施阶段的公众参与和规划实施后评价阶段的公众参与。下面就规划编制阶段的几种公众参与形式做简单介绍，对于实施阶段和评价阶段的形式不作进一步说明，可参照第一阶段的参与形式与参与思想实施。

1. 无公众参与形式

长期以来，我国的土地规划仅仅是由土地规划部门根据各部门的用地需求，以及社会经济发展计划，采取指标分解的方法确定规划目标，机械地沿袭计划经济下的模式，过于教条而针对性差。所有利益相关者只有在规划审批后的公示中才能了解到规划情况，即使有不同的意见也只能遵循既定的规划。因此，由于缺乏针对性的调查分析，规划成果往往流于程式化和片面性，执行力度低，带来了许多土地利用方面的隐患，难以适应市场经济发展的需要，不利于土地资源的持续高效利用，具体形式参见图17—2。

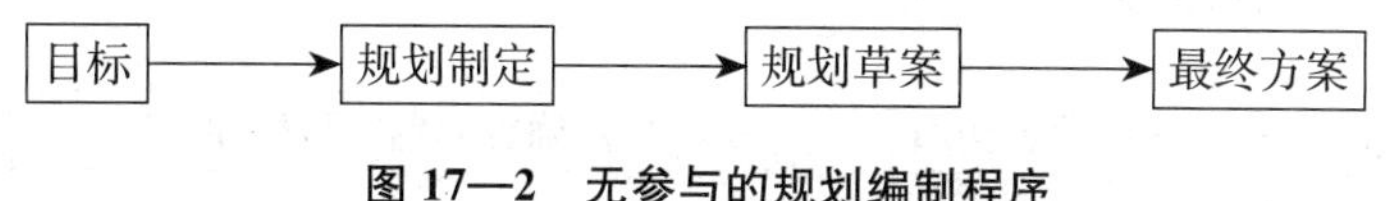

图17—2 无参与的规划编制程序

2. 传统式公众参与形式

传统的公众参与规划编制，在规划草案确定后，增加了公众咨询这个步骤，而达到最后的方案。虽然在草案确定后，增加了公众咨询步骤，对涉及的不同单位征询其对草案的意见，协调不同单位的用地矛盾，特别注重了对环保部门的意见，对于促进土地的生态保护和可持续发展有很重要的意义。但是，由于此阶段的参与是在草案形成以后，公众并没有真正参与制定规划的原则目标设计，只能是协调规划用地的矛盾问题，并不能站在宏观的角度来协调规划。而且，此阶段的公众主要指专家，这种沟通形式仅仅限于政府与专家之间交流，普通大众对规划缺少应有的了解，缺少支持规划和参与规划的原动力，具体形式参见图17—3。

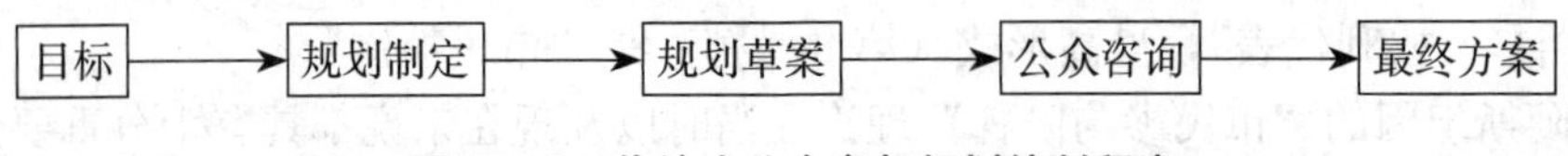

图 17—3 传统式公众参与规划编制程序

3. 半公开式公众参与形式

半公开式公众参与规划编制过程，相比传统的公众参与过程，在规划制定与草案形成之间增加了公众参与协商这一程序。这个过程中的公众覆盖面有了扩展，通过选择相应层次的公众参与规划草案的形成，有利于增加规划草案的科学性，具体形式参见图 17—4。

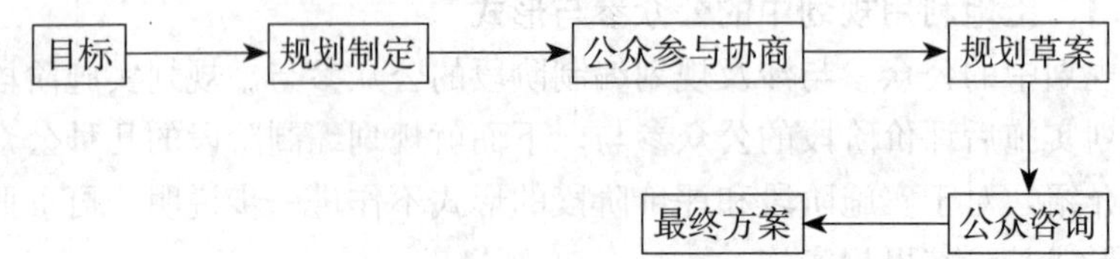

图 17—4 半公开式公众参与规划编制程序

4. 公开式公众参与形式

公开式公众参与规划编制的程序有了实质性的变化。首先，土地规划编制部门的职能发生了变化，不需要它们制定规划，而是起一个沟通协调的作用，将相关公众组织到一起确定规划的目标。然后，对土地规划涉及的社会、经济和自然方面具体确定问题所在，明确目标和解决方法，并对提出的问题、目标、方法进行公开讨论，在此基础上形成土地规划的草案。通过再一轮的公众咨询，形成最终的规划方案，具体形式参见图 17—5。

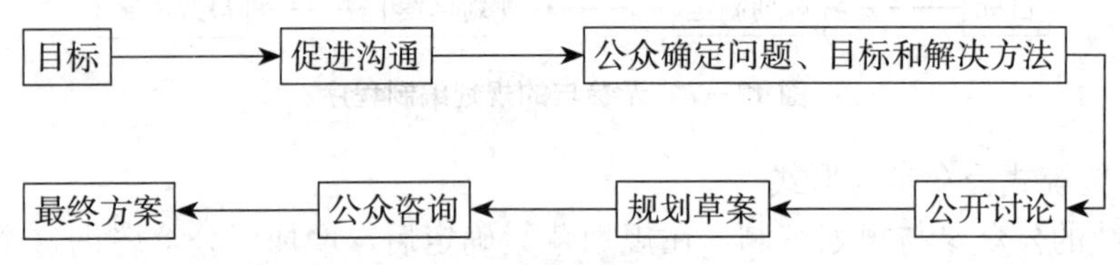

图 17—5 公开式公众参与的规划编制程序

17.2.2 土地利用规划中的公众参与制度

在土地利用总体规划和各专项规划拟定实施过程中，实施公众参与制度是确保规划符合民意及行为合法化的根本途径。公众参与制度制定的方式和程序多种多样。除了民意调查制度外，信息公开制度、听证会制度、院外集团游说制度、公民请愿与公民投票制度、协商谈判制度等都是实现土地规划民主化与科学化的基本制度。

1. 民意调查制度

建立民意调查制度是实现人民主权原则的需要，也是加强政府服务和规划制定的需要。有的国家法律规定，政府的重大政策出台前都要进行民意调查，以保证政策符合民意。通过民意调查，还可以宣传政府的政策，获取国民的理解和支持，掌握民众对政府服务的满意程度。民意调查为土地利用规划及专项规划的制定奠定了良好的民意基础。

2. 信息公开制度

信息公开制度包括允许公众旁听会议制度、议会辩论日志出版制度、议会活动全程实况转播制度、议会网站制度等。

3. 听证会制度

在听证准备阶段，听证制度涉及的内容包括决定是否举行听证会、发布听证公告和通知、选择和邀请听证人、收集证言与准备材料、决定听证人作证的形式及顺序等。在听证进行阶段，听证制度的内容涉及法定人数要求、是否不公开听证、证人的权利、听证开始时委员们的公开声明、介绍听证人、听证人宣誓、听证人的口头证词、口头作证后询问与回答阶段、委员会或小组委员会的非委员的询问、听证记录等。

4. 院外集团游说制度

院外集团对政策制定的影响是不可低估的。在民主化和法治化程度高的国家，院外集团的活动是公开化的。在这些国家，院外游说制度培育出大批职业化的政治游说者队伍。在英国，有大量的政治咨询公司为不同利益集团服务。许多前议员、前议会助理人士和前政府官员都是这些游说公司的成员。在以色列也有许多游说公司。在以色列从事游说职业不需要执照，但是要获得从业资格，须经议长批准，并作出书面保证，不在游说活动中使用非法手段。

5. 公民请愿与公民投票制度

现代社会的许多政策问题，诸如战争与和平、环境保护、劳工政策、福利发展、教育改革都需要公民通过积极请愿制度和投票制度来表达意见和参与决策。对于一般言论意见的表达，国家机关可以理会，也可以不理会。但对于公民依法提出的请愿，有关国家机关必须理会。而且在许多重大政策问题上，公民请愿达到一定人数时，就须依法进行公民投票。通过请愿活动和公民投票程序，公民和大众可以越来越广泛地直陈意愿，参与国家大事和政策制定。同样，我国的土地规划也应该注意吸取公众反映的主要矛盾和意见，适当采取相关制度。

6. 协商谈判制度

在当代政策制定过程中，形成种种形式的协商谈判制度。协商谈判制度有利于加强规划合法化，减少官僚主义和政策腐败现象；也有利于改善经济增长的质量，改善贫困人口的生活水平。不合理的规划势必会引起巨大的社会问题。规划制定中的暗箱操作行为和其他腐败行为会导致那些政治经济优势利益集团拥有过大且不公正的影响力，并进一步收买国家的规划行为。协商谈判制度是克服政策腐败现象的重要途径。

另外，在政策制定过程以外，行政督察专员制度和违宪司法审查制度是及时发现和纠正政策弊端，确保企业和公民权利的重要制度。

17.2.3　土地利用规划中公众参与的基本原则

1. 公众主体原则

土地利用规划与规划区的生产、生活息息相关，而且项目决策科学与否直接影响到自然、经济和社会的可持续发展。政府应该放权，为公众参与提供可能性，政府把某些原来由政府包办的社会功能“交还”社会，让公众真正成为规划决策和规划实施的主体，政府部门主要发挥引导和协调功能。

可以利用电视、报纸等多种途径，向公众说明规划及其制定目的、依据，发放有关资料及参考材料，公布各种有关法规及信息，让公众积极参与。设立专门的研究小组和指导委员会，进行有针对性的民意调查，以及通过广泛协商达成共识。

2. 互动性与持续性原则

互动性与持续性原则是指通过公众的持续参与，形成公众参与过程中信息的提出——反馈——再提出的循环互动机制。首先，公众参与的形式与方式要具有多向性，保证公众参与的各种形式都是多向的过程，形成互动，否则就使公众参与变成了变相的“收集资料”，而这些“资料”或“信息”在实际决策中占的分量又微乎其微。其次，公众参与必须是持续多次进行，土地规划的编制是一个复杂的系统工程，从资料收集、分析、提出方案、评审、意见反馈，如此反复直至得到最终方案。如果在每个阶段中，公众的参与仅仅只是进行一次或很少的次数，不能起到真正让公众参与决策的作用。公众参与应该持续地进行，才能真正产生规划编制与公众之间的互动与交流。

3. 代表性原则

代表性主要表现在公众主体的代表性和参与内容的代表性两个方面。公众可以是社会各个层面的，应当根据规划的具体性质来选择最具有代表性的公众参与规划的编制。并决定公众参与的内容是否为全程的、多方位的参与。这样不仅可以了解规划涉及的一些细节问题，更有利于对规划实施后的评价产生积极的影响。

4. 针对相关性原则

由于规划对区域的经济、社会、生态、景观等方面都会产生正面或负面的影响，因此，把相关的内容向公众做详略适当的公告或介绍，使公众能很快了解区域规划的整个情况，以便做出正确的决策意见。

5. 可操作性原则

第一，方法上的可操作性。即公众参与的方式选择要根据项目区的实际情况确定访谈、发放调查表还是召开会议等。第二，形式上的可操作性。即情况介绍要清楚；调查表要通俗易懂。需要向公众征询意见的评价指标或因子描述要简单、明了、易懂，不要烦琐或太“专业”。

17.3 土地利用规划中公众参与的方法与形式

17.3.1 土地利用规划中的公众参与方法

1. 确定公众参与的对象

土地规划公众参与的对象也就是指参与规划的机构、群体和人员。一般而言，土地规划的公众参与对象包括土地规划专家、设计专家，用地单位，涉及的社会、经济、自然问题方面的专家学者、规划区域的政府部门以及区域的群众。其人员应来自社会各个阶层，能代表一个社会层面。采用分层抽样方法在各个阶层中抽样确定对象。对基层规划来说，规划区的群众是公众参与中的重要组成部分，可以采用两种方式确定公众参与对象。第一，如果规划区的区域范围较小，可以全面参与；第二，如果规划影响区域范围较广，人口居住较分散，公众参与对象采用分层抽样的方式确定。

2. 规划宣传

公众参与的前提是公众知情，规划宣传的目的就是确保公众充分享有知情权，因此，规划宣传是公众参与的关键步骤。宣传是公众参与的“钥匙”。宣传可以普及土地规划的相关知识，可以提高公众对微观规划层面的认识，拓宽公众参与的广度。由于初期的规划制定仅限制在由专家、领导和相关部门人员形成的一个小圈子里，宣传和普及工作做得不多。加强宣传，可使更广泛的公众了解到土地规划与自身的密切关系，对自然、社会、经济将会产生重要影响。

宣传可以产生多层次的互动，可以拓宽公众参与的渠道。同时，宣传有其持续性和长期性，可以使规划区的公众长期对规划投入较大的关注。宣传可以增加规划草案制定的透明度，提高公众参与的信心。因此，要加强公众参与的宣传，形成多方位多渠道的传播与推广，以便让更多的人能够参与到微观层面的土地规划中去。

规划宣传的内容主要包括规划编制的背景、规划区基本情况、规划实施将给规划区的社会经济发展和自然景观带来什么好处、规划实施将会对土地利用有什么负面影响等。宣传内容要求文字简短、语言精练、通俗易懂、描述不要“太专业”。规划宣传的形式要多样化，通过网络通讯、广播电视、报刊、路标横幅、石灰标语等多种宣传手段，做到家喻户晓，争取社会各界和相关部门的理解、支持和参与。

3. 公众参与的途径

公众参与的内容确定之后，就要决定采取什么样的参与途径和方法。职能部门必须尽可能全面考虑：从与个人或社区的交流到与公众共同参与信息的收集和分析，共同分享信息。与公众直接交流，共同收集、分享和分析信息相关的各种方法总结见表17—1。

表17—1　公众参与决策的途径与方法一览表

途径	直接交流的方法	信息的收集、分享、分析方法
与地方个人的交流	半结构访谈 用电台、报纸等新闻媒体	调查 非正式调查 直接观察
与社区和组织领导交流	直接交流 非正式访谈	社区剖面图，历史剖面图 历史大事记 资源分布图 社区分布图，富裕排序
与组织交流	组织小组会议 小组访谈	
与具有代表性的社区和组织或私人机构交流	特殊群体访谈 名义小组技术 协商 问题排序	

土地规划的公众参与可以采用多种途径的结合。其中，与个人、社区或组织领导、组织、具有代表性的非政府组织等的咨询式交流是公众参与的主要途径。

(1) 与个人交流。与个人交流是在规划区群众个人基础上的公众参与，也就是说，通过个人而不是群体、组织获得信息。通过非正式访谈，与当地公众进行交流，可获得有关信息，如农作物耕作制度、耕作方式、作物产量等。新闻出版、电台等媒体可以大范围地传播公众所关心的信息。

(2) 与社区和组织领导交流。规划区社区和组织领导代表着社区和组织，具有某些法定的权利，对当地群众关心的发展问题非常敏感，而且对项目的背景较为熟悉，与他们交流，可以获得大量富有成效的信息。与社区领导交谈，既可以减少政府部门与广大群众交流的频率和时间，又可以促进与他们在项目决策和实施中的合作。社区领导需要具有广泛的代表性。有时，所选择的社区领导只代表该地区某些人的利益。社区领导是否具有代表性可以通过观察领导与社区交流和对当地农户的访谈情况进行评估。

（3）与组织交流。与组织的交流就是组织会议讨论的形式探讨土地规划的可行性以及组织对规划的意见和建议。组织会议讨论重要的区域发展问题和项目决策问题并获得关于当地需求的反馈信息是一种应用广泛的公众参与方法。这种途径可以用于各种不同的场合，如用在项目形成的初期、中期或末期，也可以在讨论区域规划时使用。它需要定期或不定期召集、协助或主持会议，与广大群众或特殊群体进行交流，在协商和讨论过程中，尤其需要对问题进行排序时，还要请一些专家参与。

（4）与具有代表性的组织和私人机构进行交流。在机构健全、文明程度较高的地方，与已建立起的、具有代表性的地方组织或其他协会进行交流是另一种切实可行的办法。这些组织和协会除了履行它们本身的职责外，还可以代表公众参与政府的项目决策活动。这种方法适合面积大、人口多的区域，因为在这些地方，举行群众大会不容易，需要在地方政府与这些组织的代表和成员之间建立长期的工作关系或定期开展咨询活动。

17.3.2　土地利用规划中的公众参与形式

从国外公众参与的经验以及国内研究来看，公众参与的形式多种多样，可以是书面问卷调查，也可以召开公众代表的会议。公众参与的发展有三个阶段：聆听、参与设计和参与决策。

在我国的公众参与实践中，聆听性质的参与占主要地位。它主要包括了公示制度、各有关利益群体参加的公开会议等。公众听证会制度、法定图则等也逐步在我国的部分省市开展起来。但是在这些过程中却存在着两个方面的缺陷：参与形式与方式单向和参与的民众群体不稳定。同时应注意多种方法的综合运用，如以访谈为主确定项目初始方案，以全面问卷调查为主，结合访谈参与形成项目最终方案。

1. 公众参与调查[1]

---

① 参见董小林、赵方周：《公路建设项目社会环境评价的公众参与方法》，载《公路交通科技》，1998（1）。

（1）调查范围。根据不同性质的土地规划，公众参与的主要调查范围一般指受规划直接影响的部门、企业和单位。根据实际情况，可适当扩大范围。对于人口稠密，城镇集中，经济发达和有重要单位的地区应作为重点调查地区。

（2）调查对象。根据调查范围内人员结构状况，确定调查对象。确定调查对象采用抽样的方法进行，也可有目的地调查当地人民代表，或熟悉当地各方面情况的人员。要特别注意选择可能被占用土地、可能被拆迁房屋需要再安置的公众。根据项目区人员的结构分布和数量分布，以及所在村庄、单位的地理位置等，一般可按比例适当确定调查对象的结构和数量。

（3）调查容量。一般来说，样本容量的选取依赖于总体的性质以及研究的目的，总体越大，所需的样本一般也越大，以较精确地表示总体。在土地规划的公众参与工作中，应重点对有关地区人口群体的有代表性的样本进行采访，该样本应达到决策者认为是有意义的容量。但样本的选择也要考虑到调查的实际可操作性以及调查成本问题。

（4）调查方式。调查方式可分三类：一是定式调查，它以一种标准的方式和顺序向公众提出一组问题，可获得精确度较高的统计数据；二是半定式调查，它没有特定的顺序，调查不拘泥于深度，一个问题的答案可引出另一个问题，这种调查方式技巧性要求很高；三是无定式调查，是一种随意的无特定主题的讨论。土地规划的公众参与适宜采用这样的调查方式：第一，访问调查。访问调查的方法主要是个别交谈，也可根据情况，召开各种类型的座谈会。访问调查的主要优点是：一是灵活性强，通过访问调查可以探究更广、更进一步的问题；二是调查对象的回复率高；三是语言、文字并用，调查者易于掌握，被调查者容易理解；四是可采用较复杂的问卷。访问调查方式的主要不足是：不可能给调查对象足够的时间了解情况，回答问题；调查对象随意性回答问题的现象较多；所需费用较高。访问调查是公众参与调查的主要方式。第二，信函调查。信函调查方法的主要优点如下：一是调查结果比较可靠；二是节省时间和经费；三是调查对象在地理位置上广为分布或样本总体很大，在需要的样本容量较多的情况下，信函调查的可靠性更为突出。信函调查的主要不足是回复率低，而且缺乏灵活性。在土地开发整理项目决策的公众参与工作中，信函调查可作为一种辅助调查方式。

（5）调查表的制定。调查表（问卷）应能使被调查者较全面反映出其对拟开展规划的意见和建议。调查表所列问题应以封闭型问题和开放型问题相结合设置，以封闭型问题为主。所谓封闭型问题，是确定了问题的内容，并提供了备选答案的类型问题。它的优点为：一是问题是统一的，答案是固定的、可选择的，被调查者对问题及选择答案的意义比较清楚，容易回答；二是进行统计分析比较容易。封闭型问题一般是自足的，需要的指导很少。它在广大的农村地区进行访问调查以及信函调查中，较为适用。较为全面的调查表还包括供被调查者填写的开放型问题，即不作具体、明确的规定，以便了解被调查者是否有重要问题需作说明。调查表的内容要注意全面性、层次性、次序性以及无重复性。

（6）关于调查工作的几个问题。

第一，公众参与渠道，项目与公众沟通的方式可以通过多种形式进行。如通过大众传媒、报纸、电台、电视等，发布土地规划的信息，也可通过负责规划的相关职能部门的各种形式的宣传活动进行。公众参与是规划工作组同公众之间的一种双向交流。所以公众参与渠道是工作组直接与公众接触而形成的。一般来说，工作组和公众之间的首次接触通过当地政府进行，即得到当地政府的协助配合。这将为随后进一步同公众沟通提供方便。

第二，土地规划情况介绍。为了使调查对象在短时间内对拟实施规划有一个基本了解，便于进行分析、回答有关问题，在调查中，除了用语言介绍规划区基本情况外，还应准备简明的文字、图表性介绍材料，帮助调查对象对拟实施规划有一个整体了解，以弥补语言介绍的零散性和暂时性。

第三，正确指导调查。在访问调查中，应被调查者的要求和询问，在对问题内容和实施计划进行解释时，要实事求是，不能暗示、诱导被调查者，更不能要求被调查者如何回答问题。

第四，处理拒访。调查者遭被调查者拒访的情况经常发生，这与被调查者对调查内容无兴趣、被调查者工作繁忙及文化程度或其他原因有关。调查人员应尽可能了解拒访原因。拒访情况也应纳入公众参与分析中。

第五，在调查中，调查者应注意当地的民族特点、宗教信仰、文化特征和风土人情等，以便在公众参与分析中，综合考虑各方面的情况。

2. 公众参与分析

（1）调查结果的统计整理。统计整理是统计分析的前提。根据研究的目的，将调查所得到的原始资料进行分类、汇总，为统计分析准备条理化、系统化的综合资料。第一，整理被调查人员的基本情况。主要内容有被调查人员姓名、性别、年龄、民族、职业、文化程度等。第二，统计被调查人员基本情况。主要内容有被调查人数以及各类人员人数和所占总人数的比例等。被调查人员类别指性别、民族、职业、受教育程度、被调查者分布区域等。第三，调查结果统计。对于公众选择调查表中各种问题不同答案的人数和所占比例进行统计。

（2）调查结果分析。第一，从被调查人员基本情况统计结果可反映出调查对象的结构情况，以及一定区域人员的代表性，为分析调查结果提供基础数据。第二，从统计结果可知在被调查人员中对各类问题持某种意见的人数比例，从而推断一定区域内公众对拟实施规划的态度。在分析中，要坚持真实、客观的原则，同时还需要注意几方面问题。一是有些被调查者的意见带有随意性，特别是一些被调查者文化程度低，或只注重对自己切身利益影响大小等问题，在分析时要注意这类人员的意见。二是一些被调查人员可能受到拟实施规划的直接影响，这类人员的反映往往比较过激、强硬，在分析时也应注意这类人员的意见。三是要注意有代表性的被调查者的意见，如人民代表，了解国家政策和国家形势和对当地各方面情况较为熟悉的人员。

（3）公众意见和整理部分。被调查者会对拟实施规划提出一些具体的意见和建议，对这些意见和建议，在经过整理、归类后，在报告中认真阐述。一般情况下，比较典型的意见和建议类别有：第一，对拟实施规划的总体态度；第二，要求解决社会问题、经济问题、生态环境问题等方面的意见；第三，对拟实施规划技术方面的意见；第四，关于补偿以及宣传有关政策的意见；第五，其他关心的问题。对于公众提出的各种意见和建议在整理分析后，应根据实际情况在报告书中提出结论性意见和具体措施。公众意见和建议的反馈以及其有效性问题，应与土地规划的其他相关内容一样，由评审专家和职能部门进行整理总结。

本章小结

公众是土地利用规划中不可或缺的重要角色，土地利用规划是否科学、合理、公平，很大程度上与公众参与有关。本章在介绍土地利用规划中公众参与理论的基础上，详细介绍了公众参与的形式、方式与原则、技术方法等。

关键术语

公众参与　　公众参与形式　　公众参与技术方法

复习思考题

1. 土地利用规划中公众参与方式都有哪些？
2. 土地开发利用规划中公众参与的基本原则？
3. 土地规划公众参与的途径有哪些？

第18章 国外及我国港台地区土地利用规划

18.1 英国土地利用规划

英国于1909年建立了土地规划制度，1947年作了进一步修改，形成了比较完善的土地利用规划制度。“所有国土都归王室所有”是英国土地所有权的特殊性，因而，英国的土地利用规划工作容易开展及落实。20世纪30年代后期，由于国土规划问题受到伦敦城区扩大的限制，英国只好将经济增长的地区转移到伦敦城区以外。第二次世界大战期间，英国规划的三项目标是：限制伦敦及主要城市的增长；尽可能地保护农田；增强经济实力，防止落后的边远地区人口下降。为了实现上述目标，国土规划实施了三项主要措施：围绕伦敦及主要城市建立绿化带系统；建设新城；运用补贴和法令把经济增长地区由伦敦转向落后地区。绿化带和新城是第二次世界大战后英国规划工作最突出的特点。到70年代，英国基本的规划工作已经完成，政府不再制定宏大的国土规划，规划工作的指导思想由综合性向渐进性转化。

18.1.1 英国土地利用规划的体系和内容

英国规划体系包括四个层次的规划，即国家级规划、区域性规划、郡级规划和区级规划。国家级规划（national plan）叫规划政策指南，提出全国性的土地利用方针政策，以白皮文件的形式下发。地区规划（regional plan）又叫区域规划指南，通过召开区域协调会议制定，它包括本地区粗略的建房数、主要交通干线分布等。郡级规划也叫结构规划（structure plan），由每一个郡（county）级的规划机关在土地测量基础上，与相关委员会协商后提出本郡土地利用的方针、政策及发展的框架结构。通常在结构规划（郡级规划）提案中包括文字说明及图表，但一般没有规划图。区级规划也叫地方规划（local plan），是一种详细的发展和实施规划，它一般可分成三类，即“district plan”、“action areas plan”及“subject area”，这些规划详细地列出规划机关对特定地域土地使用的构想，包括规划图及规划说明书，且原则上必须与结构规划协调一致。在此规划体系中，郡级规划和区级规划包含土地利用规划内容。

通常情况下，结构规划（郡级规划）涉及内容有：(1) 住房，包括每一个郡区新住房的供应；(2) 绿化带和自然与建设环境的保护；(3) 农村经济；(4) 城市经济，包括大型工业、商业、零售业和其他创造财富与创造就业机会的开发项目；(5) 对战略性运输与道路设施和其他设施的要求；(6) 采矿业，包括矿山废弃物的处理、废弃矿山的复垦和重新利用以及矿物资源的保护；(7) 重新利用，包括废弃物处理、土地复垦、旅游、休闲和娱乐、能源的生产；(8) 涉及广泛的政策领域，与资源的可获得性有关。英国早已制定了全国性的结构规划，很多地区曾进行了多次修正。

地方规划（区级规划）遵循结构规划中的政策，为开发活动和土地利用制定详细的政策和具体的建议，为开发提供详细的框架，包括一份书面政策陈述和一份详细的建议图，图上有对开发活动的具体建议和其他针对某一地区的、影响土地的利用与开发的政策。

另外，英国新的规划体系中又衍生出综合结构规划及地方规划的功能于一体的“unitary development plan”（开发规划）。结构规划只是一般性的规划规定，地方规划则属详细的规定，二者共同组成开发规划（development plan）。开发规划中有战略政策和地方政策两类，战略政策涉及广泛的、关键的规划问题，为地方规划工作提供主要框架；地方政策很详细，是具体规划决策的指南，地方政策允许包含特殊地点的特殊规划建议。地域内的开发规划通常由许多独立的具体规划综合而成。统一的开发规划综合了战略政策、地方政策和其他地区有关矿物与废弃物的政策。战略规划含有战略政策，由地域所在地的战略规划机构制定，两个或多个战略规划机构有时一起制定一个大地域的综合型结构规划；地方规划依据结构规划确定本地区的地方政策。地方规划包含覆盖整个区域的适合当地发展的规划。英国所有地区都已制定出结构规划，大多数地方政府都有相应的地方规划；在地方规划中偶尔也涉及矿区开发后的土地与废弃物所占用的土地的开发规划。

18.1.2 英国土地利用规划的编制、实施与管理

1. 规划的编制与实施

规划的编制由政府规划部门负责。大致程序为：编制规划草案、公开征求意见、监察员或者专业小组根据公众意见向地方政府提出报告、根据提交的报告修改规划并再次征求意见、批准规划并付诸实施。规划草案的编制与修改是整个规划编制工作的重点，历时约两年时间。草案编出后需通过各种形式广泛征求意见，尽可能做到公众参与。对公众的反馈意见，规划部门均需做出书面答复。对争议较大的问题，由环境部派检察员听取意见，做出裁决。整个规划的编制大约需要三年时间。

土地规划的实施主要是通过规划许可来实现的。规划许可分两步：一是原则性的规划许可；二是正式规划许可。即申请人按政府统一印制的表格递交申请，内容包括土地所有权的归属、地块位置、面积大小、地上附着物状况、拟开发的用途、新建还是扩建、建筑材料的类型和颜色，并附用红线画出的位置简图。得到原则许可后，申请人再提交正式的规划许可申请。规划许可的有效期为 5 年（从得到原则性许可算起）。申请人在得到规划原则许可后，3 年内必须提交正式许可申请。为避免开发商从土地开发上牟取暴利，英国规定规划许可申请可以在开发商得到土地以前提出，但开发商必须将土地开发的增值归还给原所有者和使用者。英国的土地规划一经通过，执行起来特别严格，由于全面严格实施规划许可制度，每一项土地开发利用都需要经过规划许可。

2. 规划管理

英国的土地规划机构分为三级。中央级的土地规划由环境部来负责；地区级的土地规划由地区议会代表地方当局负责；地方级的土地规划由郡县政府准备结构规划，并提出未来发展的总体结构或框架。规划工作的行政管理由中央和地方政府共同负责，其他地方（苏格兰、威尔士和北爱尔兰）区域规划工作分别由英国政府在这三个地方的办事处负责。

从土地利用规划管理体系看，是由中央规划、大区规划、郡规划和市规划构成，各级规划均具有法律效力，地方政府是规划的最终裁定者，中央政府只是从战略角度参与地方规划的制定，通过间接方式影响地方政府的规划修改。在规划制定上，各级政府部门制定本级土地利用规划。全国实行自下而上编制规划的方

法，上级规划控制下级规划，下级规划要与上级规划协调一致。大区、郡、市的规划期分别为20年、10年和5年，均须每5年修编一次。

在四级土地利用规划中，市政府对土地利用规划有更多更大的权力，规划的作用也更直接。政府土地利用规划的重点是土地开发。开发控制是规划部门审批开发申请的过程，操作程序如下：

（1）申请：向规划机构的规划部提交开发项目的申请材料；

（2）登记：申请材料被登记、公布；

（3）协商：与有关部门商议；

（4）起草：规划官员根据开发规划中的规定及协商结果向规划委员会起草报告；

（5）决定：由规划委员会做出决定；

（6）许可：决定给予或拒绝规划许可；

（7）通过：在规定期限内做出决定；

（8）撤销：未在规定期限内做出决定，申请人有权要求不要裁决。

开发控制以规划为依据，但规划系统也允许有一定程度的灵活性。开发控制过程对所有申请审批过程都一样，不同的是较小的申请是将申请材料一次全部提交，而较大的申请则只提交概要以确定开发项目的原则，然后再对有关保留事项如设计、路径或景观布置等进行审批。

18.2 美国土地利用规划

美国的政治、经济制度（包括土地私有制）决定了规划和税收是美国政府调控土地利用的重要手段。所以，土地利用规划对美国实现土地资源合理配置、发挥土地在社会经济发展中的基础作用具有举足轻重的意义。但是美国自1943年议会终止了国土资源规划委员会的工作后，就没有市、镇或县总体规划一类的全国性国土规划，这是由于大量的权力分散在州议会代表团手中，权力极度分散使得制定统一的国土规划成为一件几乎不可能的事情。

尽管美国没有针对全国性统一模式的总体规划，但联邦政府却制定很多相应的法令，依靠各方面的法令对美国的土地开发模式产生重大影响，这些法令在一定程度上构成了实际上的美国国土规划的法律依据。

18.2.1 美国地方土地利用规划体系、内容和特点

美国基本上没有制定统一的国家级土地利用规划，也不强求各级政府制定土地利用规划。各州一般没有具体详细的土地利用规划，但基本上都有交通规划特别是高速公路和公路规划、水资源保护规划等。少数州还有全州的土地利用方针

或规划政策，如俄勒冈州颁布19条土地利用政策，并将此作为全州各县应当遵守的土地利用规划政策，以此来审批各县土地利用规划。

县级一般都可能有土地利用规划，但是它们多依据县以下各乡镇的土地分区（划带）规划综合编写，主要是由县级土地管理局或相应机构具体操作。市县的规划是根据地方规划框架，按各市县面临的具体问题开展的土地利用规划，其目的包括：明确本区面临的重要问题；规划未来的公用设施；建立用于指导和调控未来发展的目标和政策。

1. 地方土地利用规划的体系及内容

地方土地利用规划体系分总体规划、区划和土地细分三级规划。

（1）总体规划。总体规划立足于对土地利用的长期打算，明确土地开发的类型、土地利用的空间关系及未来发展的总体模式，是该地区未来发展的蓝图，是地方政府进行土地开发利用决策的基础。总体规划内容比较广泛，一般包含以下七个要素：

1）土地利用：土地利用形式包括公有地、农业用地、林业用地、城市用地和乡村用地五种。土地利用主要是确定住宅、商业、工业、空旷地、教育、公共建筑、广场、垃圾处理等用地的基本配置及利用强度。

2）交通通讯：明确现状及规划中的主干道、运输线路、车站、公用设施的总体区位及用地的配置。

3）居住地：对本区各部门现期和规划期的住房需求进行综合评估，制定住房政策及执行政策的程序。

4）保护地：阐明包括水、森林、土壤、河流和矿产在内的自然资源的开发、利用和保护。

5）空旷地：对空旷地进行详细的规划，制定保护措施，明确农业用地。

6）噪音防治：明确并评估噪音问题，提出对噪音敏感地区的土地的利用及配置。

7）安全设施：制定免受地震、地质、野火等灾害侵袭的政策和措施。

此外，在市县的总体规划中，经常运用社区规划和特殊规划对特别区域进行有针对性的规划。社区规划是在总体规划的基础上，针对特别区域的具体问题进行规划，是总体规划的补充和细化。特殊规划阐明土地的允许用途，明确空旷地的配置、基础设施的配置及社区资金的筹措等。在一些地区，特殊规划可以代替当地的区划，区划和土地细分及公共工程决策都必须与特殊规划保持一致。

（2）区划。区划是依据总体规划确定每一宗土地直接的、允许的用途。目的是贯彻执行总体规划。区划内容包括：

1）区的划分：区的划分是建立在总体规划中土地利用模式之上，根据土地利用方向归纳为各种各样的区，如独立住宅区、公寓式住宅区、商贸区、轻工业区、农业区等。

2）重新区划：在个别情况下，当土地用途与区划不符时提出讨论，重新做出决议。若提议与总体规划相抵触时，则必须予以否决。

3）复合区区划：复合区区划是对特殊地区的土地进行的规划方法。如有历史意义的土地、城市商业区土地、河滩土地、地震断层附近的土地及陡峭斜坡上的土地等。在这些地区进行土地开发，必须既要满足该土地类型的特殊要求，又要满足所开发的土地用途。

4）预先区划：指城市区划的同时，对近郊土地按照城市化的要求进行的预先区划。

5）变更区划：是当区划在实施过程中会影响邻区土地利用或者土地的物理特性对开发造成困难，同时政府同意时，将区划予以变更。

6）应用许可：指当区划不完全适合某区时，需要附加一定条件后，土地开发计划的实施才能获得批准。如社会基础设施、公共建筑设施、短期的或难以准确划分用途的及潜在的有重大环境影响的土地利用的补充设施和应变措施等。

（3）土地细分。土地细分是政府制定的宗地被划分为小地块时的规划。一般情况下，未经地方政府许可不得任意分割土地。地方总体规划、区划、土地细分及其他规划和法规均指导土地分割。具体程序是，土地分割者向政府递交有关土地分割的申请；政府检查宗地的分割方案；地块分割的环境影响分析；听取公众意见；地块分割记录存档。获得通过后，土地分割者负责对该地块有关的基础设施进行安装和改进，才有权对分割的地块进行出售或出租等处置。

2. 地方土地利用规划的特点

（1）独立性强。各州县独立决定是否进行土地利用规划，缺少统一的标准与强制性法律，没有高层或上级政府的用地、增地指标任务，即使规划分区也没有全国统一的定义和分类体系。

（2）强调资源与环境保护。对资源与环境的保护是美国地方土地利用规划的主要内容之一。土地是一切社会、经济活动的基础和资源，同时也是生态系统的重要组成部分。美国土地利用规划的主题就是：强调人与环境“和平共处”、不可再生资源永续利用的可持续发展。为此，美国的土地利用规划设计了保护生态环境、维持生态平衡、提高土地利用效率和控制人口增长等一系列政策，比如：将自然资源、生态环境保护与土地利用规划相结合；通过土地利用规划实施增长管理，以解决人口增长、交通拥挤、环境污染等问题；加强城市改造，引导土地利用内涵式发展，提高土地利用效率。

棕色地块是美国经济发生变革后，工厂搬迁后留下的被污染的、处于被废弃状态的土地。棕色地块多数位于大都市区的中心城市，是可以再开发利用的财产。由于棕色地块中的有害物质危害环境和人们的健康，大量城市居民向郊区迁移，从而使这些社区的人口和经济萎缩，影响城市发展。美国目前正在进行城市棕色地块的治理，地方政府和社区是推动联邦政府关注棕色地块问题并对此提供帮助的主要力量。

（3）重视公众参与。美国已经进入后工业社会，现代化、信息化、全球化使美国社会越来越重视人的价值，越来越以人的需要为导向。以人为本成为当前美国土地利用规划思想的主流。土地利用规划的公众参与恰是以人为本思想的体现，也是美国各类规划的显著特征。

公众参与对土地利用规划的决策民主化，提高规划的权威性、严肃性，保护权利人合法权益有很大帮助。但是，直接民主对土地利用规划的负面影响也不容忽视。例如，多数市民的意见可以否决专家意见，而没有专业背景的多数人意见并非完全正确；多数人利益强加于少数人利益之上，侵犯弱势群体利益，违反平等原则。

（4）规划的灵活性与可操作性强。美国地方土地利用规划采取总体规划、区划、土地细分等三级规划体系，其规划内容广泛、全面、具体。既体现了宏观的调控性规划思想，又体现了微观的操作性思想，是宏观与微观相结合，其灵活性和可操作性较强。

（5）广泛应用新技术。遥感技术、地理信息系统、自动化绘图等技术得到广泛应用，大大提高了工作效率和规划的质量。

18.2.2 美国地方土地利用规划的编制、实施与管理

1. 规划编制

美国市县级土地利用规划程序以州法律为基本框架，根据本区面临的具体问题进行规划。州法律规定，地方政府在规划实施之前，先举行公众意见听取会，听取公众对规划的意见，对该规划进行解释，并对当地规划和环境效益予以考虑。同时还听取有关利益团体的意见，在此基础上对该规划进行表决。总的来说，美国土地利用规划具体的编制程序为：

（1）确定规划项目，找出问题和矛盾，提出对策，在广泛征求意见的基础上，作为起草规划的基础。

（2）选取规划指标。规划指标的选取要考虑多种因素，包括法律法规，政

策，信息，公众反映以及政府意见等。

(3) 收集相关资料。收集有针对性的土地利用现状及现有规划资料。

(4) 综合分析研究。对现状、政策和可能的发展变化进行综合研究。

(5) 制定供选方案。提出各类土地利用设想，注意开发与保护相结合。

(6) 预测方案实施的正负效应。在方案分析时注重长远利益和当前利益相结合；社会、经济和生态三个效益相结合。

(7) 确定最佳方案。此方案可能是几个供选方案中的一个，也可能是综合各方面优点制定的新方案，然后形成一个文件，在广泛征求意见的同时进行相关的协调工作，最后经审议批准后公诸于众。

(8) 方案实施及监督。制定规划方案的实施纲要和经常性土地利用监督。

2. 规划实施与管理

美国土地利用规划除通过立法实施外，还采取税收优惠、加强宣传等措施来保证规划的贯彻落实。在实施过程中，配合动态监测，检查规划实施情况和存在的问题，确定修改对象，一般规划每年调整一次。

美国的规划与土地利用管理，地方政府拥有绝对的权力，州政府以立法、法案或州宪法等多种方式授权于地方政府。而一些关键地区则由州政府与地方政府协商管理，联邦政府不直接参与地方政府的规划与土地利用管理工作。

18.3 德国土地利用规划

德国在19世纪后期就制定了第一部规划法，设立了规划局并开展城市规划工作，1879年出版了第一部规划教科书。20世纪20年代初，德国为了保护自然景观开展了区域规划，成立了世界上第一个区域规划机构。德国的规划方案和规划成果具有相当的权威性和法律效力，以确保规划对促进国家建设、社会发展和人民生活的不断提高发挥积极作用。

18.3.1 德国土地利用规划体系及内容

德国分三级政府，即联邦政府、州政府、市级政府。其规划体系的特点是“强大的法律规范加上分散化的决策机制”。中央级只有普遍通用的立法指导原则，立法规范包括联邦地区规划法典和联邦建筑法典。德国相关规划法律条款规定：低层次规划必须服从高层次规划、下级规划必须服从上级规划、同级和同层次的专业规划必须服从整体的区域规划和发展规划，所有规划一经批准即具法律效力。这些规范规定了州级区域规划工作和地方级城市规划等的立法原则。

德国各级政府都设有专职的规划机构，从议院到乡政府，从大城市到乡村均形成了完整的规划体系。一般来讲，德国规划体系分为四个层次：联邦政府管理的国家级规划、州市的发展规划、地区和市的区级规划、县和乡镇规划。

(1) 国家级规划：对全国进行区域性规划，制定区域规划纲要和公共利益设施长远规划。

(2) 州市发展规划：按规划纲要规定，制定本州市的发展规划（包括城市建设、文化教育、农业、林业、水利、交通、邮电和垃圾处理等专业规划）。

(3) 地区和市级规划：按照州市的发展规划，制定相应的区域发展规划，兼顾州市专业规划的同时，制定本区的景观规划。

(4) 县和乡镇规划：其内容最具体。乡镇级制定乡镇土地利用规划、土地整理规划、小区建设规划、景观规划、绿地规划及乡镇的交通、水利、文化教育、垃圾处理等具体规划。

18.3.2 德国土地利用规划的运作及实施

1. 规划运作程序

德国土地利用规划内容因规划范围和等级的不同分为项目规划和实施计划两种。联邦政府制定项目规划，地方政府完成项目的实施计划。上一级规划是下一级规划的依据和指导，下一级规划是上一级规划的完善和落实。联邦规划是地方规划的框架，城镇规划是州、地区规划的落实。联邦土地利用规划根据地方发展的需求制定宏观政策发布指导性战略；地方结合微观现状编制规划的实施方案，地方规划是联邦项目的实施基础。地方规划的重点是分解上级项目规划中提出的各类用地规划指标并将其具体落实到地块。

德国的土地利用规划程序具体为：寻找解决方法并制定规划——规划实施——监测和重新规划。

(1) 明确规划目标：明确存在的和要解决的问题，确定规划目标和规划范围，根据规划范围确定规划程序。

(2) 现状分析及土地评价：收集生态、经济和社会需求方面的数据，分析现状，找出存在的问题后，进一步决定发展方向和趋势，分析生态和社会存在的问题，调查现有的开阔休闲地状况，收集人口发展状况，明确居住地存在的问题并分析人口变化趋势。

(3) 明确规划目的和规划目标：明确：1) 具体的规划目的和规划需求及可能性；2) 总体规划方向；3) 达到目的的标准。

(4) 对各种土地需求和土地利用方案进行评估诊断：依据标准做出可能的选择。分析由此带来的影响，把土地需求和可能的选择进行最佳匹配。

（5）规划活动和方案：根据评价结果制定计划内容和替代方案。安排各种相关的活动，得出最佳方案，并完善规划细节。

（6）有关机构和人员的参与：有关政府机构和组织都参与规划，避免部门间规划和技术相互冲突，尽量满足各部门的需求。

（7）规划的实施：把批准的土地利用的申请分发给各级土地规划机构和个人。

（8）规划的检测和再规划：规划实施完成后对项目的作用进行评价，检验该规划是否能适应情况的变化。土地利用结构调整和土地利用规划一般每两年进行一次。再规划就是在现有规划基础上重新进行规划。

土地利用规划的过程从来都不是一个绝对择优的过程。制定规划是一个进行评比和匹配的实践过程，是一个进行综合比较而择其较优的过程。规划的备选方案越多，得出的结果就会越好。

2. 规划方案的编制程序

德国各州的土地利用规划的编制必须符合三个原则。一是符合《联邦建筑法》的总体要求、总体精神；二是符合本州土地保护和利用的实际；三是要与相邻州、相邻城市的风格相协调。德国土地利用规划方案形成步骤适用于任何类型的规划，其编制程序为：

（1）规划项目立项：规划项目的文字报告和政府批复文件。

（2）提交提纲：收集规划所需要的各类资料（包括数据、图表、规划的历史和现状），综合研究提出项目的规划提纲。

（3）制定初步规划方案：规划提纲交规划专家研究，制定出初步规划方案。

（4）初稿听证及修改：对初步规划方案征求意见，将反馈意见进行归纳，补充、修改初步规划方案后，提交规划联合会讨论。

（5）复稿听证：规划联合会对初步规划方案进行充分研究讨论后，提交居民讨论。

（6）审核、批准：规划联合会针对居民意见修改方案，送规划主管部门研究加注意见后，报政府审核签章。将审核签章后的规划方案报上级政府，上级政府按规划法律法规要求进行全面的检查、审核，核准无误后予以批准。

（7）通知或解释说明：将上级政府检查、审核、批准的规划方案，正式通知居民和有关单位，对未采纳的意见作认真细致的说明或解释。

（8）贯彻实施：经正式批准的规划即具相应的法律效力，政府和规划部门及广大居民都必须坚决贯彻执行，并组织实施。

3. 规划的实施

联邦政府对规划的组织实施进行宏观管理，对州与州之间规划组织实施过程中出现的问题进行协调。州和市的政府对规划的组织实施进行领导和监督，州市级政府的规划主管机关，组织好本州市规划的组织实施工作。地区、县、乡政府和规划联合会直接组织规划的实施。德国的城市土地利用规划在实施中具有很强的可操作性，因为它与城镇建筑规划、生态规划三者结为一体。在土地利用规划的基础上按照《联邦建筑法》的要求，对每一地块编制详细的建筑施工设计图，并同时编制自然景观保护规划，使开发商或建筑商有章可依、有法可循。即使有时情况发生变化，调整时仍然不违背原定的土地利用规划。

18.4 日本土地利用规划

18.4.1 日本土地利用规划体系及内容

日本习惯于将“土地利用规划”称为“土地利用计划”。日本于1974年制定《国土利用计划法》，其内容主要包括五部分：(1) 制定国土利用计划；(2) 制定土地利用基本计划；(3) 管制区域内的土地利用的限制；(4) 全国土地交易申报劝告制度；(5) 关于闲置土地的措施等。

日本的土地利用计划体系包括国土综合开发计划、国土利用计划、土地利用基本计划和部门土地利用计划几大类。

国土综合开发计划又分为全国国土综合开发计划、大都市圈整治建设计划、地方开发促进计划和特定地域发展计划等。国土利用计划最基本的内容是：(1) 国土利用的基本设想；(2) 按国土利用目的划分的用地规模指标及其分地域概要；(3) 按农用地、森林、道路、宅地（住宅地、工厂用地和其他用地）等地类，及市街用地（人口集中地区面积）划分的计划；(4) 计划必需的措施。土地利用基本计划分为：城市区域、农业区域、森林区域、自然公园区域、自然保护区域等五个区域。城市区域对应城市计划区域；农业区域对应农业振兴区域；森林区域对应国有林和地方民有林等森林区域；自然公园区域专指国家公园、国立公园和都边府县立的自然公园区域；自然保护地域是原始自然保护区域、自然环境保护区域和都边府县自然环境保护区域。此外，土地利用基本计划还要解决有关土地利用的调整事项，包括土地利用原则；关于五类区域重叠范围调整土地利用指导方针（参见表18—1）；在土地利用上必须考虑到各政府机关已经制定的开发保护整治计划等。

表 18—1　日本调整土地利用五类区域重叠部分的指导方针

五类区划		城市区域			农业区域		森林区域		自然公园		自然保护区域		
		市街和已用区	市街化调整区	其他	农用地区	其他	保护林区	其他	特殊地区	普通地区	原始保护区	特殊区	普通区
城市区域	市街及已用区												
	市街化调整区	×											
	其他	×	×										
农业区域	农用地区	×	←	←									
	其他	×	①	①	×								
森林区域	保护林区	×	←	←	×	←							
	其他	②	③	③	④	⑤	×						
自然公园	特别地区	×	←	←	←	←	○	○					
	普通地区	⑥	○	○	○	○	○	○					
自然保护区域	原始保护区	×	×	×	×	×	×	←	×	×			
	特别区	×	←	←	←	←	○	○	×	×	×		
	普通区	×	○	○	○	○	○	○	×	×	×	×	

注：表中×表示按制度和实际情况，不重叠的部分；←表示相互重叠情况下，按着箭头方向的土地利用优先；○表示相互重叠情况下，调整为两种并存的地域；①表示注意土地利用现状，调整为农业利用时也要承认城市的利用；②表示原则上优先给城市利用，也要努力保护绿地与森林；③表示注意作为森林利用的现状，调整为林业利用时要承认城市的利用；④表示原则上优先作为农用地利用，调整为农业利用时承认林业上的利用；⑤表示优先作为林业利用，调整为林业利用时承认农业上的利用；⑥表示在维持自然公园机能的条件下，调整为城市利用。

资料来源：严金明：《中国土地利用规划》，北京，经济管理出版社，2001。

18.4.2　日本城市土地使用计划

日本城市计划包括土地使用计划、城市公共设施计划和城市开发计划。城市土地使用计划分为地域划分、分区制度和街区计划。各级土地使用计划都包括发展政策和土地使用管制规定，发展政策制定发展目标及其实施策略，作为制定管制规定的依据。

1. 地域划分

城市计划区的发展政策制定未来10～20年的发展目标以及实施策略，包括人口和产业的分布、土地使用配置、城市开发、交通体系、公共设施、环境保护和城市防灾等方面。城市计划区包括城市建成区及周边的农业和森林区域。根据1968年的《城市计划法》，将城市规划区划分为城市化促进地域和城市化控制地域。城市化促进地域指未来10年内将要优先发展的地区，政府投资的基础设施和公共设施将集中在该区，区内农田可以转变为城市用地，开发活动受到土地使用区划的管制。在城市化控制地域则控制与农业无关的开发活动，政府投资的基础设施和公共设施一般不会集中在这类地域。

另外，为防止城市无序蔓延，控制城市形态和土地配置，提高公共设施的投资效益，确保城市的协调发展，要求地域划分与城市规划区的交通网络规划、公共设施规划和土地调整计划相结合。

2. 区划制度

土地使用区划是日本城市土地使用规划体系的核心部分。城市化促进地域划分为12类土地使用分区，包括7类居住地区、2类商业地区和3类工业地区。《城市规划法》和《建筑标准法》是土地使用分区的法定依据。《城市规划法》规定土地用途、地块面积、基地覆盖率和容积率。《建筑标准法》则涉及建筑物的具体规定。尽管如此，土地使用分区制度作为对于私人产权的有限控制，只是确保城市环境质量的最低限度，但不能达到城市发展的理想状态。

除土地使用分区作为基本区划外，还有各种以专项法为依据的补充性的特别区划。特别区划并不覆盖整个城市化促进地域，只是根据特定目的包括高度控制区、火灾设防区和历史保护区等部分地区。

3. 街区计划

日本20世纪80年代的街区规划是经济发展及人们生活水平提高的产物，是比土地使用分区更为精细化的管制方式，有助于增强街区发展的整体性和独特性。街区规划作为促进地区发展的整体性和独特性的一种规划措施，参照了德国的建造规划（B-plan）。街区规划针对街区的特定情况，对土地使用区划的有关规定进行细化，并对建筑和设施的实际建造进行详细布置。街区规划可以根据需要而随时编制。

街区规划内容包括规划文件和规划图则，有时还附有地区景观意象图示。规划文件包括发展政策和物质规划两个部分。发展政策阐述地区发展目标以及实施策略，不具有开发控制的法律效力。物质规划包括土地使用、公共设施、建筑设计和保留树木的规定。

18.4.3 日本土地利用计划的特点

1. 计划立法统一、执法严明

日本国土资源管理都是从制定法律开始的，以法律来约束和指导管理工作。国土资源管理的法律、法规数量多、涉及面广，相互补充，综合配套，其法律、法规条文具体、目的明确、针对性强，具有较强的可操作性。

2. 计划体系完善、分工明确

日本土地利用计划体系非常完善。各种计划分工明确，重视部门协调、专家审议和公众参与。任何土地未经计划不得开发，使用土地必须按照规定的用途。如政府在制定、实施土地利用计划时，十分重视以法律手段保障计划工作的顺利开展和计划内容的具体实施。

3. 计划注重农地保护，强调土地可持续利用

日本可耕地资源稀少，政府不断制定各种法律以保护农地。日本的农地保护立法有《国土利用计划法》等七个专门法律法规。日本《国土利用计划法》明确规定了优先发展公共福利，保护自然环境，是其国土利用的基本方针，以“资源和环境保护”为重点制定的法律有《农业振兴地域整备法》等四部大法。这些法律、法规使国土资源与环境保护完全纳入了法制的轨道，严格控制和规范了土地开发行为，有效地保护了自然生态环境。

4. 计划强力抑制土地投机

日本国土面积狭小，土地问题直接影响政治稳定和经济发展。因此，国家对土地投机问题都非常重视，制定了各种法律法规，并由此形成了地价公示制度、土地交易规制制度、土地利用计划制度、土地租税制度、土地登记制度等法律制度，强力抑制土地投机行为。

18.5 加拿大土地利用规划

加拿大所有的土地都被称作皇家土地。其土地占有权分为三类，即私人占有的土地、联邦占有的土地和省管皇家土地。对皇家土地，规划方案必须为政府的各项计划提供土地；对私有土地，规划方案须确定那些对完成自然资源部各项计划至关重要的土地和水域。目前，加拿大土地利用规划的体系、方法和程序均十分完善。

18.5.1 加拿大土地利用规划概述

加拿大土地规划制度的发展经历了一个很长的过程。最初，土地所有权人可以决定如何开发利用其所有的土地，政府不介入私人所有土地的开发利用。到第二次世界大战末期，城市建设有了突飞猛进的发展，政府为保护公民的利益，土

地规划制度才逐步确立和发展起来。

加拿大土地利用规划分为省级规划、区域规划及行政地区规划。省级规划对区域规划提出政策指导。区域规划对地区规划提出政策指导和指定一些面积的利用方式。地区规划的主旨是为自然资源部各项计划确定适当的土地和水域面积。

加拿大是四级政府管理体制的国家，即联邦政府、省政府、地区级市政府和县级市政府。一般来讲，联邦政府没有土地利用规划管理的职能。省政府的主要职责是制定规划政策及作为下级政府编制总体规划方案的审批机关。土地利用规划由省以下政府负责制定和实施，地级市政府是规划制定和执行的主体。虽然联邦政府不具体参与各级规划的制定和审批，但联邦有环境保护等方面的法律，省以下各级政府在制定规划时必须符合有关的法律规定。下面以安大略省为例来介绍加拿大土地规划制度。

1.《规划法案》

安大略省《规划法案》是由省议会通过的法律，它确立了该省土地利用规划体系或体制，对规划的制定和审批程序、规划管理体制及各级政府在规划制定和执行中的职责进行了详细的规定。

2.《省政策宣言》

生效于1996年5月22日，清楚、明确地规定了安大略省关于土地使用和发展方面的方针、政策，明确地表达了省政府关于土地开发利用要达到的政策目标，为地方政府编制规划指明了方向。

3. 总体规划方案及区划法

总体规划方案即规定城市土地未来开发利用的基本目标和政策。区划法则规定土地开发利用的具体要求来实现总体规划方案确定的目标和政策。它通过对合法建设的标准进行专门、具体的规定从而对社区土地的使用进行控制。

4. 分块开发制

分块开发是将一宗土地化整为零地小块开发及小块出售，是加拿大特有的土地开发手段。分块开发规划是指为便于出售，将一块土地分割成两个或更多的地块，并对土地如何使用进行具体规划。

5. 建筑许可制

建筑许可是政府对在土地上新建、重建建筑物申请的正式批准。在加拿大无论是新建房屋，还是修缮房屋或建临时建筑，甚至安装空调、火炉、加热设备，只有在获得建筑许可后才能建设。

18.5.2 加拿大土地利用规划方案的编制（以总体规划为例）

总体规划方案是由地级市或县级市政府制定，省政府批准指导社区实现其最大利益的政策性文件，它随着社会发展的变化而进行修改补充。提出规划修改有两种方式，一是由政府提出对规划进行修编。《规划法案》要求议会至少每五年举行一次听证会听取意见以决定规划是否需要修编；二是由社会公众提出修编。公众可因对土地的开发建设方案与总体规划方案不一致而提出对总体规划方案进行修编的建议。其具体程序为：

(1) 前期协商。政府鼓励开发商在提出修改规划的申请前与政府进行协商。市政府给申请人提供规划审批必需的一些信息。

(2) 提出编制方案或申请修改规划。总体规划方案的编制由市议会提出，规划修改的申请由开发商等对规划提出修改意见者提出。

(3) 编制或修改规划。市政府或规划局只有与审批机关及公众进行协商后，才能编制和修改规划，并负责将规划申请传阅给其他相关的部门。审核规划申请时，要求确保申请与《省政策宣言》总体规划方案保持一致。

(4) 举行公众会议。编制规划方案时，政府必须举行公众会议，听取公众意见。公众可对所建议的规划发表自己的意见。

(5) 审核决定。市议会或规划局对编制的总体规划方案和修改规划的申请作出审核通过后，才将决定呈报给审批机关。

(6) 批准。审批机关限期对规划方案进行审批。在复议期限内未提出复议申请，则总体规划方案生效。

(7) 复议。任何团体或个人都可对关于规划的决定向事务委员会提起复议，事务委员会可根据情况做出不举行听证、驳回复议申请及举行听证等决定。

编制完成的土地利用总体规划方案一般由土地利用、交通、社会设施三个基本要素组成。除此之外，还可以加上市容设计、基础设施、历史建筑、旅游设施、大学校园等特殊内容。具体来说包括以下几方面：市政府关于土地利用的总体政策；确保经济发展和满足社区需要的各种要求；城市的土地如何持续使用；确定道路、供排水系统、垃圾处理站、公园及其他公共设施的建设地点；城市建设的基本规划要求（建设区域的范围及建筑物的高度）；实现规划目的和执行规划政策的各种手段；解决土地利用冲突的方式；市议会在规划区域发展中的职责等。

18.6 我国香港地区土地利用规划

18.6.1 香港土地利用规划体系

香港人多地少，土地资源极其匮乏，其规划体系并不区分城市乡村，而是作为一个整体加以考虑。其发展规划分为全港、次区域和地区三个层面，对应地形成了全港发展策略、次区域发展策略及地区图则三层架构的发展规划系统。具体内容如下：

1. 全港发展策略

全港发展策略是结合政府对土地用途、运输、基础设施及环境等所做的政策进行综合性的规划，是次区域及地区规划的基础及指导。全港发展策略以优化社会资源、善用社会资源、节省市民交通时间为主要目标，着重土地使用及交通运输的策略研究，涵盖全香港地区的所有土地。1997年以后，全港发展策略的研究范围继续扩大，由全港地区扩展至整个珠江三角洲，甚至连深圳市也已被纳入全港发展策略的一个重要组成部分。

2. 次区域发展策略

根据全港发展策略所制定的大纲拟定，目的是把全港性的目标在香港地区内的五个次区域，即都会区、新界东北、新界西北、新界东南及新界西南，演绎为更具体的规划目标。每一次区域发展策略都附有一系列的图则及发展纲领，目的是为更详尽的地区规划及工程计划提供发展大纲，是全港发展策略概要的具体化。次区域的发展策略包括一系列的发展图册和纲领，及详细的地区规划和工作计划的大纲。目前，香港已对“都会区”制定了相应的“都会计划”，制定了发展大纲。到目前为止，已公布“西九龙、东南九龙包括启德机场现址及荃湾—葵青”等区的发展纲领，至于港岛西发展纲领则仍在拟定之中。

3. 地区图则

地区图则属详细的土地用途规划。全港策略规划和次区域规划所制定的概括性规划、发展纲领等各种策略原则都将在地区图则上落实。地区图则分为法定图则及政府内部图则两类。

法定图则根据《城市规划条例》的规定拟定，它又分为分区计划大纲图和发展审批地区图。分区计划大纲图包括个别规划区的建议土地用途及主要道路系统，并附有注释，说明在某一地带内经常准许的用途，以及须获得城市规划委员会批准才可以进行的用途；发展审批地区图是为未纳入分区计划大纲图的地方拟备的，也可显示土地用途带和附有注释。

政府内部图则是非法定图则，包括发展大纲图及详细蓝图。发展大纲图根据次区域发展策略及分区计划大纲图的大纲而制定，并更详尽显示发展计划的内容。详细蓝图通常总图比例较大，对地区的发展十分重要。发展大纲图及详细蓝图被批准后，成为计划及管制发展、卖地、预留及批发政府土地等事宜的指引。

18.6.2 香港土地利用规划的运作

根据香港《城市规划条例》，其现行规划架构是：由特区行政长官下令拟订法定图则和行政长官会同行政局核准图则；由城市规划委员会拟订图则草案和考虑相关的申述，以及对规划申请做出决定；由上诉委员会处理有关规划申请所作决定提出的上诉；规划署是规划委员会的主要行政部门。其具体运作包括规划的编制、审批、实施和管理。

1. 规划的编制

全港发展策略由规划署设立的专门小组（策略规划组）负责编制。全港发展策略的研究程序分三个阶段，第一阶段订立一套主要目的，作为制定策略及评审策略的基础。第二阶段制定多项发展方案、选择和做出评审，各类用地的发展策略和全港发展策略的选择，将根据环境、运输及经济方面所定的各项目标进行评审。第三阶段定出改进选择及分析其成效，然后找出不同改进方案的共同组成部分，以制定最可取的策略。

次区域发展策略由规划署的次区域规划组负责编制。次区域发展策略的研究程序分四个阶段。第一阶段是设定目标和监定需处理的事宜，拟定出策略的目的和一套评审准则。第二阶段是数据分析，拟订基本增长数据、分析限制发展的因素和发展机会，以监定可满足未来用地需求的土地。第三阶段是拟订多个初步选择，选出最可取的方案，并按预定的评审准则及策略性规划或发展目的加以评核。第四阶段是制定推荐采用的发展策略，但必须兼顾推行该策略所涉及的因素，如组织结构、执行机制及有助于落实策略的政策。

地区规划可分为法定图则和政府内部图则的编制。法定图则（即分区计划大纲图及发展审批地区图）是由城市规划委员会遵照特首会同行政局的指令制定。该草图先送交各有关部门传阅，以征询意见，然后提交规划小组委员会审议。若规划小组委员会认为适当，该图便会提交并征询意见，再由规划小组进一步审议区议会的意见。待该图适宜公布时，便公开展示供市民发表意见，而受该图影响的人，可在展示期间提出反对意见。政府内部图则由规划署地区规划组（处）负责编制。其编制程序与法定图则的程序类似，但环节要比法定图则少。

2. 规划的审批

规划、环境及地政局是规划图则的核准机构。全港发展策略由行政局核准；次区域发展策略由规则及土地发展委员会审议及核准；法定图则根据《城市规划条例》的规定，由特首会同行政局核准；政府内部图则由规划和土地发展委员会核准。

3. 规划的实施与管理

香港土地利用规划的实施通过规划申请审批制度完成。每份法定图则都附有一份注释，作为图则的一部分。注释的第一栏列明在个别用途分区内经常准许的用途，而第二栏则列明必须先取得委员会的许可方可进行的用途。委员会在审议规划申请时，通常会考虑各项因素，如规划意向、政府政策、有关发展对广泛地区在社会、经济及环境方面的影响、对交通和基础设施的影响，以及与邻近土地用途的协调。根据《城市规划条例》的规定，申请人若对委员会的决定不满，有权要求复检决定，并有权要求委员会进行聆讯。申请人如对委员会的复检结果仍感不满，可向一个独立的上诉委员会提出上诉。规划申请得到批准后，还需根据《建筑物条例》向当局提交建筑图则，以便得到批准，而总纲发展蓝图有时则需根据批地契约或《城市规划条例》的规定予以提交。

香港城市规划可以通过各类不同部门或私人机构制定或监管的各种计划实现。这些计划包括公共建设计划、新市镇发展计划、公共房屋计划、社区设施计划和卖地计划。图则所载的规划要求，亦可通过制定规划大纲施行。规划大纲通常用于大型房屋建筑计划、在分区计划大纲图上划为“综合发展区”的地点所进行的发展计划，以及土地发展公司所进行的发展计划。

18.6.3 香港土地利用规划的特点

1. 城乡一体化的规划体系

香港地区的土地利用规划同城市规划一起编制，其规划体系也并不区分城市乡村，而是作为一个整体加以考虑，最终形成全港发展策略、次区域发展策略及地区图则三层架构的城乡一体化的规划系统。

2. 实行发展管制和发展许可

发展管制可分为法定管制和非法定管制。发展管制为了实现规划目标，通过法定和非法定的方式实施。法定的发展管制是依据《城市规划条例》、《建筑物条例》、《建筑物（设计）规例》等法规而实行的管制。其内容包括：规划申请法定图则；规划证明书；特别规划管制；违例发展。此外，根据文物古迹、郊野海岸公园及市政基础设施等方面的相关条例对建设发展加以限制。非法定的城市发展管制是通过批地条约、发展密度分区制及密度管制和设立特别发展管制区而实施的。

发展许可依据法定图则的要求分为通常性许可（也称为经常性许可）和特许性许可，法定图则根据《城市规划条例》制定，包括分区计划大纲图和发展审批地区图。分区计划大纲图明确规划分区内的拟议土地用途和主干交通系统。分区计划大纲图附有注释，列出分区内通常准许的用途，以及其他须取得规划委员会许可的用途。发展审批地区图主要为非城市地区而制定的过渡性图则。重建或更改用途必须符合图则规定，或取得规划许可。

3. 图则的法律效力

地区图则分为法定图则及政府内部图则两类。其中，微观图则（法定图则）

具有法律效力，宏观图则（政府内部图则）只具有指导作用。

法定图则根据《城市规划条例》而制定，包括分区计划大纲图和发展审批地区图。分区计划大纲图明确规划分区内的拟议土地用途和主要道路系统。分区计划大纲图附有注释，列出分区内通常准许的用途，以及其他须取得规划委员会许可的用途。发展审批地区图主要为非城市地区而制定的过渡性图则。

政府内部图则是非法定的，包括发展大纲图和详细蓝图。发展大纲图根据有关的次区域发展策略及分区计划大纲图而制定，更为详尽地表示发展计划的内容。发展大纲图和详细蓝图获得批准后，便成为筹划及管制发展、出售、预留及批拨政府土地等事宜的指引。

4. 独立的规划立法机构和行政管理体制

香港的《城市规划条例》授权成立一个独立的城市规划委员会来负责制定法定图则，对土地的发展和用途提供适当的指引和管制。根据香港《城市规划条例》，其现行规划架构是：由特区行政长官下令拟订法定图则和行政长官会同行政局核准图则；由城市规划委员会拟订图则草案和考虑相关的申述，以及对规划申请做出决定；由上诉委员会处理有关规划申请所作决定提出的上诉；规划署是规划委员会的主要行政部门。

18.7　我国台湾地区土地利用规划

台湾地区人多地少，人地关系紧张，特别是近40年来，其经济高速发展后，土地供需矛盾更加突出。因此，台湾非常重视土地利用规划，将规划视为市场失灵时政府干预土地资源配置的主要手段，充分发挥其调控作用。经过几十年的发展，台湾土地利用规划已形成一套完整的体系，并在保护地区资源、支撑经济发展方面起到了重要作用。

18.7.1　台湾土地利用计划体系及内容

台湾地区将土地利用规划称作土地使用计划。台湾目前的土地利用规划体系由四个层次、两大板块构成。四个层次分别为：第一层次是台湾地区综合开发计划；第二层次是区域计划；第三层次是都会区发展计划、县（市）综合发展计划与国家公园计划；第四层次是都市计划与非都市土地使用编定。两大板块系指台湾地区分为都市土地、非都市土地两大区域。台湾都市土地指已发布了都市计划的土地部分，约占台湾总土地面积的24%～25%。非都市土地：除都市用地以外的土地部分，约占总土地面积的75%～76%。四个层次与两大板块相互作用、相互制约，共同构成一个有机整体，如图18—1所示。

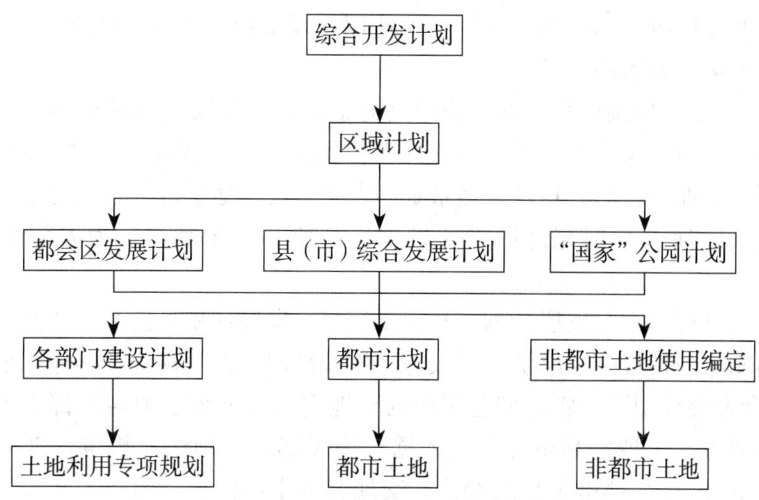

图 18—1 台湾地区现行土地利用计划体系框图

台湾地区各层次的土地使用计划的具体内容分别为：

（1）综合开发计划。综合开发规划在台湾地区是与经济发展、社会建设、国防建设等计划并行的最高位的计划，是对台湾地区人口、产业、公共投资等在空间上的配置和土地、水、景观及其他天然资源等在时序上的发展进行规划的计划。其目标是改正不合理的土地利用方式，促使各地方的土地资源合理开发利用，保持生态平衡，合理发展人口，形成具有地域分工和国际分工的产业，由此创造台湾地区美满的生活环境。基于以上目标，综合开发计划的主要内容包括人口配置计划、产业配置计划、交通通讯网建设计划、水资源开发计划、灾害防治计划、保全计划等六大部分。

（2）区域计划。区域计划是指依据《区域计划法》的规定，基于台湾各地地理、人口、资源、经济活动等相互依赖关系而制定的区域发展计划。其规划内容相当广泛，与综合开发计划相似，只是计划范围小。台湾地区首先依据其地理和方位特征分为北区、中区、南区、东区四个区域，然后分别拟定这四个区域的发展目标与发展构想。

（3）都会区发展计划。都会区指由中心都市与邻近的卫星市、乡、镇所组成的，在商品货物流动、通讯交流、通学通勤等互动上呈现规律性且紧密联系的经济地域空间。由于该空间跨越不同的行政区域，必须透过都会区整体观念，建立合理的都会区发展计划，以期整个都会区的有效发展。根据《都市计划法》，都会区发展计划内容包括：建立完整的都会区空间结构、搭建合理的产业结构、充分提供产业发展所需的用地、促进土地使用合理配置、建立整体性交通运输网、创造舒适的都会生活环境等。

(4)“国家”公园计划。国家公园是为了保护世界级或国家级珍贵自然资源和文化遗产，由国家立法保护其合理经营使用的地区。我国台湾地区的“国家”公园计划则是通过将具有特殊自然景观和人文景观的地区进行独立的划分，以进行特殊管制，通过规划允许适当建设娱乐场所和开发利用，为人们提供游憩场所。

(5)县(市)综合发展计划。县(市)综合发展计划是指在一个县(市)行政区域内制定包括社会、经济、行政等总体及部门的发展构想及具体计划。在县(市)综合发展计划下，将计划范围内的土地划分为都市土地与非都市土地。都市土地需要进一步拟定都市计划，依据台湾《都市计划法》规定，都市计划是“指一定地区内有关都市生活之经济、交通、卫生、保安、国防、文教、康乐等重要设施，作有计划之发展，并对土地使用作合理之规划”。

至于非都市土地，则采用土地使用分区与土地使用编定的方式加以管制，缺乏积极规划的内涵，是台湾地区土地利用规划体系中的薄弱环节。

18.7.2 台湾土地利用规划的特点

1. 注重规划的配套管制

(1)实行土地利用分区管制。土地使用分区管制是台湾地区都市计划的实施工具之一。土地使用分区管制是将城市中各种不同用途的用地进行分区(如住宅区、商业区、工业区)，各分区依据规划的要求，按使用强度再细分为若干等级(如住一、住二、住三、住四等)，以维护良好的环境和提供合宜的公共设施，确保各分区的经济利益和社会效益。台湾地区土地使用分区管制的内容，依性质的差异可分为两大类。一类为直接影响土地使用强度的管制，如人口密度、用地最小面积、容积率、建蔽率(建筑密度)等；另一类为间接影响土地使用强度的管制，如日照、采光、通风、高度、庭院及建筑物邻栋间隔等。表18—2是台北市关于工业区建蔽率、容积率、前后院深度等管制标准部分指标，由此可见，台湾地区土地计划对土地使用强度的管制相当细致。

表18—2　　台北市工业区管制标准

工业区种别	建蔽率(%)	容积率(%)	后院深度(m)	深度比
第一种	50	150	6	2.0
第二种	50	200	3	1.0
第三种	60	300	3	0.4

资料来源：李边疆、欧名豪、张全景：《都市计划法》。

台湾地区的规划体制依据《都市计划法》划分土地使用区和编制土地用途，并进行严格的土地使用控制。依据《都市计划法》，将都市土地划分为九种土地使用区：1）住宅区；2）商业区；3）工业区（甲种、乙种、特种、零星）；4）行政区；5）文教区；6）风景区；7）保护区；8）农业区；9）其他使用区。各都市可视实际情况再予以划分。

（2）实行实施许可制。台湾地区实施规划许可制度是近十余年的事。1983年台湾公布山坡地开发建设管理办法，首次将开发许可精神引入。此后于1995年8月公布《国土综合开发计划法》草案，全面实施许可制度。《国土综合开发计划法》草案规定：凡需要变更土地使用分区的行为必须取得地方政府的规划许可；凡需要配置发展所需要的公共设施及划分基地的行为必须取得当地政府的开发许可；凡是在建筑基地进行建设的必须取得建筑许可。

2. 重视公众参与

在台湾各级土地利用计划制定和实施过程中，充分提供了民众参与的空间。如台湾《都市计划法》规定，土地权利关系人为促进其土地利用，可自行拟订或变更细部计划；主要计划拟订后，在送政府都市计划委员会之前，应于市、县（市、局）政府及乡、镇或县辖市公所公开展示30天，任何公民或团体都可在公展期间以书面形式向政府提出意见，由政府都市计划委员会予以参考建议，并报请上级政府核定；拟定计划的机构每五年至少应通盘检查一次，依据发展情况并参考民众建议做必要的修改。

18.8 国外土地利用规划的启示

我国土地利用规划的外延要比国外土地利用规划（land useplanning）外延大得多。我国土地利用规划是指对一定区域未来土地利用超前性的计划和安排，是依据区域社会经济发展和土地的自然历史特性在时空上进行土地资源分配和合理组织土地利用的综合技术经济措施。而大多数西方国家土地利用规划是县市一级的规划或者是城市规划的代名词，如日本、荷兰等国家。其相同点在于，各国土地利用规划在土地利用中起了非常重要的作用，这一点是毋庸置疑的。基于此，我们在讲述国外土地利用规划的基础上，重点从以下几方面分析一下其对我国土地利用规划的启示。

18.8.1 土地利用规划的理念问题

1. 资源和环境保护理念

国外大部分国家非常重视对资源与环境的保护。如在美国，总体规划中不仅涉及了水、森林、土壤、河流、空旷地、矿产等自然资源的开发、利用和保护，而且还专项列出了对噪音问题的评估与防治。此外，还制定了其他一些保护资源和环境的条例，如《防洪条例》、《历史古迹保护条例》等。为了从根本上实现对环境的保护，专门制定了《环境质量法》，进行环境影响评价。英国自首次提出“土地利用的多目标问题”以来，土地利用规范已由经济发展的单目标模式转变为包括FRED（人口、资源、环境、经济）的多目标模式后的监督、执行。我国台湾地区现行的土地利用计划中也非常重视资源经营与环境保育。其涉及乡村景观及特殊景观的维护、环境敏感地区的保护等环境保育计划，而且还专项列示了加强水、森林等资源经营管理的措施，同时还把灾害防止作为计划的一项基本功能来贯彻。此外，我国台湾还十分强调环境影响评价对土地利用计划的重要性。根据有关法律规定，必须在收到可行的环境影响评价结果后才给予开发许可。

一直以来，我国土地利用规划仅仅只是当作耕地保护的规划，束缚了土地利用规划的发展和土地利用规划作用的发挥。因此，现阶段我国土地利用规划应当转变为以可持续发展为目的，以资源和环境保护为重点，以协调人口资源环境与发展为基本内容的综合性空间规划。更进一步讲，我国应在以后的土地利用过程中加大土地利用规划与资源和环境保护的结合力度，加强战略性环境影响评价的理论研究，充分发挥环境影响评价在土地利用规划中的环境保护作用。

2. 民主理念

国外的土地利用规划尤其重视公众参与。比如，在英国，公众参与规划的制定是土地利用规划法规体系的“骨架”；加拿大在编制规划过程和审批过程中注重公众参与。公众参与是法定的规划立法程序中的重要内容；美国国家法律为公众参与土地利用规划更是提供了充分的法律保障。法律规定，地方政府在将规划付诸实施之前、实施过程中及实施后进行全程参与，保障了规划的民主性。

中国由于历史原因以及体制和机制的问题、意识问题、技术方法等问题，没有全面系统地制定和实行公众参与制度。虽然近年基层规划中已经融入了更多的社会参与的成分，比如征求相关部门特别是环保部门的意见，并对它们的意见均给予及时答复，但是参与面多为政府机构，而非所有利益相关者。公众参与的方式一般是被动式参与，即参与人群被告知即将发生或已经发生的事情，也叫事后参与。土地利用规划一般在审批后，均要求予以公示，如《土地管理法》的实施条例规定，乡（镇）土地利用总体规划公告的内容要求有规划目标、期限、范围、地块用途、批准机关和批准日期等。但是目前公告并没有达到公众参与的效果，而仅仅起到一个通知的作用。因为一般情况下，规划一经批准就具有了一定的法律效力，再有意见也只有服从。因此这种被动式的参与方式根本没有任何意义，只是一种形式主义罢了。另一方面，公告内容一般是规划文本和规划图，这样一来公众特别是一般的农民，未必能够真正对规划实施中所涉及的问题有深刻的理解，甚至根本读不懂，因此即使他们有机会参与到规划中，也很难有实效。但是，公众参与作为时代的潮流和趋势，其重要性已被越来越多的人认识到。建立公众参与制度，提高公众参与意识势在必行。一是规划的编制要尽可能广泛地征求社会各界的意见，尤其是县乡级规划；二是规划一经批准，一定要对外公布，以得到广大人民群众的理解、认可、支持。三是对违反规划的行为可以通过规划起诉等法律措施来加强监督。

18.8.2 土地利用规划的地位问题

从国外的经验来看，土地利用规划无论是法律地位还是在规划体系中的地位都很高。如英国除土地规划外，暂无其他规划，经济发展的各项指标都建立在土地的基础上，土地规划真正起到了保障经济建设发展的基础性作用。加拿大与规划相关的法律法规健全、配套。加拿大各省都有规划法，更为重要的是各省都有“市政府法案”（municipality act）。“市政府法案”和规划法共同规范规划行为。

而在中国，一方面土地利用规划起步晚，与城市规划又分属不同的部门，城乡土地利用尚未形成一体化的管理，相对削弱了土地规划的基础性地位。从近几年的实践看，一些城市在编制城市规划时，很少兼顾土地利用总体规划，注重盲目扩大城区范围，大量占用耕地，造成许多城市土地供应总量失控。另一方面，中国的土地规划法律体系还有待健全与完善，中国新修订的《土地管理法》对土地利用规划制度作了较为详细的规定，在市场经济条件下，土地利用规划是政府对土地利用进行干预、管理的有效手段之一，依法产生的土地利用规划具有法律效力。但是目前还没有土地规划法，没有细化的土地规划条例，对规划的编制、管理、实施没有法律约束与规范，所以应尽快着手制定土地规划法，规范规划的编制、审批和实施等方面，同时还需要对各级政府在规划中的权限和责任予以明确界定。

18.8.3 规划的衔接问题

中国土地利用规划体系比较完整，主要分为总体规划、详细规划和专项规划三个层次。其中总体规划分为全国—省—地区—县—乡五级，总体规划对详细规划、专项规划进行控制，基本上形成了一种相互联系相互制约的规划体系。而另一方面，正是由于中国的土地利用规划种类多且任务具体，使得对各类规划缺乏统一考虑，在运作中缺乏有机的衔接和协调。其中一个突出表现为，我国土地利用总体规划和城市规划不协调。土地利用总体规划和城市规划由不同的部门负责和分开编制，尽管《城市规划法》和《土地管理法》都规定了两个规划应相互协调，并规定两个规划都应由各级人民政府组织编制，但由于两个规划负责的部门不同、规划的目的不同、编制规范的时间以及所依据的技术标准等不同，两个规划的矛盾仍然很多。具体表现在：

为了使土地利用规划体系进一步完善，同时也为了减少不同的规划之间的矛盾，必须把土地利用规划同国土规划、城市规划结合，放在大的规划体系中来考虑，注重规划的衔接和协调问题。可以借鉴外国规划体系的经验，对我国规划体系进行整合。可以从以下几方面来考虑：

(1) 时间上的衔接。土地利用规划体系应保证规划在时间上的连续性。长期来看，土地利用规划与国民经济和社会发展计划相适应。在土地利用规划体系中，总体规划属中期规划，详细地确定了土地利用规划目标和任务，并对长期的土地利用战略目标进行展望，保证规划的连续性，规划的目标从全国到乡镇逐步细化。专项规划是对总体规划的重要目标进行更详细的规划，以保证重要规划目标的落实。土地利用年度计划是把规划的目标逐年落实。

(2) 空间上的衔接。土地利用规划目标的落实需要“定位”。中国的土地利用规划是按照从全国到乡镇的行政区域编制，这一点有利于规划目标在空间上的具体落实。

(3) 任务上的衔接。规划体系中五级规划在内容上应该紧密衔接。全国土地利用总体规划在全国范围内平衡土地供需、优化土地结构、调整土地利用方向；省级土地利用总体规划的主要任务是制定土地利用战略、土地利用指标的分解、省级交通、水利、能源大型骨干工程的配置、土地利用地域分区、规划实施的政策和措施；县级土地利用总体规划的任务是调整和配置农业用地、确定建设用地的布局和规模、配置交通、水利等骨干工程用地、土地利用用地分区；乡级土地利用总体规划主要任务是落实各项规划指标，制定土地用途分区及分区管制措施。土地利用专项规划根据地方的实际情况进行编制，以突出和强调总体规划的重点。

18.8.4 规划的科学性问题

(1) 从规划理论来看，西方国家土地利用规划理论是随着社会经济的发展而发展的。从总体上看，特别是在第二次世界大战以后，各国土地利用规划理论一度面临城镇化运动所带来的土地问题，如城镇化导致的土地投机和地价高涨；低收入家庭的住房短缺；如何防止城镇的过分扩张及对农地的侵占等。这与当前中国土地利用规划保护耕地、控制城市规模的主要任务基本相同。中国可以充分借鉴西方国家解决此类问题的经验，如埃比尼·霍华德（Ebenezer Howard）的“田园城市”理论、英国的“绿化带”制度、阿伯克龙比（Abercrombie）的大伦敦规划、克里斯泰勒（Christaller）的中心地域理论、德国的“开发轴系统”理论等。特别是近年来，随着可持续发展观的提出，中外各国对生态环境和社会问题的共同关注，使国外先进的规划理论更具可比性。

（2）从规划方法来看，在国外的规划中，分区制是其进行规划和管理的传统技术方法，如美国、加拿大、日本等。西方国家的分区制较好地控制和制止了土地利用中的冲突；在自然和环境的保护和对不相融的土地进行空间分隔能取得好的效果；对私人的财产也有保护作用。国外规划编制的过程分为自上而下、自下而上及上下结合等几种形式。如美国土地利用规划一般自下而上的方法编制，而荷兰土地利用规划一般采取自上而下的方法编制。

我国土地利用规划采取的是自上而下的指标控制编制办法，对各项用地指标层层分解，实行的是以资源为导向的用地配置方式，技术手段落后且缺乏弹性和应变能力，科学性不强，很难满足经济、社会快速发展的需要。规划的编制方法多以定性分析为主，根据现有的发展规律进行推算，在经济快速发展阶段，这种方法的局限性越来越明显。我们应充分借鉴西方国家分区制中的成功经验，完善自身的分区体系和方法。总体上说，规划的编制方法应注意由单纯的定性分析向定性分析和定量分析相结合转变，由静态分析向动态分析转变。

本章小结

本章在介绍英国、美国、德国、日本、加拿大以及我国香港、台湾地区土地利用规划的基础上，总结了它们的一些共同规律，提供了对我国今后进行土地利用规划工作的启示。

关键术语

英国土地利用规划　美国土地利用规划　德国土地利用规划　日本土地利用规划　加拿大土地利用规划　香港地区土地利用规划　台湾地区土地利用规划

复习思考题

1. 比较英、美、德、日、加拿大等国土地利用规划体系有何异同。
2. 国外土地利用规划对我国土地利用规划有哪些启示?

参考文献

[1] 安国辉. 土地利用总体规划的理论是“系统协调控制论”. 中国土地学会土地规划分会 2002 年学术年会论文汇编，2002

[2] 白志明，张玉峰. 晋中榆社县云竹河流域土地整理规划研究. 系统工程理论与实践，2001（7）

[3] 毕宝德主编. 土地经济学（第五版）. 北京：中国人民大学出版社，2006

[4] 蔡玉梅. 美国国土规划及启示. 国土资源，2003（10）

[5] 曹祖涛. 完善我国土地用途管制制度. 中国政法大学硕士论文，2004

[6] 陈百明. 土地资源学概论. 北京：中国环境科学出版社，1996

[7] 陈百明. 中国农业资源综合生产能力与人口承载能力，北京：气象出版社，2001

[8] 陈利根. 土地法学. 北京：中国农业出版社，2002

[9] 陈利根. 土地用途管制制度研究. 南京农业大学博士论文，2000

［10］陈士银．土地资源可持续利用的几个问题．湛江海洋大学学报，2002（2）

［11］程烨等．土地用途分区管制研究．北京：地质出版社，2003

［12］程克坚，彭补拙，濮励杰．县级土地利用总体规划修编的理论与方法探讨．中国土地科学，1998（5）

［13］但承龙，厉伟．可持续土地利用规划初探．生态经济，2001（11）

［14］丁荣晃，王万茂．土地规划学（第二版）．北京：农业出版社，1982

［15］董德显．土地利用规划．北京：中国展望出版社，1990

［16］董祚继主编．土地利用规划管理手册．北京：中国大地出版社，2002

［17］付海英，朱德举，石英，刘瑞．美国城市精明增长及其对我国土地利用总体规划的启示．全国土地利用总体规划修编学术研讨会，2005（6）

［18］傅伯杰，陈利顶等．景观生态学原理及应用．北京：科学出版社，2001

［19］傅伯杰．土地生态系统特征研究．生态学杂志，1985（1）

［20］高俊杰．实用土地管理．北京：中国科学技术出版社，1991

［21］高向军．土地整理理论与实践．北京：地质出版社，2003

［22］郭川．论经济转型中的土地用途管制．南京农业大学博士论文，2001

［23］郭元裕．农田水利学（第三版）．北京：中国水利水电出版社，1997

［24］国家土地管理局规划司编．县级土地利用总体规划．北京：中国财政经济出版社，1992

［25］国土资源部耕地保护司．耕地保护法规文件汇编．北京：中国大地出版社，2003

［26］国土资源部规划司．提高可持续发展保障能力．北京：中国大地出版社，2003

［27］国土资源部规划司土地整理中心．土地开发整理规划实例．北京：地质出版社，2000

［28］郝瀛．铁道工程．北京：中国铁道出版社，2001

［29］何芳．土地利用规划．上海：百家出版社，1994

［30］胡荣辉，张五禄．水工建筑物．北京：水利电力出版社，1993

［31］黄昌勇．土壤学．北京：中国农业出版社，2000

［32］黄宏胜，钟海燕，赵小敏．土地利用规划体系探讨．江西农业大学学报（社会科学版），2003（2）

［33］黄鹏，卢静．国外城市土地利用规划的启示．现代城市研究，2004（8）

[34] 黄伟. 现代美国土地利用规划的发展及其启示. 中国土地科学，2002 (6)

[35] 黄贤金等. 土地政策学. 北京：中国矿业大学出版社，1998

[36] 李边疆，欧名豪，张全景. 我国台湾地区土地利用规划的特点及其启示. 国土经济，2004 (10)

[37] 李晖. 土地利用规划是实现可持续发展的重要手段. 农村经济，2005 (7)

[38] 李景国，崔宏. 土地利用总体规划的优选模型与技术方法. 中国土地科学，1997 (5)

[39] 李铃等. 国土资源管理概论. 北京：中国人民大学出版社，1999

[40] 李龙浩，张春雨. 加拿大土地规划制度研究. 中国土地科学，2000 (6)

[41] 李小建主编. 经济地理学. 北京：高等教育出版社，1999

[42] 李孝坤. 试论中国人地系统的宏观地域分异. 重庆师范大学学报（自然科学版），2001 (4)

[43] 李元主编. 新土地管理法学习读本. 北京：中国大地出版社，1998

[44] 林增杰等. 中国大陆与港澳台地区土地法律比较研究. 天津：天津大学出版社，2001

[45] 刘书楷. 论土地使用管制——土地用途管制和耕地保护与中国社会经济可持续发展. 北京：北京大学出版社，1997

[46] 刘助仁. 国外土地资源可持续利用的制度保障. 国土资源，2004 (7)

[47] 卢荣安. 农田水利. 武汉：华中农业大学出版社，2002

[48] 陆红生. 土地管理学总论. 北京：中国农业出版社，2002

[49] 鹿心社. 全国土地利用总体规划. 北京：中国大地出版社，2001

[50] 欧名豪. 土地利用规划需要公众参与. 中国土地，2001 (11)

[51] 潘乐. 城市用地结构与城市功能的研究. 四川师范大学学报（自然科学版），1999 (5)

[52] 潘世炳. 西方地价理论体系简介. 价格理论与实践，1995 (3)

[53] 彭补拙，周生路. 土地利用规划学. 南京：东南大学出版社，2003

[54] 戚名琛. 论地租地价对城市土地利用的调节作用. 中国土地，1994 (增刊)

[55] 钱铭等主编. 土地利用总体规划理论与实践——中国土地学会土地利用分会成立十周年学术讨论会论文集. 北京：中国农业科技出版社，1996

[56] 钱铭等主编. 土地利用总体规划与战略. 开封：河南大学出版社，1993

[57] 乔元朝，陈冬梅. 土地利用总体规划与土地宏观调控及合理配置. 土

地利用总体规划理论与实践——中国土地学会土地利用分会成立十周年学术讨论会论文集. 北京：中国农业科技出版社，1996

[58] 秦明周. 美国的土地利用规划与保护的特色. 中国农业资源与区划，2001 (6)

[59] 曲福田等. 经济发展与土地可持续利用. 北京：人民出版社，2001

[60] 曲福田主编. 土地行政学. 南京：江苏人民出版社，1997

[61] 任平. 自然地理环境的地域分异. 安徽教育学报，2003 (3)

[62] 沈守愚等. 论土地用途管制的法权基础——土地用途管制与耕地保护. 北京：北京大学出版社，1997

[63] 丰雷. 英国土地利用与管理. 域外土地，2002 (2)

[64] 佟立本. 交通运输设备（第二版). 北京：中国铁道出版社，2002

[65] 佟立本. 铁道概论（第四版). 北京：中国铁道出版社，1999

[66] 汪秀莲，王静等. 国土资源管理制度比较研究. 地政研究动态，2000 (10)

[67] 王洪芬，刘锡明等. 城市规划与管理. 北京：经济日报出版社，1995

[68] 王克敏，范长江. 生态经济学的形成和发展. 经济学动态，1998 (6)

[69] 王人潮，王珂. 论中国土地利用总体规划的作用及其实施基础. 浙江大学学报，2005 (1)

[70] 王万茂，韩桐魁. 土地利用规划学. 北京：中国农业大学出版社，2002

[71] 王万茂. 土地规划. 南京：江苏科学技术出版社，1988

[72] 王万茂. 土地利用规划学. 北京：中国大地出版社. 2003

[73] 王万茂. 土地用途管制的实施及其效益的理性分析. 中国科学，1993

[74] 王万茂，严金明. 关于土地利用规划理论问题的探讨. 土地利用总体规划理论与实践—中国土地学会土地利用分会成立十周年学术讨论会论文集. 北京：中国农业科技出版社，1996

[75] 邬建国. 景观生态学. 北京：高等教育出版社，2000

[76] 吴承伦. 土地开发整理规划理论方法与实践. 北京：中国大地出版社，2003

[77] 吴次芳，潘文灿等. 国土规划的理论与方法. 北京：科学出版社，2003

[78] 肖北鹰. 德国的土地利用规划程序. 世界农业，2002 (7)

[79] 徐辉，张捷，沙庆益，王久伟. 生态经济学的研究内容和方法. 林业勘查设计，2001 (2)

[80] 徐日辉，曾德恩. 土地利用总体规划新思路新方法. 中国土地科学，1995（2）

[81] 薛德升，肖洪. 加拿大小城镇规划：内容、方法与管理构架. 国外城市规划，2004（7）

[82] 严金明. 中国土地利用规划：理论、方法、战略. 北京：经济管理出版社，2001

[83] 严金明，钟金发等. 土地整理. 北京：经济管理出版社，1998

[84] 姚祖康等. 交通运输工程导论. 北京：人民交通出版社，2002

[85] 叶艳妹，吴次芳等编著. 县级土地利用总体规划的理论与实践——以永嘉县为例. 北京：地质出版社，1999

[86] 叶艳妹，吴次芳. 可持续农地整理的理论和方法研究. 北京：中国大地出版社，2002

[87] 尹君，刘文菊. 多目标土地利用总体规划方法研究. 农业工程学报，2001（4）

[88] 尹亮，王关义. 论区域可持续发展的要素与途径. 商业研究，2002（2）

[89] 尤飞，王传胜. 生态经济学基础理论、研究方法和学科发展趋势探讨. 中国软科学，2003（3）

[90] 俞冠玉，邓红蒂，张佳，刘康，田志强. 土地利用规划中公众参与的实践与分析. 土地利用规划与政策——经济快速发展和人口高密度地区土地可持续利用规划与决策国际研讨会论文集，北京，2004

[91] 张凤荣等编著. 中国土地资源及其可持续利用. 北京：中国农业大学出版社，2000

[92] 张凤荣. 耕地总量动态平衡下的土地利用总体规划. 中国土地，1997（17）

[93] 张光宇，刘永清. 土地可持续利用的系统学思考. 中国人口、资源与环境，1998（3）

[94] 张正峰，陈百明. 土地整理的效益分析. 农业工程学报，2003（2）

[95] 张正峰，陈百明. 土地整理潜力分析. 自然资源学报，2002（6）

[96] 中华人民共和国国家标准. 铁路线路设计规范（GBJ 50090）. 北京：中国计划出版社，1999

[97] 中华人民共和国行业标准. 城市道路设计规范（CJJ001—97）. 北京：建设部标准定所，1991

[98] 中华人民共和国行业标准. 公路工程技术标准（JTG B01 2003）. 北

京：人民交通出版社，2004

［99］中华人民共和国行业标准．民用航空运输机场飞行区技术标准．北京：中国民用航空局，1986

［100］周诚．土地经济学原理．北京：商务印书馆，2003

［101］周倩．控制城镇建设用地规模研究．中国土地科学，1997（2）

［102］朱立峰．城市地下空间利用规划管理研究．中国人民大学硕士论文，2002

［103］宗仁．中国土地利用规划体系结构研究．中国优秀博硕士学位论文全文数据库

［104］左强，李品芳，曾宪竟，任树梅．农业水资源利用与管理．北京：高等教育出版社，2003

［105］张占录．城镇建设用地指标研究．中国软科学，1991（2）

［106］张占录．城乡一体化规划体系与法定图则制度．中国土地科学，2005（增刊）

［107］张占录，杨庆媛．北京市顺义区农村居民点整理的社会经济推动力分析．农业工程学报，2005（11）

［108］国土资源部土地整理中心．土地整理工程．北京：中国人事出版社，2003

［109］国土资源部土地整理中心．土地开发整理项目管理．北京：中国人事出版社，2003

后　记

土地是人类赖以生存的物质基础和活动空间。就其性质而言，土地除了具备自身所具有的自然属性外，还具备社会经济属性。要实现土地资源的合理利用，土地属性的这种二元性要求我们从资源和资产两个方面对其进行利用和管理。土地利用规划是为了满足社会经济发展目标，依据自然与社会经济条件，在空间和时间上对土地资源进行合理地分配和组织，其主要任务，一是从社会整体和长远利益出发，综合配置各类土地资源，优化土地利用结构和布局；二是合理开发、充分利用、有效保护和科学整治土地，促进经济、社会、环境协调发展；三是控制土地供给总量，促进土地市场的健康有序发展，提高土地资产效益；四是建立健全实施规划的机制和法制，促进、维护和监督城乡建设、土地开发等各项土地利用活动按规划进行，保证规划目标的实现。可以说，土地利用规划是土地管理的“龙头”，是政府的“有形之手”，是实现土地可持续利用的重要手段。

本书是关于土地利用规划基础理论的科学，是对土地利用规划的概念、任务、内容、体系、理论基础、地位与作用、原则以及土地利用规划的产生与发展等所作的概括和总结，书中阐释了土地利用规划基础理论，并着重对我国土地利用规划的类型体系和主要内容作了全面系统的介绍。在内容上可以分成六个部分：第一部分，土地利用规划基础，包括第1～3章；第二部分，土地利用总体规划，包括第4～12章；第三部分，土地利用专项规划，包括第13～14章；第四部分，土地利用详细规划，包括第15章；第五部分，土地利用规划管理，包括第16～17章；第六部分，国外及我国港台地区的土地利用规划，包括第18章。

本书各章节的编写分工如下：第1、3章由张占录编写；第2章由李永梁编写；第4、16章由刘明编写；第5、6、7、13、14章由张正峰编写；第8章由孟繁华、刘明编写；第9章由陈琳、袁静编写；第10、11章由王亚男编写；第12章由王静、王亚男编写；第15章由张占录、胡守茜编写；第17章由于海英编写；第18章由陈琳、刘明编写。最后全书由张占录、张正峰统稿。

本书可供大专院校土地资源管理及相关专业的本科生和研究生使用，也可作为土地资源管理部门与相关部门工作人员的参考用书。

本书的编写是在参阅了众多专家学者已有相关教材、专著、论文和研究成果的基础上完成的，在此向这些专家学者表示深深的谢意。感谢中国人民大学土地管理系 2004 级土地资源管理专业学生参与了本书的校对工作。同时，要特别感谢国土资源部规划司董祚继副司长对本书编写给予的支持与关注。

土地利用规划是一个涉及面非常广的领域，它不仅要求有宽泛的知识面，而且要求有很强的综合能力，还有许多问题有待于深化研究。鉴于此，恳请广大土地资源管理领域的同行及读者给予批评指正。

张占录　张正峰

2006 年 4 月于北京

教学支持说明

（教学课件）

中国人民大学出版社政治与公共管理出版分社秉承“出教材学术精品，育人文社科英才”的出版宗旨，多年来，出版了大批高质量的公共管理、教育学、政治学、政治理论公共课教材和学术著作。

我们为本教材制作了相应的 PPT 教学课件，任何一位采用本书作为授课教材的教师均可免费获得该课件。为了确保该课件仅为授课教师获得，烦请您填写如下材料，并将相关信息通过 E-mail 发送给我们，我们将在收到相关信息后通过 E-mail 给您发送该课件。欢迎您加入我们的 QQ 群（全国政管教师交流群，群号为 236159213），或登录我分社官方网站（www. crup. com. cn/gggl），注册成为 VIP 会员，以获得更好的服务。

我们的联系方式：

地址：（100872）北京市中关村大街甲 59 号文化大厦 1202 室
　　　中国人民大学出版社政治与公共管理出版分社

电话：（010）82502724　62514775（传真）

E-mail：ggglcbfs@vip. 163. com

QQ 群：236159213

兹证明________________大学/学院________________院/系______________专业___________学年第___________学期开设的__________________课程，采用中国人民大学出版社出版的____（书名、作者）作为本课程教材。授课教师为__________________，授课班级共________个、学生________人。授课教师需要与本书配套的教学课件。

联 系 人：______________________________

通信地址：______________________________

邮　　编：______________________________

电　　话：______________________________

E-mail：________________________________

系/院主任：____________（签字）

（系/院办公室章）

________年______月______日

图书在版编目（CIP）数据

土地利用规划学/张占录，张正锋主编.
北京：中国人民大学出版社，2006
（21 世纪土地资源管理系列教材）
ISBN 978-7-300-07264-7

Ⅰ. 土…
Ⅱ. ①张…②张…
Ⅲ. 土地规划-教材
Ⅳ. F301.23

中国版本图书馆 CIP 数据核字（2006）第 033330 号

21 世纪土地资源管理系列教材
土地利用规划学
张占录　张正峰　主编

出版发行	中国人民大学出版社		
社　　址	北京中关村大街 31 号	**邮政编码**	100080
电　　话	010－62511242（总编室）		010－62511770（出版部）
	010－82501766（邮购部）		010－62514148（门市部）
	010－62515195（发行公司）		010－62515275（盗版举报）
网　　址	http://www.crup.com.cn		
	http://www.ttrnet.com(人大教研网)		
印　　刷	北京鑫丰华彩印有限公司		
开　　本	170mm×228mm　16 开本	**版　　次**	2006 年 5 月第 1 版
印　　张	25.75	**印　　次**	2018 年 8 月第 8 次印刷
字　　数	467 000	**定　　价**	29.00 元

版权所有　侵权必究　　印装差错　负责调换